Lilia Uslowa

Hybride Ostidentität

Kulturwissenschaft / Cultural Studies
Estudios Culturales / Études Culturelles

Band/Volume 56

LIT

Lilia Uslowa

HYBRIDE OSTIDENTITÄT

Das wunderbare Gefühl angekommen zu sein

Fallgeschichten mit
Bulgaren, DDR-Bürgern, Ostdeutschen,
Künstlern und Akademikern

LIT

Danke an alle, die an mich geglaubt haben

Gedruckt auf alterungsbeständigem Werkdruckpapier entsprechend
ANSI Z3948 DIN ISO 9706

Bibliografische Information der Deutschen Nationalbibliothek
Die Deutsche Nationalbibliothek verzeichnet diese Publikation in der
Deutschen Nationalbibliografie; detaillierte bibliografische Daten sind
im Internet über http://dnb.d-nb.de abrufbar.

ISBN 978-3-643-13976-4 (br.)
ISBN 978-3-643-33976-4 (PDF)

© LIT VERLAG Dr. W. Hopf Berlin 2018
Verlagskontakt:
Fresnostr. 2 D-48159 Münster
Tel. +49 (0) 2 51-62 03 20
E-Mail: lit@lit-verlag.de http://www.lit-verlag.de

Auslieferung:
Deutschland: LIT Verlag, Fresnostr. 2, D-48159 Münster
Tel. +49 (0) 2 51-620 32 22, E-Mail: vertrieb@lit-verlag.de
E-Books sind erhältlich unter www.litwebshop.de

„Natürlich ärgert mich mächtig, wenn ich ständig gefragt werde ‚Darf ich fragen: Wo kommen Sie her? Sind Sie Russin oder Ukrainerin?' Aber ganz ehrlich gesagt will ich auch nicht auf meinem leichten bulgarischen Akzent und auf den netten kleinen Fehlern verzichten. Sie gehören zu uns. Sie sind unser „Markenzeichen" – kein Zeichen fehlender Integration oder ähnlichen Firlefanz. Ich will bleiben, wie ich bin und bitte schön so soll ich auch akzeptiert werden. Die Adventszeit wird mit Stollen und Hausmusik gefeiert und die Kinder freuen sich über ihren Adventskalender. In der bulgarischen ostorthodoxen Tradition gibt es keine Adventszeit. Am Heiligabend werden die sieben bulgarischen Pflichtgerichte neben Kartoffelsalat, Karpfen und Wurst aufgetischt. Am ersten Weihnachtstag wird es mit Kornelkirsche-Zweigen und kleinen Sprüchen für Gesundheit geschlagen. Die Weihnachtsgans, dazu Rotkraut und Thüringer Klöße dürfen selbstverständlich auch nicht fehlen. So „zweiteilig" und bunt gemischt ist unser Leben, wie wir selbst sind. Man darf es nicht vergessen, woher er kommt, aber auch das Andere nicht vergessen und kennenlernen. Wegen der Kinder. Sie sollen sich in der Schule nicht ausgegrenzt fühlen und die Traditionen so ausleben, wie ihre Mitschüler ohne „Migrationshintergrund" es tun. Sehr wichtig – die eigenen „mitgebrachten" Traditionen pflegen."

Frau K. T., Klavierlehrerin, Gesprächsrunde 23.12.2016, Gera. A. LU: 2016

Inhaltsverzeichnis

Einleitende Worte

Die Aussage, dass die Frage nach der Identität ist, wieder ins Licht des politischen Diskurses zurückgekehrt, ist nicht korrekt. Identitätswahrnehmungen über die Grenzen der Privatheit bzw. der Öffentlichkeit hinweg wurden, soziologisch gesehen, immer wieder aus unterschiedlichen Perspektiven, z. B. Hybridität oder Migration, betrachtet. Entsprechend existieren zahlreiche Vorstellungen über das Phänomen der hybriden Identität. Im konkreten sozial-historischen Kontext richtet sich die Aufmerksamkeit vorwiegend auf Identitätsdynamik und Hybridität im Osten.

Identitätsfragen, Minderheitenrechte, Ausländerpolitik, Migration u.a., wohin man auch schaut, scheinen direkt im sozialpolitischen Brennpunkt zwischen Individuum und Kollektiv zu stehen.[1] Ein Blick in die Diskussionsrunden und in die Tagespresse genügt, um festzustellen, dass Identitätsdynamik bzw. Ethnizität europaweit als eine zusammenhängende Begrifflichkeit verstanden wird, die aus keiner anderen sozialen oder gesellschaftlichen Kategorie abgeleitet wird, sondern allein in sich selbst gerechtfertigt wird. Migration und Diaspora bedingen das Ethnische und die Identitätsfindung – sie haben sich im gewissen Sinne nach Vorgaben der Erinnerungskultur zu richten. Oder sie schränken sich auf die These Max Webers, dass Menschen das soziale Umfeld mit Ethnizität und Identitätsdynamik verbinden. Er betont die Existenz eines „ethnischen Gemeinschaftsglaubens" bzw. *„ethnische Gemeinsamkeit"*[2], die durch Migration und Auswanderung komplett verändert wird, demzufolge neu definiert werden muss.

Der untersuchte Personenkreis sind Ausländer, die in die DDR als Fachkräfte, Ärzte, Studenten, Künstler und Akademiker gekommen sind, die deutsche Vereinigung erlebt haben und nach 1990 in Deutschland geblieben sind. Die empirisch angelegte Untersuchung, die sich auf Interviews, Gesprächen und Postenkartentexten, geschickt von DDR-Bürgern und Bulgaren aus Bulgari-

---

[1] Grundthesen wurden präsentiert und zum Teil veröffentlicht: Uslowa, Lilia: Erinnerungskultur, Identitätsdynamik und Ankommen im Wandel der Gesellschaft: DDR-Bulgarien, eine Fallgeschichte. In: Kolloquium „Länderwechsel – Kulturtausch? Historische Erfahrungen von Migration und Integration in Thüringen. Erfurt, 6. April 2017; Uslowa, Lilia: The Hybrid East Identity. The Wonderful Feeling To Have Arrived. A Case History. In: Vukov, N./Gergova, L./Matanova, T./Gergova, V. (eds.): Cultural Heritage in Migration. Sofia: Paradigma, 2017, pp. 165-181; Uslowa, Lilia: The East Hybrid Identity. In: International Conference "Between the Worlds", Sofia, 30-31 October, 2017.

[2] Vgl. Weber, Max: Wirtschaft und Gesellschaft. Grundriß der verstehenden Soziologie. 4. Aufl. Tübingen: Mohr, 1956, S. 237.

en (1950 – 1990) stützt, arbeitet fünf Motive heraus, die bei Identitätsfindung im Osten zum Tragen kommen (können): 1. Auf- und Abwertung der Erinnerungskultur des Fremd- und Ost-Deutschseins, 2. Erfahrungen und Erinnerungen als Künstler oder Fachkraft des sozialistischen Austauschs, 3. Seltenheit und Neuorientierung als Bundesbürger und als Bürger mit Migrantenhintergrund, 4. Ostdeutscher Alltag mit Ausländerhass und 5. Solidarität – den Osten stärken. Aus diesen Identitätsmotiven lassen sich vier Funktionen ablesen. Die Identitätsdynamik der Hybridität könnte 1. als Integration- oder Ausgrenzungssymbol fungieren, 2. durch die entstandene hybride Kontinuität gewisse Stabilität zu ermöglichen, 3. Speicher der Erinnerung sein und 4. als Mittel der Abgrenzung dienen.

Die Hauptthese der Untersuchung hat zwei Schwerpunkten, die sich gegenseitig ergänzen und erklären: die hybride Identitätsdynamik des untersuchten Personenkreises gestaltet sich in diesem Fall ganz anders als die Hybridität bei Bürgern mit Migrationshintergrund im Westen und die Unterschiede sollen in der sozialistischen Vergangenheit verwurzelt sein. Die sozialistischen Ich-Identitäten[3] sind ideologisch unifiziert nach einheitliche Muster modelliert, d. h. Bulgare und Ostdeutsche sind einer angestrebten kollektiven Wir-Identität unterstellt bzw. gezwungen. Logischerweise werden die Anfänge der Hybridität bei dieser Gruppe Ausländern in der Zeit nach 1990 gesucht und im engen Zusammenhang mit den sozial-politischen Veränderungen untersucht. Die gesellschaftliche Struktur vor 1990 konnte eine hybride Identitätsdynamik nicht fordern und fördern. Die sozial-ideologische Realitäten bildeten keine explizite Grundlage für eine individuell „gefärbte" Ich-Identität. Des Weiteren werden Parallelen zwischen der Hybridität des intellektuellen Ausländers im Osten und der Hybridität des Ostdeutschen beleuchtet. Der Vergleich ist wieder auf der gemeinsamen sozialistischen Vergangenheit basiert. Die Ursache der ostdeutschen Hybridität liegt in dem Zusammenbruch des sozialistischen Systems und hängt mit der wirtschaftlichen Problematik im vereinigten Deutschland nach 1990 zusammen. Die Untersuchung konzentriert sich auf jene Individuen, die einen sozialistischen Wir-Kollektivhintergrund haben und diesen mit einer nationalen / regionalen, etwa ostdeutschen Identität verbinden, also auf Ostdeutsche und Zweiheimische, vor Allem als Beispiel, bulgarische „Hinterlassenschaften", die als Teil

---

[3] Der Begriff der Identität wurde in der Sozialwissenschaften in den 50er Jahren des 20. Jh. eingeführt. Der Kinderpsychologe und Psychoanalytiker Erik H. Erikson trifft zunächst die Unterscheidung zwischen „Ich-Identität" und „Gruppenidentität. Vgl. Erikson, Erik H: Ich-Entwicklung und geschichtlicher Wandel [1959]. In: Erikson, Erik H.: Identität und Lebenszyklus. Frankfurt/M.: Suhrkamp, [1959], S. 11.

der Lebenskultur östlicher Länder mittlerweile, nach Jahrzehnten, selbstverständlicher geworden sind. Daher ist einer der Ansprüche der Untersuchung, die Konstruktion ethnischer und sozialer Erinnerungskultur, hybrider kultureller Identitäten und des Ankommens der ersten Generation nach 1990, theoretisch zu fundieren und am Beispiel einzelner Fallgeschichten und zeitgenössischen Postkarten-Texte zu verdeutlichen.

Die Selbstfindung von Menschen im Osten Europas als der Prozess, in dem sie sich von ihren sozialen Identitäten oder Traditionen/Familien verabschiedet haben und sich in außerheimatlichen Lebenswelten aufhalten, ist ein Transformationsprozess, der im Kontext von gegenseitiger sozialistischer Hilfe begonnen hat und später von Migration an Identitätskomplexität gewinnen sollte. Jedenfalls dann, wenn die postsozialistischen Fremden im Osten ihre Sichtweisen und Lebensentwürfe in Auseinandersetzung mit unterschiedlichen Deutungsmustern und Erfahrungen in den sozialistischen Herkunfts- und Ankunftsgesellschaften des Fremdseins und der Migration entwickelten. Aus einer Defizitperspektive wurde dem Ostmenschen in dieser Situation häufig ein „Kultur- oder Identitätskonflikt" unterstellt. Die Ostfremden wurden schon nach ethnischer oder nationaler Zugehörigkeit sortiert, aber sie waren willkommen geheißen und nicht als Bedrohung gesehen. Die Annahme des Identitätskonflikts beruht jedoch auf einem statischen Identitätsbegriff, der mitsamt seiner Implikationen (ausländische Künstler, Fachspezialisten, Wissenschaftler in der DDR etc. würden nach der Vereinigung „zwischen zwei Kulturen" stehen) überholt ist. Sie haben schon immer zwischen zwei Traditionskulturen gependelt, trotz ideologischer Unifizierung und bestrebter Wir-Identität in der Vergangenheit. Ebenso wird der Begriff der Ostidentität, der durch die Dekonstruktion der Vorstellung von einem einheitlichen Subjekt in Frage gestellt worden ist, inzwischen in der Regel nicht mehr unter Vorbehalt verwendet und als Grundthese definiert:

„Dass Menschen eine individuelle Identität besitzen, werden die wenigsten bestreiten (obwohl sich für manche bereits hier die Frage stellt, ob es sich dabei wirklich nur um eine handelt, oder ob es möglicherweise mehrere sind). [...] Denn ebenso wie mit unserer je einzigartigen Person hat Identität auch mit unserer Zugehörigkeit zu einer Gruppe oder einem Kollektiv zu tun."[4]

Der Begriff „Identitätsverortung" versteht sich als Versuch einer begrifflichen Konkretisierung des Gegenstands der politischen Einschränkung vorher und der sozialen Unsicherheit nachher des eher vagen und umstrittenen Iden-

---

[4]   Die Frage nach der Identität. In: Philosophie Magazin. (2017) Februar/März, S. 42.

titätsbegriffs. Ausgehend von der postsozialistischen ersten Generation soll „Identität" als nachträglicher Effekt diverser (objektiver und temporärer) Stellungnahmen innerhalb eines diskursiven Repräsentationsprozesses gefasst werden.[5] Zugleich kann der Begriff „Verortung" auch als Anspielung auf berufsbedingt definierte sozialistische Ortswechsel verstanden werden, die zu einheitlichen kontextspezifischen „Wir-Selbstverortungen" Anlass gaben.

Zur Bezeichnung solcher Selbstverortungen wird in der politikwissenschaftlichen, postsozialistischen, ethnischen Migrationsforschung auch der Begriff „hybride Identitäten" verwendet:

„In Ost- und Südosteuropa leben seit dem Zusammenbruch des Sozialismus auch ethnische Spannungen in gewaltsamen Konflikten auf. Die Nachfolgerstaaten der Sowjetunion, des Warschauer Pakts und Ex-Jugoslawiens sehen sich mit mehreren Problemen gleichzeitig konfrontiert: mit der Staatsbildung vor dem Hintergrund des Zusammenbruchs sozialistischer Gesellschaftsstrukturen [...] sowie mit der schwierigen Umstellung [...] auf freie Märkte, insbesondere Arbeitsmärkte [...]"[6]

Die Entstehung so genannter postsozialistischer „hybrider Identitäten", in Diaspora oder nicht, wird insbesondere in politisch-wirtschaftlichen sozialen Kontexten für wahrscheinlich gehalten: Durch „gegenseitige sozialistische Hilfe", heute „transnationale Migration" genannt, entstünden neue, dauerhafte Formen und Inhalte von Identitätsfindungen und von sozialen Ankommens-Visionen, die insofern als „hybrid" bezeichnet werden könnten, wenn sie „Elemente der Herkunfts- und der Ankunftsregion" aufnähmen und „zu etwas Eigenem" transformierten.[7] Die Transformation in einer komplexen, mehrschichtigen Identität fand nach dem Zusammenbruch des sozialistischen Systems statt. Die vorhandene angepasste Kollektividentität wurde zum Ausgangspunkt genommen, um die Hall-These der „Dezentrierung" des Individuums in der postsozialistischen Welt einzubetten. Die Identifikationen

---

[5]   Vgl. Hall, Stuart: Kulturelle Identität und Globalisierung. In: Hörning, K. H./Winter, R. (Hrsg.): Widerspenstige Kulturen. Cultural Studies als Herausforderung. – Frankfurt a. M.: Suhrkamp, 1999, S. 393-441.; Hall, Stuart: Ethnizität: Identität und Differenz. In: Engelmann, J. (Hrsg.): Die kleinen Unterschiede. Der Cultural Studies-Reader. – Frankfurt a. M. [u.a.]: Campus-Verl., 1999, S. 83-98.; Bade, Klaus J. (Hrsg.): Migration – Ethnizität – Systemfragen und Fallstudien. Osnabrück: Universitätsverlag Rasch, 1996, S. 20ff.

[6]   Bade, Klaus J. (Hrsg.): Migration – Ethnizität – Systemfragen und Fallstudien. Osnabrück: Universitätsverlag Rasch, 1996, S. 22.

[7]   Die These von Entnationalisierung der sozialen Migrationspolitik durch Arbeitswanderung. Vgl. Pries, Ludger: „Transmigranten" als ein Typ von Arbeitseinwanderern in pluri-lokalen sozialen Räumen. In: Gogolin, Ingrid/ Nauck, Bernhard. (Hrsg.): Migration, gesellschaftliche Differenzierung und Bildung. – Opladen: Leske und Budrich, 2000, S. 415-437.

des Subjekts in der postmodernen Dezentrierungsthese basiert Hall zunächst auf der Symbiose von Identität und Subjekt im historischen Sinne.[8] Die Entstehung internationaler Arbeitswanderung während des Sozialismus brachte stellvertretend für das Individuum keine „hybride Identität" im klassischen Sinne, weil der soziale Kontext fast einheitlich unifiziert wurde. Bis zu einem gewissen Ausmaß kann Kerstin Heins These „im Rahmen der Individualisierung und Pluralisierung von Lebenswelten müssen sich immer mehr Menschen mit einer Vielfalt von sozialen und kulturellen Kontexten auseinandersetzen"[9], auch auf die Zeit des Postsozialismus im Osten Europas bezogen werden. Die Bevölkerung der postsozialistischen Gebiete war immer wieder dem Einfluss neuer Aspekte der Sozialordnung und der Politik der Obrigkeit ausgesetzt.

Der Begriff „hybride Identität" bezeichnet Identitäten, deren Elemente bzw. Merkmale aus verschiedenen kulturellen, gesellschaftlichen Kontexten und ethnischen Identitäten stammen. Es handelt sich nicht nur um Fremden (Migrantinnen und Migranten), sondern um Identitäten, die sich in mehreren Kulturen, auch widersprüchlich strukturieren bzw. „aufschichten", und frei bewegen. Sie bilden keine in Diaspora entstandenen Übergangsphänomene, sondern eine spezifische, eigenartige, eigene soziale Wirklichkeit. Hybride Identität bei der ersten Generation (Eltern und Kinder, die ihre Existenz in einem fremden kulturellen und ethnischen Umfeld, angefangen haben) bedeutet, dass eine lange Identitätsumstellung bzw. neue Identitätsbildung vollgezogen werden muss, bis sie sich in zwei oder mehreren kulturellen Räumen gleichermaßen zugehörig fühlen. Die spätere hybride Identitätsdynamik konzentriert sich auf jene Individuen, die einen unifizierten Wir-Identitätshintergrund und gemeinsame sozialistische Vergangenheit bzw. Lebensgeschichte haben und diesen mit einer nationalen / regionalen Erinnerungskultur verbinden, also auf nicht einheimischen Soz.-Bürger, die als Teil der Alltagskultur postsozialistischer Länder in Laufe der Jahren selbstverständlicher geworden sind.[10] Oder im gewissen Sinne doch nicht?

---

[8] Vgl. Hall, Stuart: Kulturelle Identität und Globalisierung. In: Hörning, K. H./ Winter, R. (Hrsg.): Widerspenstige Kulturen. Cultural Studies als Herausforderung. – Frankfurt a. M.: Suhrkamp, 1999, S. 393-441.

[9] Hein, Kerstin: Hybride Identitäten. Bastelbiografien im Spannungsverhältnis zwischen Lateinamerika und Europa. Bielefeld: transcript 2006, S. 436.

[10] Definition: Vgl. Young, Robert: Colonial Desire. Hybridity in Theory, Culture and Race. London [u.a.]: Routledge,1995 ; Spohn, Cornelia (Hrsg.). Zweiheimisch. Bikulturell in Deutschland, Bonn 2007.

Die Fallgeschichten verorten sich logischerweise in den Bereichen Kulturgeschichte, Ethnologie, Soziologie, und Sozialpsychologie, weniger in Politik und Geschichte – Disziplinen, in deren Rahmen schon zahlreiche Studien zum Begriff der hybriden Identität sowie der Erinnerungskultur und des Ankommens erschienen sind, dessen Gebrauch jedoch nicht einheitlich und allzu oft sehr allgemein gehalten ist. Daher ist einer der Ansprüche der Untersuchung, die Konstruktion ethnischer und sozialer Erinnerungskultur, hybrider kultureller Identitäten und des Ankommens der ersten Generation, theoretisch zu fundieren und am Beispiel einzelner Fallgeschichten zu verdeutlichen. Die Interviews mit Bulgaren, Deutschen und Deutsch-Bulgaren, die aufgrund von Fremdsein-Erfahrungen von zwei fast identischen sozialistischen Wir-Identitäten und unterschiedlichen nationalen, kulturellen Kontexten geprägt wurden, sollen beweisen, dass die Identitätsdynamik und die nationalen Kulturen nicht als „homogene, geschlossene und sich gegenseitig abstoßende Systeme betrachtet werden können."[11] Im Gegensatz zur bestehenden "Parallelweltthese" wird aufgezeigt, dass eine Mehrheit der „sozialistischen Erbe-Betroffenen" anpassungsfähig sind, kulturelle und soziale Differenzen aktiv und erfolgreich bewältigen, also befähigt sind zu einer individuellen und selbstbestimmten "kulturellen Zweisamkeit". Die Identitätsdynamik im Spannungsverhältnis zwischen Sozialismus, Diaspora und Individuum ist untersucht anhand von Interviews, die die Herausbildung besonderer hybrider Ostidentitäten von Menschen, die zwischen zwei oder mehreren Kulturen und Gesellschaftssystemen lebten und weiter leben, erörtern.

Dadurch, dass die Identität durch die Vermischung verschiedener Arten der Sozialisierung bzw. der Kulturen geprägt wird, entsteht die Theorie einer hybriden Identität. Homi Bhabha's These,[12] dass durch die wechselseitige Beziehung zweier ethnischen Gruppen eine Entwicklung der eigenen Authentizität unmöglich wäre, ist für diese Untersuchung halb relevant. Es wird von der Identität eines „kollektiven" Individuums ausgegangen, die die Möglichkeit enthält sich an die neue Realität anzupassen indem sie eine hybride Identität entwickelt.[13] Um die Frage der kulturellen Differenz und der Andersartigkeit zwischen den betroffenen sogenannten Kollektivkulturen und der „dritten" Zwischenidentität beantworten zu können, muss der neu ent-

---

[11] Ähnliche These vgl. Hein, Kerstin: Hybride Identitäten. "Bastelbiographien" im Spannungsverhältnis zwischen Lateinamerika und Europa. Bielefeld: transcript, 2006. S. 88
[12] Ein englischer Literaturwissenschaftler indischer Herkunft.
[13] Vgl. Bhabha, K. Homi: Die Verortung der Kultur. Tübingen: Stauffenburg Verlag, 2000, S. 57.

standene Einfluss des ethnischen Umfelds und der Diaspora aufgewertet werden. In der daran anschließenden Kontextualisierung wird die Entstehung des ostspezifischen Diskurses heraus, der verantwortlich ist für ein latent vorhandenes Minderwertigkeitsgefühl der Ostdeutschen bzw. des postsozialistischen Bürgers gegenüber der „westlichen" Welt. Obwohl die Periode des Sozialismus vielleicht nicht direkt in „unser Zeitalter" sondern mehr in „Vergangenheit" fällt, werden mit dieser Aussage der Ursprung und der Hintergrund des Begriffs der „dritten Identität / Zwischenidentität" deutlich. Kerstin Hein definiert die *„dritte Identität" als „[...] vielschichtig und unabgeschlossen. Es meint Vermischung, auch Anerkennung von Differenzen. Es ist Kreuzung, Bastardisierung und Unreinheit, aber diskursive kulturelle Strategie. Hybridität ist Widerstand, aber auch Konformität. Hybridität ist Bastelei, Collage und Patchwork. "*[14] Die Zwischenidentität ist die Vorstufe des gegenwärtigen aufgeschichteten „Wolkenkratzers" der Multikulturalität bzw. Kosmopolitisierung. Ist die mehrfache Aufschichtung der postsozialistischen Identität der Empathie der „Weltstaatsbürgerschaft" gleichgestellt oder sie wird mehr als konfliktvolle Wandlung bestehender Gegebenheiten interpretiert, die in ihrem eigenen Saft schmort?

Die Träger hybrider Identitäten sind unter Umständen mit Vorwürfen und Vorurteilen konfrontiert und oft als „Semiwesen" abgewertet. Schnell ging man dazu über, diese Abwertung mehr für Menschen zu verwenden, deren Eltern unterschiedlicher Herkunft waren. Die Erwachsene und die Kinder der ersten Generation sind ganz einfach „als die Ausländer", unabhängig von der gegenwärtigen Sozialordnung, bezeichnet. Innerhalb der Geistes- und Sozialwahrnehmung bekam die Begrifflichkeit „hybride Identität" einen widersprüchlichen, negativen rassistischen Aspekt, obwohl die Zweiheimischen und die Vermischung von kulturellen Ideen, Werten und Identitäten das Weltbild intensiv positiv beeinflussen und bereichern.[15] Nach wie vor sind die postsozialistischen Menschen im Osten „halbdeutsch" oder die „anderen Deutschen" und die zweiheimischen Fremden im Osten (Wissenschaftler, Fachkräfte, bilaterale Familien, Spezialisten, Künstler etc.) – die „mit dem Migrationshintergrund". Die Frage: Gehören sie dazu oder als „Zusammengesetztes" werden sie mit der Bezeichnung „marginal man" (Randseiter) für

---

[14] Vgl. Hein, Kerstin: Hybride Identitäten. Bastelbiografien im Spannungsverhältnis zwischen Lateinamerika und Europa. Bielefeld: transcript, 2006, S. 27.
[15] Vgl. Hein, Kerstin: Hybride Identitäten. Bastelbiografien im Spannungsverhältnis zwischen Lateinamerika und Europa. Bielefeld: transcript 2006, S. 54.

sozialen Spannungen und Konflikten verantwortlich gemacht? - kann beim besten Willen nicht einseitig beantwortet werden.

Die Ein- und Zweiheimischen im Osten Europas sind keine Fremden, sondern Menschen, die sich frei in unterschiedlichen Zugehörigkeitsbereichen, Gesellschaftsordnungen und Kulturen bewegen oder zwangsläufig bewegt haben sollten. Teilweise lassen sich die Analyse von relevanten Dimensionen in der Gestaltung oder Entwicklung von Ost- und Fremderfahrungen sowie ursprünglichen kulturellen Unterscheidungsmerkmale rekonstruieren. Träger hybrider Identitäten sind nicht nur deutsche Staatsbürger, die anderen Namen oder kein deutsches Aussehen haben, die sie als „Fremde" erkennbar machen; in den meisten Fällen haben auch die Ostdeutschen zusätzlich andere Erfahrungswelten, die „Fremdsein" ähnlich sind. Auch wenn diese Prozesse vor dem Hintergrund vergangener und gegenwärtiger gesellschaftlicher Veränderungen keineswegs als unvereinbar mit der deutschen Lebenswelt begriffen werden sollen und geradlinig verlaufen, so sind sie vielmehr von Überlappungen zwischen Vergangenheit, Gegenwart und Zukunft gekennzeichnet. Es wird den Betroffenen dadurch bewusst, dass sie bzw. ihre Erfahrungen schließlich von Widersprüchen und Paradoxien „gestaltet" sind. Die Menschen im Osten haben "andere" mehrschichtigen Biographien als die Angehörigen der deutschen ethnischen Mehrheit im Allgemeinen: Sozialismus mit Wir-Identität und Kollektiverfahrungen, Kapitalismus mit Marktwirtschaft, Ich-Identität und anderen Prioritäten des Individuums, Interkulturalität „vorher" und „nachher". Die Komplexität der Identitätsdynamik, die Verfasstheit des ost-west-biographischen Erinnerns und sozialer Identitäten bringen jeweils ganz spezifische Erfahrungen in bzw. aus sozialen Zugehörigkeiten auf unterschiedlichem Niveau des gesellschaftlichen Lebens hervor.

Erinnerungskultur - Ausgangssituation bis 1990	
Ost – DDR - Bulgarien	**West - BRD**
Kollektives Wertesystem, sozialistischer Internationalismus	Selbstbewusstsein (Marktwirtschaft, Reisefreiheit, Wohlstand etc.)
Sozialistische vielseitig entwickelte Persönlichkeit	Individuelles Wertesystem
Ich-Identität vs. Wir-Identität – kollektives Handeln, sozialpolitische Anpassung, Identität steht im Spannungsfeld Auftragskultur, Individuum und Kollektiv	Nationale Werte/Ich-Identität, ethnische Identität im Vordergrund (Geschichte vs. Kultur), Identität steht im Spannungsfeld von Natur und Kultur, Individuum und Politik
Bestrebte Unifizierung - Alltagskultur, Ideologie, Kunst	Individuelles Handeln bzw. Entscheidungsfreiheit/Status/ (im Rahmen der finanziellen Möglichkeiten)
Nationale Identität – im Hintergrund, Vertragsarbeiter mit befristetem Aufenthalt, Sie entwickeln keiner Hybridität nach 1990 – kein Bleiberecht.	Migration, Minderheiten, Gastarbeiter Hybridität
Soziale Sicherheit, Identifizierung mit dem Arbeitsplatz	Arbeitslosigkeit, Obdachlosigkeit, Parallelwelten

Logischerweise entstehen widersprüchliche und komplizierte Identitätszuschreibungen. Parallel dazu können Sozialerfahrungen auch zum Erstarken neuer Identitätsmuster führen. So ist innerhalb der unterschiedlichen Diaspora- „Communities" im Osten Deutschlands das Entstehen einer postsozialistischen Ost-Identität zu beobachten, die sich teilweise durch Abgrenzung zum „Westdeutschsein" und durch ein ostentatives Bekenntnis zum „Ossisein" definiert.

Das Wertesystem des angenommenen Ost-Fremden entspricht jedoch keineswegs den traditionellen Lebensformen der sozialistischen Generation. Vielmehr schaffen sich neue Bürger mit Migrantenhintergrund auf diese Weise eigene Räume, in denen sie - losgelöst von den kollektiven Vorstellungen - eigene, biografisch variable Vorstellungen verwirklichen können. Diese Variationen reichen von sozialen, peripheren Alltagsbekenntnissen bis

hin zu teilweise zwischenkulturellen Ausformungen. Der Ostfremder mit
hybrider Identität wird als intersubjektives Kriterium verstanden, um sich in
einer veränderten Gesellschaft neu zu positionieren, und zwar sowohl gegenüber der Vergangenheit und dem imaginären traditionellen Umfeld, als auch
gegenüber der deutschen Mehrheitsgesellschaft; er markiert, zusammen mit
dem Ostdeutschen, sozusagen einen „dritten Weg".
Besonders die sozialen Identitäten sind von Diskontinuitäten und Unebenhei-
ten gekennzeichnet oder gänzlich aufgelöst. Für die weitere Beschäftigung
mit der Hybridität im Osten Europas könnte es von Interesse sein, die Positi-
onierungs- und Anpassungsstrategien des geübten Ostmenschen, der die
postsozialistische Ostgegenwart bewältigt, kritisch zu analysieren und zu
überprüfen, ob möglicherweise ein „Ost-Zwischendasein" gelebt und ausge-
nutzt wird, dort wo es sich im strengsten Sinne nicht mehr um puren Ostexis-
tenzen handelt. Denkbar wäre z.b. eine Analyse von Lebensgeschichten oder
gemixten Verortungen der hybriden Erfahrung. Solche Fragestellungen
konnten im Rahmen dieser Untersuchung nicht ausreichend bearbeitet und
beleuchtet werden. Interessant wäre es auch zu erfahren, inwieweit Ausländer und Ostdeutsche mit den nun „marktkonformen" Methoden der wieder
belebten produzierenden Ostunternehmen von kultigen DDR-Ostprodukten
vor dem Hintergrund der früher postulierten Erfahrungen (Ostalgie) bzw.
Ideale einverstanden sind. Auch dies könnte explizit Einblicke in die komplexe Grundlage der östlichen Hybridität und ostdeutschen Identität geben.
Außerdem bleibt offen herauszustellen, ob die Aussagen von Ostdeutschen
und Ostfremden, die anhand der Analysen über Identitätsdynamik und Hybridität im Osten getroffen werden, nicht so zu verstehen sind, dass den Osteuropäern generell eine Abgrenzung vom Westen unterstellt wird. Vielmehr
können die Analysen nur Einblicke über die Verfasstheit postsozialistischer
Hybridität / Identität geben. Die Aussage, dass wenn einige Aspekte des alltäglichen sozialen Umgangs miteinander, berücksichtigt und respektiert werden, würde mehr über die Abgrenzung des jeweils ‚Eigenen' und des ‚Fremden' der Ost- wie der Westeuropäern reflektiert, erscheint gegenwärtig relevant und nicht paradox zu sein. Gleichzeitig würden beide Seiten
möglicherweise mehr Verständnis füreinander aufgrund ihrer unterschiedlichen Vergangenheit aufbringen könnten. Die sozialistische soziale Identität
weist zwei besondere Merkmale auf, die den Menschen im Westen völlig
fremd sind: Lebenslange Berufsidentität verbunden mit sozialer Sicherheit.
Im rückblickenden Vergleich und in Anbetracht der postsozialistischen Situation bilanziert der ehemalige Soz.-Bürger, nicht alles während des Sozialismus sei schlecht gewesen. Wir sprechen von einer Aufwertung der gelebten Realität vor 1990. Besonders interessant ist, dass die Aufwertung hier

nicht das „Nachweinen" nach einem imaginären territorial aufgelösten Ort entspricht, sondern nach einem System, das sich gewandelt und aufgelöst hat. In diesem Sinne konnte es zwischen einer privaten und einer öffentlichen sozialen Identität und Wir-Erinnerungskultur sowie deren jeweiligen Elementen unterschieden werden. In der sozialistischen Welt gab es eine andere Erinnerungskultur als auf der anderen Seite des eisernen Vorgangs. Markant für eine postsozialistische Kultur des Erinnerns ist, dass kollektive Wahrnehmungen die subjektiven Wahrnehmungen prägen. Einfluss auf die Erinnerungskultur haben gesellschaftliche Auseinandersetzungen, Verhältnisse und Probleme.[16]

---

[16] Vgl. Cornelißen, Christoph: Was heißt Erinnerungskultur? Begriff – Methoden – Perspektiven. In: Geschichte in Wissenschaft und Unterricht. 54, 2003, S. 548–563.

Persönlicher Ausgangspunkt und Danksagung

Ohne Erinnerungen, Gegenwart und Ankommen, egal in welchem Sinne, fühlt sich der Mensch entwurzelt und „entbiografiert". Die eigene selbstgestaltete Biografie bedeutet Selbstbestimmung und eine Schutzmauer, die die einzigartige Ich-Identität umhüllt und vor der Invasion einer kollektiven Wir-Identität schützt. Deshalb erinnern sich die Menschen gerne: Sich vor einer angeordneten Leitkultur in ihrer Gegenwart zu schützen und weil sie sich als Individuum in ihrer Zukunftsvorstellungen bestimmen wollen. Und sie lassen ihre Gegenwart und Zukunft durch die Erinnerung einfach beeinflussen. In der Vergangenheit kündigen sich manche Lebenssituationen oft an, lange bevor sie tatsächlich gegenwärtig werden. Über den Alltag in der DDR und die Ostidentität ist viel geschrieben oder bekannt. Über Sozialismus, StaSi, Reisefreiheit, Flucht und Freikauf – ebenso. Aber wie sieht es bei der eigenen persönlichen Biografie des ausländischen Fremden im Osten aus? Das Fremdsein im Westen wird seit Jahren untersucht und geforscht. Die misslungene Integration und die Folgen sind stets ein brennendes Dauerthema, das auch gegenwärtig an Aktualität und Bedeutung nichts verloren hat.[1] Hinter einer „fremden" Lebensgeschichte steckt ein hybrides Individuum mit Vergangenheit, Gegenwart und einer geteilten Zukunft. Das Ziel, das hinter dieser Untersuchung steckt, ist die Dynamik der zweiheimischen Identität in der Erinnerung und in der Zukunft im Osten Deutschlands bzw. teilweise Europas aufzufangen.

Zweiheimische Menschen leben in einer geteilten Welt voller Erinnerungen, die ihre Gegenwart und das Ankommen in beiden Kulturen beeinflussen. Sie wollen sich mit ihrem eigenen Dasein identifizieren, die undefinierbaren Sehnsüchte definieren und das Unverständliche irgendwie für sich erklären. Deshalb werden der Anfang ihrer Gegenwart und das Ankommen in ihrer Zukunft einfach in der Erinnerung gesucht und verortet. In der Vergangenheit, die jeden so mächtig beeinflusst und umwälzt, kündigen sich Identitätsfacetten oft an, lange bevor sie die Gegenwart als Kulterscheinungen erreichen. Haben Sie mal irgendwann nachgedacht warum das Trabi-fahren heute ein Kultstatus hat? Oder die berühmte Dederon-Schürze immer noch in Plattenbauten und auf dem Lande im Osten aktuell ist? Oder der Rondo-

---

[1] Die deutsch-türkische Politik und das Referendum-Debatte: Warum haben die Deutsch-Türken mehrheitlich mit „Ja" gestimmt?

Kaffee nach wie vor die einzige richtige Sorte für den Ostmensch in der Kaufhalle ist?[2]

Über die sozialistische Wir-Identität und die Zick-Zack Entwicklung der postsozialistischen Identitätsdynamik nach 1990 ist einiges bekannt. Auch über das alltägliche Dasein im Osten ist wenig Unbekanntes geblieben. Aber was wissen wir über die allgegenwärtige Hybridität der Identitätsfindung des sozialistischen bzw. postsozialistischen Fremden im Osten? Wo sollen wir die Antwort unserer Frage suchen: Warum entstand eine hybride Ostidentität bei Ausländern und Ostdeutschen überhaupt? Was wurde im Laufe der Zeit falsch gemacht? Der hier vermissten Scheinstabilität hat sich der Ostbürger nicht „räumlich", sondern gewissermaßen zeitlich entfernt, denn er war bereits vor der „Wende" von der westlichen Glitzerwelt begeistert. Hinter ausländischer hybriden Identität steckt ein „Sondermensch" mit seiner einheimischen Vergangenheit, seiner zweikulturellen Gegenwart und seiner interkulturellen Zukunft oder eine bilaterale Familie, oder eine ethnische Minderheit oder…

Das Ziel, das hinter die facettenreiche Identitätssuche steckt, ist die Dynamik der Erinnerung und der Erinnerungskultur in einer rasenden Zeit aufzufangen und in dem Wertesystem der Gegenwart einzuordnen. Selbstverständlich wird es im Sinne der Hybridität des Ankommens und Daseins gedacht – Kultur, Identität und Identifizierung, Ethnizität, Soziales und so weiter. Die Identitätsdynamik und die Erinnerungen werden nicht streng schematisch oder chronologisch „strukturiert" – heute soll morgien gestern sein und gestern gehört unwiderruflich der Vergangenheit oder wenn möglich umgekehrt. Die Vielfalt der hybriden Identitätssuche und die Abgründe des Identitätsverlusts sind stark subjektiv gefärbt. Die Erinnerungen – ebenso.

Als ich vor vielen Jahren mit dem Geschichtensammeln bzw. aufzuschreiben angefangen habe, ich dürfte alles aufzeichnen, was ich interessant und aussagekräftig fand, da war ich zunächst von dem anvertrauten Erlebten manchmal richtig überwältigt und benommen. Es gab alles dabei: Freude, Enttäuschung, Unmut, Enthusiasmus, Zuversicht, Misstrauen, Gewinner und Verlierer … Und immer eine einzigartige, unverwechselbare, persönliche Geschichte! Herzlichen Dank an allen Deutschen, Ostdeutschen, Deutschbulgaren, Ungarn, Rumänen, Bulgaren und vielen anderen, die mir ihre Erin-

---

2 Die Schürzen werden wieder von Vietnamesen, die zurückgekehrt sind, genäht und in ihren Ramschläden verkauft. Rondo-Kaffee gibt es wieder in Discounter mit dem gleichen Outlook-Logo. Die Bezeichnung „Kaufhalle" existiert noch in dem Vokabular der Generation 60+ im Osten.

nerungen, einfache alltägliche Ängste, persönliche Kämpfe – gewonnenen und gleichermaßen verlorenen, anvertraut haben. Als postsozialistische Ost-Frau weiß ich zu unterscheiden zwischen einer ehrlichen „Ist-Aussage" und einer aufgesetzten „Soll-Aussage", die in unserer sozialistischen Vergangenheit das übliche Übel war. Ich hatte fast immer das Gefühl, ein liebevolles Feedback (Neudeutsch und Neubulgarisch) der Erkenntnis im Gespräch zu bekommen, das ich nur aufnehmen musste, und schon waren das Umkämpfte, die Hoffnungen, das Erlebte und das Bestrebte da -sortiert, archiviert und ausformuliert, versteht sich. Und wie es so ist, wenn die Menschen ohne Hemmungen ihr Leben Revue passieren lassen dürfen: Ich hatte über 2000 Seiten Gesprächsnotizen mit Überschriften: Identität, Sozialismus, Reisefreiheit/Bulgarien, DDR-Alltag, Wende – Gewinner/Verlierer, hybride Identität, Postsozialismus, ausländische Künstler, Fremdsein, Osthybridität usw., aber ich hätte ohne weiteres auch 4000 aufschreiben können. So war es auch bei anderen Themen wie Flucht, Vertreibung, Migration etc. – ein großer Teil der Aufzeichnungen konnte dann doch nicht berücksichtigt werden, weil sie mit dem Thema „Ankommen" im weitesten Sinne zu tun haben. Herausgekommen ist eine Zusammenstellung der Dynamik der hybriden Identität im Osten, die man nur als authentisch erlebte Geschichte erforschen und festhalten kann. Natürlich nebenbei habe ich auch in Gebieten des eigenen Ankommens und der eigenen Erinnerung gedacht, aber das erlebte Dasein wurde nicht streng nach Vorschrift „abgearbeitet" und geforscht. Die wahrgenommene Entstehung einer hybriden Identitätsdynamik und das individuelle Ankommen sind natürlich etwas subjektiv geprägt. Wenn der Leser mich fragen soll, warum ist dieses Thema drin und das andere nicht, dann kann ich nur wieder subjektiv antworten: Weil das Selbsterlebte authentischer und nachvollzierbar ist. Oder weil ich zu den anderen Themen noch nicht gekommen bin. Es ist ein wunderbares Gefühl sich in zwei unterschiedlichen Kulturen frei bewegen zu dürfen und trotzdem das alltägliche Dasein von der „Seite" zu beobachten. Dazu gehören oder nicht – das ist eine Frage des Ankommens.

1. Identitätsdynamik als Forschungsgegenstand: Ausländergruppen im Osten, Figuren und Erfahrungen

„Jeder von uns hat vielfältige Identitäten, und sei es nur, weil er mehrere gesellschaftliche Zugehörigkeiten besitzt. "[1]
Die bisherigen Ausführungen beziehen sich in der Regel auf die hybriden Identitätsträger des Postsozialismus, die eine kollektive Vergangenheit haben. Aber auch einheimischen, von Identitätsänderungen betroffene postsozialistische Bürger heben soziale Probleme hervor um die Regierung, egal welche, zu kritisieren, sich innenpolitisch bemerkbar zu machen, Zustimmung und Unterstützung zu gewinnen, die Legitimität und damit den Identifikationsanspruch der Regierenden im Osten in Zweifel zu ziehen. Das Thema der ausländischen Diaspora in der ehemaligen DDR dürfte nach der „Wende" ein solches innenpolitisch gefragtes und nützliches Thema sein, das ziemlich spät und nicht ausreichend detailliert thematisiert wurde. Für Osteuropäer ist das „Bekannte" und „Gewohnte" der Vergleichspunkt, aus dem heraus sich der Begriff „Erinnerungskultur" definiert. Wie noch an anderen Aspekten zu zeigen sein wird, spielt der „bekannte", nun aufgelöste Sozialismus bei der östlichen / subjektiven Hybridität, was in dem neuen Wertesystem weiter aufgenommen wird, eine zentrale Rolle. Demzufolge liegt es in der Natur des Andersseins selbst, dass es einen Wettbewerb darum gibt, die „nationale Identitätsdynamik" teilweise auszulösen oder auszulöschen und die Hybridität zu instrumentalisieren.
Interessant ist, wie die Heimatfrage nach den jeweiligen Wendepunkten gedeutet und verstanden wird. Bezüglich des Lebens in homogenen ideologischen Milieus (vor 1990) kann es vermutet werden, dass in der sozialen Anpassung wenige Schwierigkeiten aufgetreten sind um ein sozio-politisches Konsensus herzustellen. Im Weiteren wäre die Gestaltung von widersprüchlichen Ostidentitäten nach 1990 zu erwarten, die sich alle auf die mehrsichtige Identitätssuche beziehen, angefangen von weiteren Wendepunkten der heimatlichen / nationalen bis hin zur sozialen und beruflichen Identität. Die Heimatfrage würde in dem Fall des Fremdseins in Verbindung mit örtlichen und ideologischen Zugehörigkeiten gebracht oder verstanden werden. Die „nationale Identität" bzw. die Heimatfrage ist in diesem Sinne ein halbrelevantes Thema, das in das allbekannte Problemfeld „Das Land, wo man sich wohlfühlt" eingebettet sein könnte. Die „ethnischen Bruchteile" gehen nicht

---

[1]   Grosser, Alfred: Le Mensch: Die Ethik der Identitäten. 2. Aufl. Bonn: J. H. W. Dietz Nachf. 2017, S. 7.

verloren und können trotzdem verstärkt zu Eigen gemacht werden. Auch das Thema „Heimat - das Land, wo man geboren ist" wird nach 1990 wieder neu aufgefasst. Es handelte sich nicht mehr um ideologische Unifizierung der eigene Herkunftsidentität sondern um bewusst verstärkte Betonung der ethnischen Zugehörigkeit, die eine andere intensive und widersprüchliche Dimension bekommen hat. Das Problem der neuen Heimatfindung traf nach der „Wende" gleichermaßen hart den Ostdeutschen und Ostfremden der ersten Generation. Die Ostdeutschen haben ihre DDR verloren und die Ostfremden sollten betont zweiheimisch werden. Als weitere Abhandlung der Heimatfrage und der Identitätsbestimmung im Fall eines Ostfremden könnte es sich spezifisch um die Frage der Ursprünge *„das Land wo meine Familie lebt"*, aber nicht in einem sozialpolitischen Ursachenrahmen *„wo ich nichts an der Backe habe"* handeln.[2] Prof. Friedemann Schmoll (Universität Jena) meint: *„Insofern ist das ja auch kein Widerspruch, wenn man einmal definieren kann, dass Heimat dort sei, wo man nichts an der Backe hat - das wäre dann das Zuhause, das man gefunden hat. Und andererseits lässt sich aus der Perspektive des migrierenden Subjektes genau so sein, dass ich die Heimat verlassen muss, weil ich etwas an der Backe habe - weil sie Zwang darstellt, keine Zukunftsperspektiven gibt, Ort der Verfolgung oder Einschränkung darstellt. Das wäre also eine Situation unmöglicher Beheimatung, die mich zwingt, nach einer neuen Heimat zu suchen..."*[3]
Die These trifft teilweise in dem Sinne der klassischen Zwei-Heimat-Theorie auf den Ostmenschen zu: In bzw. mit der einen Heimat hatte ich Problem, in der neuen Heimat habe ich das Problem nicht mehr. Ich bleibe aber trotzdem zweiheimisch und die eine Heimat bleibt in meiner Erinnerung. Ein negatives Heimatgefühl ist fast immer durch ein politisch, sozial oder wirtschaftlich angespanntes Umfeld begünstigt und bedingt. Das sozialistische System zerbrach und damit brach für eine Vielzahl der Bürger auch die „Heimatzugehörigkeit" im Osten zusammen und hinterließ ein schwer zu definierendes Gefühl: Es ist das Heimweh nach einem imaginären „verlorenen Land", nach einer verlorenen Heimat. Die Opposition, die mit dem System nicht einverstanden war oder „etwas an der Backe hatte" sollte sich in den neuen politischen Grenzen ebenso neu orientieren. Es muss gefragt werden, ob diese Neuorientierung das Problem bzw. die Voraussetzung hierfür ist für eine

---

[2]   Zit. nach Schmoll, Friedemann: Aufbrechen, Ankommen – Heimat, Fremde, Migration. [Vortrag] Volkskundliche Beratungs- und Dokumentationsstelle für Thüringen im Museum für Thüringer Volkskunde. Kolloquium: Länderwechsel – Kulturtausch? 6.04.2017, Erfurt. [Notizen Verf.]
[3]   E-Mail vom 06.05.2017 mit freundlicher Zitiergenehmigung der Aussage.

zweiheimische „nationale Identifikation" nennenswerter Teile der ausländischen Diaspora nach 1990. Denkbar ist allerdings auch, dass die Ursache-
Antithese-Migration gerade weil man etwas an der Backe hat, sich auf einen
wenig relevanten Schwerpunkt einer sozialistischen Lebensgeschichte bezieht und im Weiteren nicht mehr berücksichtigt wird. Die Heimatproblema-
tik als Teil der postsozialistischen hybriden Ostidentität ist sehr komplexes
thematisches Feld, gestaltet durch die lokale Verortung der nationalen / ethnischen Identitätsdynamik mit einer individuellen Identifikationsbestimmung
nach dem Motto „Meine Herkunft bestimmt mein ganzes Leben".

William Blooms These: „Wenn es zu einer allgemeinen Identifikation mit
der Nation gekommen ist, gibt es unter den Individuen, die diese Identifikation durchlaufen haben und die das nationale Massenpublikum stellen, eine
Verhaltenstendenz, die gemeinsame nationale Identität zu verteidigen und zu
stärken."[4]- ist nur bedingt bei der Identitätsidentifikation der „ersten Generation" im Osten anwendbar. Die Identifizierung mit einer Nation ist gespalten
und muss erst herbeigeführt werden. Der Prozess ist ein sehr komplexes,
facettenreiches und schwer definierbares Phänomen. Karl Haußers Begriffs-
erklärung versteht die Identität als „selbstreflexiven Prozess des Individuums"[5] und nur im allgemeinen Sinne für diese Untersuchung relevant ist.
Seine These muss allerdings hingehend präzisiert werden, dass es sich hier
weniger um eine feste kollektive soziale und strukturelle Identität handelt,
sondern um eine Identitätsdynamik in der familialen, ethnischen Herkunft
und entsprechende Wertesysteme bei biografischen Bewältigungsstrukturen
und ihrem Gelingen oder Misslingen den Ausschlag des individuellen Ankommens geben können.

[4] Vgl. Bloom, William: Personal Identity, National Identity and International relations.
    Cambridge [u.a.]: Cambridge Univ. Press. 1990, S. 79.
[5] Vgl. Haußer, Karl/Frey, Hans-Peter (Hrsg.): Identität: Entwicklungen psychologischer und
    soziologischer Forschung. Stuttgart: Enke, 1987, S. 21f.

Begrifflichkeiten: Identitätsdynamik	
Heimat/Ethnien	**Sprache/Kultur**
Das Land, der Ort, wo man geboren ist	Zwei- oder Mehrsprachigkeit
Das Land, wo man mit seiner Familie lebt; das Land, „wo man nichts an der Backe hat"[6] Antithese: Die Heimat wurde verlassen, weil man etwas „an der Backe hat"	Anfang: Klare Trennung – Familie/Muttersprache, Schule/Betrieb/Deutsche Sprache
Ethnizität vs. Staatsangehörigkeit	Später: Patchwork Language – Mix aus Muttersprache und Deutsch
Das Land, wo man sich wohlfühlt – Geborgenheit	Grundlage für Integration oder für Abgrenzung?
Typisch Deutsch – typisch Bulgarisch - typisch Ost?	Traditionen zweier Kulturen miteinander verknüpfen
„Hybrides" Heimatsgefühl zwischen Vergangenheit und Präsenz	Muttersprache bleibt ein Merkmal der ethnischen Identität
Ethnische Identität bleibt unberührt	Postsozialistische Identität

Das Individuum bastelt selbst eine an das Umfeld angepasste Identität und stellt sie über sich her. Die Menschen verarbeiten verschiedene Arten von Erinnerungen, Erfahrungen und Verhaltensmustern: Innere, äußere, gesellschaftliche aktuelle und vergangene Lebenssituationen, Krisen und Veränderungen. Demzufolge ist eine hybride Identitätsentstehung eine unendliche Kette aus Situationen, die ein Typus-Konzept als Form soziologischer Verallgemeinerung und als Struktur des Generalisierungsproblems eingeführt worden ist. Die hybride Identitätsdynamik betrifft alle drei Bereiche des Typus-Konzeptes: Kognitive Komponenten (Wer bin ich), individuelles Wertesystem bzw. Selbstwertgefühl (Ich bewege mich frei in zwei Kulturen) und die Selbstkontrolle bzw. das Setzen der eigenen Grenzen (Wie weit darf ich

---

[6] These einer Studentin zitiert in: Schmoll, Friedemann: Aufbrechen, Ankommen – Heimat, Fremde, Migration. [Vortrag] Volkskundliche Beratungs- und Dokumentationsstelle für Thüringen im Museum für Thüringer Volkskunde. Kolloquium: Länderwechsel – Kulturtausch? 6.04.2017, Erfurt. [Notizen Verf.]

mich oder will ich mich integrieren). Bei einer postsozialistischen Identität mit Migrationshintergrund, wie heute das „Zwitter-Dasein" definiert wird, sind diese Komponenten miteinander verbunden und hängen voneinander ab. Kritisch anzumerken ist, dass die Kontrollüberzeugung und die Relation zwischen „individuellem Selbstbewusstsein" und objektiver sozialer Selbstbehauptung bei Zweihcimischen individuell und komplex definiert wird, so dass die Hybridität und die Identitätsdynamik in den handlungsbasierten Prozessen der neuen Situation zuweilen passend strukturiert werden sollen. Wichtig für die Identitätsanalyse ist in dem Zusammenhang, dass die Spannung von verdeckter Fremdenfeindlichkeit, sozialer Ungleichheit und soziokultureller Sichtung der Lebensstile identitätsdynamische Prozesse in Gang setzt, von der die Menschen in allen sozialen Bereichen, besonders die „Randseiter" erfasst werden. Soziale Abstiege werden immer als Identifikations- und Identitätsverlust verstanden und empfunden (z.B. Arbeitslosigkeit im Osten nach 1990, Abwicklung des volkseigenen Betriebes, Theaterschließungen etc.). Dieser Zusammenhang bleibt aber in der geerbten soziokulturellen Wir-Identität verdeckt. So kommt es nicht selten zu einer postsozialistischen Konstellation (Ausländer und Ostdeutsche gleichermaßen betroffen) in der eine positiv gerichtete biografische Lebensorientierung und die Erreichbarkeit von Sozialchancen auseinander klaffen, weil letztlich die Lebenssituationen sozialer Ungleichheit ein Machtwort gesprochen haben. Die Identitätsdynamik führte zu widersprüchlichen Erinnerungen und beeinflusst überwiegend negativ die Einstellung zu Regierenden und Politik, die eigentlich so sehnsüchtig bestrebt und gewünscht worden waren. Damit treibt die entstandene Hybridität die eigene Entgrenzung bzw. Verkapselung voran und gerät in Gefahr, dass die Identitätsdynamik sich verselbstständigen kann und das Typus Konzept von sozialer Staffelung und entsprechenden Mustern nachziehen würde.

Nach der Klärung des sozialistischen Fremdtypus als Individualwandlung wendet sich der postsozialistische Ost Typus deren Konsequenzen zu. Im Unterschied zu den klassischen Migrantentypen, die sich hauptsächlich in Umwandlung bzw. Aufnahme traditioneller Bräuche und im Sittenkomplex ausgewirkt hätten, bringe die postsozialistische Fremdheit einen neuen Persönlichkeitstypus hervor. Charakteristisch sei in diesem Fall, dass das Individuum aus einer Diktaturordnung herausgelöst wurde – allerdings mit der Gefahr, dass der Ostfremde mehr oder weniger die Orientierung und die Kontrolle über seine scheingeordnete Welt und über sich selbst verloren hatte.

Ausländer (Erwachsene, erste Generation)
Erinnerungskultur vs. Identitätsdynamik
Erinnerung – mitgebrachte Ethnizität/Identität – Wahrnehmung – Kultur/Umfeld **Vergangenheit**
Identitätsdynamik – Bildung einer hybriden Identität – Merkmale der „aufnehmenden" und der „mitgebrachten" Identität / **Präsenz**
Ankommen – man begreift sich nicht als Deutscher sondern als Staatsangehöriger. Die ewige Frage nach der Herkunft: Wo kommen Sie her? / **Futur**
Ethnische Identität – Interkulturalität - Zugehörigkeit

Ausgangspunkt der hybriden sozialen Thesenargumentation ist das verwirrende Aufenthaltsrecht für Ausländer in der DDR bzw. zunächst die Analyse von Zivilisations- und Kulturmustern für Alltagshandelnden. Artikel 23, Abs. III der DDR-Verfassung soll die Gewährung von Asyl regeln: *„Die Deutsche Demokratische Republik kann Bürgern anderer Staaten oder Staatenlosen Asyl gewähren, wenn sie wegen politischer, wissenschaftlicher oder kultureller Tätigkeit zur Verteidigung des Friedens, der Demokratie, der Interessen des werktätigen Volkes oder wegen ihrer Teilnahme am sozialen und nationalen Befreiungskampf verfolgt werden."*[7] Hier folgt die Verfassung einer Definition von Asyl bzw. Aufenthaltsrecht der Ordnungs- und Orientierungsfunktionen in sozialistischen Handlungsabläufen, die eigentlich weder Asyl noch Aufenthaltsrecht definiert. Heidrun Buddes spezifischer Beitrag zum Thema „Ausländer in der DDR" besteht darin zu zeigen, wie willkürlich die Entscheidungsfindung damals war.[8] Die Aufenthaltsgenehmigungen für Asylsuchende aus Griechenland, Chille etc., wurden meistens befristet oder bei Vertragsarbeitern wurden als in sich geschlossener Kanon von Rotationsfestlegungen konzipiert: *„Ausländer, die in der DDR Asyl bekamen oder die sich längere Zeit befristet zur Berufsausübung oder zum Studium in der DDR aufhielten, bekamen von Anfang an eine geheim geführte Personenakte, auch Ausländerakte genannt. Ein konkreter Anfangsverdacht für eine Straftat war für das Anlegen*

---

[7] Art. 23 III. In: Verfassung der Deutschen Demokratischen Republik. Dokumente, Kommentar. Bd. 2. Berlin: Staatsverlag der DDR. 1969, S. 59.

[8] Vgl. Budde, Heidrun: Ausländer in der DDR. In: ZAA – Zeitschrift für Ausländerrecht und Ausländerpolitik. Bd. 32 (2012) 9, S. 333-336.

dieser Akten nicht Voraussetzung. Die Registrierung erfolgte durch die Ab-
teilungen Pass- und Meldewesen der Volkspolizeikreisämter (Abt. PM der
VPKÄ) des Hauptwohnsitzes."[9]
Nach 1990 sollten Austauschkollektive, Vertragsarbeiter und Ausländer mit
befristeten Aufenthaltsgenehmigungen Deutschland verlassen.[10] Viele kamen
wieder zurück, entweder weil sie den Anschluss an Heimat und Sozialisierung verloren hatten oder dort keine Arbeit gefunden haben. Im Unterschied
zu soziokulturellen Konzepten, in denen Homogenität und Identifikation von
Sozialisierungs- und Kulturmustern mit handlungsintegrierender Funktion
angenommen wird, ermöglicht das sozialistische Konzept die situationsspezifische Anwendung der Interkulturalität in der Praxis nicht:
„Oftmals gab es große sprachliche Probleme beim Knüpfen von Kontakten,
egal ob es ausländische Studenten oder Vertragsarbeiter waren. Kontakte zu
kirchlichen Gruppen bzw. zu einzelnen Familien waren vom Staat nicht ger-
ne gesehen und sicher wurden diese auch von der Staatssicherheit sowie
teilweise von eigenen Beobachtern der Länder überwacht. Die Studenten
hatten oftmals mehr Möglichkeiten Kontakte zu knüpfen als die Fach- und
Hilfsarbeiter aus den sogenannten „Bruderländern". Die ersten Vertragsar-
beiter kamen aus Polen, der Tschechoslowakei und Ungarn. Die algerischen
Vertragsarbeiter spielten in den DDR-Kirchen auf Grund ihrer anderen Re-
ligion keine Rolle. Die Regierungsabkommen mit Vietnam, China, Kuba[11],
Mosambik und mit Angola sind erst später zustande gekommen."[12]
Diese sozio-strukturelle Gruppe wird in dieser Untersuchung als Mittel zum
Zweck betrachtet und nicht als Zielgruppe einer kulturellen Interaktion und
Neuverortung von Identitäten in Ostdeutschland. Es waren das Rotations-
prinzip, die soziale Abschottung und die Vertragsgrundsätze, die diese Gruppe Ausländer in der DDR nicht mit den Einheimischen und denen zusam-
mengebunden hatte, welche denselben sozialistischen ideologischen Prinzipien verpflichtet waren.
„Die ausländischen Vertragsarbeiter erlebten den Untergang der DDR als
ein Ende mit Schrecken: Allein zwischen Januar und Mai 1990 wurde 14.000

---

[9] Ebda.
[10] Diese Ausländergruppen in der DDR sind statistisch gut erfasst und erforscht. Sie hatten
      keine Möglichkeit eine hybride Identität zu entwickeln. Die sowjetische Streitkräfte – eben-
      so. Die letzten sowjetischen Soldaten sollten 1996 Ostdeutschland endgültig verlassen.
[11] Vgl. Cala Fuentes/ Leonel R.: Kubaner im realen Paradies: Ausländer-Alltag in der DDR ;
      eine Erinnerung. Berlin: Dietz, 2007.
[12] Vgl. Pritzkuleit, Klaus: Zum Engagement für Ausländer durch Mitglieder der christlichen
      Kirchen in der DDR. In: Zwengel, Almut (Hrsg.): „Die „Gastarbeiter" der DDR: politischer
      Kontext und Lebenswelt. Berlin: LIT Verlag Dr. W. Hopf , 2011, S. 171-187.

von ihnen gekündigt, bis zur deutschen Vereinigung waren 60 Prozent der
Ausländer entlassen. Im Dezember 1990 waren innerhalb von einem Jahr
von 59.000 Vietnamesen noch 21.000 beschäftigt, von 15.100 Mosambika-
nern noch 2800, von 8300 Kubanern sogar nur noch 60
Kubaner, Chinesen und Nord-Koreaner waren aber nicht nur Opfer der
Arbeitsmarktentwicklung, sondern wurden auch von ihren kommunistischen
Heimatregierungen aus dem frisch kapitalistischen Ausland zurückbeor-
dert." [13]

Fachkräfte, Wissenschaftler und Künstler aus dem sozialistischen Ausland
wurden statistisch nicht erfasst.[14] Für die Forschung dieser Gruppe bedeutet
dies, dass es gegenwärtig kaum allgemein geteilte soziale Darstellungen der
Entwicklungen in den Ländern speziell in DDR und Bulgarien gibt. Die empirische Materialien aus Feldforschung (meistens narrative Interviews) belegen eindeutig, dass im Falle von Soz.-Künstlern in der DDR war die Thematisierung internationaler und „brüderlicher" Hintergründe in der Regel gesetzlich durch bilaterale Vereinbarungen anders definiert.[15] Aufgrund dieser
Sonderstellung erschien es notwendig, den für die „verschwiegene" und privilegierte Ausländergruppe spezifischen, in ihrer Struktur mitbestimmenden
Kontext zu rekonstruieren. Der Fokus auf soziale Sonderstellung erscheint
daher unumgänglich, um die in den Interviews artikulierte sozialpolitische
Dimension der Vorteile ihres Daseins ausloten zu können. Die Privilegien
entstanden vorwiegend aus den spezifischen Bildungs- und Tätigkeitsmög-
lichkeiten, die für bestimmte Künstlergruppen (insbesondere für Musiker,
Tänzer und Sänger) von den Ländern ausgehandelt wurden. Vielfach war

---

[13] Geyer, Steven: Die ersten Opfer der Wende: Nach der Wende waren die Ausländer im
Osten die ersten, die den neuen Wind zu spüren bekamen.
http://www.spiegel.de/politik/deutschland/auslaender-in-der-ddr-teil-zwei-die-ersten-opfer-
der-wende-a-135601.html (Erstellt 23.05.2001) (Abgerufen am 6.04.2017) „Einwanderung
aus humanitären Gründen war in der DDR die Ausnahme: In den siebziger und achtziger
Jahren kamen immerhin einige Tausend Flüchtlinge aus ehemals sozialistischen Ländern, in
denen sich - wie etwa 1973 in Chile - ein Regimewechsel vollzogen hatte, und auch Mitglieder oppositioneller Gruppen und Parteien wie der namibischen SWAPO, der palästinen-
sischen PLO oder des südafrikanischen ANC. Gerade der Bürgerkrieg zwischen Sozialisten
und Nationalisten in Mosambik fand für die DDR-Oberen aber nicht statt - Mosambikaner
wurden nach Vertragsende oder zur Strafe bei Regelverstößen ohne Skrupel heimge-
schickt."

[14] Deutschland <DDR>: Statistisches Jahrbuch der Deutschen Demokratischen Republik.
1980 – 1989. Berlin: Dt. Zentralverlag.

[15] Bekanntmachung über das Inkrafttreten des Abkommens vom 20. Februar 1958 zwischen
der Regierung der Deutschen Demokratischen Republik und der Regierung der Volksrepublik Bulgarien über die Zusammenarbeit auf dem Gebiete der Sozialpolitik. In: GBL. I Nr. 53
S. 617.

diese Sonderstellung weniger ein Ausdruck gegenseitiger Hilfe als Resultat wirtschaftlicher „Tauschgeschäfte" zwischen Brüderländern. DDR hat teuer und gut ausgebildete Künstler im gewissen Sinne „gekauft" um Personallücken an Staatstheatern und Orchestern, entstanden durch Flucht und Ausreise, zu schließen.[16] Die anderen RGW-Länder haben weniger Künstler engagiert, dafür aber mehr Fachkräfte und Ingenieure benötigt. Die zwischenstaatlichen Vereinbarungen haben für alle, die unter Vertrag in einem Freundesland standen, den gleichen Status vorgesehen: ein ständiger Wohnsitz, unbefristeter Aufenthalt bzw. Arbeitsvertrag und umfangreiche finanzielle Unterstützung. Andere Privilegien, die durch bilateralen Abkommen geregelt worden waren: mietfreies Wohnen (überwiegend in einem Altbau), möblierte Wohnungen (Second Hand), Kindergartenplatz oder Schulplatz für Kinder (mit Schwierigkeiten), Arbeitsplatz für Ehepartner (Sprachkenntnisse vorausgesetzt, keine Sprachförderung), einmal pro Jahr wurden die Reisekosten für die ganze Familie (Zug oder Flug in die Heimat) übernommen, die Rechnungen für Wasser, Strom, Gas, Heizung (meistens Kohlen) – ebenso und vieles mehr. Es wurde der sozialistische Grundsatz der gleichen Behandlung angewendet und gesetzlich festgeschrieben:

„Die Bürger des einen Staates, die im Territorium des anderen Staates beschäftigt sind, sowie deren Familienangehörige werden, soweit durch dieses Abkommen nicht anderes festgelegt wird, bezüglich der arbeitsrechtlichen Vorschriften sowie der Sozialversicherung der Arbeiter und Angestellten, besonders bei der Gewährung von Leistungen, wie die eigenen Staatsbürger behandelt. Die Bürger haben die gleichen Rechte und Pflichten wie die eigenen Staatsbürger."[17]

So pflichtbewusste „Umgangsformen" mit dem Bürger eines Freundesstaates pflegte die DDR diesbezüglich bis zuletzt: Als nach dem Zusammenbruch der DDR die ersten Entlassungswellen nötig wurden, waren die ausländische Künstler und Fachkräfte im Allgemeinen nicht betroffen. Die Nachwende-Regierung unter Lothar de Maizière hat den Bestand der geschlossenen unbefristeten Verträge und Arbeitsplätze garantiert. Es war aber mit dem Sonderstatus vorbei. Das Arbeitsverhältnis benötigte eine Arbeitsgenehmigung, in der Regel unbefristet, das Aufenthaltsstatus sollte in Aufenthaltsgenehmi-

---

16 Die Theater- und Orchesterlandschaft in der DDR war sehr dicht: Fast jede kleine Stadt unterhielt eigenes kleines Theater bzw. Musiktheater oder Orchester. [Bem. Verf.]

17 Verordnung zwischen der Regierung der Deutschen Demokratischen Republik und der Regierung der Volksrepublik Bulgarien über die Zusammenarbeit auf dem Gebiete der Sozialpolitik vom 10.4.58. In: GBL. Nr. 28 S. 353; Änderung vom 21.9.73. In: GBL. II Nr. 15 S. 249.

gung, ebenfalls unbefristet, umgewandelt werden. Die Vertragsarbeiter haben Entschädigungen in der Höhe von ca. 3000 Mark und ein One-Way-Ticket in die Hand gedrückt bekommen. Später dürften einige Gruppen der ehemaligen Vertragsarbeiter, z. B. Vietnamesen, unter bestimmten Voraussetzungen zurückkehren.[18]

„W. A.: Jemand hat erzählt, dass auch das Klopapier sollten wir kostenfrei bekommen. Ob es gestimmt hatte, weiß ich allerdings nicht. Aber im Jahr 1990 sollten wir das Geld für die jährliche Heimatreise zurückzahlen. Es war nicht rechtens, sagte ein Rechtsanwalt. Einige haben geklagt und Recht bekommen. Wir haben zurückgezahlt und Ruhe."[19]

Die Personalentwicklung in den DDR-Theatern wich eklatant von den anderen Kulturgesellschaften ab. Sie war fast das einzige Theaterland der Welt, dessen Personalentwicklung durchgängig durch Künstlerverluste gekennzeichnet war. Diese negative Bilanz resultierte aus der Flucht von Akademikern und Künstlern. Ab Ende der sechziger Jahre schloss die DDR-Regierung zur Einschränkung des chronischen Fachkräftemangels entsprechende Verträge mit sozialistischen RGW-Brüderländern ab. Schätzungsweise sollten ca. 10 000 ausländischen Akademiker und Künstler an Universitäten, Hochschulen, Theatern und Instituten in der damaligen DDR tätig gewesen sein, die nach 1990 geblieben sind. Dazu zählen die bilaterale Familien und die zurückgekehrte Vietnamesen, die ihre eigene geschlossene Diaspora gebildet haben und bis heute pflegen.

„In der DDR lebten vergleichsweise wenige Ausländer (1989: 1,2 % der Bevölkerung). Allerdings gab es schon in den fünfziger Jahren Gaststudenten, vorwiegend aus Entwicklungsländern, deren Studium entweder als „Solidaritätsleistung" der DDR finanziert wurde oder mit Devisen bezahlt werden musste. [...] Unter den 191 000 Ausländern, die 1989 in der DDR lebten, waren 70% Männer, meist zwischen 20 und 40 Jahren. Vietnamesen (ca. 60 000) und Polen (ca. 52 000) stellten die größten Gruppen. Außerdem gab es starke Kontingente aus Kuba, Angola und Moçambique."[20]

[18] Vgl. Feige, Michael: Vietnamesische Vertragsarbeiter. Staatliche Ziele – lebensweltliche Realität. In: Zwengel, Almut (Hrsg.): „Die „Gastarbeiter" der DDR: politischer Kontext und Lebenswelt. Berlin: LIT Verlag Dr. W. Hopf , 2011, S. 35-52.
[19] Interview mit Herrn W. E., A. LU: 1991.
[20] Vgl. Schröder, Klaus: Der SED-Staat: Partei, Staat und Gesellschaft 1949-1990. München: Hanser, 1998, S. 583ff.; Geißler, Rainer: Die Sozialstruktur Deutschlands. Ein Studienbuch zur Entwicklung im geteilten und vereinten Deutschland. Wiesbaden: VS, Verl für Sozialwiss., 2008.

Akademiker und Künstler waren nicht statistisch, dafür aber polizeilich, erfasst.

Künstler aus Bulgarien, Polen, Rumänien, Sowjetunion, Tschechoslowakei und Ungarn in den Bezirken Erfurt, Gera, Suhl (Auswahl) Spielzeiten 1986/87 – 1989/90[21]

Ensemble	Spielzeit 1989/90	Spielzeit 1988/89	Spielzeit 1987/88	Spielzeit 1986/87
Landestheater Altenburg	4	1	0	0
Bad Elster Orchester des Staatsbades Bad Elster	3	2	0	0
Staatliches Orchester Bad Salzungen	0	2	1	1
Landestheater Eisenach	19	17	14	14
Städtische Bühnen Erfurt	4	3	3	3
Bühnen der Stadt Gera	24	22	21	18
Staatliches Sinfonieorchester Thüringen – Sitz Gotha	6	4	4	3
Staatliches Sinfonieorchester Greiz	15	18	16	16

---

[21] Die Tabelle ist für die gesamte DDR-Theaterlandschaft repräsentativ. [Bem. Verf.]Vgl. Ensembles der Deutschen Demokratischen Republik: Theater, Orchester, Kabaretts etc.: Spielzeiten 1986/87 – 1989/90. Berlin: Direktion für Theater und Orchester beim Ministerium für Kultur.

Das Meininger Theater	4	4	5	3
Bühnen der Stadt Nordhausen	15	10	8	10
Staatliches Sinfonieorchester Saalfeld	12	10	11	11
Staatliches Orchester Sondershausen	10	8	9	10
Deutsches Nationaltheater Weimar; Weimarische Staatskapelle	12	12	10	8
Bad Liebenstein Kurorchester	10	8	7	8
Jenaer Philharmonie	6	5	8	6

Die Flüchtlinge aus Chille und Griechenland genossen die gleiche Sonderstellung wie die Fachkräfte aus dem sozialistischen Ausland und dürften
ebenso nach 1990 im Osten bleiben. Hingegen war und ist Klaus Bade zufolge ihre auch noch so politische bzw. „anonyme" Beziehung zu DDR eine
soziale. Die inhaltliche Unbestimmtheit dieser Koexistenz führte allerdings
dazu, dass die „Fremden" aus Chile selten als politische / sozialistische Individuen wahrgenommen, vielmehr als Angehörige einer sozial gehobenen
Gruppe typisiert und unter deren Merkmale eingeordnet worden waren.
Demzufolge sind sie und die Relationen des politischen Fremden vornehmlich in Gruppenstrukturen zu verorten, und zwar sowohl in Bezug auf sich
selbst, die sich als Ethnie zusammenschließen, um die Individualisierung, die
das Ethnische nicht als Loslösung von der Herkunft mit sich bringe, zu ba-
lancieren, als auch in Bezug auf die Einheimischen, die ebenfalls als kom-
pakte Einheit gegenübertreten.
*„Rund 2.000 politische Flüchtlinge aus Chile sollen nach dem Sturz der Re-
gierung Allende und der Errichtung der Militärdiktatur in Chile im September 1973 von der DDR aufgenommen worden sein. Es handelte sich um eine*

hoch qualifizierte Gruppe, besonders um Vertreter intellektueller Berufe, ehemalige Funktionäre des Staats- und Parteiapparates, Angestellte und Studierende. Sie erhielten Neubauwohnungen, zinslose Einrichtungsdarlehen, nach Familiengröße gestaffelte Überbrückungsgelder, politische und berufliche Eingliederungshilfen. Viele der 334 Chilenen, die am 31. Dezember 1989 noch in der DDR registriert waren, dürften dort geheiratet und sich dauerhaft niedergelassen haben. "[22]

Die Flüchtlingsgruppe aus Chile könnte man als weiteres Beispiel außerhalb der bereits erwähnten Ausländergruppe in der DDR anführen: Sie hat ebenfalls einen anderen sozialen Status in ostdeutschen als in westdeutschen Ländern. Die Frage: Zu welchen Problemen bezüglich dieser Unterscheidung es kommen könnte, wenn Ost- und Westdeutsche mit anderen kulturellen Modellen treffen, bleibt für alle Fremdmodelle in Deutschland relevant.

Dieses Beispiel zeigt meines Erachtens deutlich einige Unterschiede in den Werten und kulturellen Modellen zwischen Ost- und Westdeutschland. Es lässt sich deshalb von einer „dislocation" der Ausländer oder Ostfremden im Osten, so wie Hall dieses Phänomen definiert, ausgehen.[23] Dadurch bleibt die Thematisierung der konkreten Erfahrung des Fremden als privilegiertes Individuum in der Begegnung mit Einheimischen weitgehend widersprüchlich und ein bisschen ausländerfeindlich.

„K. T.: Ich habe einer Kollegin im Kindergarten, wo ich als Aushilfe gearbeitet habe, erzählt, dass wir eine Wohnung bekommen haben und war von ihrer Reaktion ziemlich geschockt. Sie hätte die kalte, unsanierte Wohnung im Altbau nie nehmen wollen, aber meinte: Es wäre für uns [Ausländer] alles sofort besorgt und zur Verfügung gestellt: Wohnung, Kindergartenplatz, Arbeit etc. Sie hat keine Wohnung bekommen und wohnt mit ihrer Tochter im Haus ihrer Eltern."[24]

In diesem Zusammenhang ist es zu betonen, dass Bade eher von Prozesskonstellationen ausgeht, die mehr mit „Friede, Freude, Eierkuchen" zu tun haben als mit der Realität des Alltags. In diesem Sinne bleibt sein Konzept statisch und „praxisfern". Die wirtschaftliche Sonderstellung bestimmter Ausländergruppen hat die Thematisierung der Frage, wie ein Fremder sich in

---

[22] Vgl. Bade, Klaus J./Oltmer, Jochen: Normalfall Migration (ZeitBilder, Bd. 15). Bonn: Bundeszentrale für politische Bildung 2004, S. 90-96.; Koch, Sebastian: Zufluchtsort DDR? Chilenische Flüchtlinge und die Ausländerpolitik der SED. Paderborn: Schöningh, 2016.

[23] Hall, Stuart: Wer braucht „Identität"? [1996]. In: Koivisto, Juha / Merkens, Andreas (Hrsg.): Ideologie. Identität. Repräsentation. Ausgewählte Schriften 4. Hamburg: Argument 2004, S. 181.

[24] Interview mit Frau K. T., A. LU: 1997

einer Gruppe Ostdeutscher mit doppelt geschichteter Identität sieht bzw. umgekehrt, wie Einheimische sich Fremden in sozialer Weise nähern und wie sich die Identitätsdynamik bzw. die Hybridität in gesellschaftlichem Verlauf gestaltet, für empirische Untersuchungen geöffnet. Insgesamt schärfen die Zeitzeugen den Blick für die komplexe Positionierung von Fremden in Relation zu Einheimischen in einem widersprüchlichen Verhältnis von „Nähe" und „Distanz", die für die Identitätsfindung grundlegend geworden ist. Träger hybrider Identitäten gelten in der öffentlichen Wahrnehmung nach 1990 als "Ausländer oder Bürger mit Migrationshintergrund". Die ständig gestellte Frage "Woher kommst Du?", die meist spontan gestellt wird und sicherlich auf Neugier beruht, führt bei regelmäßiger Wiederkehr zu dem Bewusstsein, anders: fremder Kultur zu sein. Für Ostdeutsche sprechen die meisten Ausländer „gebrochen Deutsch", im westlichen Teil wird man für sein „ausgezeichnetes Deutsch mit winzigem Akzent" gelobt. Dies kann zu einem Identitätsdilemma führen. Auch die sicher lieb und nett gemeinte löbliche Einschätzung „Sie sprechen aber gut Deutsch" wird meistens als beleidigend, ausgrenzend und überheblich empfunden.

1.1 Identität und komplexe Hybridität – Parks „The Marginal Man Theory"

Die Verortung einer hybriden Identität im Osten ist durch widersprüchliche Wahrnehmungen keine einseitige und einfache Aufgabe. Dazu sind einige Aspekte ostdeutscher Identitätskonstruktion gegeben, die in der Schichtung der hybriden Identität eines Ausländers festverankert sind und ständig berücksichtigt werden sollen. Die Rede ist von einer entstandenen Strategie, um der Ostmensch sich wieder zu verorten, also die angesprochen „dislocation" und „Heimatlosigkeit" wieder aufzuheben. Diese Verortung und Wiederbeheimatung können geschehen, indem Osthybridität aus Solidarität aufgebaut und angepasst werden; indem sie auch eine Erinnerung an die Vergangenheit gestatten oder sie z.B. durch den subjektiven Einblick in der Vergangenheit) die Abgrenzung vom Westen ermöglichen und die einzigartigen Ostidentität konstituieren.

Nach wie vor sind die postsozialistischen Menschen im Osten als „halbdeutsch" oder die „anderen Deutschen" bezeichnet und die zweiheimischen Ost-Fremden (Vertragsarbeiter, Spätaussiedler, Kontingentjuden, Spezialisten, Künstler, Austauschkollektive etc.) – in den Topf „die mit dem Migrationshintergrund" eingeworfen. Die schon, in einem anderen Zusammenhang, gestellte Frage: Gehören sie dazu oder als „Zusammengesetztes" werden sie mit der Bezeichnung „marginal man" (Randseiter) für sozialen Spannungen und Konflikten verantwortlich gemacht? - kann zum wiederholten Mal beim besten Willen nicht einseitig beantwortet werden.

Mit dem Begriff „marginal man" definiert Robert Ezra Park die moderne Migration als Bewegung von Individuen:

„ a new type of personality, namely, a cultural hybrid of man living and sharing intimately in the cultural life and traditions of two distinct peoples [...] He is a man of the margin of two cultures and two societies, which never completely interpenetrated and fused." [25]

Stonequist entwickelt die Randseiter-These weiter und behandelt eher die sozialen Dominanzverteilung bzw. die Einschränkungen der Teilhabe, die durch Herkunft, Nationalität, Sprache etc. bestimmt werden könnte:

"So the marginal man as conceived in this study is one who is poised in psychological uncertainty between two (or more) social worlds, reflecting in his soul the discords and harmonies, repulsions and attractions of these worlds one of which is often "dominant" over the other, within which membership is implicitly if not explicitly, based upon birth or ancestry (race or nationality); and where exclusions removes the individual from a group of relations." [26]

Park verstand unter der sozialen Identität des Randseiters eine Person, die sich am „Rande" zweier Kulturen befindet (nicht freibewegt) und somit an beiden Kulturen passiv teilhat, ohne wirklich dazuzugehören. So entstand, laut Parks Konzept, die „marginalisierte Persönlichkeit" als Ergebnis von *„Mobilitätsprozessen räumlicher, sozialer und kultureller Art."* [27] Eine derartige Identitätsdynamik ist oftmals mit einer psychischen Krise, mit Empfinden der Entwurzelung und Desorientierung verbunden. Doch die Überwindung und die soziale Verarbeitung der Krise eröffnen dem Randseiter andere

[25] „Eine neue Art von Persönlichkeit, nämlich eine kulturelle Hybride des Menschen, die das kulturelle Leben und die Traditionen zweier unterschiedlicher Völker innewohnt und teilt [...] Er ist ein Mann aus dem Rand zweier Kulturen und zwei Gesellschaften, die niemals völlig durchdringt und verschmolzen sind." [Übers. Verf.] "Marginal man" oder "marginal man theory" ist ein Begriff in der Soziologie, definiert zum ersten Mal von Robert Ezra Park (1864–1944) und später entwickelt von Everett Stonequist (1901–1979). Mit „marginal man" bezeichnet Park Individuen, die zwischen zwei Kulturen leben. Vgl. Park, Robert E.: Human Migration and the Marginal Man. In: Sennett, Richard (Hrsg.): The Classic Essays on the Culture of Cities. New York: Appleton-Century-Crofts, 1969, S. 131–142.; Park, Robert E.: Migration und der Randseiter. In: Merz-Benz, Peter-Ulrich/Wagner, Gerhard (Hrsg.): Der Fremde als sozialer Typus. Konstanz: UVK, 2002, S. 55–72. ; Stonequist, Everett V.: The Marginal Man. A Study in Personality and Culture Conflict. Charles Scribner's Sons, New York 1937 (Neudruck: Russell & Russell, 1961).

[26] Stonequist, Everett V.: The Marginal Man. A Study in Personality and Culture Conflict. Charles Scribner's Sons, New York 1937 (Neudruck: Russell & Russell, 1961). p. 11-12

[27] Park, Robert E.: Migration und der Randseiter. In: Merz-Benz, Peter-Ulrich/Wagner, Gerhard (Hrsg.): Der Fremde als sozialer Typus. Konstanz: UVK, 2002, S. 55–72.

Möglichkeiten, die Verwurzelte nicht bekommen hätten. Demzufolge werde der Randseiter zur Identität mit dem noch einen „geöffneten Fenster" zur Welt, dem besseren Intellekt und einer unvoreingenommenen und rationalen Denkweisen. Park fand im Randseiter den modernen hybriden Identitätstyp, der aus der klassischen Definition und traditionellen Vorstellungen entlassen wurde.

Die drei- und zweischichtige Identitäten im Osten gehören auf jeden Fall dazu und zwar nicht als „marginal man" sondern als „Grundgeneration" und Nährboden der heutigen postsozialistischen Interkulturalität. Sie sind Teil der ostdeutschen, deutschen und europäischen Gesellschaften.

Der „Randseiter" Parks kann nicht als kollektive Sozialfigur des Sozialismus verstanden werden. Unter der Sozialfigur der vielseitig entwickelten Persönlichkeit wurde einen Menschen, der sich nicht am Rande des ethnischen Individuums, damit nicht im überlappten Bereich, zweier Kulturen befindet und somit an einer einheitlichen Kultur teilhat, ohne wirklich dazuzugehören, wie die Geschichte 1989 es bewiesen hat. Mit der ursprünglichen Theorie hatte Park den „Zwitter-Mulatten" gemeint, später revidierte er sein Konzept und definierte die „marginalisierte Persönlichkeit als Ergebnis von Mobilitätsprozessen räumlicher, sozialer und kultureller Art."[28]

Die sozialistischen Mobilitätsprozesse haben mit dem Begriff der Migration, wie er in der postsozialistischen Gesellschaft verstanden wird, wenig zu tun. Eine zweiheimische Lebenssituation während des Sozialismus erzeuge keine *„psychische Krise mit Gefühlen der Entwurzelung und Desorientierung."*[29] Es gab nur Brüderländer und gegenseitige wirtschaftliche und kulturelle Hilfe. Der soziale Zusammenbruch und die Krise der ersten Generation kamen mit dem Zerfall des sozialistischen Wertesystems. Die Verarbeitung der bestrebten neuen Sozialordnung eröffnete dem Ostdeutschen und dem Fremden in Ostdeutschland (jetzt Randseiter[30]) Chancen, die neue Erfahrungen mit sich brachten.

Die Frage nach der Entwurzelung wurde zum zweiten Mal aktuell. Es ging weniger um einen ethnischen Verlust sondern mehr um die soziale Identifikation mit dem Wertesystem der Vergangenheit. Die Mehrheit der Menschen

---

[28] Vgl. Lindner, Rolf: Robert E. Park (1864–1944). In: Kaesler, Dirk: Klassiker der Soziologie. Band I: Von Auguste Comte bis Alfred Schütz. 4. Auflage, München: Beck, 2003, S. 213–229, hier S. 220.
[29] Ebda.
[30] Generell wird eine Identität verstanden, die sich beim Übergang von einer zur anderen sozialen Ordnung oder Bezugsgruppe an den „Rand" geschoben fühlt, wodurch eine Identitätskrise oder eine neue Identitätsdefinierung entsteht.

im Osten hat Biografien bzw. Erinnerungskultur, die von heute auf morgen nichts mehr wert geworden sind, die mit mehr oder weniger weit reichenden Vorstellungen / Konnotationen aufgeladene Bezeichnungen ersetzt werden sollten. Der ausländische Spezialist, der Künstler, der Akademiker etc., in dem Sinne des Randseiters, wurden zur doppelseitigen Persönlichkeiten: Die erste Seite – unerwünschte Kollegen und die zweite – Mitbürger mit einem weiteren Horizont, anpassungsfähigen Intellekt und einem distanzierten und rationalen Standpunkt. War der postsozialistische „Randseiter", bis zum bestimmten Entwicklungsgrad, Parks moderner Persönlichkeitstyp, der aus kollektiven Bindungen entlassen wurde? Im gewissen Sinne wurde der Persönlichkeitstyp der neuen Wertvorstellung als Freisetzung der Ich-Identität und der individuellen Erfahrung der Zeit verstanden.

1.2 Sozialismus und Wir-Identität als Erbe: Am Anfang war die Erinnerung: Die Kultur des Erinnerns oder die Suche nach Wahrheiten

Menschen, die in der sozialistischen Realität gelebt haben, haben eine doppelseitige Erinnerungskultur, die voller verlorener kollektiver Gegebenheiten ist. Die Ostbürger gestalten ihre Erfahrungen mit, entgegen oder manchmal unabhängig von spezifischen für eine Post-Wir-Identität Typisierungen, die sich im sozialpolitischen Umgang mit dem neuen Wertesystem manifestieren. Sie wollen sich mit ihrem eigenen vergangenen Dasein identifizieren, die aus „ostalgischer" Sicht erklärbarer geerbter Wir-Identität definieren und das Neue irgendwie für sich verinnerlichen. Deshalb werden der Anfang der hybriden Umwandlung ihrer Identität und das Ankommen in ihrer Zukunft einfach in der kollektiven Sozialordnung gesucht. In der sozialen Sicherheit, die das Alltagsleben so mächtig beeinflusst hat, kündigten sich schon damals Wirtschaftseinschränkungen an, lange bevor sie nach der Wende 1990 als Realitätserscheinungen sichtbar wurden.

„G. G.: 1988 hat keiner an Arbeitslosigkeit gedacht. Uns war zwar die miserable Wirtschaftslage bewusst, aber keiner hat mit dem Verlust des Arbeitsplatzes gerechnet."[31]

„U. T.: Wir identifizierten uns mit unserem Betrieb, mit unserer Arbeit. Sie haben uns an den anderen Menschen gebunden und dadurch haben wir uns in unserer kleinen eingeschränkten Welt geborgen und gut aufgehoben gefühlt. Ja, das ist richtig. Es gab bei uns im Betrieb viele Vertragsarbeiter, die kurzfristig nach der Wende ,entsendet' waren. Die Mitarbeiter hatten kaum

---

[31] Interview G. G., A. LU: 1992

Kontakt mit ihnen. Ich als Gewerkschaftler hatte immer mit Anschuldigungen zu tun: Die Kubaner und Afrikaner haben alles mitgenommen, was nicht festgenagelt war, dieser Knoblauchgestank ist unerträglich und so weiter. Die Vietnamesen sind fleißig gewesen, aber sie haben Stoffstücke, die aussortiert oder defekt waren mitgenommen und verwertet. Sie konnten auch kaum Deutsch und hatten so gut wie keine Kontakte zu uns. Es war einfach nicht gewünscht. Nach zwei Jahren kamen andere, die auch nach zwei Jahren gingen. "[32]

„J. M.: Jetzt dürfen sie sich die zwei deutschen Staaten wieder vereinigen und uns die Flucht nach Westen oder das Vortanzen in der BRD ersparen. "[33]

„Anonym: Die Verträge der Tänzer in der DDR, egal ob Deutsche oder Ausländer, waren auf drei Jahre begrenzt. Unser Beruf hängt von der körperlichen Verfassung und von dem Alter ab. Nur einige Ausnahmen konnten bis ins hohe Alter auf der Bühne tanzen. Guter Tänzer zu sein hat es nicht gereicht, um zentrale Rollen zu bekommen. Es wurde gemunkelt, dass Solo-Tänzerinnen und Tänzer im Bett der Chefin oder des Chefs vorher gewesen sein sollten, um die begehrten Rollen zu bekommen. Also die Welt von damals war nicht sonderlich anders als heute. Es wurde einfach nicht an die große Glocke gehängt, aber jeder hat Bescheid gewusst. "[34]

Darüber hinaus ist der Ausdruck der Erfahrungsorganisation und Selbstpräsentation, bis hin zu Identitätsvorstellungen als Teil der persönlichen Identifikation des Selbst, für die biografische Erinnerung der Bedeutung der Migration / des Fremdseins zumindest auf ruhender Ebene, nicht unerheblich. Hier sind wichtig vor allem die im Zusammenhang mit dem neuen Umfeld angesiedelten Vorstellungen kultureller Differenz sowie ebenfalls begrenzt wahrgenommenen Darstellungs- und Ausdrucksformen. Dabei wird sichtbar, dass wertsystemisch relevantes Verhalten wie situationsspezifische Muster der Erfahrungsdarstellung identitätsspezifisch ausgeprägt ist. Dies beinhaltet Ausdrucksformen der Selbstpräsentation, die in der Erinnerung bis in die Struktur der Verhaltensleichtigkeit hinein reichen. In Migrationssituationen stellt sich sofort die Frage: Haben alle die irgendwo angekommen sind eine dritte einzigartige persönliche Identität entwickelt, die gleichermaßen objektiv und subjektiv ist? Ja, genauso ist es. Die unverwechselbare Einzigartigkeit des Ankommens und der Erinnerung ist das Charakteristikum jedes

[32] Gesprächsrunde in Gera 1993. A. LU: Herr U. T. Betriebsrat, 1993
[33] Interview J. M. bulgarischer Tänzer, A. LU: 1988
[34] Anonyme Gesprächsteilnehmerin. A. LU: 2017

einzelnen Daseins, hier und dort, gestern und heute. Logischerweise wird es im Osten fast immer mit „gestern" des Sozialismus angefangen. Im Verlauf dieser Zeit bildete sich eine neue Qualität des Identitätsfindens heraus. Aber dann gleichzeitig setzte die politische Obrigkeit ein; staatliches Handeln wurde immer dominanter und der Normalsterbliche fügte sich in den obrigkeitlich gesetzten Rahmen ein. Der Alltag - ebenso. Nicht nur den Sprachgebrauch konnte man als zweckmäßig, wirksam, politisch relevant und dadurch als einzigartig widersprüchlich bezeichnen. In der DDR und Osteuropa hatte sich in der zweiten Hälfte des 20. Jahrhunderts eine funktionierende scheinlinientreue Öffentlichkeit herausgebildet, geistig widersprüchlich präsent und trotzdem auf den ersten Blick ideologisch angepasst. Dies brachte die heile Scheinwelt einer gerecht geglaubten Republik zum Verstummen, vorsichtiger definiert: gab ihr den Charakter folgenvoller und letztlich nicht bedeutungsloser Untergangspolitik der Engpässe des Kollektivlebens. Trotzdem *„damals [DDR] war die Welt in Ordnung"* meinte ein Händler auf dem Flohmarkt in Leipzig.[35] Warum eigentlich? Die Erinnerung an Soz.-Zeiten ist nicht eintönig: schwarz und grau. Sie ist richtig bunt und bleibt kontroverse wie die „Leichtigkeit" des Soz.-Überlebens selbst.

Nach der Recherche der relevanten Aussagen in der sozialistischen Kulturgeschichte des Alltags fiel im Kontrast zu den ersten Ergebnissen aus den Fallgeschichten die nahezu komplette Abwesenheit einer Thematisierung von Ost-Fremdheitserfahrungen in der DDR auf. Dies war umso unverständlicher, weil die soziale Figur des fremden Künstlers oder Wissenschaftlers bereits gesetzlich mit einem ständigen Wohnsitz (unbefristet) in der DDR dem eigenen Bürger gleichgestellt worden war. Der ausländische Fachmann hatte ab den frühen 70er Jahren die spezifischen Erfahrungen von Deutschen zum Gegenstand seiner hybriden Identität gemacht. In der Alltagsforschung der sozialistischen Zeit dagegen wurden Fremdheitserfahrungen kaum noch als Erscheinungen im Rahmen soziologischer Fragestellungen in den Blick gestellt bzw. wahrgenommen. Viel wichtiger waren Prozesse, in denen Fremdheit (Künstler, Fachkräfte, Wissenschaftler etc.) zum alltäglichen Phänomen gebracht bzw. kontrollierbar gemacht werden könnte (Vertragsarbeiter). Einige äußerst schwierige Wege der Alltagsgestaltung, wie Überwindung des FDGB-Feriendiensts bzw. Erlangen eines Ferienschecks für die Familie (mehr DDR-Bürger betroffen, weniger Ausländer), Versorgung mit Lebensmitteln, Möbelkauf, Wartezeiten vor dem Reisebüro (alle waren betroffen), Autokauf (Gebrauchtwagen) und andere unzählige „Feinheiten" des

---

[35] Antik- und Trödelmarkt am 26.02.2017 in Leipzig, Agra-Gelände, A. LU: 2017

sozialistischen Zusammenlebens haben ein einziges Ziel gehabt: den Schein des Wohlstands und der allgemeinen Zufriedenheit in der Republik zu bewahren. Die Krönung der Bemühungen und deren Sinn waren: geregelter Alltag der Werktätigen in der Betriebsfamilie und Freizeit sinnvoll am besten im Kollektiv verbracht.

Die scheinlinientreue Öffentlichkeit hatte keinen Grund sich mit jemand oder mit etwas in den obrigkeitlich gesetzten Rahmen zu vergleichen. Vergleiche sollen eigentlich der Erhöhung des Selbstwertgefühls dienen, im besten Fall aber der Selbsterkenntnis. Der Vergleich mit der Bundesrepublik hat das Selbstwertgefühl des DDR-Bürgers und des Fremden im Osten erweckt und gebar den Fluchtgedanke. Ein Vergleich innerhalb der RGW-Welt blieb immer aus. Weil Vergleichen eine reflexive Tätigkeit ist, führten manche endlose Wege, öfters nicht ganz im Sinne der Gemeinschaft gestaltet, damals an die bulgarische Schwarzmeerküste. Die sozialistischen Regierungen betrachteten das Reisen nicht zuletzt als Reaktion auf den Ausbruch von Massentourismus im Westen. Hier wurde – ähnlich wie in der klassischen vergleichenden Kulturgeschichte und in sozialer Wendung zu den Versuchen, das fremde Dasein zu vergleichen bzw. Wir-Identität zum Kollektiv zu bringen. Die „Brüder" haben sich doch untereinander verglichen und trotz „Liberté, Égalité, Fraternité" (Freiheit, Gleichheit, Brüderlichkeit) Unterschiede festgestellt. Die Art, wie auf diese kollektiven Erwartungen reagiert werden könnte, wirkte sich nicht zuletzt auf das zugestandene Niveau der gemeinsamen Erinnerungskultur aus. Aus der Perspektive von Biografien und Erfahrungen im Zusammenhang mit Wir- und Kollektividentitäten verflüssigen sich verständlicherweise Fremdtypisierungen von Menschen im Osten. Der Typus „Ossi" ist fraglich. Durch die diachrone Perspektive biografischer Rekonstruktion wird immer verständlicher gemacht, dass die Gestaltungsdynamik von Osterfahrungen, darunter auch Fremderfahrungen, auf diskursive sozialpolitische Typisierungsprozesse zwar ständig Bezug nimmt, diese aber in spezifischer Weise und in sich subjektiv veränderten Erlebnisse um- und neu gestaltet. Eine erfahrungsbezogene Typisierung ermöglicht den Blick auf die Vergangenheit bzw. auf die Gestaltungsprozesse einer Lebensgeschichte im Osten im Umgang mit den Erlebnissen in der Vergangenheit, die in der Zukunft festverankert sind.

Die Zukunft hat sich damals in der kleinen heilen Welt der Scheingerechtigkeit, in der begrenzten Freiheit bzw. Reisefreiheit, in dem ewigen „Katz-Maus-Spiel" mit der Obrigkeit und in der ewigen Identitätssuche abgespielt. Die Gegenwart war vielmehr von vielfachen Überlappungen ideologischer und individueller Bezüge, von variablen Wechselwirkungen zwischen Kollektiv und Privatheit bzw. zwischen Vergangenheit, Gegenwart und Zukunft, und letztendlich von Widersprüchen bestimmt. Das komplexe Ziel war damals und ist heute immer noch aktuell - irgendwann, irgendwo, irgendwie, nicht nur als Fremder, angekommen zu sein. Die Komplexität einer ostdeutschen bzw. ostfremden Biografie und die „Vielschichtigkeit" der Ostidentität in der Zeit nach 1990 nachzuempfinden, bedeutet aus der subjektiven Vielfalt der individuellen Bezüge einige typische objektive Zusammenhänge konzeptionell herauszufiltern und historisch einzuordnen. Wählt man die subjektiv gefärbte Erinnerungskultur wird sofort sichtbar, dass in biografischen Rekonstruktionen eine Vielzahl persönlicher und weniger historischer Hintergründe eingehen. Die auf Selbsttypisierung basierende Erinnerungen, was das Leben im Osten bestimme, lösen sich zunächst allmählich auf.

Die Thematisierung der Frage: Wollen sie sich die Menschen wirklich an die Zeit GESTERN erinnern? – und wie hören sich diese Erinnerungen HEUTE an? – ist mit der Auflösung der Wir-Identität eng verbunden und im historischen Kontext mit dem Fall des Eisernen Vorhangs ins Rollen gebracht. In den Zügen des politischen Umbruchs entstanden viele neue „kleine" Wahrheiten des privaten Alltags, die durch neue Erfahrungen und daraus resultierenden Erinnerungen vermittelt oder gestaltet worden sind. Gleichzeitig wirken diese, nicht besonders, beachtete Erfahrungen aus der Zeit der Wende nach und gehen schleichend in neue soziale Einschränkungsprozesse ein. Dadurch wurden manche Individualwandlungen der Ich-Identität mit zunehmender Polarisierung gekennzeichnet und von der gesellschaftlichen Erinnerungskultur getrennt. Bei diesen Prozessen handelt es sich um eine auf Dauer angelegte sowohl individuelle als auch sozialpolitische Opposition: Ist-Aussage vs. Soll-Aussage oder Osterinnerung vs. Westgegenwart:

„Die Erinnerung ist schwer zu greifendes Phänomen. Man versteht das sofort, wenn man die Erinnerungen an ein gemeinsames Erlebnis miteinander vergleicht. [...] In unsere Erinnerung legen wir alles hinein, was in uns steckt, und organisieren so aus der „Mannigfaltigkeit des Wahrgenommenen" etwas „Sinnvolles", einen Eindruck, ein Bild, eine Geschichte (im Sinne von „story"): Unsere Erinnerung besteht also nicht aus Fakten, sondern auch aus Wissen und Nichtwissen, aus Urteilen und Vorurteilen, aus Ängsten – seien sie individuell oder kollektiv – und anderen Gefühlen und Hoffnungen, aus Interessen und so weiter. Das müssen wir immer berücksichtigen, wenn es um die „Wahrheit" des Erinnerten geht."[36]

---

[36] Vgl. Wickert, Ulrich: Gauner muss man Gauner nennen: Von der Sehnsucht nach verlässlichen Werten. München [u.a.]: Piper, 2007, S. 178.

In diesem Sinne machen die Einbettung von Osterinnerungen bzw. die Gestaltung von Biografien in Bezug auf postsozialistische Erfahrungen deutlich, dass die gegenwärtige Erinnerungssuche keineswegs geradlinig verläuft. Um „Mannigfaltigkeit des Wahrgenommenen" mit der damaligen Zeit besser abstimmen zu können, muss die individuelle Vergangenheit sozial relevant geschichtet werden: Intelligenz, Staatsdiener, Parteifunktionäre, Werktätige usw. Etwas anders hat sich das Künstlerdasein in den vorgegebenen sozialen und politischen Rahmen gestaltet. Nicht zuletzt kann die Differenzerfahrung der bisherigen Berufswandlung und entsprechender Fähigkeiten weit reichende Kompetenzen etwa für die Identitätseinstufung oder in andere Unterordnungen haben. Mit solchen Erinnerungen umzugehen gehört zum fremdspezifischen Alltag. Diese Zusammenhänge können jedoch auch Prozesse sozialer Biografie ankurbeln, die eine mehr oder weniger weit reichende Erinnerungskultur oder gar den Umbau des Daseins beinhalten. Der sozialpolitische Rahmen des künstlerischen Lebens und die Restrukturierung der Selbstdarstellung einer kulturellen Identität in der Zeit vor 1990 übersprangen das ehrwürdige Gemäuer eines Theaters oder Kulturbetriebes, erzwangen Neuorientierungsprozesse und veränderten im gewissen Sinne die ideologische Sozialstruktur des Publikums als ein kulturelles Identitäts- und Individualitätsphänomen.[37] Dennoch gibt es Gemeinsamkeiten bezüglich bestimmter Aspekte der Erfahrung in Künstlerbiografien über die unterschiedlichen Typen von Kulturwandlungen hinweg. Das unterscheidet die internationale sozialistische Künstlerszene von der organisierten Arbeitsmigration, vor und nach 1990, sowie generell von transnationalen Künstler- und Fachkräftemigrationen auch zwischen Ost- und Westeuropa.
Im Feld der sozialen Identitätsbestimmung zum Thema ausländische Künstler, Wissenschaftler und Fachkräfte im Sozialismus lassen sich zwei Stränge identifizieren, die sich als Argumentation für das Verständnis der Erfahrungen in den untersuchten Personenbiografien als relevant erwiesen haben. Zum einen sollen die Kontexte der sozialen Stellung eines ausländischen Künstlers und die relevante Dimensionen in der Gestaltung seiner Lebensgeschichte die Frage beantworten: Welche Erfahrungen lassen sich in diesem Zusammenhang hypothetisch generalisieren und welche, im Vergleich mit Einheimischen, stehen unberührt aus. Im Zusammenhang mit den nach 1989

---

[37] Dieser Identitätssuche liegen weit über 2000 Seiten notierte Lebensgeschichten und Gedankenaufzeichnungen zugrunde. Allen ist herzlichen Dank gesagt. Sofern meine Interviewpartner nicht ausdrücklich genehmigen namentlich genannt zu werden, werden die Interviews durchgängig anonym zitiert. Die Gehässigkeit ist überall und es darf nicht unterschätzt werden. Deshalb ist die Anonymität auch als Schutz gedacht.

erfolgten Umbrüche und Neustrukturierungsprozesse nahm die Thematisierung von persönlichen Bezügen – angefangen mit der Frage *„sollen wir irgendwann wieder gehen oder dürfen wir bleiben und Bestandteil der postsozialistischen Gesellschaft werden"* bis hin zu Darstellungen verschiedener kultureller Zugehörigkeiten – breiten Raum ein.[38] Offenbar trug die gesellschafts- und politisch entstandene Entspannung im privaten Zusammenhang eher für Spannungen und Unruhe bei. Der Kontext der Lebensgeschichte, die die Erinnerungskultur des Einzelnen beinhaltet, ist nur bedingt für die Mehrheit maßgebend und kann nicht hinsichtlich der jeweiligen Erfahrungen die Positionierungen in, zwischen oder neben den „Wir"-„Ich" Relationen, relevant zu sein. Die Auseinandersetzung mit dem „Wahrgenommenen" und die Fragen der Zugehörigkeit bzw. Zweiheimischkeit nehmen logischerweise einen breiten Raum ein. Durch die Einbeziehung der Fremdheitsdimensionen in die Analyse der „Wirklichkeitsstrukturen" der RGW-Welt, Bulgariens und der DDR wurde deutlich, dass sich Identitätsänderungen in privaten, kommunikativen Prozessen herausentwickelt und zu Identitäts- Objektivierung der Subkultur einer Zeit der vorherrschenden relativen Gleichgültigkeit verfestigt haben.

Zum anderen verweist die Typologie der Erfahrungen von Fremden vielmehr auf subjektiv weit reichende wie auf politisch umstrittene Gegebenheiten und Vorstellungen hinsichtlich der sozialen und beruflichen Position und Funktion von Fremden in neu entstandenen Umbruchsgesellschaften. Außerdem damit verbunden ist die Frage nach dem Umgang mit Fremdheit in den spezifischen gesellschaftlichen Dimensionen der Intelligenz.

„Fremdheit und Vertrautheit haben in Künstlerkreisen ganz andere Bedeutung. Ich würde meinen entweder bist du geschätzt als Musiker oder die Kollegen werden sich nachhaltig bemühen dich zu vernichten. Am richtigen Ort, zum richtigen Zeitpunkt. Mit erstaunlichen Geduld und Präzision! Es hängt weniger mit der Nationalität zusammen, sondern mehr mit der jeweiligen Verfasstheit sozialer Identitäten in einem Künstlerbetrieb. Widersprüchliche Charakterzüge sind nicht vom Vorteil, aber eine ausgeprägte Anpassungsfähigkeit ist immer in einem Orchester gewünscht. Sonst jeder macht seins. Wann die Rede von Reduzierungen war, jeder war selbst sein Nächster, egal ob Deutscher, Rumäne, Ungar oder Bulgare. Es ging schließlich um die Existenz. Da kennt Keiner Kompromisse."[39]

---

[38] Gesprächsrunde V. E., E. Y., R. Y. u. a. 1991, A. LU-1991
[39] Gesprächsrunde V. E., E. Y., R. Y. u. a. 1991, A. LU-1991

Insofern sind in den gegenwärtigen Veränderungsprozessen soziale Identitäten im Intelligenzbereich von Diskontinuitäten, Widersprüchen, Intoleranz sogar von Fremdenfeindlichkeit gekennzeichnet. Die Orientierungsmuster eines Künstlers und die soziale Strukturen in einem Kulturbetrieb beinhalten keine lebenslangen Berufslaufbahnen mehr und der Begriff „Berufsidentität / Künstlerberuf" verliert an Nachhaltigkeit bzw. an soziale Sicherheit. Es ist ferner nachvollziehen, welche Identitätsdeutungen sich in diesem Sinne heute im Leben von Postsoz.-Bürgern niedergeschlagen und zu einer widersprüchlichen, komplexen Identität verdichtet haben.

„Es ist ganz einfach zu erklären. Nach der Wende war die Hierarchie nach einer west-ost Tangente gestaltet: der Tübinger - Direktor, der Thüringer – Abteilungsleiter und der Bulgare bzw. der Ausländer – wissenschaftlicher Mitarbeiter oder Mitarbeiter. Mehr nicht. Ja, es waren etliche Jahre schon mal so vergangen. Man hat gemerkt - eben, dass man früher auch falsche Vorstellungen von dem Westen hatte und diese Nüchternheit ist dann da gewesen. Und dass nun nicht alles in der DDR schlecht war. Und, ich denke schon, dass das dann auch ein bisschen so ist, wie wenn man Heimweh hat, dass dann das Arbeitsverhalten sich dann irgendwie «so sich» da so ausgeprägt hat. "[40]

Durch die Einbeziehung der Fremdheitsdimension wurde deutlich, dass die gegenseitige Wirtschaftshilfe im wissenschaftlich-kulturellen Bereich und der Künstleraustausch waren eine Art staatlich kontrollierter Arbeitsmigration, die im engen Zusammenhang mit der Mangelwirtschaft stand, keinen ideologischen Hintergrund hatte und brachte spezifische Ein- und Ausschlüsse in bzw. aus eigenen Lebensgeschichten auf verschiedenen Ebenen gesellschaftlichen Lebens hervor.[41] Letztere bestätigen im Allgemeinen die Bergers These über die zusammenhängende Symbiose „Mensch und Gesellschaft".[42] Sie ist ein komplexes dialektisches Phänomen: die Gesellschaft ist ein Produkt des menschlichen Zusammenlebens und wirkt auf das Sozialverhalten des Menschen ein. Das Individuum „beteiligt" sich mit seiner Lebensgeschichte, mentaler, körperlicher und „weltlicher" Existenz an die Umfor-

---

[40] Interview mit Herr Dr. W. E. Ingenieur in Jena. A. LU: 1994, 2

[41] Die Erforschung des Lebens einer Gruppe oder einer Ethnie, so wie sie in der traditionellen Soziologie verstanden wurde, ist in unserer Hinsicht nur Mittel zum Zweck, kein Hauptziel.

[42] Vgl. Berger, Peter L./Luckmann, Thomas: Die gesellschaftliche Konstruktion der Wirklichkeit. Eine Theorie der Wissenssoziologie. Frankfurt am Main: Fischer, 1980; Berger, Peter L.: Zu Dialektik von Religion und Gesellschaft. Elemente einer soziologischen Theorie. Frankfurt am Main: Fischer-Taschenbuch-Verlag. = Engl. The Sacred Canopy. Elements of a Sociological Theory of Religion, 1988.

mung der Gesellschaft, die sich als ein geformtes, lebendiges Wertesystem der sozialen Strukturen weiterentwickelt, und gibt ihr auch ein Gesicht. Im Gegenzug erhält der Mensch eine Identität, an der er, auf der Suche nach dem perfekten Erkenntnisstatus, lebenslang bastelt und arbeitet. So werden zusammen, gesellschaftliche Lebensformen des objektiven Handelns und menschliche Aktivitäten, zu Realität, die als Bestandteil unserer Welt gewollt oder nicht gewollt bleibt.[43] Kurz verdeutlicht: Es gibt keine Gesellschaft ohne Mitwirkung des Menschen und das Individuum wird durch das soziale Wertesystem wahrgenommen, beeinflusst und in seiner Identität geformt. Ein Beispiel: Nach der Wiedervereinigung wurde die Bezeichnung „deutsch" ausschließlich für die westliche „Bevölkerung" verwendet und die Fremdsituation demnach ließ sich in zwei Teilbereiche gliedern. Das Ost-Volk in den neuen Bundesländern schien mit der neuen Identifizierung nicht sehr viel anfangen zu können. Dieser Teilbereich der Identitätsdynamik ist eine mögliche Erklärung dafür warum Unmut und Unzufriedenheit nach wie vor im Osten spürbar und präsent sind. Letztere sind jeweils mehr in der rechten politischen Richtung gesetzt. Die Parolen gegen die Diktatur und für Demokratie von damals wurden schnell mit „Ausländer raus! Deutschland den Deutschen!" ausgetauscht. Dennoch werden fremdenfeindlichen Positionierungen nach wie vor vorzugsweise den Werktätigen von gestern zugewiesen, die meistens die Armen von heute geworden sind. Man darf auf gar keinen Fall in vielen Lebensbereichen der ostdeutschen Identität Radikalität bescheinigen. Die nationalistische Verfasstheit in Ostdeutschland hängt meistens von der gegenwärtigen sozial-politischen Situation ab. Die „Ausländer" werden entweder als „Störfaktor" der Vertrautheit der eigenen Welt von Einheimischen wahrgenommen oder als benötigte Bereicherung in weniger scharfer Abgrenzung geduldet. In der gegenwärtigen Identitätssuche sind soziale hybriden Identitäten auch gesellschaftsintern von Paradoxien gekennzeichnet. Damit verbunden ist das Bestreben der Einheimischen sich mit der deutschen Nation (West) zu identifizieren, das in gleichen Orientierungsmustern und Diskontinuitäten geteilt werden kann wie die hybride Ostidentität. Vor diesem Hintergrund sind Ostdeutsche und Ausländer im Osten nach wie vor gleichermaßen mit fast identischen „Fremdheitserfahrungen" konfrontiert, welche Einheimische in der gleichen Weise teilen. Als gemeinsamer Nenner für die widersprüchlichen Gemeinsamkeiten zwischen Einheimischen und Fremden könnte die ähnliche Wahrnehmung von Übergangserfahrungen von einer gesellschaftlichen Ordnung, Sozialismus, in eine andere –

---

[43] Ebda.

Marktwirtschaft / Kapitalismus, thematisiert werden. Folglich wird die Festlegung von gesellschaftlichen Lokalisationen und typischen sozialen Positionen von bleibenden Fremden, ohne in einen politischen Diskurs zu geraten, von großer Bedeutung. Das Dilemma, ihre Erfahrungsgehalte und die Identitätsproblematik, thematisieren zu wollen, verschärft sich in Prozessen der Konstruktion sozialer Identitäten vor dem Hintergrund ethnischer Zugehörigkeit und kultureller Wahrnehmung, von der sich man nicht richtig distanzieren kann: Alltägliche Anpassung, Verklärung des sozialistischen Alltags, das zwiespältige Verhalten zwischen Ablehnung und Anpassung, Ein- und Ausgrenzung etc.

1.3 Postsozialismus und Ich-Identität als Interkulturalität

Die Sonderbarkeit und Komplexität der postsozialistischen Interkulturalität weisen über die unterschiedlichen Identitätskonzepte hinaus, die in dem osteuropäischen bzw. sozialistischen Alltag tief verankert waren. Diese Muster im Umgang mit Fremdheit sind für die Konstitution der neuen Interkulturalität entscheidend und bilden die Quellen-, Einsichts- und Pflichtgrundlage jeder postsozialistischer Identitätssuche oder eines Mentalitätsvergleichs, in diesem Fall, zweier Kulturen, die in ihrem Dasein, ihrer Geschichte und ihrer Erinnerungskultur unterschiedlicher nicht sein können. Dabei entstandene Ich-Identitäten konstituieren in spezifischer Art und Weise die Spannungsfelder zwischen individuellen lebensgeschichtlichen Erfahrungen während des Sozialismus und der Zeit des Umbruchs nach 1990.

In Abgrenzung zu den vorwiegend quantitativ und auf historische Aufarbeitung der sozialistischen DDR-Vergangenheit zielenden Ansätze,[44] entstanden ab Mitte der 90er Jahre wenige Untersuchungen, die sich mit der Spezifik der neu definierten Identitätsdynamik und Interkulturalität qualitativ beschäftigen. Der angesprochene Vergleich richtet sich auf Ost-Ost-Interkulturalität bzw. Migration in Grenzen des europäischen Ostens vor und nach der Wende und gleicht einer individuellen Bewertung der Kultur des Alltags auf beiden Seiten. Dabei werden die eigenen Einsichten in dem „Anderen" unbewusst sicher untergebracht und bereits hypothetisch als Ost-Kontext abgeleitet.[45]

---

[44] Vgl. Schröder, Klaus: Der SED-Staat: Partei, Staat und Gesellschaft. München: Hauser, 1998; Kaelble, Hartmut (Hrsg.): Sozialgeschichte der DDR. Stuttgart: Klett-Cotta, 1994.

[45] Vgl. Dahn, Daniela: Vertreibung ins Paradies: unzeitmäßige Texte zu Zeit. Reinbek bei Hamburg: Rowohlt TB, 1998; Uslowa, Lilia: The Postcard. A Visual and Textual Form of Communication. In: Dagnoslaw Demski, Anelia Kassabova, Ildiko Sz. Kristof, Kamila Baraniecka (Eds.) The Multi-mediatized Other. The Construction of Reality in East-Central Europe, 1945-1980. Budapest: L'Harmattan, 2017, p. 484-503.

Der osteuropäische Fremde im Osten ist immer präsenter gewesen als die Migranten und Gastarbeiter im Westen, die ursprünglich in geschlossenen ethnisch strukturierten Gesellschaften lebten. Die gesellschaftliche Präsenz eines Ost-Intellektueller könnte vielseitig bedingt sein: sowohl staatlich und institutionell über kulturellen Austausch, Studium etc. als auch personell über berufliche oder private Kontakte (s. Texte, Postkarten-Archiv 1950-1990). Die Fremden in der DDR wurden ganz anders aufgenommen und wahrgenommen von Einheimischen als die Ausländer auf der anderen Seite des Eisernen Vorhangs. Die ideologisch positionierte Stellung des Ausländers im Osten, früher als „Bruder oder Schwester" definiert, kann aus heutiger Sicht äußerst gefährlich für die Objektivität eines postsozialistischen Identitätsbilds sein, weil sie Spannungen und Anfeindungen der Vergangenheit verdeckt. Im Alltag wirkt sich die Sonderstellung überwiegend positiv aus: in vielfältigen privaten Kontakten, beruflichen und kulturellen Austausch, Studentenaufenthalten, Urlaubs- und Dienstreisen etc. (s. Texte, Postkarten-Archiv). Sie können aber genauso falsche Vorstellungen liefern, demnach können gestellten, fehlerhaften und lückenhaften Identitätsmerkmale „des Anderen" entstehen. Dennoch ist gerade die kritische Auseinandersetzung mit der „Aufnahmekultur", mit dem fremden Gedankengut die eigentliche Triebkraft für jegliche Identitätsdefinierung in einer Umbruchszeit. Interkulturalität und Ich-Identität richteten sich auf Erfahrungen und Traditionen, die lediglich durch den unterschiedlichen Ankommens-Kontext in der DDR und nach 1990 - in der BRD schien eine systematische Unterscheidung der jeweils damit verbundenen Lebensverläufe nahe zu legen. Nichtsdestotrotz stellte sich der Künstler- oder Fachkräfteaustausch vorwiegend Möglichkeit zur beruflichen Realisierung im Ausland dar, die bereits im zwischenstaatlichen rechtlichen Zusammenhang auf ständigen Wohnsitz und Arbeitsleben in der DDR hin stufenweise aufgebaut worden war. Die Umsetzung der inneren sozialistischen Migration wurde durch ideologische Unifizierung bzw. Wir-Identität erheblich erleichtert. Erwartungsgemäß war die subjektiv-objektive kollektive Wahrnehmung ständig präsent und funktionierte hervorragend. Sozial-politisch geförderten Integration und Toleranz wurden durch weitgehende Entsprechung des Obrigkeitsgefüges thematisiert und bestimmt, die Kollektividentitäten sowjetischen Typs durch überwiegend positive Bedeutung, nämlich sozialistisches Zusammenleben und gegenseitige Hilfsbereitschaft, gekennzeichnet. Die „versteckten" Rassismus, Rechtsradikalismus, Ausländerfeindlichkeit gehörten nicht dazu und wurden systematisch verschwiegen. Sie kamen mit den Montagsdemos ins politische Geschehen und waren in dem Spruch „Wir sind ein Volk" deutlich zu spüren.

„J. W.: Ein großes Problem, mit dem wir Ausländer im Osten nach 1989 konfrontiert wurden, war die zunehmend verbreitete Ausländerfeindlichkeit im Alltag. Nach 1989 kam es zu Beleidigungen und Übergriffen. Auch ich wurde in der Stadt von deutschen Jugendlichen verbal beschimpft und es wurden Parolen gebrüllt: Ausländer raus, ihr nehmt uns die Arbeitsplätze weg! Da wurde ich ganz wütend und hatte Angst. Nichts gesagt, weiter gelaufen... Sollte ich reagieren und die Situation eskalieren lassen?"[46]
Selbst bei einem ständigen Wohnsitz und unbefristeten Arbeitsvertrag gab es Anfeindungen und die „gegenseitige Wirtschaftshilfe" als gemeinsamen Bezugspunkt, der zwar nicht von allen gerne geteilt wurde, aber ein Zusammenleben zumindest potentiell ermöglichte, existierte nicht mehr. Die Fremderfahrungen im Ost-Lande wurden sofort aus dem unmittelbaren Zusammenhang der Aus- und Einwanderung im westlichen Sinne kaum als positive Diskontinuitätserfahrung, welche sogar das ganze Leben beeinflusst hätte, verstanden und im öffentlichen Raum negativ thematisiert. Das Fremde erschien vielmehr als Sündenbock bzw. Mittel zur Wiederherstellung der Kontinuität des sozialen Friedens vorwiegend im beruflichen Bereich. Im familialen Bereich wurden die bilaterale Familien nicht direkt betroffen: Die DDR-Bürgerinnen galten als „Super Heiratschance" aufgrund des relativen Wohlstandes der DDR, das „Schaufenster des Sozialismus"[47], im Vergleich zu anderen Soz.-Ländern. „Migration" im sozialistischen Sinne existierte eigentlich nicht. Die beruflichen oder privaten Bewegungen innerhalb des Systems erwiesen sich mehr als „Spezialisten-Austausch" um Fachkräftemangel zu bekämpfen als Arbeitsmigration, die innerhalb eines einheitlichen unifizierten Systems, das kulturelle oder nationale Differenzierungen gemieden hatte. Im Rahmen der internationalen sozialistischen Fundierung resultierte für die „Ostfremden" keine öffentlich thematisierte und demonstrierte Fremdenfeindlichkeit. Die Problematik, Fremdsein, Unterschiede und Ausländerfeindlichkeit wurde nach 1990 alltäglich öffentlich thematisiert. Gleichzeitig erlebten in wenigen Fällen die Ostfremden strukturelle bzw. institutionelle Diskriminierung und dürften ihre beruflichen Kompetenzen hinsichtlich der Funktionsweise neuer gesellschaftlicher Systeme ohne Einbrüche fortzusetzen. Die fast kultische bzw. spezifische Bedeutung des Be-

---

[46] Interview mit Frau J. W., A. LU: 1997
[47] Interview mit Herrn L. K. seit 40 Jahren verheiratet mit einer „Ostdeutschen". A. LU: 2013

triebes (VEB) und die generelle Sicherheit des Arbeitsplatzes wurden marktwirtschaftlich abgewickelt. Die Arbeitslosenquote nach der deutschen Vereinigung in Thüringen war fast 20% hoch, die Ausländerquote bezifferte sich auf weniger als 1%.[48] Die Ostfremden wurden in spezifischer Weise von dem sozialen, wirtschaftlichen und ideologischen Umbruch von 1989 betroffen. Die neuen Zuschreibungen und die sozialen Verunsicherungen, beruflicher wie familiärer Natur, und die mit der Wende einhergehenden fremdenfeindlichen Thematisierungen lösten ein explizites Umdenken der nationalen Herkunftskultur.

Die populärste rechtsgerichtete Subgruppe, die der Obrigkeit nicht unbekannt war und auch gegenwärtig existiert, sind die Skinheads:

„[...] die sich in informellen Gruppen zusammenschlossen, um eigenständige, andere Freizeitprofile zu entwickeln als die von der uniformierte Gesellschaft vorgeschriebenen. Ihre Jugendkultur wurde als „Nachäffen" westlicher Verhaltensweisen kritisch und argwöhnisch betrachtet, doch eine rechtsextreme Gefahr sah noch niemand. "[49]

Die Skins sollten sich sehr wohl schon, während der sozialistischen Zeit, mit Themen wie „Ausländer in der DDR", „Nationalsozialismus und Zweiter Weltkrieg", „Teilung Deutschlands" usw. auseinandergesetzt haben, aber sie haben keine Fremden angegriffen wie alle Befragten bestätigt haben. Die Vertragsarbeiter, die politische Flüchtlinge, die Künstler an den ostdeutschen Bühnen haben kaum fremdenfeindlichen Übergriffe erlebt und gezielte Ausländerfeindlichkeit gespürt. Skinheads, Punks, Grufties und ähnliche alternative Gruppen waren als Randerscheinungen betrachtet und von der Bevölkerung als Dekadenz ignoriert. Die Skinhead-Gruppen entwickelten Gewaltpotenzial, das sehr von der Obrigkeit unterschätzt worden war. Es hat sich ab Mitte der achtziger Jahre als Drohungen gegen Punks, Grufties, Homosexuelle, Juden, Ausländer, damals Vertragsarbeiter aus Afrika, Polen, Vietnam, Kuba u.a. bemerkbar gemacht.[50]

Die Vorfälle, die öffentlich bekannt geworden waren, wurden überwiegend hinter vorgehaltener Hand erzählt und insgeheim von der Bevölkerung bewundert. Eine allgemein vergleichbare Erscheinung in den anderen RGW-Ländern war die Ausgrenzung von Sinti, Roma und Zigeuner. Anfang der achtziger Jahre gab es in Bulgarien einige politisch nicht gut ausgereifte und

---

[48] Vgl. Statistisches Jahrbuch für Thüringen. Erfurt: Statistisches Landesamt, 1991, S.25.
[49] Vgl. Ködderitzsch, Peter/Müller, Leo A.: Rechtextremismus in der DDR. Göttingen: Lamuv Verl., 1990, S. 11.
[50] Ebda. S. 13.

historisch bedingte Entscheidungen, die große Aufregung in den Menschenrechtsorganisationen ausgelöst hatten. Sie betrafen die „christliche" Namens-
änderung und eine beabsichtigte institutionelle Umwandlung der zweiheimischen Identität der muslimischen und türkisch sprechenden Minderheiten in
Bulgarien und letztendlich für eine große Auswanderungswelle in die Türkei
- s. g. „Große Exkursion" sorgten. Der Bulgare selbst blieb tief in seiner
Seele tolerant und hilfsbereit wie schon Jahrhunderten davor.[51]
*„I. I.: Mein Nachbar ist Türke. Er hat mir damals den Hausschlüssel gege-
ben und bat mich immer mal nachzusehen, ob in seinem Haus alles in Ordnung sei, bis sich diese Idiotie ausgelebt haben sollte. Er kam auch wieder
zurück und ich konnte das Haus so übergeben wie die Familie es verlassen
hatte. Jetzt leben sie in Deutschland. Sie werden schon zurück- kommen. Ihre
Heimat ist doch hier, wo der Friedhof ist. Oder?"*[52]
Der Befragte hat, wie alle anderen Interviewteilnehmer egal wo sie wohnten,
immer wieder die starke Wurzelbindung jeder Minderheit oder in Diaspora
lebender Gruppe mit der Heimat als realen oder imaginären Raum betont.
Ebenso hinter vorgehaltener Hand wurde die Burschenschaft bzw. die Prinzipien der Urburschenschaft, gegründet am 12. Juni 1815 in Jena, als Studentenverbindungen, die für Nationalstaat und deutsche Identität standen und
stehen, bewundert. Nach dem Zweiten Weltkrieg wurden im Westen die Studentenverbindungen, die von Nationalsozialisten verboten wurden, wieder-
gegründet. Sie hielten mit den sogenannten „Alten Herren" in der DDR offiziell und aus Sicherheitsgründen diskreten, sehr eingeschränkten und gehei-
men Kontakt.[53] Die sozialistische Regierung der DDR, Margot Honecker war
in den 70er Jahren Bildungsministerin, wertete die Burschenschaften negativ
als nationalkonservativ-feindliche Verbindungen. In diesem politischen Kon-

---

[51] In der gegenwärtigen Flüchtlingskrise zeigen sich die traditionell toleranten und offenen
Bulgaren eher kritisch und misstrauisch. Sie verstehen die Fluchtwelle als Missbrauch des
Asylrechts mit der Begründung: Wenn jemand vom Krieg und Tod geflüchtet ist wird sich
über Dach, warmes Essen und Sicherheit freuen und nicht nach Geld fragen. Die Flücht-
lingsversorgung in Bulgarien beschränkt sich auf Unterkunft, Gesundheits- und Kinderver-
sorgung, und Verpflegung. Logischerweise werden die Bedingungen in Bulgarien als un-
würdig und verachtend von Flüchtlingen, die nach Deutschland illegal gekommen sind, ver-
schrien. Dort bekommen sie, im Unterschied zu Deutschland, kein Geld. Laut Dubliner
Abkommen sollen sie wieder nach Bulgarien abgeschoben werden. Sie wehren sich mit allen Mitteln dagegen, z. B. die Erklärung „Die Tasche mit den Pässen ist aus dem Boot ins
Wasser gefallen" soll glaubhaft machen, dass sie Syrier ohne Ausweise sind. Gesprächsrunden A-LU 2016 – 2017.
[52] Interview mit Herrn I. I. aus Polski Trambes, Bulgarien, A. LU: 2002
[53] Vgl. Ignasiak, Detlef : Jena und die deutschen Farben Schwarz-Rot-Gold. In: Der Schnapphans : Jenaer Heimatbrief. Heimatkreis Jena, Bd. 96.2009, S. 5-7.

text sollte die geschichtsträchtige verbindungsstudentische Kultur aus dem gesellschaftlichen Leben östlich des Eisernen Vorhangs verschwinden. Inoffiziell lebte sie in dem Bewusstsein der Bevölkerung weiter. FDJ und andere studentische Vereinigungen waren als Ersatzfunktion der Studentenverbindungen aus der Vorkriegszeit in der DDR gedacht. Erst nach 1990 wurden die alten Burschenschaften in den neuen Bundesländern nicht nur in der Geschichtsschreibung präsent und haben sich von Anfang an aktiv im Studentenleben engagiert. 1967 gab es eine Briefmarke in der DDR, die im Zusammenhang mit dem Wartburgfest 1817 im Umlauf gebracht wurde.[54]

Die Briefmarke hat die Aufschrift:

„Deutsche Patrioten, 1817, Studenten im Kampf für nationale Einheit, 35, Deutsche Demokratische Republik. "

Die Aufschrift sprach Bände. Die Burschenschaften wurden aus dem DDR-Bewusstsein halb-vertrieben, die Tradition inoffiziell halb-geduldet, und nach der Wiedervereinigung nicht nur auf dem Marktplatz Jenas zurückgekehrt. Die „Couleurstudenden" , in den Farben schwarz-rot-gold, prägen heute den studentischen Alltag im Hintergrund, bieten für Mitglieder, Ausländer ausgeschlossen, bezahlbaren Wohnraum[55] an und organisieren regelmäßig das Wartburgfest. Übrigens das Gasthaus „Grüne Tanne", die historische Gründungsgaststätte der Urburschenschaft in Jena-Wenigenjena ist heute saniert.[56]

Das Wartburgfest hat sich 2017 zum 200. Mal gejährt und wurde durch die Politik in Thüringen mit „gemischten Gefühlen" verfolgt und bewertet. Stefan Gruhner (Junge Union, JU) hat vor „einer" politischen Instrumentalisierung des Wartburgfests gewarnt:

„Wenn Politiker vom rechten Rand nur die nationalen Ideen sehen wollen, ohne dabei die Liberalen und demokratischen Ideale der damaligen Studenten zu würdigen, dann ist das eine gezielte Geschichtsumdrehung. "

Die linken Politiker sollten auch nicht die Burschenschaften gänzlich als „Rechtsextremisten abstempeln" und den demokratischen Engagement vieler „Couleurstudenten" vergessen. Die Ideen vom 1817 sind heute noch aktuell und Christian Carius (CDU), Landtagspräsident, zufolge ist das Wartburgfest

---

[54] Freundliche Erklärungen von Herrn Dr. H. R., A. LU: 1987. Die Briefmarke durfte ich nach langer Überzeugungsarbeit in der Sammlung des Herrn W. S. sehen. ; Vgl. Steiger, Günter: Urburschenschaft und Wartburgfest. Leipzig [u.a.], 1967

[55] Bezahlbare WGs in Jena, eine der teuersten Städte im Osten, sind Luxus. [Bem. Verf.]

[56] 2016 gab es Meldungen in den Medien, dass die Burschenschaft sich umstrukturiert und neu als Allgemeine Deutsche Burschenschaft betitelt hat. In Jena ist immer noch unter dem gleichen Namen präsent.

ein *„Meilenstein der Neuzeit"* und die Deutschen verdanken *„diesem gesellschaftlichen Ereignis viel: Dazu zählt, dass wir heute ein geeintes Deutschland unsere Heimat nennen können.* "[57]
Die Mechanismen der Entstehung, vor allem die Pflege einer Tradition mit
dazu gehörenden Symbolik und Brauchtum, als Merkmale der nationalen
Identität, unabhängig vom politischen Umfeld, sind fester Bestandteil der
Erinnerungskultur und des späteren hybriden Daseins. Die Bulgaren haben
Schwierigkeiten Traditionen aller Art zu pflegen und als dynamische Erscheinung bruchlos an der ethnischen Identität anzuschließen. Die Traditionen sind eher in Diaspora bzw. nach dem Umbruch 1990 besser wahrgenommen, verstanden und gepflegt gewesen. Seltenheitswert jener Tradition
ist ein allgemeines Merkmal moderner Gesellschaften, die komplexen Verhältnisse und gegensätzliche Interessen fordern und fördern. Die Beschwer-
nisse und die Förderung der Interkulturalität bzw. der Traditionspflege im
Sozialismus werden später in einem anderen Zusammenhang noch einmal
thematisiert.

1.3.1 Erinnerungskultur als individuelle Erfahrung: Beispiel Reisefrei-heit vs. Soziale Sicherheit

Erinnerungskultur, Identitätsdynamik und Hybridität bezeichnen, im engsten
Sinne, die Gesamtheit der sozialpolitischen Verhaltensmuster bzw. der Iden-
titätskonfigurationen einer Teilgesellschaft sowie einer Gruppe. Sie sind
durch alte sozial bestimmte oder neu entstandene Umgangsformen definiert –
damit werden Erfahrungen der Vergangenheit als Erinnerungen im Bewusstsein gehalten um sie gezielt zu vergegenwärtigen. Als gleichgestellt in dem
Prozess des Erinnerns stehen dabei die kollektiven wie subjektiven Wahrnehmungen historischer / realer Zusammenhänge aus einer überwiegend
subjektiven aktuellen Perspektive, weniger die Wiedergabe historisch-
objektiven Erkenntnissen. Es muss bzw. kann zwischen einer privaten und
einer öffentlichen Erinnerungskultur unterschieden werden. Logischerweise
enthält eine Kultur des Erinnerns zwei „ungleiche" Seiten. In der Regel ist es
so, dass kollektive Wahrnehmungen / Erinnerungen die subjektiven Wahrnehmungen / Interpretationen prägen. Diese Ungleichheit entsteht durch den
Einfluss der gesellschaftlichen Auseinandersetzungen, Veränderungen, Ver-

---

[57] Am 18. 10.1817 trafen sich rund 500 Burschenschafter und Professoren auf der Wartburg
bei Eisenach in Thüringen um ihren Protest gegen Kleinstaaterei und restaurative Politik
auszudrucken. Junge Union warnt vor Extremisten. In: Ostthüringer Zeitung – Thüringen,
Jg. 27/Nr. 244 vom 19.10.2017, S. 2.

hältnisse etc., denn er auf die Erinnerungskultur immer „ausgeübt" wird. Durch eine ausgeprägte Erinnerungskultur der angestrebten Wir-Identität während des Sozialismus werden die nicht so aufgenommenen / herausgestellten kollektiven Elemente meistens dem Vergessen preisgegeben.[58] In der DDR, wie in den anderen sozialistischen Ländern, gab es eine kollektive, unifizierte soziale Erinnerungskultur. Die Wiedervereinigung und der Zusammenbruch des sozialistischen Systems waren Anlässe die Formen des Erinnerns zu überdenken und Begriffe wie Demokratie, Individuum, Ich-Identität etc. neu zu definieren.

Der ideologisch gefärbte Begriff „sozialistische Demokratie" war nicht gleichzeitig dem Begriff „individuelle Freiheit" gleichgestellt. Die wirtschaftliche Sicherheit des Sozialismus: Arbeitsplatz, staatlich subventionierte Mieten und Lebensmittel des täglichen Bedarfs, niedrige Wohnbetriebskosten, wurde für die neue Freiheit aufgegeben. Die seltsame begrenzte Freizügigkeit ohne Reisefreiheit, die eine Erfindung der institutionellen Zeit war, wurde durch finanzielle Abhängigkeit und irreführende Einschränkungen ersetzt.

Es dürfen dabei zwei wichtige Elementen der Vergangenheit, bzw. der Erinnerungskultur, die später die Identitätsbildung grundlegend beeinflusst haben, nicht vergessen werden: die alltägliche Anpassungsfähigkeit und die Kunst die Grenzen der Ich-Identität selbst zu bestimmen, obwohl die kollektive Wir-Identität und ideologisch bestimmte Entscheidungsfreiheit sozialpolitisch im Vordergrund gestellt worden waren – z. B. staatlich subventioniertes Wohnen (Miete für 3-Raum-Wohnung mit Fernheizung ca. 60 M), Lebensmittelpreise (Brötchen - Weizen 0,05 M, Rogen 0,03 M etc.), Strompreis (0,08 M Kw/h.) u.a.[59]

„Die EVP für Grundnahrungsmittel, Arbeits- und Kinderbekleidung, Spielwaren etc. wurden häufig mit staatlichen Zuschüssen gestützt, d. h. die Herstellungskosten dieser Waren lagen teilweise deutlich über dem jeweiligen EVP. Langlebige Konsumgüter, Güter des gehobenen Bedarfs und Luxusartikel wurden dagegen mit erheblichen, staatlich festgelegten Preisaufschlägen verkauft."[60]

---

[58] Als Ausgangsthese. Vgl. Assmann, Aleida: Der lange Schatten der Vergangenheit. Erinnerungskultur und Geschichtspolitik. In: Schriftenreihe 633, Bundeszentrale für politische Bildung. Bonn, 2007
[59] Preise verschiedener Waren und Dienstleistungen in der DDR. In: http://www.ziltendorf.com/service/Rezepte/DDR/preise.htm (Abgerufen am 13.04.2017)
[60] Ebda. Abgerufen am 13.04.2017.

Dazu zählte *„[...]das Reisen im Käfig: Wir dürften nirgends in Urlaub fahren, außer an die Schwarzmeerküste und dort haben wir den Süden gefunden. Es war romantisch und als Reiseziel nicht immer erreichbar."*[61] Alle Gesprächspartner beschreiben bzw. erklären, dass ein historisch-sozialer Diskurs, der – wie in der ostdeutschen Erinnerungskultur über viele Jahrzehnte gängig – nur auf die Dämonisierung des westlichen Bösen setze, sein Ziel nicht erreiche. Ein Urlaubsplatz an der Schwarzmeerküste war ein der wichtigsten Statussymbolen jener Zeit (s. Texte, Postkartenarchiv, 1960-1990). Um den Traumurlaub zu erreichen hat nicht selten auch die Familie im Westen, wenn sie vorhanden war, geholfen und die Reise über GENEX gebucht.[62] In diesem Sinne wäre die Reisefreiheit, die allerdings keine war, als eine Herausforderung der menschlichen Freiheiten und Möglichkeiten ihrer eigentlichen Selbstverständnis nach als eine eher kollektive Erfahrung verstanden, die den einmal erreichten sozialen Statusstand als objektiven Zwischenstand in einem institutionell vorgeschriebenen erinnerungs- und geschichtskulturellen Prozess begreift, der sich mit der neuen Gegenwart nach 1990 selbst verändert. Diese subjektive Abwendung von einer fast „enthistorisierten" absoluten Obrigkeit und die Hinwendung zu den – positiven wie negativen – objektiven menschlichen Freiheiten und Grundrechte mehr emanzipatives Potential enthält, als die Erinnerungskultur zurzeit im Osten anbietet. Hier ist das Leben in einer Umbruchszeit selbst interessant, nicht nur das historische Ereignis. Die fehlende Reisefreiheit ist ein soziales Exempel dafür wie ein Grundbedürfnis des Alltags die Scheinwelt eines scheingerechten Systems zerstören kann. Ein Blick in das Gesetzblatt der DDR zeigt, dass der „reisewillige" Urlauber zuerst sich einmal durch ein

---

[61] Interview mit Frau I. L., langjährige Bulgarien-Urlauberin, Exquisit-Verkäuferin, A. LU: 2013

[62] „Auch 1968 ist es wieder möglich, seiner Familie oder seinen Bekannten in der DDR Inlands- und Auslandsreisen zu schenken. Bewohner der Bundesrepublik und Westberlins wenden sich an den Genex-Geschenkdienst, der in Westeuropa durch die dänische Firma Jauerfood vertreten wird. Dieselben Dienste tut auch der Genex-Geschenkdienst-Pavillon auf der Leipziger Messe. Inlandsreisen kann man in den Harz, in den Thüringer Wald und in die Ostseebäder verschenken; Auslandsreisen in die Sowjetunion, nach Rumänien, Bulgarien und Ungarn; Wintersportreisen nach Polen und in die ČSSR. Die Prozedur ist einfach: Der Bewohner der Bundesrepublik teilt Jauerfood Namen, Adresse, Personenzahl und gewünschtes Reiseziel seiner Angehörigen oder Freunde in der DDR mit. Genex setzt sich mit dem Begünstigten wegen des genauen Reisetermins und besonderer Wünsche in Verbindung. Danach erhält der Bundesbürger ein Angebot über die gewünschte Reise. Er kann sie über Postscheckkonto Hamburg oder über seine Bankverbindung an Jauerfood bezahlen. So lassen sich auch Familientreffen im Ausland arrangieren. Beispiel: gemeinsamer Urlaub am Schwarzen Meer oder am Plattensee." Geschenkter Urlaub durch Dänenfirma Jauerfood. In: Zeit, 3.05.1968, Nr. 18, Notizen für Reisende.

bürokratisches Dickicht tapfer schlagen müsste, um das Ziel „Urlaub an der Schwarzmeerküste" in einem modernen Hotel, zu erreichen:
„Immer wieder erreichen uns Leseranfragen, aus denen hervorgeht, dass Mototouristen nicht wissen, wo sie ihre Reise beantragen können. Wir veröffentlichen deshalb folgende Hinweise, die für Privatreisen verbindlich sind: Anträge auf Privatreisen nach VR Bulgarien, CSSR, VR Polen, SR Rumänien, UdSSR und Ungarische VR sind bei den für die Haupt- oder Nebenwohnung zuständigen Volkspolizei-Kreisämtern (bzw. den Meldestellen im Bereich der Hauptstadt der DDR, Berlin, in den zuständigen Volkspolizei-Inspektionen) in zweifacher Ausfertigung zu stellen (Vordrucke dort erhältlich) ... Durch die Dienststellen der DVP werden Reiseanlagen zum Personalausweis für Bürger der DDR ausgestellt. Die Benutzung von Reisepässen ist nicht möglich. ... Anträge auf Touristenreisen können bei jeder Zweig- oder Nebenstelle des Reisebüros der DDR unabhängig vom Wohnsitz des Antragstellers gestellt werden. Die Zweig- oder Nebenstellen des Reisebüros der DDR besorgen bei den zuständigen Dienststellen der DVP die Genehmigungen zur Ausreise aus der DDR. "[63]
Reisen in der Ferienzeit an der Sonnenküste Bulgariens oder Urlaub an der Ostsee waren besonders beliebt, teuer und daher schwierig zu bekommen. Besonders gefragt war der Urlaub mit FDGB-Feriencheck: *„**Herr Frost aus Hartha in Sachsen machte 1979 Urlaub im FDGB-Heim "Stranddistel", Neuendorf / Hiddensee und besitzt aus dieser Zeit noch ein paar Preisaufstellungen, welche er uns dankend zusandte. Er schrieb**[64]:*
„Der Urlaub auf Hiddensee war immer auf 2 Wochen begrenzt. Alles wurde vom FDGB kontrolliert.
Kosten der Unterkunft:
Gartenhaus neben dem Hühnerstall: 2,50 M pro Bett und Nacht Wohnhaus: 4,00 M pro Bett und Nacht (Deckbett mit Stroh, Wasser vom Hof, Waschschüssel, Plumpsklo, Waschwasserentsorgung auf der Wiese) Hotel: 10,00 M pro Bett und Nacht.

[63] Vor der Reise: Formalitäten bei Auslandsreisen /Gebühren für den Pkw. In: Der deutsche Straßenverkehr (1971) 6, S. 207.
[64] Alle Hervorhebungen Verf.

Speisenkarte

FDGB-Ferienheim „Stranddistel" Neuendorf/Hiddensee
Preisstufe 3
Sonnabend, 16.6.1979
Unseren Gästen empfehlen wir heute:

Mittagessen:11.30 bis 13.30 Uhr	
Nudelsuppe m. Rindfleisch	*0,70 M*
Broiler, Rotkraut, Salzkartoffeln	*3,85 M*
Gulasch, Beilage, Salzkartoffeln	*3,25 M*
Schweinebraten, Mischgemüse, Salzkartoffeln	*3,10 M*
Rinderbraten, Mischgemüse, Salzkartoffeln	*3,45 M*
Kasslerbraten, Sauerkraut, Salzkartoffeln	*3,10 M*
Mischobst-Kompott	*0,70 M*
Abendessen: 17.30 bis 19.30 Uhr	
3 Spiegeleier, Röstkartoffeln, Beilage	*2,50 M*
3 Rühreier, Butter, Brot	*2,50 M*
Steak m/Ei, Röstkartoffeln, Beilage	*3,85 M*
Roastbeef m/Ei, Röstkartoffeln, Beilage	*4,85 M*
Salamiplatte, Butter, Brot	*2,45 M*[65]

„Da versuchte mancher mit einem Päckchen Westkaffee oder Schokolade aus dem Inhalt des Westpakets seinem Urlaubswunsch bei der Betriebsleitung Nachdruck zu machen. Was tat man nicht alles um den organisierten Kollektivismus in Ferien im Ausland zu entgehen! Leider nicht immer mit Erfolg [...] oder man kaufte sich den Erfolg, mit viel Geld."[66]
„Mancher erfüllte sich einen Traum und reiste für 5.400 Mark drei Wochen zu „Fidel" und stieß dort mit Rum auf die Völkerfreundschaft an. Dieses Angebot richtete sich an wenige gutverdienende Paare, mittleres Alters. Der kleinere Traum war die Schwarzmeerküste Bulgariens oder eine Fahrt auf der Wolga. Das gab es in den 80ern schon ab 1.500 Mark. Diese Preise lagen weit über dem durchschnittlichen Urlaubspreis in der DDR."[67]

[65] Preise verschiedener Waren und Dienstleistungen in der DDR. In: http://www.ziltendorf.com/service/Rezepte/DDR/preise.htm (Abgerufen am 13.04.2017)
[66] Interview mit Senioren-Gestaltungsgruppe, A. LU: 2015.
[67] Urlaub, Klappfix, Ferienscheck: Reisen in der DDR. Berlin (2003): Eulenspiegel Verl., S. 19.

Mit der Klärung des sozialistischen Sozialtypus, mehr als Kollektiverfahrung weniger als Individualerfahrung, wendet man sich logischerweise deren Konsequenzen zu. Im Unterschied zu den älteren Kollektivtypen, die sich vorrangig im Wandel sozial-kultureller Bräuche und Alltags-Sittenkodex ausgewirkt hätten, bringe die moderne Identitätsfindung, nach 1990, einen neuen Persönlichkeitstypus hervor. Charakteristisch sei nun, dass das Individuum aus einer sozialistischen Ordnung – und hier sind deutlich politische Kollektivformen in Gestalt des Ostfremden sozialer Bindungen gemeint bzw. herausgelöst. Dabei werden Charakteristiken beeinflusst, die in neue Sozialisierung fließen können, allerdings mit der Gefahr, dass der postsozialistische Fremde mehr oder weniger die Kontrolle verlieren könnte, muss er aber nicht. Die Entbindung aus jeglicher Sozialordnung, die kollektive Strukturen befürwortet, sei jedoch die Grundlage für Innovation und Veränderung.

Die Erfahrungen und die individuelle Einstellung zu Gegebenheiten und Realitäten, sowie die Fähigkeit sich der mangelhaften Versorgungslage zu widersetzen, sind zum festen Bestandteil der damaligen Ich-Identität geworden. Die Formen des Widersetzens und der sozialen Anpassung waren keinesfalls „Mangelware" und daher vielfältig und breitgefächert. Mit der Zeit würde sich das angepasste oder im gewissen Sinne befreite Individuum wieder in eine Ordnung „integrieren" müssen, habe sich dabei aber irgendwie unmissverständlich grundlegend verändert, besonders wenn man sich von den sozialistischen Werten bewusst abgelöst und abgewendet hat.

„G.: Wir haben uns für den Eigenheimbau entschieden, ohne jeder Vorstellung vorhanden zu sein, was es bedeutete in DDR an Handwerkern und Baumaterialien ranzukommen. Man sollte sich, wenn keine Beziehungen und keine fachkundige, handwerklich begabten Verwandte vorhanden waren, rechtzeitig ohne zu zögern und trödeln, gleich früh um 7.00 Uhr vor dem Lager mit Baumaterialien einstellen und warten. Damit waren weder Ziegeln noch Fenster oder Holz gekauft."[68]

Nichtangepasste Individualität bzw. Ich-Identität ist demzufolge eine Übergangsform der späteren Hybridität, die logischerweise gravierende Veränderungen in der persönlichen Existenz wie in der Gesellschaft (privates Eigentum vs. Volkseigentum) hervorbringen kann.[69] Die Fokussierung der These des Vaters der Stadtsoziologie, Georg Simmel, über die sozialen Verknüp-

---

[68] Interview mit Familie G. am 15.10.2010, A. LU: 2010
[69] Hier ist ein gravierenden Unterschied zwischen Bulgaren und Ostdeutschen zu verzeichnen: Das private Eigentum in Bulgarien konnte nie abgeschafft werden. Ca. 80% der Bulgaren besaßen damals Eigentumswohnungen oder Häuser. Heute – fast 90%.

fungen des Zusammenseins in Raum und Zeit lässt sich bis in die hybride Identitätsfindung bedingt eingeschränkt verfolgen:

„Das zufällige Zusammensein in Raum und Zeit reicht zunächst hin, um die Vorstellungen psychologisch zu verknüpfen; die Vereinigung von Eigenschaften, die einen konkreten Gegenstand bildet, erscheint zunächst als ein einheitliches Ganzes, und jede derselben steht mit den andern, in deren Umgebung allein man sie kennen gelernt hat, in engem associativem Zusammenhang." [70]

Die hybridisierende Identitätsentwicklung findet logischerweise vor allem im kulturellen / ethnischen Gemisch städtischer Sozialstrukturen statt und ist dort in ihrer klassischen Form zu beobachten. In diesem Fall findet Parks Assimilation bzw. Akkulturationsthese nur in einem Punkt Anwendung und zwar bei der gespaltenen hybriden Identität nach 1990. Der Prozess betrifft Ostdeutsche und Ausländer im Osten gleichermaßen:

„In these immigrants autobiographies the conflict of cultures, as it takes place in the mind of the immigrant, is just the conflict of "the divided self", the old self and the new." [71]

Mit einer gespaltene Hinwendung zu Erinnerungen bzw. Biografien von Ostdeutschen und Fremden im Osten wird der typische Sozialkonflikt des Identitätsaufbaus in einer zeitlichen Dimension als einer Bruch zwischen einem vergangenen und einem präsenten „Selbst" betrachtet und verstanden. Hier handelt es sich eher um Konflikt zwischen einem ideologisch bedingten gesicherten Dasein bzw. an das entsprechende Wertesystem gebundenen „Selbst" und einem kontroversen System, z. B. der Ostdeutsche als Bundesbürger. Der Konflikt zwischen zwei Kulturen trägt eine „zusätzliche" Identitätsherausbildung aus, die man als dreifache Schichtung der hybriden Identitätsdynamik bei Ausländern im Osten beobachten kann, d. h. die „mitgebrachte" Nationalidentität, kollektive Wir-Identität und die neu geformte Ich-Identität dazu.

---

[70] „In diesen Immigranten-Autobiografien ist der Konflikt der Kulturen, wie er im Bewusstsein des Einwanderers stattfindet, nur der Konflikt des "geteilten Selbst", des alten Selbst und des Neuen." In: Simmel, Georg: Über die Kreuzung socialer Kreise In: Über sociale Differenzierung. (Sociologische und psychologische Untersuchungen) Leipzig: Duncker & Humblot, 1890, S. 100.

[71] Park, Robert E.: The Marginal Man. In: Park, R. E.: Race and Culture. London: Macmillan, 1928/1950, S. 355; „In diesen Immigranten-Autobiografien ist der Konflikt der Kulturen, wie er im Geist des Einwanderers stattfindet, nur der Konflikt des "geteilten Selbst", des Alten und des Neuen." [Übers.Verf.]

1.3.2 Erinnerungskultur als kollektive Erfahrung

Säkulare Kollektiverfahrung und die Zerrissenheit des Individuums in Umbruchzeiten sind entweder synchron neben einander bestehende oder diachron nacheinander eingereihten in der Biografie / Lebensgeschichte relevant werdende Charakteristika der Identitätsfindung und der Identitätsdynamik. Solche Erfahrungen könnte man als Transformationskrisen bezeichnen und somit logischerweise zum Erfahrungskontingent fast eines jeden Ost- oder Westmenschen gehören. Sie können einen vorübergehenden oder permanenten Charakter haben und würden das umgewandelte Typus-Konzept hervorbringen. Es hängt von der „Tiefe" der Transformationskrise und der historischen Umwandlung des Fremden oder Einheimischen insbesondere im Osten ab.

Das Kriegsende, war der Anfang einer europäisch „lokalisierten" Transformationskrise, die den langersehnten Frieden nach Europa brachte, und hat dabei vielen Wunden, äußerlichen und seelischen, hinterlassen. Die äußerlichen Ruinen waren sichtbar schnell behoben, von den Generationen der „Trümmerfrauen", Vertriebenen, Rückkehrern und vor allem von den Überlebenden wiederaufgebaut. Des Weiteren gab es eine Vielzahl von Problemen und Gefahren, denen die Nachkriegsgenerationen während und nach ihrer „Rückkehr" zur Normalität ausgesetzt waren: Auch wenn in dem Gebiet, in das die Menschen zurückkehren sollten, damit sind Vertriebenen gemeint, wieder Frieden herrschte, hießen sie nicht überall willkommen. Auf dem Weg dorthin wurden sie als Feinde getötet, vergewaltigt und in der alten Heimat Deutschland nicht gewünscht.[72] Dass sie in dieser Zeit Schutz als „Flüchtlinge" bzw. Vertriebenen benötigt haben und bekommen sollten, hat es niemanden interessiert. Heute gilt der Grundsatz:

„Solange Flüchtlinge außerhalb ihres Heimatlandes sind, stehen sie unter dem Schutz des internationalen Flüchtlingsrechts."[73]

Die Frage nach der Heimat hat sich damals anders gestellt als heute und zwar: Konnten die Vertriebenen überhaupt eine Heimat wieder finden oder waren die Erinnerungen, die sie mit dem oder in dem Koffer gebracht haben die Einzige, die an eine für immer verloren gegangene Heimat erinnerten? Jede Familie mit einer „Vertriebenen- und Aussiedler-Geschichte" meidet

---

[72] Interviews Nordic Walking Gruppe, Bieblacher Hang Gera, A. LU: 2015
[73] Die Rechte der Flüchtlinge sind gesichert durch den UN-Zivilpakt; in bewaffneten Konflikten greifen die Genfer Konventionen von 1949.

den Gebrauch des Begriffs „Vertriebene" oder „Aussiedler".[74] Das gleiche Phänomen wurde auch in bulgarischen Familien beobachtet, die während des osmanischen Jochs, unter Einsatz ihres Lebens, die Territorien des heutigen Bulgariens verlassen haben. *„Es schadet der Erinnerung und das Identitäts-bewusstsein leidet darunter"* - war öfters in Gesprächen ausdrücklich betont. Durch diese Aussage sind eine Vielzahl von Phänomenen und Erfahrungen unter den „Zweiheimischen / Randseiter" miteinander verbunden, auch solche, die unabhängig von Vertreibung, Migration und Auswanderung durch soziokulturelle Minderheitserfahrungen in einer Mehrheitsgesellschaft beobachtet wurden. Allerdings was immer aufs Neue fasziniert hat war die ununterbrochene Suche nach den Wurzeln. Hüben und drüben, hier und dort.

„G.: Unsere Familie kommt aus dem Sudetenland. Meine Mutti hat immer gesagt, bei uns ZU HAUSE' und damit hat sie unser Dorf im Friedland, heute Tschechien, gemeint. Sehen Sie, ich sage auch, unser Dorf obwohl das Dorf gar nicht kenne. Ich habe Mutti immer gesagt, dass wir hier unser ,ZU HAUSE' gefunden haben und dort ist ja nichts mehr. Ihre Antwort: Ah, du kannst es nicht verstehen. Dort sind die Gräber geblieben, dort ist unsere Taufkirche. Du verstehst das nicht."[75]

„C. M.: Die Familie meines Mannes stammt aus Sudetenland. Er war fünf Jahre alt als die Familie fliehen sollte. Die Mutter hatte seinen großen Steiff-Teddybär bei den Nachbarn gelassen in der Hoffnung, dass es ein baldiges Zurückkommen geben würde. Viele Jahre später, nach dem Mauerfall, fuhren wir, mein Mann und ich, nach Tschechei um seinen Teddy zu suchen und eventuell abzuholen. Der Teddy war wohlbehalten da, aber die Nachbarn von damals wollten das Lieblingsspielzeug meines Mannes nicht abgeben. Nach langen Verhandlungen haben wir endlich geschafft seine Kindheitserinnerung teuer zu kaufen. Wir sind nicht die einzige Familie, die ihre Vergangenheit und Erinnerungen in Bruchstücken zusammen gesucht hat. Die Erinnerungen bleiben ein Leben lang, bis zum Tode."[76]

Die Erinnerungskultur beinhaltet aber auch die Fähigkeit einen Schlussstrich ziehen zu können und die Vergangenheit als ein Teil der Zukunft zu betrachten. Ungeachtet der mit dieser Einstellung möglicherweise verbundenen Argumentationsabsicht, mit Vertreibungs- und Migrationsprozessen zusammenhängende soziale Konflikte letztlich als etwas Positives darzustellen,

---

[74] Vgl. Lorenz, Hilke: Heimat aus dem Koffer: Vom Leben nach Flucht und Vertreibung. Berlin: Ullstein, 2009.
[75] Ein Gespräch mit Schw. G. Gera, A. LU: 2015
[76] Interview mit Frau C. M. Gera, A. LU: 2014

versteht die Gestaltung des Neuwandels durch Konflikt zwischen verschiedenen und wohl möglich gegensätzlichen Kulturen schwarz-weiß polarisiert und einfach.

„Wir waren Umsiedler aus Schlesien, Waldenburg. Dort hatten wir ein eigenes Haus. Nach dem Krieg wohnten wir in einem Bauernhof mit Kohlenheizung und Gemeinschaftsbad mit Warmwasser. Es wurde im Kuhstall gebadet und auf dem Heuboden geschlafen, vier Jahre lang. Kein Luxus."[77],

„ Ich bin in Gera, Wiesestraße 105 geboren. Meine Eltern waren als Flüchtlinge aus Schlesien nach Gera gekommen. Sie bekamen ehemalige Bodenkammern als Wohnung zugewiesen, was zu dieser Zeit verständlich war. Die Räume waren ca. 2 m hoch, die Fenster begannen in 0,50 m Höhe und waren ca. 0,80 m hoch. Dieser Wohnraum war eigentlich für Kinder viel zu gefährlich, denn die Fenster waren frei zugänglich. Wir hatten als Kinder aber keine Angst gehabt und saßen sogar oft auf dem Fensterbrett um nach unten zu sehen, was vorbeigehende Passanten schockierte. Wir machten uns daraus einen Spaß."[78]

„K. R.: Wir waren nicht gewünscht. Es gab Hunger und Lebensmittel zu finden war nicht einfach. Jeder hatte mit sich selbst und mit dem täglichen Überleben zu tun. Die Kartoffeln waren kostbares Gut und die Bauern haben, auch fünf Jahre nach dem Kriegsende, immer noch Wucherpreise verlangt."[79]

In den meisten Fällen bedeutete „Rückkehr" in eines seit Generationen verlassenes Heimatland noch nicht das Ende einer Zeit der Flucht und des Leidens oder die Rückkehr in ein normales Leben. Denn eine direkte Rückkehr zum ehemaligen Wohnort war für Vertriebenen oder Aussiedlern überhaupt nicht möglich. So einen Ort gab es nicht mehr. Es hat Monate oder Jahre gedauert bis sie in die „alte" Heimat angekommen waren. Vertriebenen und einige Rückkehrer waren während dieser Zeit in der gleichen Situation wie „Binnen Flüchtlinge" - und so sollte auch ihnen in der Zwischenzeit, bis zur Reintegration in ihre ehemalige oder historische Heimat, der Zugang zu Nahrung, Wasser, Unterkunft, gesundheitliche Versorgung und Bildung ermöglicht worden sein. Zudem waren nach lange andauernden Aussiedlungen möglicherweise ganze Generationen in altdeutschen Gebieten aufgewachsen, sodass die Deutschen aus Ostpreußen, Schlesien, Sudeten und Pommern, die

---

[77] Anonymes Schreiben vom 24.04.2015, A. LU: 2015
[78] Anonymer Autor, Erinnerung, vom 4.06.2015, 11.00 Uhr, A. LU: 2015
[79] Interview mit Herrn K. R. , 12.05.2012, A. LU: 2012

nach dem Krieg „übrig" gebliebenen Länder nicht mehr richtig kannten.[80] Oft sollten viele Frauen eine neue, ungewohnte Rolle als Familienoberhaupt und „Brötchen-Verdienerin" annehmen. Dass die Menschen aus dem Gleichgewicht der Normalität ausdrifteten war es natürlich kein Wunder. Die seelischen Wunden heilten nicht so schnell wie der wirtschaftliche Wiederaufbau vorangetrieben wurde. Sie blieben und prägten gewaltig die spätere Identitätssuche des neuen Europäers auf beiden Seiten des Eisernen Vorhangs. Auch wenn Vertriebenen die Rückkehr nach dem Krieg keineswegs als unvereinbar mit ihrer deutschen Heimat / Lebenswelt begreifen, so wird ihnen, besonders der ersten Generation, doch bewusst, dass sie "anders" als die Angehörigen der Mehrheitsgesellschaft sind. Dieses Anderssein kann fast immer auf einer konkreten sozialen, im gewissen Sinne, hybriden Ausgrenzungserfahrung basieren, es kann auch aus dem „mitgebrachen" kulturellen Innenraum entstehen. Diese sozialstrukturelle Gruppe und die Fremden stehen für Begriffe wie Überschreitung von Grenzen, Hybridität, kulturelle Interaktion und Neuverortung von Identitäten in Deutschland und Europa.[81] Dies wiederum beinhaltet drei Stufen: eine erste Stufe des Kennenlernens oder der Kontaktsuche, zweite Stufe – des Kampfes um Arbeitsplatz oder Wohnung, dritte Stufe des Ankommens oder der Assimilation – das Zusammenfinden mit der Mehrheitsgesellschaft oder die ethnische bzw. hybride Verschmelzung. Die ideologisch-politische Teilung Europas hat ohne Zweifel dazu beigetragen, dass es sich eine komplexe und tiefst widersprüchliche nationale fast hybride Identität, egal in welchem Land, herausgebildet hat. Das Ziel war hierbei stets, eine Rückkehr in Normalität und Würde zu ermöglichen und dabei insbesondere die kulturelle und ethnische Identität zu beachten. Die Erinnerung an dem Krieg, an den Millionen sinnlosen Opfern, an Flucht und Vertreibung hat einen sehr langen Schatten gehabt, der weder die Verwirrungen der Seele noch die avantgardistische und rebellische Kritik an der repressiven Gesellschaft auslöschen konnte. Künstlergruppen wie SPUR und CoBrA, gegründet 1957/58 in München, suchten Antworten vieler gesellschaftlichen Fragen, waren die intellektuellen Wegbereiter der 68er Bewegung und der Studentenrevolte im Westen. In dem berühmten Flugblatt setzte sich die Gruppe CoBrA mit etwas unsittlichen „markigen" Worten vom Kunstbetrieb

[80] Vgl. Benz, Wolfgang (Hrsg.): Die Vertreibung der Deutschen im Osten: Ursachen, Ereignisse, Folgen. Frankfurt a. M.: Fischer-Taschenbuchverl. 1995.
[81] Vgl. Habermas, Jürgen: Die Einbeziehung des Anderen. Studien zur politischen Theorie. Frankfurt/M.: Suhrkamp, 1996.; Vgl. Hobsbawm, Eric/Ranger, Terence (eds.): The Invention of Tradition. Cambridge: Cambridge Univ. Press. 1992.

und Kulturansichten ab und forderte: *„Wer Kultur schaffen will, muss Kultur zerstören."* Die Künstler sprechen der Kunst jeden Bezug zur Wahrheit ab und nennen die abstrakte Malerei einen *„hundertfach abgelutschte[n] Kaugummi".* Sie fordern *„den Kitsch, den Dreck, den Urschlamm, die Wüste", „den Irrtum, einen ehrlichen Nihilismus"* und prophezeien die Malerei der Zukunft als „polydimensional" [heute keine utopische Vorstellung mehr - Bem. Verf.]. Als jeweils „dritte Welle" setzten sie sich in die Tradition des Tachismus, des Dada, des Futurismus und nicht ohne Grund des Surrealismus. Das Manifest schließt mit beschwörungsartigen Formeln: „SIND WIR DIE DRITTE WELLE. Wir sind ein Meer von Wellen (SITUATIONISMUS). WIR SIND DIE MALER DER ZUKUNFT!"[82]
Im europäischen Osten zeigten die Proteste ein ganz anderes Gesicht. All das gehörte zur, in vieler Hinsicht hässlichen oder doch unvorteilhaften Glanzseite des Sozialismus; aber damit war das Leben der Menschen in jedem Staat nicht vollständig definiert. Die Volksaufstände: DDR – 1953, Ungarn – 1956, Tschechoslowakei – Prager Frühling 1968, die die Zerstörung der sozialistischen Kultur ca. 40 Jahre später prophezeiten, zeichneten gleichzeitig das Anpassungsmuster, eine hybride Sozialidentität des Überlebens vor. Beginnend mit dem ideologischen Hoffnungsträger, die Jugend. Träger hybrider sozial- oder ethnischen Identitäten gelten in der öffentlichen Wahrnehmung als „anpassungsfähig". Die ständig auftauchenden Selbstfindung und Fragen „Was will ich?" oder „Wo kommst Du her?", die sicher meist auf inneren Dimensionen beruhen, führen bei regelmäßiger Wiederkehr zu dem Bewusstsein, anders: anderer Herkunft oder undefinierbarer, anderer Identität zu sein. Für Jugendlichen und ausländischen Intellektuellen bedeutet dies Auseinandersetzung mit einem sozialen Dilemma der hybriden Identifikation, die letztlich unvermeidbar sein könnte. Soziokulturelle Differenz wurde und wird heute noch als ernsthaftes Problem betrachtet, das sich – allerdings unter Ausschluss bestimmter Jugendgruppen – im Laufe der Zeit von selbst auch lösen kann. Die ideologische Obrigkeit hat die positive Funktion dieser Evolutionsperspektive erkannt und als Kollektiverfahrung umgesetzt.

---

[82] Vgl. Böckelmann, Frank/ Nagel, Herbert (Hrsg.): Subversive Aktion – Der Sinn der Organisation ist ihr Scheitern. Frankfurt a. M.: Neue Kritik, 1976; Galerie van de Loo (Hrsg.): Gruppe SPUR 1958- 1965, Eine Dokumentation (Ausstellungskatalog). 2. Aufl., München, 1988; Ohrt, Roberto: Phantom Avantgarde. Hamburg: Edition Nautilus, 1990; Ohrt, Roberto (Hrsg.): Ein kultureller Putsch: Manifeste, Pamphlete und Provokationen der Gruppe SPUR. Hamburg: Edition Nautilus, 1991. Auf Kunstauktionen erzielt das illustrierte Heft mit dem Manifest Preise zwischen 1000 EUR und 3500 EUR. [Bem. Verf.]

Die Weltfestspiele der Jugend und Studenten, vom Weltbund der demokratischen Jugend 1947 ins Leben gerufen, waren schon als internationale Szene der politischen Inszenierung, optimistischen Ideenverbreitung und kollektiven ideologischen Befestigung gedacht. In dem Schicksalsjahr 1968 fanden die Jugendtreffen in Sofia statt. Es waren 20.000 Teilnehmer aus 142 Ländern, darunter 700 Delegierte der FDJ dabei.[83] Das politische Ziel stand auch fest: *„[...] die internationale Freundschaft und Verständigung der Jugendlichen der verschiedenen Länder entwickeln und verstärken, einen wichtigen Beitrag zum Wiederaufbau der Welt und zur Erhaltung des Friedens leisten und mit allen geeigneten Mitteln das Leben, die Tätigkeit, die Bestrebungen der Jugend der verschiedenen Länder zeigen. Auf den Weltfestspielen wird diskutiert und gefeiert, man hört und bietet Musik und Vorträge. Die Veranstaltungen sind politisch und kulturell geprägt. Besonders in der Zeit des Kalten Krieges waren sie immer wieder Gegenstand heftiger Auseinandersetzungen, vor allem 1959 und 1962, als sie in Ländern außerhalb des Ostblocks stattfanden, sowie 1968, als die Studentenrevolte und der Prager Frühling auch das Festival in Sofia beeinflussten.“*[84]

Deutlich nicht politisch konforme Spuren findet man freilich in der Erinnerungen immer noch hier und da, besonders bei der Aufarbeitung der FDJ-Vergangenheit:

„G. K.: Für mich verbinden sich mit dem Jahr 1968 vor allem die Teilnahme an den Weltfestspielen der Jugend und Studenten in der bulgarischen Hauptstadt Sofia und meine erste Begegnung mit tschechoslowakischen Studenten nach dem Widerstand, von dem wir in der DDR nicht allzu viel mitbekommen sollten. Sogar Reisen in die Tschechoslowakei für FDJler und Studenten waren untersagt. Das Festival in Sofia stand unter dem Motto ‚Solidarität, Frieden, Freundschaft‘, aber das Ganze hatte, meiner Meinung nach, wenig damit zu tun gehabt, sondern viel mehr mit Bürokratie, Ausgrenzung und Gewalt, kann ich heute - um Himmels Willen nicht damals, mit gutem Gewissen behaupten. Aber bitte anonym weiter verwenden.“[85]

---

[83] Bd 3: Feb. - Juni 1968 Enthält u. a.: Politisch-ideologische und organisatorische Vorbereitung der Delegierten der DDR; Marxistisch-leninistische Schulung der Delegierten in der Jugendhochschule "Wilhelm Pieck"; Vorbereitung der speziellen Gruppen innerhalb der Delegation der DDR – Bundesarchiv, DY 30/IV A 2/16/35.

[84] Vgl. Oschlies, Wolf: Weltfestspiele der Jugend und Studenten. Geschichte, Auftrag und Ertrag kommunistischer Jugendfestivals. Bundesinstitut für Ostwissenschaftliche und internationale Studien, Köln 1985.; Bresslein, Erwin: Drushba! Freundschaft? Von der Kommunistischen Jugendinternationale zu den Weltjugendfestspielen. Fischer-Taschenbuch-Verlag, Frankfurt/M. 1973.

[85] Interview [Erinnerungen], Frau G. K., damalige delegierte Studentin, Uni-Jena, A. LU: 2001

Die Trennlinie des historischen und politischen Empfindens der Wahrheit, wie man selbst vermuten würde, verlief eindeutig vom Westen nach Osten, von Bundesrepublik bis in das DDR-Bulgarische sozialistische Gebiet und dies war, wie auch das nächste Berichtbeispiel zeigen wird, kein singulärer Fall. Dennoch zeigen sich zahlreiche Abweichungen in der „Systematisierung" der Sichtweise in der Berichterstattung eines Spiegel-Reporters aus dem Westen und eines ND[Neues Deutschland]-Berichterstatters aus dem Osten. Beide heben den politisch-ideologischen Nutzen der Veranstaltung hervor - das negative bzw. positive Material für individuelle vs. kollektive Erfahrungen zugänglich zu machen. „Der Spiegel" will darüber hinaus zukünftigen Revolten eine Orientierungshilfe geben:

„Die Rebellion kam dennoch: nicht aus Peking, sondern aus Prag und Bonn. Tschechoslowakische und bundesdeutsche Jungsozialisten vergällten der Festival-Bürokraten Hoffnung auf ein Weltjugendtreffen ohne die Lieblingsbeschäftigung der Weltjugend: Weltrevolution. Aus dem Traditionstreff junger kommunistischer Funktionärsanwärter machten sie eine Demonstration weltweiter Jugendbewegung gegen Establishments jedweder Couleur - auch roter. Schon vor Beginn der Festspiele hatten die Bulgaren bei der Behandlung der CSSR-Jugend sozialistische Brüderschaft vermissen lassen. Eine tschechische Wandergruppe wurde von bulgarischer Polizei an der Grenze bei Kalotina mit Knüppeln bearbeitet. Grund: ‚Lange Haare und seit Wochen ungewaschene Gesichter.' Die 37 Bazillenträger, so erläuterte die bulgarische Nachrichtenagentur BTA, ‚wirken abstoßend und leiden vielleicht an ansteckenden Krankheiten'. Schiwkoffs frostige Begrüßung der Prager veranlaßte die jungen Linken aus Jugoslawien, Rumänien und der Bundesrepublik, sich mit den brüskierten Tschechoslowaken wider das Festival-Establishment zu solidarisieren."[86]

Die Gegendarstellung eines Neues-Deutschland-Berichterstatters aus Sofia:

„Am späten Dienstagabend erlosch im festlich geschmückten Wassil-Lewski-Stadion von Sofia das Feuer der IX. Weltfestspiele der Jugend und Studenten für Solidarität, Frieden und Freundschaft. Diese machtvolle Kundgebung der 20 000 Delegierten aus aller Welt und Zehntausender Sofioter gestaltete sich, noch einmal zu einer großen antiimperialistischen Demonstration der Einheit und Geschlossenheit der Weltjugend [...]"[87]

Die Frage: „Wer lügt und wer spricht die Wahrheit" kann jeder für sich, nach seinem Empfinden, GESTERN wie HEUTE beantworten. Ob sich beide,

---

[86] Weltjugendtreffen: Schöne Schweine. In: Spiegel (1968) 32 vom 5.08.1968.
[87] Apel an die Weltjugend zum Abschluß des Festivals. In: ND vom 7.08.1968, S. 1.

politischer Kollektivismus vs. individuelles Gedankengut, auf eine gemeinsame Quelle zurückführen lassen, ist leider in diesem Fall nicht geklärt. Aber
die eigenen erlebten Erfahrungen können Durchgangs- und Endstationen
bilden, und es ist trotz Stagnationsprozesses auch möglich, dass sie eine un-
erwartete „Brückenfunktion" innehaben. Wie dieses Beispiel, aus relativ weit
entfernte Zeit unabhängig voneinander entstandenen Einsichten, belegt:

*„H. B.: Wie ich das kollektive DDR-Dasein schätze? Es war eine glückliche
und unbesorgte Zeit. Es wurde mir erst nach der Wende bewusst, dass meine
Familie eingeschränkte Reisefreiheit hatte, dass um einen Urlaubsplatz im
Sommer gekämpft werden musste, dass Mangelwirtschaft war und die
„Bückware" (Ware mit Beziehungen) gehörten einfach zum Alltag. Ich habe
eine wunderbare Familie, die alles für mich getan hatte. Sicher, gibt es Kinder und Jugendlichen, die eine andere DDR-Lebensgeschichte erzählen
könnten, aber ich war einfach umsorgt und mit der „Gemeinschaft" am Ende
gut zurechtgekommen."*[88]

Der individuelle Kontext ist also eine vielfältige „Zusammenfassung" des
Erlebten, die nationalen Identitäten gehören unterschiedlichen Kollektivkrei-
sen an, die die Überschneidung von Kulturvisionen und Erinnerungen deutlich machen. Die kulturellen Dispositionen zwischen Bulgarien, RGW-Welt
und der DDR sind in diesem individuellen Empfinden leicht vernachlässigt
worden. Der Grundgedanke dazu beruht auf der ideologischen Gleichheit
und inhaltlichen Einheit des sozialistischen Wertesystems. Was soll dabei so
brennend interessant sein? Wir sollten so wie so nach einem Muster modelliert und kloniert werden. Natürlich war es eine Selbstverständlichkeit zu
erwarten, dass die neue Kultur in der gesamten Welt des realexistierenden
Sozialismus inhaltlich ähnlich gestaltet werden sollte, aber es gab doch Nischen der individuellen Selbstbestimmung, die sehr viel mit der Erinnerungskultur und der eigenen Identitätsfindung zu tun hatten. Das traditionelle
uralte Wertesystem, das älter als die kommunistische Idee selbst war, wurde
als unerwünschtes Erbe „vorgefunden", das mit allen Mitteln aus dem neuen
Bewusstsein vertrieben werden sollte. Es blieb absichtlich unbeachtet von
der Obrigkeit und mischte sich, immer heiß geliebt, in der kulturellen Volks-
empathie. Die Rede ist von der Herausbildung einer komplexen nationalen
Identität mit eingebautem internationalem Kontext.
In der politisch-ideologischen Euphorie nach 1950 geborenen hochstaatli-
chen Beziehungen zwischen DDR und Bulgarien weiteten sich allmählich
auf die sozial-ideologische Kulturebene aus. Sofia und Berlin haben den

---

[88] Interview mit Frau H. B. vom 24.04.2015, A. LU: 2015

staatlichen Künstler- und Kulturgutaustausch schon Ende 60er Jahre verein-
bart und gesetzlich beschlossen.[89] Die bestrebte kulturelle Angleichung an
das gesamtpolitische Niveau und das Aufbauen bzw. die Aufnahme des neu
strukturierten Wertesystems dürften durch die nationale Identitäten nicht
beeinflusst und eingeschränkt werden. Die Inhalte und Struktur des Systems
sollten nicht nur aus den Institutionen und offiziellen Normen abgeleitet
werden. Im Hinblick auf die Erläuterung einer komplexen Identität geht es
nicht darum das System als politisch-ideologische Gegebenheit zu analysieren, sondern den ehemaligen Soz.-Bürger dazu zu bewegen, sich wieder in
die Kultur-Alltags-Situation des normalen Lebens, damals und heute, zu
versetzen. Lediglich soll er nicht als anonymes Objekt staatlicher Bemühungen erscheinen, viel mehr als vollblutiges Wesen aus einer gespaltenen be-
wegten Zeit, die endgültig vorbei gewesen ist. Zur nationalen Identität des
Ostfremden gehört zusätzlich eben auch die Möglichkeit der Identifizierung
mit der kulturellen Landschaft und mit der angemessenen Thematisierung
der vorhandenen Entwicklungsperspektiven. Die Bedeutung des sozialistischen Ansatzes für die breite „Beschäftigung" mit Kunst und Kultur war
durch staatliche Subventionen in allen RGW-Ländern politisch unterstrichen.
Das war zweifellos ein Gewinn mit politischem Inhalt, den die Bürger richtig
genossen und als Merkmal der kulturellen Identität festgenagelt haben. Sie
haben sich so an ihn gewöhnt, dass er ihnen als ganz normale Gegebenheit
des Alltags erschienen war. Die Kultur, musikalische und künstlerische Bildung, politisch geprüft und ideologisch relevant, waren wichtige Teile der
Erziehung zur allseitig entwickelten sozialistischen Persönlichkeit. Jeder
sollte die Möglichkeit haben Theatervorstellungen und Konzerte zu besuchen. Die Theaterkarten sowie der Kunst- und Musikunterricht, wie fast alle
Bereiche des täglichen Bedarfs, waren großzügig vom Vater Staat subventioniert.

*„A. K.: Besonders das ‚Musizieren' mit dem Triangel und mit dem Tambu-
rin. Welche Lieder haben wir im Kindergarten gesungen? Na, klar ‚Brummi,
Brummi', ‚Wenn Mutti zur Arbeit geht' und wie hieß das andere Lied mit
dem Friedenstaube ... Ich weiß es nicht mehr... Es ist nicht so wichtig.
Hauptsache Musik hat Spaß gemacht. Später hatte ich Musikunterricht in der
Musikschule. Meine Mutti hat neulich erzählt, dass die Musikstunde gar*

---

[89] Gesetzblatt der DDR: Teil I. Nr. 15. Ausgabetag 6.10.1967. S. 125. Zwischen DDR und
Bulgarien ist der Vertrag am 7.09.1967 von Todor Zivkov und Walter Ulbricht unterzeich-
net worden. Der Künstler- und Kulturgutaustausch wurde mit § 3. Festgeschrieben. Gesetzblatt der DDR: Teil I. 1957. S. 713. Rückgabe von DDR-Flüchtlinge.

nichts gekostet hatte. Für meine Tochter bezahlte ich ca. 900 DM im Jahr, Einzelunterricht Klavier und Gehörbildung bzw. musikalische Früherziehung."[90]
Trotz dem gab es gravierende Unterschiede zwischen den einzelnen musikbildenden Systemen in der kleinen RGW-Welt. In Bulgarien standen die Musikschüler unter einem enormen Leistungsdruck. Die Eltern waren meistens selbst Berufsmusiker und das Kind hatte wenigen Chancen einen anderen Beruf, außer Musiker und Musiklehrer, zu erlernen. Sie konnten dem Nachwuchs nur in ihrem Gebiet mit häuslichem Nachhilfeunterricht und „Beziehungen" aus dem künstlerischen Umfeld helfen. Allgemein betrachtet: *„Die Beziehungen waren und sind nach wie vor das Wichtigste im Leben. Egal wo und wann man auf dieser Welt lebt. Sie werden nie, nicht mal eine Prise, an Bedeutung verlieren."*[91]
In der DDR sahen das Musizieren und die Musikbildung im Kindes- und Jugendalter ganz anders aus. Die Musik war nicht als einzige Berufslaufbahn eines Kindes betrachtet, sondern als Teil der traditionellen Allgemeinbildung. Es war nicht ausgeschlossen, dass das Kind später Musik studieren wollte, aber der Leistungsdruck kam nach einer bewusst selbst getroffenen Entscheidung Berufsmusiker zu werden. Dieser Unterschied wurde sehr genau von Frau H. K., Klavierlehrerin, schon im Jahr 1987 definiert:
„Es ist wirklich bemerkenswert wie leistungsstark die bulgarischen Musikschüler bis ca. 14. Lebensjahr sind. Sie gewinnen immer den ersten oder den zweiten Preis bei Musikwettbewerben in dieser Altersgruppe. Später sind sie wie „ausgesaugt", wie „ausgepowerte". Das Niveau ist nach wie vor gut aber nicht mehr hervorragend und außergewöhnlich wie es war."[92]
In den Jahren 1961 – 1965 wurden die Musikschulen in der DDR neu organisiert und folglich noch mehr subventioniert. Seitdem waren *„eine ganze Reihe leistungsfähiger Jugendsinfonieorchester"* entstanden.[93] Wieso, warum, weshalb wurden auf einmal die Jugendsinfonieorchester in Musikschulen so wichtig geworden? Die Großzügigkeit des Staates war selbstverständlich nicht ohne Grund und nicht umsonst. Ein Jugendsinfonieorchester musiziert

[90] Interview mit Frau A. K., 24.04.2015; Weder in Varna noch in Gera sollten wir bis 1990 für die musikalische Ausbildung, Klavierunterricht, Gesang und Gehörbildung, unserer Tochter Gebühren bezahlen. A. LU: 2015
[91] Interviews mit Fam. A. und I. I., beide Musiker, Fam. B. und V. B., beide Musiker, 1984-1990, A. LU: I/B 1990
[92] Interview mit Frau H. K., langjährige Klavierlehrerin in Musikschule Gera, A. LU: 1987
[93] Thorbeck, Joachim: Zur Arbeit mit Jugendsinfonieorchestern: Diskussionsbeitrag. In: Musikforum (1971)1, S. 9.

und funktioniert im Kollektiv und bietet wichtige *„Möglichkeiten zur Ent-wicklung bestimmter Charaktereigenschaften, die für eine sozialistische Schülerpersönlichkeit von Bedeutung sind: Verantwortungsbewusstsein, Zuverlässigkeit, **Einordnen in das Kollektiv**, Einsatzbereitschaft.* "[94] Außerdem wurde die Mitgliedschaft in einem Pionier- oder Jugendsinfonie-orchester als Ausgleich zum elitären Instrumentalunterricht betrachtet.

*„Man muss den Aspekt der Kollektiverziehung gerade in der MS besonders beachten, weil durch den Einzelunterricht im Hauptfach im Gegensatz zur allgemeinbildenden Schule eine **Akzentverschiebung im Erziehungsprozess** zugunsten des Lehrer-Schüler-Verhältnisses zu verzeichnen ist.* "[95] Dieser Weg war prinzipiell wohl jedem sozialistischen Staat geläufig und in der Praxis blieb die ständige „Kollektiverziehung" doch niemandem erspart. Der internationale Orchesteraustausch, einschließlich mit Bulgarien, führte zweifellos dazu, dass die Musik in zunehmendem Maße wichtige Beiträge zur Formung und Gestaltung der sozialistischen Nationalkultur und zur Parallelentwicklung des Individuums in der Menschengemeinschaft leistete. Die Auswahl des vorgetragenen Musikguts war immer sorgfältig getroffen worden und das Niveau entsprach der Mentalität des Publikums, das sich meistens durch Aufgeschlossenheit und Beifallsfreudigkeit gezeichnet hatte. Proletarischer Internationalismus und internationale Solidarität waren die Grundthemen jedes Musikfests:

„Volks- und Jugendlieder in sechs Sprachen, u.a. in Russisch, Polnisch und Bulgarisch, erklingen im diesjährigen Programm des Jugendgesangsensem-bles „Deutsch-Sowjetische Freundschaft" Greiz, das es bisher vor rund 32 000 Zuhörern im Bezirk Gera sowie in Rokycane (CSSR) aufführte. "[96] Zeit und Begeisterung für eine kulturelle Betätigung, *„die ja wesentlich zur Herausbildung sozialistischer Persönlichkeit beiträgt"*, sollten auch die Werktätigen finden. Die sogenannten Arbeitersinfonieorchester erfreuten sich, neben Malzirkel, Zirkel schreibender Arbeiter u.a., großer Beliebtheit:

„Bereits 1954 wurde das Zeiss-Orchester beim Orchesterwettbewerb in Dresden als bestes Laien-Sinfonieorchester ausgezeichnet"[97] In der DDR wurde buchstäblich fast jedes Dorf mit Kulturangebot versorgt. Es gab alles: angefangen mit Amateurgruppen in Dorfkulturklubs bis Tradi-

---

[94] Ebda. S. 9.
[95] Ebda. S. 9.
[96] Bezirke berichten. In: Musikforum (1972)12, S. 24.
[97] Vgl. Heinig, Barbara: Zeiss-Präzision auf dem Konzertpodium. In: Musikforum (1971)3, S. 9.

tionshäuser wie Semperoper, Deutsche Staatsoper, Volksbühne, Städtische Bühnen usw.

In den sechziger Jahren vollzieht die flächendeckende DDR-Theaterlandschaft einen Internationalisierungs- und Profilierungsprozess. Am Beginn des Jahrzehnts ist das Theaterrepertoire bestimmt von einer kulturpolitischen und sozialistischen Kräftemobilisierung, einer strategischen, experimentellen und personellen Erweiterung des Kommunikationsfeldes. Die Rede ist von einer neuen Qualität in der Realisierung der künstlerischen Subjektivität mittels Individualerfahrung und Wirkungsstrategie in Werken mit Signalcharakter aber vor allem von einem hohen sozialpolitischen Anspruch, der den aktuellen Rahmen auf die ideologische Dialektik bezieht. So unbemerkt und fast nebenbei wurde damals die Grundmauer des internationalen sozialistischen Theaters der Zukunft gelegt und zahlreiche Künstler aus Bulgarien wirkten kräftig mit. Sie waren Regisseure an DDR-Bühnen, die bulgarische Stücke inszenierten oder Künstler, vor allem Musiker und Tänzer, aber auch Schauspieler,[98] die in der DDR unter Vertrag standen. Einige junge Menschen kamen zum Studium und blieben. Heute wird sich mit Sicherheit keiner mehr an Slatan Dudov (1903-1963), deutsch-bulgarischer Filmregisseur und Stückschreiber, erinnern.[99] Dudov arbeitete als Filmregisseur und Autor in Weimarer Republik und in der DDR.

Die bulgarische Theaterkunst war im Gegenteil für das DDR-Publikum in den 60er Jahre irgendwie exotisch und nicht ganz einfach verständlich. In der Spielzeit 1968/1969 stand nur ein bulgarisches Schauspiel auf dem Spielplan in der DDR: Pantscho Pantschev „Auge in Auge", DDR-Erstaufführung am 3.11.1968 im Kreistheater Döbeln mit insgesamt 15 Vorstellungen und eine szenische Lesung des gleichen Stücks im Theater Greifswald am 13.2.1969.[100] Eine Theaterregisseurin bestätigte 1986 diese Feststellung mit der einfachen Erklärung:

M. E. „Ja, es stimmt. Damals, bis Anfang 70er Jahre, war die bulgarische Dramatik eine Pflichtveranstaltung und ziemlich unbekannt. Die Mentalität, die Geschichte und die Kultur der Bulgaren waren fremd. Der DDR-Bürger

---

[98] Die Tendenz ist heute noch nachweisbar, auch mit Beteiligung der zweiten und dritten Generation, in DDR/BRD geborene und aufgewachsene „Künstlerkinder".

[99] Dramatiker und Komponisten auf den Bühnen der Deutschen Demokratischen Republik. Spielzeit 1965/1966. Berlin: Akademie der Künste, 1967, S. 28; Drei Jahre nach seinem tragischen Tod am 12.07.1963 wurde die Komödie „Der Feigling" am Maxim-Gorki-Theater in Berlin inszeniert. Dudov, Slatan: Der Feigling: Komödie in 5 Akten. Berlin: Henschelverlag. 1960 (Zeitgenössische Dramatik)

[100] Dramatiker und Komponisten auf den Bühnen der Deutschen Demokratischen Republik: Spielzeit 1968/1969. Berlin: Deutsche Akademie der Künste. 1969, S. 171.

in seinem schweren Kampf für geschichtliche Anerkennung hat das südliche Bruderland außer Acht gelassen. Später hat sich das Blatt gewendet. Im gleichen Atemzug muss ich aber widersprechen: es gab zahlreiche bulgarische Musiker, Sänger, Unterhaltungskünstler und Künstler, die in der DDR arbeiteten. Die meisten Musiker waren mit einem deutschen Partner verheiratet oder sie haben irgendwie privat einen Arbeitsplatz in der DDR nach dem Studium bekommen. So war es am Anfang der 60er Jahre. Später wurde eine Künstlerdirektion gegründet und sie hat den staatlichen ‚Künstlerverkauf' nicht nur im sozialistischen Ausland koordiniert und organisiert. Als Vermittlerin hat die Agentur das Vertragsmonopol und das Recht 10% des Gehalts im Ausland als Courtage zu behalten. Den Künstlern wurde gesagt es handelt sich um eine Art ‚Rentenversicherung', nicht um Vermittlerprovision. Der Begriff hat mit der sozialistischen Planwirtschaft wenig zu tun. Ich brauche nicht dazu zu sagen wie korrupt die Sachbearbeiter in der Künstlerdirektion waren. Der größte Marktplatz für Tänzer weltweit war der internationale Ballettwettbewerb in Varna. Die Ballettdirektoren haben dort direkt Tänzer engagiert."[101]

1.3.3 Kultur- und Mentalitätsgeschichte der Erinnerungskultur: Fallbeispiel DDR-Bulgarien

Der Begriff der Kultur- und Mentalitätsforschung, der den Titel für dieses Kapitel liefert, verweist auf zwei Bezugspunkte qualitativer Forschung: zum einen auf eine rekonstruktiv vorgehende Logik der Erinnerungskultur und zum anderen auf die Bedeutung des Einzelfalls für die Verortung der Identitätsdynamik, die die Binnenperspektive der handelnden Akteure als Grundlage hybrider Mentalitätsbildung betonen und davon ausgehen, dass jede soziale Ordnung auf das interpretative Anpassungsvermögen der Handelnden beruht. Insofern also angenommen wird, dass die Kultur- und Mentalitätsgeschichte einer Ethnie oder Gruppe deren soziale Wirklichkeit als sinnhaft strukturiert, immer schon gedeutet hat, von den Mitgliedern aktiv erlebt und durch interaktives Handeln später hybrid konstruiert wird. Die Rekonstruktion der komplexen hybriden Mentalitätsbildung benötigt eine rekonstruktiv verfahrende Vergangenheitsforschung um an der Alltagswelt und den Erfahrens-, Erlebens- und Interpretationsmustern der Ethnie oder der Gruppe so nah wie möglich ranzukommen. Die Beweggründe eine objektive Darstellung jener Geschehnissen aufzuzeichnen sind keine Bestrebungen einer Ver-

---

[101] Interview mit Frau M. E., Regisseurin, 1989/1990, A. LU: 1990

gleichsuntersuchung der Kultur- oder Mentalitätsgeschichte der beiden sozialistischen Republiken, die übrigens immer noch fehlt, sondern eine authentische Wahrnehmung der Erinnerungskultur des Alltags und die Identitätssuche aus einer Zeit, die gar nicht so weit zurück in der Vergangenheit liegt.

„Die Bulgaren und Bulgarien wurden im Laufe dieser vier Jahrzehnte allmählich den Ostdeutschen bekannter und teilweise auch vertrauter. Tausende Freundschaften entstanden, hunderte Ehen wurden geschlossen. Es waren die unterschiedliche Geschichte und Kultur, die verschiedenen Mentalitäten und Lebensweisen, die Bedürfnisse des gegenseitigen Kennenlernens, welche die Wahrnehmungen und die Beziehungen prägten, weniger oder gar nicht die ideologischen und politischen, staatlichen und wirtschaftlichen Gegebenheiten."[102]

Auf der Basis der Interpretation und der Beobachtung von alltäglichem Handeln bzw. einigen repräsentativen Bereichen des individuellen Handelns können die Interpretationen und Konstruktionen von Wirklichkeit der Ostdeutschen und Ostfremden, die sie in und mit ihren Handlungen vollziehen, sowie die latenten Hintergrundzusammenhänge alltagsweltlichen Deutens und Handelns, die gewöhnlich nicht explizit und reflexiv verfügbar sind, weniger objektiv – mehr subjektiv rekonstruiert werden. Die These des großen Osteuropa- und Bulgarien Kenners Wolfgang Geier zielt dementsprechend auf die individuelle Rekonstruktion der impliziten „Lebensweisen" und der impliziten Regeln sozialen Handelns, die die kollektiven und alltäglichen Begegnungen zwischen „Dederonen" und Bulgaren darstellen. Mit der These bzw. dem Ansatz Geiers ist eine Hinwendung zur Interaktion bzw. Konkretion der Erscheinung der Ich-Identität verbunden, so dass dem Individuum in den meisten Einzelfällen rekonstruktiver Mentalitätsforschung eine zentrale Bedeutung zukommt und dabei eine strukturierte, implizit konstituierte autonome Lebensgeschichte mit
identifizierbaren Grenzen zu rekonstrukturieren. Viele Fragen wie: Inwieweit waren sie ideologisch-politisch geprägt oder waren sie doch mehr menschlich-persönlich individuell gelebt und als kleine Spalte in der Mauer verstanden? Welche von beiden: die „geerbte" Ich-Identität oder die bestrebte Wir-Identität war ein Indikator für sozialpolitische Akzeptanz, bzw. nicht Akzeptanz, der „realsozialistischen" Gesellschaft und der postsozialistischen Realität nach dem Zusammenbruch? – gehen über die Grenzen des standardisier-

---

[102] Vgl. „Einige hundert Wissenschaftler aller Gebiete waren in einem ständigen Austausch, es gab gemeinsame Forschungen und Veröffentlichungen." In: Geier, Wolfgang: Bulgarien zwischen West und Ost vom 7. bis 20. Jahrhundert. Wiesbaden: Harrassowitz. 2006, S. 26.

ten Alltags hinaus. Dabei wird davon ausgegangen, dass dem postsozialistischen Individuum als soziale hybride Einheit spezifische und allgemeine Strukturen inhärent sind. Damit sind gleichermaßen Ostdeutsche und Fremde in Ostdeutschland gemeint. Man kann mit gutem Gewissen behaupten, dass die Konstellation Individuum vs. Kollektivismus, abgesehen von den offiziellen politischen Beziehungen, hat sich im Laufe der Zeit auf bemerkenswerte Weise vom kollektiven Austausch abgewendet und in menschlichen, individuellen Begegnungen und Beziehungen umgewandelt. Dies beweisen die niedergeschriebenen Postkartentexte, Interviews, Gespräche und Gedanken in einer Form, die so authentisch und unverfälscht ist, wie nur der Alltag und das Leben selbst sein können.

1.3.3.1 Trinkkultur und Alkohol

Dass über Alkohol gesprochen wird, darf sicherlich nicht als festes Teil des sozialistischen Egos überinterpretiert werden obwohl die Trinkkultur zum Alltag und zur Identitätserscheinung jedes einzelnen Individuums gehört. Die Gründe für den Hang zum Alkohol sind vielfältig und haben eher mit eigener Identität im Rahmen der ideologischen Anpassung oder Nichtanpassung als mit großen Veränderungen im Alltag zu tun. Besonders in Zeiten wann die liebgewonnene Identität ganz gestrichen wird und mit neuen Gegebenheiten konfrontiert wird. Der Alkoholkonsum könnte man als Kompensation der „verlorenen" bzw. nicht neugewonnener Identität als vollwertiger Bürger der Bundesrepublik, als Heimweh nach einem „verlorenen Land" oder nach einer verlorenen Heimat, erklären.

Wie Ausländer im Osten thematisieren auch Ostdeutsche eine gewisse Ernüchterung. So berichten sie, sie haben: *„mit der Zeit festgestellt, dass eben viele Erfahrungen von der Sache her dann doch nicht das waren, was man eben erwartet oder erträumt hatte"*[103]

Der neue „Westalltag" wird nicht nur hinsichtlich seiner Erfahrungsqualität (sprich: Arbeitslosigkeit) abgewertet. Auch ein Symbolwert der Erinnerungskultur kann verloren gehen beziehungsweise auf Seiten des Ostalltags in der Vergangenheit hinzukommen: Während zu DDR-Zeiten dem Alltag im Westen und den Westprodukten der Beigeschmack des Besonderen und Bestrebten innewohnte und sie dadurch einen hohen symbolischen Wert erhielten, ist dieser Wert heute weitestgehend verlorengegangen: Der DDR-

---

[103] Interviews mit Frau H. D., Sekretärin an der Uni-Jena und Herrn F. S., Mitarbeiter der Stadtverwaltung Jena, A. LU: 2009

Bürger hat sich mehrheitlich mit seiner Arbeit in dem volkseigenen Betrieb identifiziert.
Arbeit und Beschäftigung waren für den starken Halt als Begründung des sozialistischen Daseins unentbehrlich und gleichzeitig wurde die Identitätsstabilität in ihrer Anpassungsschwäche immer wieder ideologischen und politischen Bewegungen ausgesetzt. Eine weitverbreitete Meinung über den „eingedrungenen" westdeutschen Umbrüchen bringt der Ostdeutsche in der treffenden Formulierung „das Markenzeichen der vermeintlich sozialen Marktwirtschaft" zum Ausdruck. An dieser Aussage zeigt sich auch die ostdeutsche Orientierung durch die DDR-Sozialisation, denn der Marktwirtschaft wird zugeschrieben, dass sie nur auf Gewinn ohne Rücksicht auf Verluste aus sei. Westerfahrungen werden nicht nur hinsichtlich ihrer Hybridität oder Identitätsdynamik abgewertet. Nach 1990 hat sich die Konstruktion der eigenen Identitätsdynamik völlig geändert. Von heute auf morgen hat der Werktätige die Grundlage für die Stabilität des Alltags und der politischen Weltanschauung verloren und offenbar hat die frischgebackene Ostbevölkerung durch das Trinken versucht ihre Identitätsnotlage erträglicher zu machen:

„E. Z-N.: Es ist eine interessante Entwicklung zu beobachten. Die Bulgaren und die Rumänen, die ich hier persönlich kenne, sind nach der Wende kaum Alkoholiker geworden. Leider haben viel mehr DDR-Kollegen die Konfrontation mit dem neuen Kapitalismus in Alkohol ertrinken lassen. Vielleich hat die traditionelle bulgarische Trinkkultur den Bulgaren vor dem Alkoholmissbrauch geschützt. Vielleich können ein Symbolwert bzw. Kultstatus verloren gehen bzw. auf Seiten der bulgarischen Trinkkultur hinzukommen? Dieser Zusammenhang muss noch erforscht werden."[104]
Damit ist sicherlich eine Erklärung gefunden, die mit dem Leerlauf der Identifizierung nach 1990 angedeutet werden könnte. Dazu kommen wohl auch andere Gründe wie die Spezifik der deutschen Kultur der Geselligkeit, die nicht mehr eine männlich bestimmte Kultur geblieben ist. Deshalb wäre es falsch anzunehmen, dass sich in den Trinksitten keinerlei soziale und nationale Unterschiede ausdrücken, die mit dem individuellen Ankommen einiges zu tun haben sollen. Dieses Dilemma lösen die Bulgaren im Rahmen des individuellen Umfelds, weil die Trinkkultur in ihrem Alltag ganz andere Stellung hat. Der Bulgare ist ein klassischer Rotweintrinker. Wein wird sowohl im Winter als auch im Sommer getrunken. Neuzeitlich erobert das Bier die bulgarische Trinkwelt. Es wird ausschließlich im heißen Sommer getrun-

---

[104] Interview mit Doz. E. Z-N. 1991, A. LU: 1991

ken. Eine Unterscheidung von anderen Europäern ist diesbezüglich, auch gegenwärtig, nicht gewünscht. Schließlich ist Bulgarien ein Land zwischen Orient und Okzident, ein Ort wo, sowohl abendländische als auch morgenländische Traditionen, aufeinander prallen. Die Hoheit der traditionellen Einstellung der Bulgaren zu selbstgebrannten Schnaps und hausgemachten Wein wurde geduldet und blieb rechtlich unangetastet bis zum Ende des Sozialismus. In der DDR gab es auch hausgemachten Alkohol, aber er hat nie einen Kultstatus als Nationalgetränk und Identitätsmerkmal erreicht wie der bulgarischen selbstgebrannten Schnaps den heute noch innehat. Sogar der EU-Beitritt des Landes wurde unter Frage gestellt und er wäre auch abgelehnt, wenn das Schnapsbrennen nicht mehr steuerfrei bleiben sollte, wie es in den Beitrittsverhandlungen vorgesehen war:

„Neben der Schließung des III. und IV. Blocks des Kernkraftwerks „Kozloduj" bewegte im Jahr von Bulgariens EU-Beitritt die Belegung der Herstellung von selbst gebranntem Alkohol mit einer hohen Steuer die Gemüter der Bulgaren, vor allem die der Bauern. [...] Die Einführung der hohen Alkoholsteuer mit Bulgariens EU-Beitritt erwies sich als ein weiterer Eingriff nicht nur in sein Arbeits-, sondern auch in sein Privatleben. [...] Sogar während des Sozialismus, als Land und Vieh kollektiviert waren, griff niemand das Recht des Bauern an, Wein und Schnaps für den Eigenbedarf herzustellen. Im Gegenteil, die Kessel für das Brennen von Schnaps existierten ganz legal. "[105]

Die EU wurde in diesem Fall mit dem sozialistischen System verglichen und als Machtergreifung fremder Natur ohne Sinn für Traditionen, Erinnerungskultur und nationale Identität betrachtet. Es bedeutet aber bei weitem nicht, dass das bulgarische Kulturerbe dem Alkohol gleichgestellt ist:

„F. S.: Man war natürlich erstmal begeistert von dem, was es nun alles mit einem EU-Beitritt geben sollte. Bulgarien oder DDR, das wissen Sie, waren sogenannte „Mangelwirtschaften" Vieles nannte man in der DDR Bückware oder in Bulgarien „Ware, die man Beziehungen kriegen konnte". Sie kennen den Ausdruck Bückware? Man bückt sich unter'n Ladentisch, um etwas mit Beziehungen zu bekommen. In der DDR waren Alkohol, besonders bulgarische Weine, „Bückware". In Bulgarien dagegen war es nicht so: Jeder auf dem Lande hatte Obstbäume und Weingarten. Also es wurde flächendeckend Schnaps gebrannt und Wein selbstgemacht. Es gab Selbstversorgung im

---

[105] Ivanova, Radost (2008): Für 20 Leva und eine Flasche Schnaps: Der Schnaps im Leben des bulgarischen Dorfes. In: Roth, K.(ed.): Europäisierung von unten? Beobachtungen zur EU-Integration Südeuropas. München (Forost Arbeitspapiere ; 44), S. 115-124.

Überfluss und so. Das ist richtig tolle Sache. «*äh» Aber ich sag mal so nach ja ein, zwei Verhandlungsjahren mit der EU schon, dann setzte doch ein bisschen Ernüchterung ein, weil man dann, also was jetzt unseren Schnapsbrennereien betraf, ja weil sozusagen, also was weiß ich, wenn man in Bulgarien aufgewachsen ist und man selbst beim Schnapsbrennen immer dabei war, die Tradition gesehen hat, gut, die andere Länder kennen ja das nicht so wie wir auf dem Balkan. Und «(...)». Und das ist so'n Punkt ja, wo man dann auch nach vielen Jahren noch manchmal drüber nachdenkt und sagt „Also die Tradition ist uns heilig. Keiner ist dadurch Alkoholiker geworden und den selbstgebrannten Schnaps in Bulgarien versteuern zu wollen, das war ein bisschen krass eigentlich. Was EU damals von uns verlangt hat, bedeutete Gesichtsverlust.*"[106]

Eine Bewertung des EU-Vorhabens als „Trotzreaktion" schränkt das allgemeine Empfinden als „Gesichtsverlust" ein bisschen ein: Zwar ist dies flächendeckend „im Hinterkopf" vorhanden, aber der selbstgebrannte Schnaps spiele jedenfalls täglich eine fast Kultrolle. Traditionellen Feinheiten und Gegebenheiten, die typisch für das bulgarische Dasein waren und immer noch gewesen sind, wurden sehr authentisch und liebevoll von DDR-Touristen in Bulgarien 1950 – 1990 aufgezeichnet und zusammengefasst. Zum Beispiel: „**Das ist sehr anstrengend. Besonders abends kostet es sehr viele Konditionen, denn der Alkohol ist hier sehr beliebt.**" Oder die Feststellungen „**Das bulgarische Teufelswasser schmeckt ganz gut und ist relativ billig.**" und „**Bier ganz große Klasse. Abends weiß man gar nicht wo man hingehen soll, so viele Möglichkeiten gibt es hier.**"[107] Die Präzisierung der Aufarbeitung der Trinkerfahrungen weist in dem folgenden Text darauf hin, dass es beim „täglichen" Alkoholkonsum im Urlaub in Bulgarien keine bewusste Entscheidung war, selbstgebrannten Schnaps schwarz zu kaufen, weil die Versorgung mit alkoholischen Getränke in der DDR „schwere" Folgen für die Ostdeutschen hatte. Dennoch die individuelle unreflektierte Erfahrungen im täglichen Leben eine selbstbestimmte Rolle spielten. Es lässt sich vermuten, dass eine solche „Nischenreaktion", wenn auch nicht zielgerichtet, öfters in Interviews und Postkarten-Texten unterstrichen wurde. Die Krönung einer „fachgerechten" Zusammenfassung der Alkohol- und Gaststättenerfahrungen ist die erstaunlich korrekte „Parameterbe-

---

[106] Interview mit Frau H. D. und Herrn F. S. A. LU: 2009/2
[107] Postkartentexte 1950-1990. Archiv der Autorin. Hervorhebungen der Autorin. Postkarten Nr. 20, 52, 65; A. LU

schreibung" des DDR / bulgarischen Konsums, der nicht nur ein bisschen um den Alkohol kreist:

„Die wichtigsten Urlaubsparameter sind:

Lufttemperatur = tropisch
Gastronomiepreise = astronomisch statt gastronomisch
Weinkonsum = naturell, gegoren, destilliert, ständig fließend
Urlaubshobby = ALGOL60
Bedauerliches = leider heute schon Urlaubshalbzeit."[108]

Die Position, die der Alkohol in der entwickelten sozialistischen Gesellschaft, trotz Identitätsunterschiede innehatte, war ein flächendeckend umstrittenes Thema. Die Trinkkultur wurde von der Obrigkeit nicht als selbständiges kulturgeschichtliches Phänomen betrachtet, sondern als ein Grund für kollektive Verteufelung und zusätzliche Spannungen in den zwischenmenschlichen Lebensbeziehungen.
„Bei Wein und Musik fühle ich mich recht wohl. Wir sind auch schon etwas angeröstet. Edgar hält sich tüchtig an die Getränke."[109]
Die Mannigfaltigkeit der Erinnerungskultur lässt zum Thema Trinkgewohnheiten im Sozialismus einiges zu wünschen übrig: „Oft drehen sich die Erinnerungen um die jämmerliche Versorgungslage: den sündhaft teuren Rotkäppchen-Sekt, der nur kurz vor Silvester in den Läden auftauchte, das manchmal trübe Bier, das mittels Schütteln und Kennerblick schon in der Kaufhalle aussortiert wurde, die nicht ganz legale Verrenkungen, um an einen Karton Rosenthaler Kadarka zu gelangen. Oder um [...] das löchrige Kneipennetz."[110]
Vorstellungen von einer Mangelwirtschaft gehörten nicht nur zur imaginären bzw. realitätsnahen Grundausstattung sozialistischer Gäste – es gab auch kollektive fast identische Bilder, die sich allerdings überall aufdrängten. Das magere Angebot in dem Lebensmittelgeschäft in Varna oder Sofia wurde genauso fantasievoll sortiert wie in Gera, Pilsen, aber etwas besser in Győr.
„H. D.: Ungarn war schon immer teuer und dort konnte man auf dem Markt Westwaren kaufen. Das Land gehörte früher zum Habsburger Imperium,

[108] Postkarte Nr. 175; A. LU
[109] Postkarte Nr. 77; A. LU
[110] Vgl. Kochan, Thomas: Blauer Würger: So trank die DDR. 1. Aufl. Berlin: Aufbau, 2011, S. 11.

Österreich-Ungarn eben. Die Österreicher und die Westdeutschen fuhren eher nach Balaton als an die Schwarzmeerküste."[111]

Der geübte sozialistische Bürger hatte von vornherein leichter Eigenschaften und Eigentümlichkeiten der nationalen Wirtschaftsentwicklung im Falle anderer Völker erkannt als im Falle der eigenen. Dank sozialistischer flächendeckenden Unifizierung des Angebots und der Nachfrage!

Im Verkehr mit Bulgaren oder Ungarn wurden Ostdeutsche oft recht gewahr, dass was ihnen zunächst als Charaktereigenschaften erscheinen mag, feste nationale Identitätsmerkmale in sich birgt. Und sie waren Mittel der Abgrenzung verstanden, welche die Besonderheit und meist den Wert der traditionellen, nicht der vereinheitlichen Kultur, vorweisen und im Inneren absichern. Anders verhielt es sich bei der eigenen Identitätserscheinungen als Subprodukten des alltäglichen Lebens: Z. B. die unterschiedliche Typisierung des Gaststätten- und Kneipennetzes in beiden Ländern und in der sozialistischen Welt.

Das Trinken um zu demonstrieren „Hei, ich bin anders" oder „Ich kann die Last dieser Welt nicht mehr ertragen" ist der bulgarischen Mentalität fremd. Für manche Ostdeutsche gehörte schon damals das exzessive Saufen zum jeden Aufenthalt in Bulgarien dazu, trotz Erziehung und kollektiven Aufgaben eines Kneipenbesuchs zuhause. Heute gibt es auch einen Namen dafür: „Ballermann" (Mallorca hat es versucht den Boden dieses Rufs gesetzlich abzuschaffen), der viel mehr mit Schmähung und Beleidigung als mit einem Marketingkonzept zu tun hat.

Die Speiselokale der niveauvollen Gastronomie mit Programm und Ober sind, nur DM / EUR-Attraktionen gewesen, kein Indikator für traditionelle Kneipenkultur. In der Dorfkneipe gab es ein ganz anderes Bild. Dort saßen meistens die männlichen Stammgäste beim Schnaps, Wein oder Bier zusammen und schwatzten über Politik und Dorfleben. Ein ähnliches Verhalten ist dem deutschen Landbewohner auch nicht fremd. Die Kneipe wurde als Kommunikationszentrum und Wirtschaftsfaktor ersten Grades gleichermaßen gesehen.

Zwei Eigenschaften des bulgarischen Gaststättennetzes sind immer wieder von DDR-Bürger erwähnt und oft als Gegensatz und wirtschaftlichen Widerspruch verstanden: **Abends weiß man gar nicht wo man hingehen soll, so viele Möglichkeiten gibt es hier** und **Gastronomiepreise = astronomisch statt gastronomisch.**

---

[111] Interview mit Frau H. D. A. LU: 2009/3

Das bulgarische Wirtschaftsverständnis besaß die Fähigkeit solche komplexen nicht nachvollziehbaren Phänomene in besonderem Maße zu gestalten. Diese Tatsache konnte man auf gar keinen Fall als wirtschaftlich durchdacht und gewinnbringend bezeichnen. Im Vergleich zum Lohnniveau waren die Lebensmittel, einschließlich Alkohol, wirklich überteuert und der fehlende Wettbewerb ließ das Staatsmonopol willkürlich die Preise stetig nach oben zu korrigieren. In den 60er Jahren gab es keinen „ideologisch" begründeten vernünftigen Gebrauch des Alkohols weder in der DDR noch in Bulgarien. Der Alkoholkonsum wurde in der deutschen sozialistischen Gesellschaft als Relikt der kapitalistischen Vergangenheit betrachtet. Die bulgarische Trinkkultur, eine Mischung aus Kulterscheinungen und Tradition, wurde ausschließlich in der Kombination mit der Esskultur in der Alltagswelt zusammengeführt. Beide Komponenten, Essen und Trinken, sind charakteristisch für die südliche Mentalität des Balkans und dadurch bleiben sie unantastbar oder von der Obrigkeit absichtlich „unbemerkt" gelassen. An der Trink- und Kneipenkultur muss eine der Trennlinien zwischen sozial-ethnischen Identitäten, DDR-Bürger und Bulgaren, sowohl in Ostdeutschland als auch in Bulgarien, gezogen werden. Die Gaststätte in der DDR war ein *„Trinkanstalt"* mit *„Bildungsaufgaben und sollte kultivierte Geselligkeit erziehen."*[112] Dazu gab es auch die notwendige gesetzliche Grundlage, was eine Gaststätte „geistig" beinhalten sollte, und da wimmelte es nur von eingefleischter pädagogischen Terminologie: *„Die Gaststättenkultur kommt nicht nur in einem ansprechenden Äußeren zum Ausdruck, sie ist in erster Linie eine Sache der Erziehung der Werktätigen zu sozialistischen Menschen."*[113]

1.3.3.2 Mentalitätsdefinierung und Alltag

Die Bulgaren sind auf ihre eigene Art und Weise ordentlich und haben ihren eigenartigen Sinn für Ordnung. Sie sind auf keinen Fall von „Ordnungswahnvorstellungen" überfallen, aber sie ordnen das alltägliche Umfeld nach individuellem Bedarf und die Kollektivlinie kommt dabei überhaupt nicht in Frage. Ihre Einstellung zu den geordneten Verhältnissen bzw. zum Ordnungsverständnis hat einen besonderen Wirkungskreis. Warum? Hier wird eine ausführliche Begründung vonnöten sein. Es wird zuerst gegen Vorurteile gekämpft, die noch viele Geister umstrickt halten, die die bulgarische

---

[112] Ebda S. 57.
[113] Ministerium für Handel und Versorgung (1961), S.19. Zit. nach Kochan, Thomas: Blauer Würger: So trank die DDR. 1. Aufl. Berlin: Aufbau, 2011, S. 57.

Ordnungseinstellung für eine Chimäre betrachten, oder ihr wenigstens einen zu engen Wirkungskreis anweisen. Der Ordnungssinn ist keine Chimäre, denn Hunderte von Beobachtungen haben bereits seine tatsächliche Existenz bewiesen und zwar in der Privatsphäre der Bulgaren. Aber es irren auch die, die ihm einen gar zu engen Wirkungskreis einräumen. In diesem Fall werden die Bulgaren entweder Urteile *a priori* auf sich nehmen müssen, oder sie bleiben in ihren feinaufgeräumten Wohnungen, Häuser und Gärten und genießen kommentarlos das Leben weiter. So wollen sie die Vollkommenheit der Welt draußen ignorieren und sich auf das Wichtigste im Leben konzentrieren: My Home is my Castle!

Mit der Häuslichkeit im bulgarischen Sinne sind zwei weitverbreiteten Mythologemen verbunden: Fleiß / Arbeitsamkeit[114] und die Definierung als *Preußen des Balkans*. Die Fragen: Hat die Legende von den Bulgaren als den „Preußen des Balkans" mit der Herrlichkeit vom stolzen Nationalcharakter zu tun oder hängt eher mit der europäischen Kriegspolitik in der Vergangenheit zusammen? Sind die damals betitelten *„Preußen des Balkans"* lediglich heute ein armes Volk, das Sozialleistungen in der EU missbraucht? Bedeutet der bekannte Identitätsvergleich ein „Verwandtenstatus", „Vorkriegsbrautsuche bzw. Schau" oder einfach eine von der bulgarischen Seite bestrebte Annäherung an Europa? Das Mythologem *„die Bulgaren sind die Preußen des Balkans"* machte sich zum Vorreiter jeder Kriegs- und Propagandawelle, bei der den Deutschen die Angst vor dem bevorstehenden Krieg genommen werden sollte in dem man tüchtigen Verbündeten an seiner Seite „vorführen" konnte. Es gab Zeitschriften- und Zeitungsbeiträge, in denen die Bulgaren als extrem fleißige und tapfere neue Soldatengruppe dargestellt wurde, die im Vergleich zur anderen Bevölkerungsgruppen auf dem Balkan sogar extrem angriffsfreudig in der Offensive und selten hartnäckig in der Verteidigung sei.[115] Alle führenden deutschen Regierungskreisen bzw. Medien übernahmen das und verbreiteten es eigennützlich während der Vorkriegszeiten. Die Deutschen sollten bei Laune gehalten werden. Das Mythologem hat nichts mit einem „Verwandtenstatus" oder Vergleich auf Augenhöhe zu tun. Die Geschichte spricht eine eindeutige Sprache: Zweimal Kriegsverbündeten mit Deutschland - zwei Niederlagen und zwei Nationalkatastrophen. Danach will

---

[114] „Schon während der Bahnfahrt an die Front dämmerte den Soldaten, dass sie am Rande Europas angelangt waren" 1915 In: Als Europa im Inferno versank. In: SPIEGEL Geschichte 5/2013.

[115] Geier, Wolfgang: Bulgarien zwischen West und Ost vom 7. Bis 20 Jahrhundert: Sozial. Und kulturhistorisch bedeutsame Epochen, Ereignisse und Gestalten. Wiesbaden: Harrassowitz, 2001, S. 19.

keiner von den Preußen auf dem Balkan wissen. Die Ernüchterung nach dem Kriegsende über die Vorkriegspropaganda aus Deutschland resultiert in dem weitverbreiteten Stambolow-Bismarck-Vergleich aus den Geschichtserfahrungen vor dem Krieg. Stefan Nikolov Stambolow (1854-1895), Politiker und Mitbegründer des modernen bulgarischen Staates, wird *„ oft auch als der "Bismarck Bulgariens" bezeichnet - eine Art Replik darauf, dass Bismarck die Bulgaren einst als die "Preußen des Balkans" tituliert hatte.“*[116]
Neben bulgarisch-deutscher Rechthaberei und der unaufgeforderten Spontanbelehrung (bei beiden Nationalitäten als Identitätsmerkmale nicht wegzudenken) haben sich in Bulgarien und Deutschland, trotz Sozialismus, alte Volkstugenden wie Fleiß und Arbeitsamkeit etabliert. Eine bulgarische Volkserzählung über die „Verteilung der Schicksale" klärt den Ausländer auf warum die Bulgaren nicht faul sind und gleichzeitig erklärt realitätsnah die Genesis dieses Mythologems:

„Nach der Erschaffung der Welt ging Gott daran, jedem Volke seinen Anteil an den Gütern dieser Welt zuzuteilen. Da erhielt der Türke die Herrschaft, der Grieche die Schlauheit, der Jude das Geld. Der Bulgare aber kam zur Verteilung der Schicksale' zu spät. Unterwegs hatten ihn seine Opanken gedrückt. Da hatte er sie ausgezogen und in das Wasser gelegt, um sie weich und geschmeidig zu machen. Dabei war er dann eingeschlafen. Als der Bulgare verspätet vor Gott erschien, waren schon alle Güter der Welt vergeben. Für den armen Bulgaren blieb als Anteil nur die Arbeit übrig. So kommt es, daß das Leben des Bulgaren ganz von der Arbeit ausgefüllt ist." [117]

Mit der Volkserzählung sind vor allem „gottesfürchtige", arbeitsame Bauern und Bürgern gemeint, die gern einen Schnaps oder einen Wein trinken und ab und zu ein hässliches Schimpfwort gebrauchen. Einige Ähnlichkeiten mit dem deutschen Bauer / Bürger liegen auf der Hand.
Das nächste leidige Thema des Alltags, das DDR-Bürger und Bulgaren gleichermaßen sehr hart getroffen hat, war der Autokauf bzw. die Motorisierung der Nation in Zeiten einer Mangelwirtschaft, das einen grundlegenden Einfluss auf die Identitätsfindung des Individuums in beiden Völker hatte. Wenn man dem Statistischen Jahrbuch der DDR Glauben schenken sollte, steigen die Zahlen der am Mann gebrachten PKWs ständig unaufhaltsam.

---

[116] Stocker, Frank. Bulgarien: Die Preußen, die an die D-Mark halten. In: Welt. N24 (Veröffentlicht am 15.04.2012) https://www.welt.de/print/wams/finanzen/article106185674/Bulgarien-Die-Preussen-die-an-der-Mark-festhalten.html (letzter Besuch am 11.09.2017)

[117] Zit. nach Българско народно творчество в тринадесет тома. Том 8, 1961-1963, София: Български писател. Übers. anonym.

Die Motorisierung der Nation im Osten ist trotzdem ein großes wirtschaftliches Problem bis zum Zusammenbruch des sozialistischen Systems geblieben, das mit viel zukunftsorientiertem Optimismus statistisch erfasst wurde: 1955 – ein Pkw pro Tausend Einwohner, 1960 auf 3,4 gestiegen, 1965 – 5,1 und 1969 fantastische 6,9.[118] An dieser Stelle ist ein Vergleich mit der sozialwirtschaftlichen Situation in Bulgarien vonnöten. Die Finanzierung eines Autokaufs in Bulgarien, wie in der DDR, war unter anderem ein sozialpolitisches Instrument um die Geburtenraten zu erhöhen.

„M. J. Es war so: Wenn ein zweites Kind innerhalb von 3 Jahren geboren wurde, war die Finanzierung des Autos von dem Staat übernommen und letztendlich war unser „Moskwitsch" mit der Prämie bezahlt. Wir haben ganz gut gerechnet und die Geburt unserer Tochter auf dem Tag genau geplant."[119]

War die soziale Erfahrung in zeitlicher Nähe zu den Ereignissen passend bzw. nicht erbost und unbedenklich, erhöhten sich die Gefühle der Aufwertung der sozialen Politik des Sozialismus etwas im Laufe der Zeit. Interessant an der Passage ist die Stelle, in der es um die Familienplanung geht. Man erfährt direkt im Gespräch die deutlichste Aufwertung der staatlichen Unterstützung für junge Familien, denn sie ist der Mechanismus gewesen, der von den „Westlern" zuerst abgeschafft wurde. Früher waren die soziale Programme wegen ihrer Familienfreundlichkeit beliebt, heute, so sehen sie die Wirtschaftsexperte, haben sie zur Zerstörung der sozialistischen Wirtschaft bzw. des eigenen Landes beigetragen. Die Abwertung der kapitalistischen Sozialpolitik, die der ehemalige Soz.-Bürger vornimmt, kann meines Erachtens vor dem Hintergrund der neu entstandenen Identität, hybriden Sozialisation und -Mentalität gesehen werden. Die Herstellung sozialer Strukturen im Alltag, die Errungenschaften der Sozialpolitik insgesamt war ein interaktiver Prozess. Dieser Prozess ließ Exposition nicht zu, verpönte das Westliche, Kapitalistische, stieß aber nicht das Fremde ab, wenn es sich um egalitäre Strukturen handelte. Der familienfreundliche Zug dieses egalitären Habitus hat zwei wichtige, leider staatlich subventionierte Errungenschaften des Sozialismus gleichzeitig geschafft: in dem begrenzen Rahmen der RGW-Welt ein Hauch von Freiheit zu erwecken sowie das demografische Problem durch Erhöhung des Lebensstandards und attraktiven finanzi-

---

[118] Statistisches Jahrbuch 1970 der Deutschen Demokratischen Republik. 15. Jahrgang. Berlin: Staatsverlag, 1970, S. 355.
[119] Interview mit Frau M. J. vom 21.08.2016, A. LU: 2016

ellen Mechanismen zu lösen.[120] Die sozialistische Gesellschaft dürfte nicht durch fehlende Reisefreiheit bzw. Sozialpolitik an Attraktivität und Mobilität verlieren:

„Nach einer großen Reise durch die CSSR, Ungarn und Rumänien sind wir in Bulgarien am Sonnenstrand gelandet. Hier ist es einmalig schön – ein wahres Urlaubsparadies."[121]

Nach westlichem Vorbild waren die Autobesitzer, gelegentlich auch Autotouristen, in staatlich monopolisierten Autoclubs organisiert. Fachzeitschriften wie *„Der deutsche Straßenverkehr"* in der DDR und *„Avto-Moto"* in Bulgarien oder Radiosendungen wie „Menschen, Straßen, Autos" in Bulgarien standen seit Anfang an den wenigen motorisierten Bürgern beratend zur Seite. Vor dem Reisesaison wurden die geänderten Reisebestimmungen, Zimmerpreise und die neuen Angebote des Reisebüros aktuell thematisiert und ausführlich behandelt: Reisepapiere (für Bulgarien Visum), internationaler Führerschein (für Bulgarien Pflicht), Versicherungen[122], Kartenmaterial, Preisangaben für Kraft- und Schmierstoffe (in Bulgarien 0,20-0,25 Lewa / l, Motorenöl: 1,20 Lewa / l), wichtige Hinweise für Fahrzeuge mit Zweitakt-Motor (sprich Trabant und Wartburg) usw.[123] Jedes Jahr wurden Testreisen ans Schwarze Meer gemacht und in der Zeitschrift ausführlich ausgewertet. Die Botschaft war eindeutig: Die Attraktivität der abgekapselten sozialistischen Welt durch eigene Erfahrungen zu steigen, die Mangelwirtschaft realitätsfern zu gestalten und die Errungenschaften des Sozialismus stolz zu präsentieren.[124] Der Widerspruch in der Inszenierung: Man sollte teilweise 12 bis 20 Jahre auf ein neues Fahrzeug warten, genauso rar war auch das Zubehör, der Staat versuchte den Mangel zu instrumentalisieren und den demografischen Wettbewerb mit dem Westen durch finanziellen Hilfen für junge

---

[120] Alheit, Peter, Bast-Haider, Kerstin, Drauschke, Petra: Die zögernde Ankunft im Westen. Biographien und Mentalitäten in Ostdeutschland. Frankfurt/M.: Campus 2004, S. 332.

[121] Postkarte Nr. 143; A. LU

[122] „Angesichts der begonnenen Reisesaison bittet die Deutsche Versicherungs-Anstalt alle Fahrzeughalter, die mit ihren Kraftfahrzeugen in das sozialistische Ausland reisen wollen, unbedingt folgendes zu beachten: Jeder Kraftfahrzeughalter ist verpflichtet, vor Antritt der Auslandsfahrt den Zusatzbeitrag zur Kraftfahr-Haftpflichtversicherung bei einer Kreisdirektion (Kreisstelle) der deutschen Versicherungsanstalt oder der Vereinigten Großberliner Versicherungsanstalt zu entrichten. Diese Regelung gilt auch für kurzfristige Auslandsfahrten. Der als Zahlungsbestätigung ausgegebene Versicherungsausweis wird zur Abfertigung an der Staatsgrenze benötigt." In: Der Deutsche Straßenverkehr, (1967) 6, S. 140 (Rubrik „Kurz und interessant").

[123] Der Deutsche Straßenverkehr, (1967) 8, S. 277.

[124] Im Moskwitsch 408 ans Schwarze Meer: 6000-Kilometer-Fahrt durch vier Länder. In: Der Deutsche Straßenverkehr. (1967) 8, S. 270-271.

Familien in Form einer „Mobilitätsprämie" für sich zu entscheiden. Auch typische DDR-Erfindungen wie den Camping-Wohnanhänger „Klappfix" waren als Geheimwaffen in den Kalten Krieg eingezogen, natürlich wegen des Preises. Der Erwerb blieb aber reine private Angelegenheit, ohne staatliche Subventionen:

„Camping-Wohnanhänger Klappfix sofort lieferbar. Preis MDN 4475,- HO-Kreisbetrieb Glauchau. 961 Glauchau, Dr.-Friedrichs-Str. 37"[125]
„Wohnzeltanhänger Klappfix 64M. Wohnfläche einschl. Vorzelt 17,5 m².
Bereifung 520/13. Preis: 4450.- MDN sofort lieferbar. HO Autohaus. 16 Königswusterhausen. Bahnhofstraße 18. Tel. 5059."[126]

Alle RGW-Länder, im konkreten Fall, Bulgarien und DDR konnten sich nicht leisten den Wettbewerb mit dem Westen, besonders im Sozial- und Tourismusbereich, zu verlieren. Es war bitter lebensnotwendig immer wieder Vorteile des Kollektivlebens als fortschrittlich und sozial darzustellen. Die Volksrepubliken bluteten aus allen Löchern ständig aus. Die Gebliebenen versuchten mit allen Mitteln sich an das Weststandard anzunähern. Bei der geringeren Motorisierung bis Ende 1969 musste man andere clevere Möglichkeiten suchen um seinen Lebensstandard, auch ohne Auto, mobil und individuell zu gestalten. Motorisierung und Reiselust – zweifellos ein Gegensatz in Zeiten der Unifizierung und allgemeinen Volkszufriedenheit. In unserer Hinsicht auch ein widersprüchliches Verhältnis, das im gewissen Sinne als paradoxe Ergänzung der Alltagskultur betrachtet werden soll. Das ist schon eine sehr komplexe Erscheinung bzw. Erfahrung, die gesondert detailliert untersucht werden muss.

Die Abriegelung der sozialistischen Welt und das neue Wertesystem hatten bekanntlich für die Entwicklung der individuellen Identität, für die Ethnizität und die Einordnung kultureller Identitäten[127] negativen Folgen. Die Frage welche Regeln und welche Orientierungen für das Miteinander in einer abgeschirmten Gesellschaft es denn genau gewesen sind, die für das Zusammendasein unabdingbar waren.

---

[125] Der Deutsche Straßenverkehr, (1967) 4, S. 110.
[126] Der Deutsche Straßenverkehr, (1967) 8, S. 286.
[127] „Die ethnische Gruppe ist eine Gruppe von Menschen, die durch kulturelle Homogenität mit einender verbunden ist." In: Berry, Brewton (1951): Race Relations. The Interaction of Racial and Ethnic Groups. Boston: Houghton Mifflin, S. 75 ; „[…] ein Konzept einer Gruppe von Menschen, welche sich durch den Glauben an gemeinsame Abstammung und Kultur konstituiert und so eine homogene Gruppenidentität bildet." In: Weber, Max (1980): Wirtschaft und Gesellschaft. Grundriss der versehenden Soziologie. Tübingen: Mohr, S. XXVI ; 4. Ethnische Gemeinschaftsbeziehungen.

Regel Nr. 1.: Alte Werte, Identitätsmerkmale und gesellschaftliche Gegebenheiten sollten abgeschafft oder ersetzt werden.
Regel Nr. 2.: Ein neues Wertesystem mit einer neuen Identitätsausrichtung aufbauen, die das sozialistische und gesellschaftliche Ankommen erleichtern sollen.
Die Brutalität der Identitätsumformung bleibt in der europäischen Nachkriegsgeschichte eher eine bulgarisch-sowjetische als allgemein sozialistische Erscheinung. In Bulgarien durften die Anreden „gospodin" (Herr), „gospoza" (Frau) und „gospozica" (Fräulein) im öffentlichen Bereich nicht mehr verwendet werden. Stattdessen wurden „drugarju" (Genosse), „drugarka" (Genossin) und alle akademischen Titel an das sowjetische System angepasst. Die traditionellen Anreden wurden aber von der noch existierenden „alten Schule" nicht mit dem Pelzmantel abgelegt und auf Befehl vergessen. Bekanntlich leben Totgeglaubten länger. Die traditionellen Anreden, die als „Hinterlassenschaften" der kapitalistischen Vergangenheit verteufelt worden waren, lebten, trotz neuer Benimm-Vorschriften inoffiziell „im Untergrund". Besonders in den Kreisen der Intelligenz, als Form der persönlichen Identifikation, Demonstration der Ablehnung des Regimes und Schutzmaßnahme gegen den Verlust der Ich-Identität wurden sie ständig weiter gebraucht:
„Ich konnte es nie fertig bringen meine Klavierprofessorin mit „drugarko"
anzusprechen. In meinen Augen eine Beleidigung. Wir haben doch nicht mit
ihr zusammen im Sandkasten gespielt, oder? Habe ich auch nie gemacht."[128]
Die Autorin selbst auch nicht. Die ehrenwürdigen Damen und Herren, die sich nicht mit der Gegenwart identifizieren konnten, waren nie von Gesprächspartnern, die sich ebenso mit ihrer Zeit nicht identifizierten, mit den kollektiven Benimm-Regeln beleidigend konfrontiert. Das war eine Trotzreaktion, die meiner Ansicht nach, als eine Strategie der Selbstbehauptung zu charakterisieren ist - eine Wir-Identität der neuen Zeit, die jedem angepasst werden sollte, war für Großteil der Intelligenz nicht akzeptable. Das galt bereits für die frühen Studentenzeiten, als viele, die daheim keine zeitgemäße Erziehung bekamen, in die „alte Schule" Zuflucht oder ihrem individuellen Status entsprechendes Umfeld suchten.
In der DDR blieben „Frau", „Herr" und „Fräulein"[129] im alltäglichen Gebrauch unangetastet. **„Genosse W." und „Genossin"**[130], auch heute noch, sind Merkmale der Bekennung einer neuen Ideologie und einer „lebensnot-

---

[128] Interview mit Herrn C. U. Pianist. A. LU: 1998
[129] Postkarten Nr. 171, 26; A. LU
[130] Postkarte Nr. 34, 30;A. LU

wendigen" Parteimitgliedschaft. Die unbewusste Trotzreaktion gegen die zwangsaufgesetzte Wir-Identität wurde in der Korrespondenz an Berufsbezeichnungen wie „[Ing. als Titel]", oder **Deutschland** statt **DDR**[131] und an den alten Ländernamen „**Kreis Werdau/Sa.**"[132], „**Erzgebirge**"[133] oder „**Norddeutschland**" statt „Bezirk", sichtbar. In den Interviews dürften diesbezüglich keine Daten abgefragt, sondern individuelle Erzählungen angeregt werden. Da in diesem Sinne nicht das Leben der einzelnen Personen im Mittelpunkt stehen sollte, sondern die Erfahrungen des stillen Widerstands und die Praxis wie die Gesprächspartner mit diesen umgehen, kamen biographische Interviews für das Vorhaben weniger in Frage, mehr haben die versteckten Hinweise in Postkarten-Texten haben das „Nicht-einverstanden-sein" zum Ausdruck gebracht. Gleichzeitig wurden auf diese Art und Weisen Zufluchtsmöglichkeiten für die Illusionen gesucht, weil:

„Je massiver geistiger Druck auf den einzelnen ausgeübt wird, der eine andere Grundüberzeugung vertritt, umso vielfältiger sind auch dessen Gegenbewegungen. Sie reichen vom passiven und aktiven Widerstand bis hin zum einfachen Mitmachen, dem „Schwimmen im Strom."[134]

Von einer Identitätsbestimmung lässt sich allerdings nicht ohne weiteres sprechen, denn das individuelle Dasein selbst war beschwerlich, zweischneidig, und am Ziel warteten meistens Entbehrungen und Enttäuschungen. Doch auch für die ganz und gar freiwilligen Anpassungen der vielseitig entwickelten sozialistischen Persönlichkeit kann man sagen, dass sie zum Teil provoziert wurden durch die ausgeprägte bildhafte Westinvasion während des Kalten Kriegs und durch die Engpässe, von denen schon die Rede war.

Rückblickend eingeschätzt war die Zeit vom 1950 bis 1969 und später als eine Herausforderung für die neue soziale Konstruktion der Gesellschaft verstanden. In der unifizierten Welt hatten sich das Systemmodel und die internationale Abgrenzung nach außen verstärkt. Das Volk verlor zunehmend den Enthusiasmus und das Vertrauen in das Wertensystem, nicht nur in Bulgarien und in der DDR. Eine Einstellung, die sich von der neuen Wir-Identität der eigenen Kultur und mit ihr verbundenen Wertmaßstäbe unterscheidet aber auf die vorhandenen Ethnizität bezieht, hat sich im Hintergrund gebildet.

Ina Merkel fasst es, auf die Konsumkultur treffend, zusammen:

---

[131] Postkarte Nr. 27, 74; A. LU
[132] Postkarte Nr. 107, 59; A. LU
[133] Postkarte Nr. 62, 65; A. LU
[134] Kegel, Jens (Hrsg.) (2008): Grenzen und Chancen: DDR-Alltag in den 60er-Jahren. Erfurt: Sutton-Verl., S. 105.

„Der Gesellschaftscharakter der sechziger Jahre war von dem Versuch bestimmt, eine eigenständige Gesellschaftsform zu gestalten und alternative Lebensweisen im Vergleich zum Westen zu propagieren. Der Mauerbau 1961 eröffnete dafür zunächst einmal die notwendigen Handlungsräume. Mit dem Schließen der Grenzen in Richtung Westen wurde dem dauernden Systemvergleich zunächst die Spitze abgebrochen. Doch zugleich wurde die Gesellschaft nach innen abgeschlossen. Die Masse der Bevölkerung fand sich mit der Teilung Deutschlands ab und begann, sich in der DDR einzurichten. Sie tat dies nicht widerstandslos und resigniert, sondern versuchte immer wieder, sich in die Gestaltung der Gesellschaft einzumischen. Das 11. Plenum 1965 und der „Prager Frühling" 1968 zeigten hingegen deutlich die engen ideologischen Grenzen, die jedem Reformierungsversuch von innen entgegenstanden. Die Systemauseinandersetzung verlagerte sich dessen ungeachtet auf das Schlachtfeld des Konsums."[135]

Es handelt sich um Ausbruchversuche auf Zeit – weil man in geistig engen und weiterhin unveränderlichen Verhältnissen lebt, versucht man sich von den Bindungen des aufgezwungenen Alltags zu lösen. Man suchte Gegenwelten in der Zukunft auch Freiheit von Konventionen. Genauso aber in der Vergangenheit und in der noch vorhandenen Erinnerung. Allein die kleinste Gegenstellung, die geleistet wurde, vermittelte das Gefühl, alles sei wieder völlig anders. Der Unruhen in Ungarn folgte der Aufstand in der DDR und der Prager Frühling kam zum Schluss. Das ganze System und die kulturelle Homogenität drohten zu kippen. Statt Solidarität und Internationalismus rollten die Panzer, die wenig mit einer *„freien wahrhaften Demokratie und einem fortschriftlichen Sozialismus"* zu tun hatten. *„Freiheit für Dubcek und das tapfere Volk der CSSR!!! Raus mit den Aggressoren (UdSSR, DDR, Polen, Ungarn, Bulgarien!!!"*[136] ist auf einem Flugblatt von damals zu lesen. Proteste, Verfolgung, Ermittlungen … Danach Friede, Freude, Eierkuchen vermischt mit Stasi-Überwachung, geistige Auseinandersetzung mit dem Wertesystem und anschließend beendet durch eine Umgestaltung des Bewusstseins der Menschen auf Grund der gesellschaftlichen Veränderungen. Gemeinsam ist diesen Ansätzen, das neue Wertesystem als Phänomen von Vielen – die Metapher der kollektiven Wir-Identität der ideologischen Strö-

---

[135] Merkel, Ina: Der aufhaltsame Aufbruch in die Konsumgesellschaft. In: Wunderwirtschaft. DDR-Konsumkultur in den 60er Jahren. Köln [u.a.]: Böhlau, 1996, S. 9.

[136] BStU, MfS, BV Gera, AKG SLK 001 (Flugblattfunde). Operativvorgang der KD Saalfeld, BStU, MfS,, BV Gera, AOP 986/69.

me oder Neuwellen taucht immer wieder auf – in internationalen Zusammenhängen zu sehen und verstehen.

1.4 Erinnerungskultur im Kontext des gesellschaftlichen Wandels: Bulgarien – DDR- BRD - Auf der Suche nach der eigenen Identität: Ost oder West?

„Alte, längst überwunden geglaubte Ost-West-zerwürfnisse brachen plötzlich wieder auf, die innerdeutsche Stimmung war so mies und aufgeladen wie seit den frühen Neunzigerjahren nicht mehr."[137]
„Die Welt ist sehr weiß, aber ich habe versucht es nicht auf diese Weise zu sehen. **Ich habe mich bemüht, die Menschen zu sehen.** *Toni Morrison, Nobelpreisträgerin, schwarze Schriftstellerin."*[138]

Die Ostdeutsche und die postsozialistischen Fremden im Osten haben heute ein gewaltiges Problem und sind an einer unheilbaren Krankheit erkrankt. Ihr Name: völliges Identitätssplitting, ihre Symptome – der Ost-Bürger ist nicht mehr Herr seiner kleinen Welt und seiner geordnet geglaubten Geschichte. Wie könnte man die Identitätskrankheit, wenn es so eine gäbe, therapieren und heilen? Welche zusätzlichen Probleme bringt die neue Gesellschaftsordnung dem Ostfremden? Wenn Identitätsdynamik und Biografie als zwei Seiten eines Prozesses analytisch zunächst nicht getrennt betrachtet werden, stellt sich die Frage, ob es spezifische Ostmerkmale oder Aspekte gibt, die für den Zusammenhalt bzw. die Wechselwirkung während der Umbruchszeit nach 1990 systematisch eine Rolle spielen, oder ihre Verbindung mit der Vergangenheit bei der Überwindung der Identitätskrise gänzlich bleibt. Zugleich werden die Lebensgeschichten von Ostdeutschen und Ost-Ausländern in spezifischer Weise von der nach wie vor wirksamen sozialmarktwirtschaftlichen Attraktivität westlich-moderner Sozialordnung beeinflusst, die ein neues Konsumverhalten, andere Prioritäten und Formen, in denen Fremdheit und Zugehörigkeit im weiten Sinne ausgedrückt werden, hervorgegeben hat. Dies geschieht insbesondere in Biografien, wo die Selbstdefinition der Identitätsfindung mit universalen Ansprüchen ausgestattete Ost-Abgrenzung gegenüber anders verfasster West-Annährung durchgesetzt wird. Die Überzeugungsarbeit an sich selbst, wenn es darum geht, ein bestimmtes Identitätsbild zu vermitteln, auch alltagspraktisch in Form sozialer Beziehungen mit Positionierung in kollektivgeschichtlichen Zusammen-

---

[137] Gutsch, Jochen-Martin: Fernost. In: Der Spiegel (2017) 31, S. 74.
[138] Interview mit Toni Morrison. In: Der Spiegel (2017) 17, S. 126-130.

hängen ist daher unentbehrlich. Das friedliche Ankommen in der Erinnerung ist ebenso wichtig in diesem Prozess.

„Wir sind zeitliche Wesen. Biographisch ist gestern nicht Heutes Feind. Unsere Vergangenheit gehört zur Gegenwart wie die Wurzel zum Baum. Nostalgische Verstockung und eilfertige Anpassung sind zwei Seiten derselben Gefahr: der Zerstörung von Persönlichkeit. Identität braucht Selbstvertrauen."[139]

Die plötzliche Arbeitslosigkeit und die Abwicklung der Betriebe „verstärkten das Gefühl des im Stich-gelassen-seins nach der Euphorie der Wiedervereinigung. Dic Enttäuschung, dass sich die Lage der Menschen im Osten nicht sofort gebessert hatte, führte zu einer Verbitterung und Erinnerung an die „guten alten Zeiten".[140] Der Vergleich mit dem ehemaligen Bruder, dem es viel schlechter geht war bitter notwendig „… **die Lebenslage hier für die Leute ist sehr schlecht, da geht es uns gut. Verdienen sehr schlecht, früher ging es ihnen besser, als die Wessis alle kamen.**"[141] Der Ausgangspunkt dieser Erinnerungen bzw. Überlegungen seien die zuvor in Interviews abgeleiteten DDR-Aussagen in Bezug auf die reale und schein nutzenmaximale Verteilung der sogenannten „Konsumausgaben" in der DDR.

„Anonym: Sie sind Bulgarin! Da habe ich Sie richtig in die kyrillische Sprachecke reingesteckt. Sie verstehen [...] Ihrer Aussprache nach. Nö, meine Eltern waren arm, auch zu DDR-Zeiten hatten sie wenig Geld gehabt. Sie konnten nicht mal den Urlaub an der Ostsee bezahlen und Bulgarien war teuer, sehr teuer. Bulgarien-Urlaub konnten wir uns nicht leisten. Ich komme aus Kirschau, die Bäckerei in Kirschau war berühmt. Das Brot war einzigartig und überall in der DDR bekannt. Dann kam ein Wessi, Investor, und unsere Bäckerei gekauft und zerstört. Er hat sich zwei dicke Mercedes gekauft und ein Haus gebaut. Jetzt versucht ein Sachse die Bäckerei wieder zu betreiben und sogar sehr erfolgreich. [...] Nach der Wende bin ich einmal nach Bulgarien geflogen und dort traf ich Dimitar, ein Taxifahrer. Er sollte in der DDR als Facharbeiter gewesen sein – sprach relativ gutes Deutsch. Dimitar hat mir damals so viele schöne Ecken im Land gezeigt. Ich bin nicht für das Touristische. Ach die Wurst hat so lecker geschmeckt, der Schnaps sowieso [...] Eigentlich alles war lecker, die Menschen freundlich, und die Gast-

---

[139] Dieckmann, Christoph: Das wahre Leben im falschen: Geschichten von ostdeutscher Identität. Berlin: Ch. Links. 1998, S. 232.
[140] Dieckmann, Christoph: Das wahre Leben im falschen: Geschichten von ostdeutscher Identität. Berlin: Ch. Links. 1998, S. 234.
[141] Postkarte Nr. 178; A. LU

freundschaft, die kann ich nicht vergessen. Die Kellnerin Serina? Oder? Sie sagten Serafina oder Sevdalina – ich weiß es nicht mehr. Wir haben zusammen gegrillt. Es war einfach schön. Wir sind gute Freunde geblieben. Bis heute. Leider konnte ich nicht wieder nach Bulgarien fliegen. Ich habe 15 Jahre lang Haus gebaut. Ich habe Kumpel in Berlin und mache Urlaub in Berliner Gegend, Mecklenburgischer Seenplatte, Spreewald [...] Es gibt auch bei uns schöne Ecken. Sie kennen und mögen Spreewald auch? Die Ruhe der Ebene [...]"[142]

Die Kinder und die Jugendliche, die DDR und Sozialismus nur vom Erzählen und Medien kennen, finden die holprige Identitätssuche ihrer Eltern und Großeltern zwar merkwürdig, haben aber Verständnis dafür; schließlich hätten sie ihre Kindheit und Jugend in diesen Zeit und Gegebenheiten verbracht, die nach 1989 einfach verschwanden, nicht spurlos, aber sie waren einfach nicht mehr da. Eine tödliche Seelenleere. Die einzige „Bestrafung" dieser Art Sinn für Erinnerung sind die Erinnerungen selbst. Die Entstehung einer komplexen Identität, von Gefühlen und Erinnerungen, die an ein nostalgisches Bild von der DDR erinnern, das eigentlich in dieser Form nie existiert hat, sorgte unter anderem für gewisse Wiederbelebung der Bulgarienreisen, so heißen sie im Volksmund. Das Schwarze Meer zieht immer noch oder wieder einigen in ihren Bann. **„Wir erholen uns in einem neuen ganz kleinen Hotel bestens. Wir haben uns irgendwie in dieses Land verliebt."**[143]

Die hybride Identitätsbildung im Osten bleibt in ihrer Kernvorstellung von der Weltproblematik irgendwie fern. Zwar entspricht das persönliche Empfinden nicht immer dem, was sich hinter dem Äußerlichen verbirgt; dennoch legte der Ostmensch des damals ausgehenden 20. Jahrhunderts besonderen Wert auf eine glänzende, bunte Fassade. Waren vierzig Jahre zuvor die Identitätssuche und Selbstfindung in der verriegelten Welt Ausdruck des Zeitgeistes als heimlicher Tempel der angepassten Individualität, als Ort des Kollektivs und der Mangelwirtschaft, weshalb der Nörgler von gestern sich an sein Meisterwerk des Nörgelns von heute setzte, so ist die Fassade Sinnbild der jetzigen Epoche als Inbegriff der Individualisierung, der Kommerzialisierung des Lebens, eine Darstellung der Identität des kommerzialisierten Daseins. Wobei die Ex-Soz.-Menschen begannen, der Fassade solch eine Bedeutung zu geben, dass sie die Schattenseiten und die Änderungen an ihr hinter einer „künstlichen" Wand der Normalität versteckten. Nichtssagende,

---

[142] Interview mit einem Verkäufer aus Kirschau/Erz. Auf dem Flohmarkt in Crimmitschau am 17.12.2017. A. LU: 2017
[143] Postkarte Nr. 167; A. LU

langweilige Erinnerungen wurden mit einer Gedächtnistäuschung gebessert. Als das individuelle Selbstbewusstsein ethisch, historisch und ästhetisch „verjüngt" bzw. „genetisch" verändert wurde, stand auf der neuen großen Fassade ein wenig bekanntes Wertesystem, und eine falsche Bescheidenheit zierte für ein Weilchen das Gerüst vor der Außenwand der verlorengegangenen Wir-Identität, so als verdecke ein optisches Pflaster der Vergangenheit. Das Ankommen wurde wieder geboren. Sowohl der Alltag als auch das private Leben wurden während der bewegenden Zeit der Suche mit einer durchsichtigen Leinwand abgedeckt, auf der das ursprüngliche, traditionelle Wertesystem vorgetäuscht wurde. Irreale Bilder, vor denen echte Menschen „schnäbeln", hineinmogeln und irgendwie schmücken im Alltagsgrau die neue noch fast leere Fassade des Ostdaseins und des neuen Fremdlebens, die ihren urwüchsigen Charakter der schon mal angepassten Ästhetik weiterentwickelte und mit den vorgefertigten Schablonen abgeschlossen hatte. Und dann setzt man die eigene Identitätsfindung fort weiter, raus aus der Erinnerung, und glaubt, dass es sehr einfach ist, nicht sich als „Wessi" zu verstehen und ein braver Ostdemokrat zu sein, wenn man als frischgebackener Bundesbürger, auch mit Migrantenhintergrund, im Osten lebt und von dort aus kopfschüttelnd auf den Westen einen Blick wirft.

In diesem Sinne betrachtet ist die Identitätssuche gleichzeitig erhoffte Erlösung und verwinkelte Pflichterfüllung, die zunächst nur Kopfschütteln und Skepsis auslöst. Eine Identität kann nicht ausgesucht, vorgetäuscht oder verleugnet werden, aber man kann sie erziehen und gestalten, gepasst an die unterschiedlichen Prägungen der Zeit durch das soziale Umfeld, die Vergangenheit, die widersprüchliche politische Realität, die Verortung und Kategorisierung nach Nationalitäten im engen Umkreis.

Friedrich Nietzsches und Max Webers Versuche „das Deutsche" und „den Deutschen" zu definieren lassen wir außen vor und suchen den Zugang, allerdings ein anderer als verallgemeinernde Urteile, zur unseren zwei hybriden Welten (Ostdeutsche) und Drei-Schichten-Identität (Ostfremden) in Lebensgeschichten, in der erlebten Geschichte des kleines Neo-Bundesbürgers. Da das Verpönen des gewünschten Besonderen bei den Ostbundesbürgern herauszulesen ist, werden an dieser Stelle die Schwierigkeiten ihrer Sozialisation in der BRD nach der DDR deutlich. Aber nicht nur das Verpönen und das „Schlechtreden" allein, sondern auch die Wut über die „unfreundliche" Annexion ihrer kleinen Welt und ihre „Annexionisten", die zur Zerstörung der Ostheimat beigetragen haben, ist in Interviews erkennbar. Anhand der impliziten Auf- und Abwertung der hybriden Identität widerspiegeln sich der gesellschaftliche Umbruch und die Trotzreaktionen, die das Alltagsverhalten hervorruft. In der Auf- und Abwertung der neuentstandenen Hybridität könnte man die tatsächlichen Eigenschaften, die enttäuschten Hoffnungen, die viele in den Beitritt zur Bundesrepublik gesetzt hatten, ablesen. In der Folge verlieren Westwerte an Bedeutung und wir bezeichnen heute den Ostdeutschen bzw. Ostfremden als Sonderbevölkerung mit eigener Geschichte und einzigartiger hybriden Ostidentität. All das rechtfertigt es über zwei „Teilidentitäten" mit ehemaliger sozialistischen Zusammengehörigkeit und unterschiedlicher ethnischen Zugehörigkeit zu sprechen, welcher Identifikation in der Gepräge des Alltags und der individuellen Freizeit zu suchen ist.

„Fährt man durch die ostdeutsche Provinz, fährt man immer auch ein bisschen durch die DDR. [...] Es ist ein bisschen gespenstisch. Und gleichzeitig sehr vertraut, wenn man aus dem Osten kommt. Heimisch irgendwie. [...] Als in den vergangenen Monaten Pegida marschierte, als es Übergriffe auf Flüchtlingsheime gab, wurde als Erklärung oft auf die DDR verwiesen, die noch immer in den ostdeutschen Köpfen stecke und dort antidemokratische Verwirrung stifte. DDR-Identität. DDR-Prägung. Folgen der DDR-Diktatur. [...] wann immer etwas falsch läuft im Osten, wer hat Schuld? Die DDR."[144]

Dieses Verhalten und das Nachtrauern der sozialen DDR-Sicherheit ist eine Strategie der Selbstbehauptung zu interpretieren. Folglich bezeichnen sich selbst die Menschen im Osten als Gewinner oder Verlierer der neuen „Umständen". Sie alle haben aber eine gemeinsame Eigenschaft noch nicht umgeschichtet und umgedacht - nämlich der Sinn für gesicherte Existenzen. Diesbezüglich sind sie besonders misstrauisch und empfindlich dem neuen Werte- und Wirtschaftssystem gegenüber.

„Vor dem Kapitalismus muss man so eine Grundangst haben."[145]

Einmal handelt es sich in dieser Aussage um die gegenwärtigen widersprüchlichen Erfahrungen und zum anderen um das Erinnern an das gelebte Leben in der DDR, also an die Zeit, als der Ostbürger bereits berufstätig war und konnte sich nie den Verlust seines Arbeitsplatzes vorstellen. Irgendwann werden auch andere, typisch deutsche Charaktereigenschaften wie Pünktlichkeit und Genauigkeit, Disziplin und Ordnungssinn, draußen auf dem Balkon, Terrasse oder im Garten entspannt sitzen, Neid, Überheblichkeit, Spießigkeit etc. umgewandelt. Der staatlich-politisch begründete Erziehungsauftrag der Gesellschaft steht nicht mehr im Mittelpunkt der östlichen Realität. Dafür ist die Neigung zur seltsamen Abkürzungen, übrigens eine Vorliebe auch des „großen Bruders" aus dem Westen und dessen aus dem Norden, lebendiger denn je. Diese Eigentümlichkeiten haben wenig mit der Heraus-

[144] Gutsch, Jochen-Martin: Fernost. In: Der Spiegel (2017) 31, S. 75-76.
[145] Ebda S. 76.

bildung der untersuchten Ost-Hybridität und Begriffen wie Einfluss der Erinnerungskultur, gestrebte Identitätsdynamik und Flexibilität der individuellen DDR-Erfahrungen, zu tun. Deshalb sind sie nur als Mittel zum Zweck verstanden, angeschnitten und auseinandergenommen. Dazu gehören z. B. Klischees, Vorurteile, Sinn für Humor, große und kleine „Sünden" menschlicher Natur, doppelter Identität, Mischehen etc. Man könnte fast von Vollständigkeit und durchschaubarer Erkenntnisfunktion des Identitätskomplexes sprechen, wenn alle Kategorien zusammenfassend interpretiert werden sollen. Deshalb sollen die interessantesten Eigenschaften nun in einer Zusammenschau selektiv vorgestellt und analysiert werden. In diesem Sinne wird es mit den Prädikaten Sicht- und Denkweisen sowie Identitätseigenschaften logischerweise sparsam umgegangen. Die sogenannten Beschwörungsfunktionen der Identität werden aber vielleicht im Zentrum eines anderen Erinnerungswinkels, stehen, der die Welt vom Süden nach Ost-Westen betrachtet und anmaßt. Die Erinnerungen an die sozialistische Vergangenheit sind in diesem Fall etwas verwirrend und extrem wichtig, wenn es um die Abarbeitung des individuellen Ankommens geht. Sie waren den Menschen, den neuen kapitalistischen Weltbürgern des Ostens, nicht mehr und nicht weniger als „40-Jahre-Erfahrungen" zugeordnet.

Um die Würde des großen hybriden Identitätswechsels nach 1990 zu unterstreichen, mussten zusätzliche Identitätsverwirrungen abgestellt werden, die ausschließlich dazu waren, nicht nur in der Euphorie des Wechsels, sondern auch an allen Enden der Verzweiflung, in vollem Umfang, vor dem Bürger einzuschreiten, ihm „die Tür zu öffnen" – und nach einer Weile hinter ihm wieder zu schließen. Nun kann es nicht ausbleiben, dass ein Wertesystem, in dessen Mitte eine neue hybride komplexe Ostidentität verbaut wird, vermehrt Aufmerksamkeit und Aufwertung auf sich zieht. Doch voller Verwunderung stellte manch einer, der das östliche Dasein mit seinen seltsamen Handikaps und engen Scheuklappen bisher als Erscheinung des Kollektivs abgetan hatte, fest, dass hier seit Jahren ein Wandel im Gang war, wie man ihn in anderen Zeiten zuvor erleben dürfte. Dort, wo Identitätslücken frei wurden, siedelten sich neue Anschichten und alte Traditionen an. Den Dissidenten folgten die Protestorganisationen, denen die Studenten, die ja auch nicht mehr als Anschauungsmaterial der Umformung im beengten Rahmen ausgestellt werden wollten. Mitte der achtziger Jahre faszinierte noch das Wertegemisch in der Bevölkerung, zwischen den verschiedenen Unmutserscheinungen, zwischen dem Realitätsverbundenen, Neo-Karrieristen und dem Erbe-Idealisten, das sich in dem weltlichen Verwirrungsalltag widerspiegelte. Doch je mehr Eigenbrötler und Nörgler dazu kamen, desto mehr veränderte sich das Leben. Zunächst, weil viele der Eigensinnigen jung und für die Obrigkeiten ziemlich unbedeutend waren. Jahrelang herrsche noch die alte, von dem Kollektiv geprägte Wir-Identität, die mit dem neuen Wertesystem kollidierte. Die alte Fassade hinter dem Eisernen Vorhang schien noch lange zu halten, doch dann wurden spätestens im Herbst 1989 die ersten angepassten und aufgesetzten Merkmale der Kollektividentität fast für jedermann abgerissen. Dennoch wirkt nach wie vor der alte Bürger des Ostens zusammen mit „seinem" Ostfremden nicht wie jedermann, der im Westen schon angekommen sein soll.

1.5 Die hybride Biografie: Wechselvolle historische Beziehungen zwischen Bulgarien und Deutschland

„Biographien, so eine der zentralen Annahmen sozialwissenschaftlicher Biografie-Forschung, haben sich in modernen Gesellschaften zu einem sozialen Gebilde eigener Prägung entwickelt. Die zunehmende Bedeutung von Biographien sowohl in institutionell fixierten gesellschaftlichen Auftritten, als auch für die Selbstvergewisserung von Gesellschaftsmitgliedern, wird als Antwort verstanden auf die funktionelle Differenzierung und zunehmende Verzeitlichung des Lebens."[146]

Klassische „Migrationsprozesse", die in Migrationsstudien beschrieben worden sind, können nicht als phasenstrukturierte Modelle einer Biografie bzw. Lebensgeschichte in dem Sinne der sozialistischen Fremdheit / Migration in einem Bruderland verstanden und eingesetzt werden. Sie sind, zum Teil unter Vorbehalt betrachtet, für die Umwandlung nach dem Zusammenbruch des sozialistischen Systems relevant. Auf Grundlage einzelner Fremdheitserfahrungen, welche mit sozialen Statuswechseln vor und nach 1990 spezifiziert werden können, lässt sich Gewinner- oder Verlierererfahrung in gesellschaftlich definierten Relationen zwischen Fremden und Einheimischen im Osten einhergehen. Diese Zusammenhänge sollen als spezifische Osterfahrungen genauer in verschiedenen Phasen einsortiert werden:

---

[146] Vgl. Breckner, Roswitha: Migrationserfahrung – Fremdheit – Biografie: Zum Umgang mit polarisierten Welten in Ost-West-Europa. 2. Aufl. Wiesbaden: VS Verl. Für Sozialwiss., 2009, S. 122.

Phase des Wechsels (ab 70er Jahre bis 1990) beinhaltet – der Gedanke an Arbeitsstelle und Leben in einem anderen sozialistischen Land (ausländische Akademiker, Ärzte, Ingenieure, Künstler, sozialistischer Austausch etc.), der Umbruchsgedanke der Unzufriedenheit - Regimegegner, Dissidenten, Reformbefürworter (Ostdeutsche). Die Entwicklung der beiden Gruppen weist viele Ähnlichkeiten auf, begründet mit der gleichen sozialen und wirtschaftlichen Situation während des Sozialismus.

Phase der Auflösung (ca. 80er Jahre bis heute) weist auf mehr persönlicher als sozialer Einbindungen, als Prozess der Trennung von Orten und Personen und der Distanzierung von institutioneller Obrigkeiten, von alten Strukturen. Diese Phase gestaltet sich bei Ost-Ausländern komplexer und langwieriger als bei den Ostdeutschen.

Phase des „Ankommens" in einer sozialistischen Gesellschaft bleibt fast überflüssig. Ihre Bedeutung und spezifische Problematik als „Ankommen" in einer neuen Gesellschaft mit Osterfahrungen bei Etablieren und „Einleben" wurden erst nach 1990 wahrgenommen und thematisiert.

Phase der Neupositionierung des Bezugs zum Ankunftszusammenhang und der Neustrukturierung des Bezugs zum Herkunftszusammenhang – wichtiger Bestandteil der Struktur des Ankommens. Er bedeutet, dass man als Fremder es geschafft hat sich in beiden Kulturen frei zu bewegen und als Einheimischer in die neue Sozialordnung als Gewinner angekommen zu sein.

Phase des Rückkehrgedankens – im Hinblick auf eine Rückkehr ins Herkunftsland oder die imaginäre Rückkehr in die sozial gesicherte Vergangenheit (Ostalgie).

Diese Phasen deuten auf die individuelle Struktur von Osterfahrungen, denen – wie aller Umbrucherfahrungen – eine gesellschaftlich begründete chronologische Dimension innewohnt. In empirischen Auseinandersetzungen mit Rekonstruktionen und Lebensgeschichten wird schnell deutlich, dass eine strenge chronologische Abgrenzung zwischen den Phasen fehlt und nicht möglich wäre. Sie ist fließend und muss nicht unbedingt in der oben beschriebenen Reihenfolge verlaufen. Die Entscheidung zu „Arbeitsmigration" im Sinne eines Wechsels des sozialistischen Landes kann nicht einer Entscheidung zu Migration aus einer wirtschaftlichen Gesellschaftsordnung in eine andere gleichgestellt werden.

„V. W.: Wir kamen damals mit der Idee ohne finanziellen Aufwand deutsche Sprache, Musik- und Kulturerbe, Geschichte und Mentalität vor Ort kennenzulernen. Nach Westen dürften wir je nicht. Die Idee war ganz einfach: Das

Nützliche mit dem Vergnügen zu verbinden und spätestens nach 3 – 4 Jahren mit einem Trabi nach Bulgarien zurückzukehren. Eine sehr naive Vorstellung bei Wartezeiten zwischen 15 und 20 Jahren!"[147]
„E. A-W.: DDR war das Fenster des Sozialismus. Akademiker und Künstler / Kulturschaffende waren besser bezahlt als in Bulgarien oder Rumänien. Sie sollten linientreu bleiben und nicht immer nach „drüben" schauen. Für mich war es eine Entscheidung des Unwissens, der falschen Vorstellungen, aber gleichzeitig – eine wirtschaftliche Entscheidung."[148]
„Anonym: Warum? Ich konnte es mir nie vorstellen, dass ich meinen Lebensmittelpunkt außerhalb Bulgarien haben würde. Die Erwachung erfolgt bekanntlich nach der Ankunft. Sie erstreckt sich über einen sehr langen Zeitraum und bleibt widersprüchlich, selbst wenn die Etablierung in der neuen Lebenssituation längst in Gang gekommen ist. Heute noch kann ich nicht sagen ob es die richtige Entscheidung damals war. Na ja: Hätte, hätte Fahrradkette! Bringt uns sowieso nicht weiter."[149]

Die Phasen der individuellen Umstrukturierung sind von Orts- und Identitätsbezügen der Biografie weder zeitlich noch in der Abfolge im Vorfeld definierbar und fixierbar. Auch bezüglich der Strukturierung lässt sich feststellen, dass sich zwar Fremderfahrungen und Ostidentitäten in den verschiedenen Phasen in einem gegenseitigen Zusammenhang wechselseitig austauschen und damit eine dynamische Identität ausbilden, aber sie verlieren dadurch nicht an Komplexität und Einzigartigkeit. Der Gesamtprozess der Identitäts- bzw. Erfahrungsbildung ist nicht linear oder kausal aufgebaut d.h. „gestern" determiniert nicht „heute" oder „morgen" und die Erfahrungen / das Erlebte in einer Phase gegenüber anderen dominieren. Der Ostidentitätszusammenhang der Fremdheit entsteht – wie Sinnänderungsprozesse generell – erst im individuellen Bezug auf Erlebtes und auf eigene Geschichte aus der Perspektive der gegenwärtigen Zuwendung, die sie zum Zeitpunkt des Geschehens in Verbindung mit zukünftigen Erwartungen gewinnen. Rosenthals These über zeitlich veränderbare Erfahrungskonstruktion des Erlebten bringt die allgemein definierte Phasen- und Identitätsstruktur mit verschiedenen Kontexten der Gegenwart zusammen.[150] Sie muss im Sinne dieser Untersuchung teilweise eingesetzt und thematisiert werden.

[147] Interview mit Herrn V. W., A. LU: 2014
[148] Interview mit Frau E. A-W., A. LU: 2009
[149] Anonymer Brief, A. LU: 2009
[150] Vgl. Rosenthal, Gabriele: Erlebte und erzählte Lebensgeschichte. Frankfurt am Main [u. a.]: Campus, 1995.

Die individuelle Erfahrungen und die gesellschaftliche Erinnerungen bestimmen sich gegenseitig in der hybriden Identitätsverortung und sind in
einer komplexen Einheit von Biografie und Geschichte verschränkt.

2. Hybride Identität, Sprache und Erfahrungen des Fremden

Die soziologisch-gesellschaftswissenschaftliche Linguistik setzt sich als Forschungsteilgebiet vor allem mit sprachlichen Phänomena der Identitäts- und Gesellschaftsstruktur auseinander. Damit ist der Sprachgebrauch innerhalb von Gruppen, Ethnien oder Minderheiten bzw. die Mehrsprachigkeit gemeint. Die Beschäftigung mit der sukzessiven Mehrsprachigkeit und nationalkulturellen Zugehörigkeiten ist als Teil einer hybriden Fremderfahrung und nicht gleich als selbstverständliches Phänomen, das in den Herkunftskontexten entstandenen Biografien bzw. Lebenserfahrungen bei Ausländern der ersten Generation zu verstehen. Die klassische Form der Mehrsprachigkeit innerhalb der Familie, die bei einem längeren Aufenthalt im Aufnahmeland entsteht, wird mit unterschiedlichen biografischen Folgen erlebt. Das Individuum wächst zuerst mit einer Sprache auf und wird später mit zusätzlichen Sprachen im weiteren Verlauf des Lebens (u.a. Migration, Studium, Kindergarten, Schule) in Berührung kommen.[1]

Die spezifische Form der Mehrsprachigkeit, die mit dem Ostfremdsein entwickelt wird, strukturiert das jeweilige linguistische Umfeld, indem spezifische Beziehungsmuster zwischen Mutter / Herkunfts- und Fremd / Aufnahmesprache geschaffen werden. Die Grenze zwischen „kontrollierte" Pendeln-Mehrsprachigkeit und „unkontrollierte" Mix-Mehrsprachigkeit ist relativ undurchlässig. Sie bleibt auch sichtbar wenn berücksichtigt wird, dass die entstandenen hybriden Sprachen in sehr unterschiedlicher Weise und mit unterschiedlichen biografischen Folgen auf die Identitätsdynamik einwirken. Die Mix-Mehrsprachigkeit ist die spontane alltägliche Variante, die in jeder ausländischen Familie oder Gruppe jeden Tag „zur Sprache kommt":

„Sprachen entwickeln eine hybride Form aus zwei oder mehreren verschiedenen Ursprungssprachen, z. B. Kreol- und Pidginsprachen."[2]

Dadurch ist sie für Ostfremden und in einigen Fällen für Ostdeutsche im weiten Sinne betrachtet,[3] in ihren zentralen biografischen Konflikt, zwischen Heimat und Fremdheit oder zwischen zwei Gesellschaftsordnungen Prioritäten setzen zu müssen, eingebettet. Dies hat zu Folge, dass sich die Mehrspra-

---

[1] Vgl. Trudgill, Peter: Sociolinguistics: An introduction to language and society. 4. Aufl. London: Penguin, 2000.

[2] Vgl. Linke, Angelika [u. a.] (Hrsg.): Studienbuch Linguistik. 5. Auflage. Tübingen: Niemeyer, 2004.

[3] Damit ist der weitere Gebrauch einiger DDR-Begrifflichkeiten, wie „Plaste", „Kaufhalle", „Broiler" u. a., gemeint.

chigkeit einerseits zwar als ein einfaches Mittel zur Lösung der Kommunikation innerhalb der Ausländergruppe darstellt, andererseits aber ein Integrationsproblem für Gruppenangehörige generiert. Warum?

Die hybriden Sprachformen, die im Bereich von individueller Mehrsprachigkeit, entstanden sind, lenken den Schwerpunkt darauf, dass ein Sprachtypus, der im ost-westlichen Geschehen von erheblicher Bedeutung sein dürfte, im Mehrheitssample gar nicht vertreten ist, nämlich eine Fremdheit, die staatlich unterstützt und gefördert wurde. Ob diese Spracherfahrungen auch einen integrierten mehrsprachigen Typus hinsichtlich der Identitätsdynamik zwischen Gegenwart und Biografie konstituieren, lässt sich nur auf einer Grundlage der eigenen Sprachsituation bestimmen. Wenn Sprecher mit Ost-Migrationshintergrund Elemente sowohl ihrer Herkunftssprache als auch der Sprache der sozialistischen und postsozialistischen Aufnahmegesellschaft im Osten in einem gemischten Sprach-Code verwenden, deuten sie eine spezifische Form der Kommunikationsdynamik insbesondere in den Beziehungen zum historischen Kontext an. Die Art und Weise der Sprachmischung kann unterschiedlichste Formen annehmen, z. B. können nur einzelne Wortteile (Endungen), oder Einzelworte aus einer Sprache in die andere "eingebaut" werden oder satzweise die Sprache gewechselt werden. Es können Kommentare aus einer anderen Sprache verwendet werden oder generell "gemischt" gesprochen werden.[4]

„W. W.: Für mich war die Zeit nach der Wende sehr ungewöhnlich, weil ich eine von den wenigen Bulgaren war, die auch die deutsche Staatsbürgerschaft beantragt haben. Ich habe es für meine ältere Tochter gemacht. Sie ist in Bulgarien geboren und wäre als nicht Deutsche, besonders bei Klassenfahrten im Ausland, ständig benachteiligt. Auch das Studium hätte sich komplizierter gestaltet. Ich sollte meine bulgarische Staatsbürgerschaft aufgeben. Es war wie eine Amputation, keine Entwurzelung. Ich habe mich geschämt. Nicht vor den anderen, vor mir selbst. Später habe ich die bulgarische Staatsbürgerschaft wieder beantragt. Ich habe zwei Heimatländer und spreche zwei Muttersprachen - es ist gut so. Das mit der Sprache stimmt nicht so ganz. Mit meiner Frau spreche ich heute noch ‚Debulg', wenn Sie verstehen, was ich meine. Mit den Kindern aber auch. Der Mensch ist ein faules Tier. Oder?"[5]

[4] Vgl. Hymes, Dell: Soziolinguistik: Zur Ethnographie des Sprechens. Frankfurt am Main: Suhrkamp-Taschenb. Verl. 1979.
[5] Interview mit Dr. W. W., A. LU: 2011

Es steht zur Diskussion ob das Erlernen der deutschen Sprache, das für den Erfolg der Integration von großer Bedeutung ist und damit auch für Berufschancen im Ankunftsland entscheidend ist, durch die bequeme Mixsprache begünstigt oder beeinträchtigt wird. Der Spracherwerb soll und muss daher – insbesondere in der Familie und bei Kindern, die Deutsch als Zweitsprache erwerben – entsprechend nicht gefährdet werden. Der Erfolg des Spracherwerbs braucht eine korrekte sprachfördernde Umgebung und Sprachlernmöglichkeiten mit vielfältigen, hinreichend komplexen und fehlerfreien Kommunikationsbeispielen, die in der Mixsprache zuhause nicht vorhanden sind. Zum Beispiel: bestimmter Artikel „die Arbeit" vs. „Arbeit-a", „der Tisch" vs. „Tisch-a", weil im Bulgarischen Tisch Femininum und nicht Maskulinum ist, bekommt einen „Femininum" bestimmten Artikel. In diesem Fall werden die Grammatikregeln beider Sprachen: Bestimmter Artikel und Genus gemischt. Die Konjugation, die Flexion der Verben, die Änderung am Ende des Zeitwortes ist besonders stark von Sprachmixturen betroffen. Das sprachliche Umsetzen von Merkmalen wie Person, Numerus, Tempus und Genus ist durch die Grammatiknorm jeder Sprache festgelegt, wobei nicht alle Kombinationen in einer Alltagssprache angewendet werden. In der Mix-Variante leidtragend sind meistens die Endungen: Z. B. „Ich spreche", „Ich sprech-ja; govorja / sprechen", „Ich kontrolliere", „Ich kontrollier-vam; kontroliram / kontrollieren" etc.

Bedeutet es geringe sprachliche Kompetenz oder fehlerhafte und frei gemixte Sprachbeispiele hingegen können den Spracherwerb verzögern sogar gefährden. Die entscheidende Frage ist: Wie verhalten sich Kommunikationsteilnehmer und würden sie in solchen Sprachumgebungen die deutsche Sprache in fehlerhafter Form erlernen? Eine weitverbreitete These ist, dass dies würde den weiteren Erwerb sprachlicher Kompetenzen und die Integration erschweren. Das für den Erfolg der Zwei-Heimat-Integration notwendige Sprachniveau ist auf diesem Weg nicht erreichbar.[6] Solch eine als nicht fördernd und hindernd einzuschätzende Spracherwerbssituation kann entstehen, wenn die Kommunikationsteilnehmer angehalten werden in einer Sprache zu sprechen, die sie selbst nicht auf Muttersprachniveau beherrschen. Mix-Sprache ist auch ein wesentliches Medium für erfolgreiche Verständigung in einer zweisprachigen Gruppe, die gleichermaßen beide Sprachen nutzt und kann für das Aufbauen einer engen Beziehung in der Gemeinschaft wesentlich beitragen. Es ist wichtig, dass sich Gruppenmitglieder im Gespräch un-

---

[6] Vgl. Hymes, Dell: Soziolinguistik: Zur Ethnographie des Sprechens. Frankfurt am Main: Suhrkamp-Taschenb. Verl. 1979.

tereinander verständigen können, aber das Umfeld den Inhalt nicht ganz oder nur unvollständig als Bruchteil mitbekommt. In der Familie bzw. der Gruppe kann man sich mit den Gesprächspartnern detailliert und sicher ausdrücken. Wenn Gruppenmitglieder bestimmte Themen aufgrund von fehlenden sprachlichen Kompetenzen / Engpässen nicht oder nicht hinreichend besprechen können, kann das der sozialen Hybridität bzw. ethnischen Identität schaden. Insbesondere emotionale Themen bereiten Kommunikationsproblemen in solchen Konstellationen. Empfohlen wird die Sprache zu sprechen, die man am besten kann und in der man sich wohl fühlt – egal ob dies Deutsch ist, eine andere Sprache oder die Mix-Sprache der Gruppe. Insgesamt sprechen sich viele Wissenschaftler gegen eine gemixte Sprache. Kommunikationsteilnehmer, deren Muttersprache nicht Deutsch ist, würden dadurch angehalten in der Gruppe oder in der Familie richtig Deutsch zu sprechen. Eine Mix-Sprache dagegen vereint auf abenteuerlichen Art und Weisen Morphologie, Syntax und Lexik zwei oder drei Sprachen und das Spannende dabei ist – einzeln betrachtet ist grammatikalisch alles richtig. Ausländer erlernen die deutsche Sprache auch mit der Hilfe eine parallele Mix-Sprache problemlos in Diaspora oder in Gruppeneinrichtungen – wenn diese „zweisprachig" sind und eine hohe Qualität der linguistischen Kompetenz bzw. der Mix-Kommunikation aufweisen. Zweisprachigkeit bzw. Mehrsprachigkeit ist immer vom Vorteil – auch in der Form einer Mix-Sprache und kann unter guten Bedingungen sogar positive Effekte auf die gesamte kognitive individuelle Identitätsentwicklung haben. In diesem Sinne könnte die deutsche Sonderbarkeit des zusammengesetzten Substantivs als Eigenschaft jeder Mix-Sprache betrachtet werden. Sie macht die Auseinandersetzung mit der Logik der Sprache zu einem echten Vergnügen, weil sich dabei so wunderbare Wortkombinationen bilden lassen, die die Grenzen einer Sprache überspringen. Eine Mix-Sprache kann man bequem und sicher modellieren, aber hier lässt man sie nicht in einem „institutionell" festgelegten „Regelwerk" erstarren, weil die Mix-Sprache eine spontane, individuelle Form der Verständigung und der Kommunikation für „Eingeweihten" ist. Auf jeden Fall stellt sie ein Faszinosum der Sprache dar, womit die symbolische Dimension der gemischten Version angesprochen ist. Sie erscheint für Einheimischen mit wenig Fremderfahrung wie etwas Exotisches, auf geheimnisvolle Weise Anziehendes und Faszinierendes.

2.1 Vergangenheit - Erinnerung

Im Fall der Hybridität bezeichnet Erinnerungskultur die Gesamtheit der Verhaltensmuster und sozial zugelassener oder erworbener zweiheimischer Umgangsformen einer Minderheit oder Gruppe damit, Teile der Vergangenheit im Zwitter-Bewusstsein aufzunehmen, zu halten, gezielt zu vergegenwärtigen und mit einer Prise Nostalgie zu idealisieren.[7] Im Zentrum der hybriden Identitätsfindung stehen in erster Linie die kollektiven (objektiven) wie subjektiven Wahrnehmungen sozialer und kultureller Zusammenhänge aus einer aktuellen, gegenwärtigen Perspektive, weniger die Darstellung ideologisch-politischen Wissens. Es muss zwischen einer privaten hybriden Biografie und einer kollektiven Erinnerungskultur des Herkunftslandes sowie deren jeweiligen historischen und ereignisbasierten Elementen unterschieden werden. Eine Besonderheit der Kultur des hybriden Erinnerns ist, dass kollektive Wahrnehmungen die subjektiven Wahrnehmungen prägen, nicht umgekehrt. Einfluss auf die Erinnerungskultur der Zweiheimischen haben gesellschaftliche Auseinandersetzungen im Herkunftsland, Verhältnisse und Probleme im Ankunftsland. Durch eine ausgeprägte Erinnerungskultur des hybriden Typus werden nicht so verorteten und herausgestellten Auseinandersetzungen und Verhältnisse meistens dem Vergessen preisgegeben.

„W. W.: Wir haben ein großes Problem und zwar die tägliche Konfrontation mit unserer Vergangenheit. Die ewige Frage nach der Herkunft: Wo kommen Sie her? Oder „Sie sehen nicht so aus, dass Sie von hier kommen?" wird uns jeden Tag gestellt und vorgehalten. Da merke ich manchmal, dass sich in mir etwas gegen diese Dauererinnerung unserer Nichtzugehörigkeit wehrt. Anstatt dankbar zu sein für das Interesse an meiner Persönlichkeit, fange ich an wegzuschauen und unhöflich zu werden. Ich möchte verstehen, warum in diesem Land unsere Herkunft bzw. Vergangenheit für die Einheimischen so interessant und wichtig ist wie nie zuvor. Wenn ich merke, dass sich in mir etwas dagegen wehrt, versuche ich entweder die Frage umzugehen oder kurzgebunden zu beantworten. Gott sei Dank, dass die Frage „Warum sind Sie nach Deutschland gekommen?" mir selten gestellt wird. Auf die Motive meines Fremddaseins will ich nicht angesprochen werden und bin fast froh, wenn ich glaube eine neutrale Antwort gefunden zu haben. Für den Fall der Fälle! Ich weiß, dass die Erinnerung zu gegenwärtigen Zwecken nicht ignoriert oder instrumentalisiert werden darf. Aber die Fragen nerven doch, was meinen Sie?"[8]

Für eine affirmative Antwort auf diese Frage scheint nur noch die einseitig erlebte Hybridität übrigzubleiben und infrage kommen: Jene Gegebenheiten, die den Zusammenbruch verursacht haben und den universalistischen Kern

[7] Ausgangsthese Vgl. Rosenthal, Gabriele: Erlebte und erzählte Lebensgeschichte. Frankfurt am Main [u. a.]: Campus, 1995.

[8] Interview mit Dr. W. W., A. LU: 2010

der postsozialistischen Hybridität, der aus der Mischung ostdeutscher Erinnerungskultur und europäisches Pluralismus gebildet wurde. Diese Hybridität
hat ihre Sprengkraft und Vitalität bewahrt, erstaunlicherweise nicht nur in
den Ländern des postsozialistischen Ostens, sondern auch in den Nationen,
wo im Zuge eines Identitätswandels dem multikulturellen Einwanderungs-
und Migrationsstaat eine neue Bedeutung zugekommen wurde. Die These in
dieser Form stammt von R. v Thadden:

*„Mit sieben bis 8 % Einwanderern laufen die Nationen Gefahr, ihre Identität
zu verändern; sie können sich bald nicht mehr als monokulturelle Gesellschaften bezeichnen, wenn sie keine Integrationspunkten anbieten, die über
die reine ethnische Abstammung hinausgehen."*[9]

Hybridität, Erinnerungskultur und Einwanderung, als Lösungs- oder Krisen-
faktoren des gesellschaftlichen Zusammenlebens im Osten Europas und in
Europa einstmals und heute können nur im komplexen Zusammenhang betrachtet werden. Nationale Zugehörigkeiten und Staatsangehörigkeiten sind
Variablen, die eigentlich in der sozialistischen Vergangenheit schön unifiziert konstant wachsen sollten, sie können aber nicht einfach mit der Geburt
vorgegeben werden. Jede Zeit und jede Gesellschaft bilden ihre eigenen
Identitätsdynamik, Pluralismus und kulturelle Hybridität. Viele Menschen
haben neben ihrer ethnischen Herkunftsidentität eine weitere kulturelle Zugehörigkeit im Laufe ihres Lebens dazu erworben, sie sind in die Kultur eines anderen Landes hereingekommen und hineingewachsen. Sie beabsichti-
gen gar nicht ihre eigenen Wurzeln zu verleugnen (Akzent, Aussehen, Verhaltensmuster etc.). Es ist eine Frage der zweiheimischen menschlichen
Würde sich ohne Verlust der ethnischen Identität integrieren zu lassen, aber
das ständige Erinnern an die Nicht-Zugehörigkeit und an das Anderssein
wird sehr oft im Alltag als entwürdigend und abwertend empfunden:

*„A. G.: Weil Sie mit Akzent sprechen, konnte ich es mir nicht richtig vorstel-
len, dass Sie aus Gera kommen. Deshalb dachten wir: Die können ja nicht
mit dem G-Autokennzeichen sein.*
LU: Warum sollen wir nicht ständig in einer Stadt in Deutschland leben?
A. G.: Jetzt wenn ich Sie sehe, weiß ich, dass ich Sie gesehen haben soll.
Warum denkt man automatisch, dass nur ohne Akzent sprechende Deutsche

---

[9] Thadden, Rudolf v.: Die Botschaft der Brüderlichkeit. In: Süddeutsche Zeitung vom 26./27.
November 1988; Vgl. Thadden, Rudolf v./ Kaudelka, Steffen/Serrier, Thomas. (Hrsg.): Eu-
ropa der Zugehörigkeiten: Integrationswege zwischen Ein- und Auswanderung. Göttingen :
Wallstein-Verl., 2007.

an diesem Ort anzutreffen wären, kann ich nicht sagen. Es steckt wahrscheinlich unbewusst tief in der menschlichen Natur.[10]
Diese Erkenntnis ist von Bedeutung für die Thematisierung / Diskussion von / über die Verständnis von Anderssein und Hybridität im Osten, in den zunehmend von Migrationen bestimmten Gesellschaften Europas. Gerade im Prozess des Zusammenwachsens der hybriden Identitätsbildung sind Zugehörigkeitsgefühle und Erinnerungen von erheblicher Wichtigkeit / Bedeutung.

In diesem Sinne werden Modelle und Verhaltensmuster thematisiert, die die Vielfalt der Formen der hybriden Zugehörigkeit des Andersseins im östlichen Europa explizit inhaltlich darstellen. Was bedeuten eigentlich Zugehörigkeit und Erinnerung für Ostdeutsche und Ostfremden? Und welche Herausforderungen sind damit für die gesellschaftliche Gegenwart verbunden? In unseren Tagen hat sich eine neue Kontroverse herausgebildet: die über die Aktualität und Wirkung der Hybridität des postsozialistischen Ostausländers und zum Teil des Ostdeutschen.

2.2 Gegenwart – Relation des Fremden

„Das Vergessen wird belohnt, nicht das Gedächtnis. Wenn Sie schnell und rasch vergessen, werden Sie glücklich auf Erden und können in Ruhe alt werden.“[11]
Wenn das Fremde die verborgene Seite der eigenen hybriden Identität ist, so weckt das Vergessen den kaum zu befriedigenden Wunsch, mehr von den Erinnerungen und mehr von sich selbst zu erfahren und zwar doppelt: durch den anderen und durch sich selbst. Die gegenwärtige Situation eines Ausländers / Fremden in allen osteuropäischen ex-sozialistischen RGW-Ländern ist vergleichbar: Das Fremddasein ist die verborgene, nicht die gelebte Seite, auch wenn die Geschichte der inneren Ostmigrationsbewegungen in den ehemaligen und gegenwärtigen Soz.-Mächten (wie Russland, China, Tschechoslowakei, DDR-Deutschland etc.) teilweise viel weiter zurückreicht oder - wie zum Beispiel in Ungarn oder Polen - Migration ein eher jüngeres Phänomen darstellt. Das Einräumen des „Unbekannten“ in der eigenen Hybridität setzt Freiheit des Empfindens, Bereitschaft das Neue richtig kennenzulernen und Offenheit dem gegenüber voraus. Es ist nicht einfach und selbstver-

---

[10] Anonymer Gesprächsteilnehmer aus Gera, in Burg-Kauper (Spreewald), 03.10.2017. A. LU
[11] Vgl. Hein, Christoph: Trutz [Roman]. Zit. nach: Quilitzsch, Frank: Fluch des Erinnerns [Emigrantenschicksal] In: TLZ, Sa. 22.04.2017, S. 29.

ständlich die Grenzen des eigenen Empfindens zu finden und öfters stößt nicht nur der Zweiheimische an den inneren Grenzen. Die heutige ablehnende Haltung der osteuropäischen Aufnahmegesellschaften gegenüber Einwanderern findet jedoch hier ihre sozialpolitische Entsprechung, ist aber seit dem Zusammenbruch des Sozialismus in allen osteuropäischen Ländern eine steigende Emigration zu beobachten. Laut Umfragen der Menschenrechtsorganisationen haben Bürgerinnen und Bürger in EU-Ländern mit einem großen Anteil an osteuropäischen „EU-Einwanderern" eine ziemlich gemischte Haltung gegenüber diesen. Auswirkungen der Wirtschaftsmigration und spätestens die Öffnung des westlichen Arbeitsmarkts für Osteuropäer stürzten Europa in eine Identitätskrise und markierten das Ende des „Europäismus" vergangener Jahre. Seither wächst das Misstrauen gegenüber Europäern mit östlichem Migrationshintergrund: Die Grenzen zwischen Innen (Staatszugehörigkeit, Armutszuwanderung, Diskriminierung, Missbrauch sozialer Leistungen) und Außen (internationale Konflikte, organisierte Kriminalität, internationaler Terrorismus) verwischen sich zunehmend. Identitätszuschreibungen von außen zufolge sind Osteuropäer oft nicht nur eine Wirtschaftsgruppe, sondern auch eine Gruppe, die politische und ideologische Vorstellungen miteinander verbindet, um sich gegen Vorurteile in Europa zu positionieren.

„Armutszuwanderer statt Preußen des Balkans. [...] Und im Juni 2014 berichteten deutsche Medien: Die Zahl der Hartz-IV-Bezieher aus Bulgarien und Rumänien sei deutlich gegenüber dem Vorjahr gestiegen, um etwa 60 Prozent. Das gehe aus aktuellen Daten des Instituts für Arbeitsmarkt- und Berufsforschung hervor. Viele der auf Grundsicherung angewiesenen neuen Mitbürger leben demnach in einigen wenigen Großstädten, vor allem in Dortmund, Duisburg, Stuttgart und Hamburg. Nochmals: S-e-c-h-z-i-g Prozent mehr Hartz-IV-Bezieher aus Bulgarien und Rumänien. Und kurz zuvor hatte man genau das Gegenteil behauptet. Da waren es noch die angeblich so fleißigen „Preußen des Balkans". Im Klartext: Jene, welche vor den wichtigen Wahlen vor der Entwicklung gemahnt hatten, hatten Recht gehabt. Es gab und gibt Massen von Armutszuwanderern. Doch Politik und Medien verkauften sie uns vor der Wahl als „Preußen des Balkans" und untermauerten die gewagte Aussage mit Statistiken, die wohl eigens für diese Desinformationskampagne zurechtgefälscht worden waren. Es war eine typische Si-

mulation von wahrhaftiger und unabhängiger Berichterstattung. Eine reine Illusion. "[12] Die Identitätsfindung eines Fremden verläuft gleichermaßen fast ähnlich im Westen und Osten, stellt sich dabei auf mehreren sich überlagernden Ebenen der Hybridität. Zum einen gilt es zu klären, ob postsozialistische deutsch-östliche Identitäten als etwas Widersprüchliches empfunden oder ob Gleichzeitigkeit und Vereinbarkeit hybrider Identitätsmerkmale nicht oder doch als selbstverständlich wahrgenommen werden sollen. Inwiefern geraten EU-Bürger aus dem ex-sozialistischen Ausland in Solidaritätskonflikte mit dem Deutschsein, wie dies zum Beispiel im negativen Fall des Harz-IV-Missbrauchs oder im positiven Sinne im Pflegebereich der Fall ist? Zum anderen kommt hier in Form der "osteuropäischen Identität" noch eine weitere Identitätsebene hinzu: Innerhalb des Ostens dreht sich die Fremdsein-Debatte nicht nur um das Spannungsverhältnis postsozialistische - nationale - europäische Identität, sondern auch zunehmend um die Vereinbarkeit und Gleichzeitigkeit von sozialen, lokalen, nationalen, regionalen Identitäten, um den Schutz von geerbten „Fremden" im Osten und der neuen kulturellen Vielfalt (cultural diversity) sowie um die Vereinbarkeit von Ostfremden und Europäer.[13]

„Culture is comprised of those characteristics of human life that are different from place to place. The most apparent of all these characteristics are language, traditions, food, clothes, arts, dance, music, sports. [...] Cultural differences have always been critical and controversial." [14]
Vielfalt wird heute als höchstes Gut der europäischen Demokratie definiert. Inwiefern der Ostmensch Teil dieser Vielfalt ist, wurde bislang nicht diskutiert und geklärt. Der postsozialistische Umbruch ist als eine Identitätssuche des Ostbürgers und Ostfremden zu verstehen, die sich unabhängig von sozialen Kontexten der Vergangenheit definiert, als eine "neueuropäische Konstellation". Konzepte wie die europäische „Staatsbürgerschaft" oder wie der "Nationalpatriotismus" vertreten nicht in diesem Sinne die Loslösung der Rechte und Pflichten der nicht existierenden Sozialordnung vom homogenen

[12] Vgl. Ulfkotte, Udo: Gekaufte Journalisten: wie Politiker, Geheimdienste und Hochfinanz Massenmedien lenken. Rottenburg an Neckar: Kopp Verlag, 2014.
[13] Vgl. Parvis, Leo/Parvis, Julie: Understanding Cultural Diversity in Today's Complex World. 5th Ed. New York: Embrace Publications & Consulting, 2013, S. 2-4.
[14] Ebda. „Die Kultur besteht aus jenen Merkmalen des menschlichen Lebens, die sich von Ort zu Ort unterscheiden. Die offensichtlichsten aller Charakteristiken sind Sprache, Traditionen, Essen, Kleidung, Kunst, Tanz, Musik, Sport. [...] Kulturelle Unterschiede waren immer kritisch und umstritten." [Übers. Verf.]

Konzept der nationalen Identität. Gegenseitige internationale Hilfe gab es immer schon und sie wurde ideologisch als Teil der vielseitig entwickelten sozialistischen Persönlichkeit verstanden. Danach gilt es, nationale oder multikulturelle Identitäten zu unterstützen. Die Identifikation mit der neuen Sozialordnung als politisch-gesellschaftliches und persönliches Gut sowie mit der Obrigkeit bzw. mit den Institutionen ist jedoch hüben und drüben noch gering. Warum sollte sich ein europäischer Ostmensch mehr (oder weniger) mit der Institution-EU definieren als ein europäischer Westmensch oder Appendix der Geschichte?

Nicht zuletzt belastete die Identitätsproblematik im wirtschaftlichen Sinne immer wieder die Beitrittsverhandlungen mit dem Osten. So wird einerseits betont, dass ein postsozialistisches Land nur ein Armutsmitglied der EU werden könne; andererseits wird Europa als eine Familie, die auch arme Kinder großziehen kann, bezeichnet. Laut Udo Ulfkotte und anderen Gegner der Osterweiterung waren die meisten Europäer der Meinung, dass die wirtschaftlichen Unterschiede zwischen den Balkanländer und Europa zu groß seien, um den Beitritt zu ermöglichen. Die Bevölkerung Europas stand mehrheitlich einem Beitritt Bulgariens und Rumäniens sehr kritisch gegenüber.

„Wie anders ist das moderne Bulgarien. Die EU ist sich ja immer noch nicht ganz gewiss, ob sie mit der Aufnahme Bulgariens richtig gehandelt hat: Sie sollte sich gewiss sein. Eine Union, die bekennende Antieuropäer (wie Briten) und notorische Bilanzfälscher (wie Griechen) verkraftet, kann durch den kühlen Realismus der „Preußen des Balkans" (wie sich die Bulgaren stolz nennen) nur gewinnen."[15]

In den entsprechenden politischen Diskursen wird eine osteuropäische Identität mit kulturellen Referenzen wie das postsozialistische Erbe Europas konstruiert und die neu geprägte Welt als kulturelles Abgrenzungsmodell benutzt. Bulgarien und Rumänien werden stärker als Armutsländer, weniger als geostrategischen Partner wahrgenommen. Dass die Kulturen zwischen Orient und Okzident seit Jahrhunderten Teil von Europas Geschichte und Kultur sind und seit Jahrhunderten ebenso Traditionen des Austauschs und der gegenseitigen Inspiration existieren, wird viel zu selten thematisiert.

Von Seiten der EU wird eine ost-westliche bzw. europäische Identität konstruiert, um tiefer liegende Krisen gesellschaftlicher Solidarität und Legitimationsdefizite zu überdecken. Gleichzeitig nutzen „Ostalgiker" Europa als Abgrenzungsmodell für antieuropäische Diskurse. Die Versuche, einen theo-

---

[15] Oschlies, Wolf: Ein Land und sein Urtyp. In: Eurasisches Magazin, 2010.

retischen Ansatz für die Vereinbarkeit von europäischem Gedankengut, Liberalismus / Pluralismus und dem postsozialistischen Erbe zu entwickeln, wird unter dem Begriff Osterweiterung diskutiert. Hier sind als Befürworter vor allem Jean-Claude Junker[16] und Georg Voruba[17] zu nennen. Andere Autoren beschwören eine Identitätsbildung mit den typischen Folgeproblemen der Osterweiterung herauf, wiederum andere thematisieren eine "Europäisierung des Ostens".[18] Letzteres wäre eine Art hybride Identitätsstruktur im Sinne der vorangestellten Definition und würde eine friedliche soziale Umwandlung und Koexistenz verschiedener Biografien unter einem gemeinsamen europäischen Dach bedeuten, die auf gegenseitigem Respekt vor der anderen Erinnerungskultur und dem nationalen Stolz beruht.

Der Postsozialismus wird in Europa sehr unterschiedlich und vielfältig gelebt, entsprechend den unterschiedlichen Traditionen der jeweiligen Ost- und Südherkunftsländer und den Gestaltungsmöglichkeiten in der Aufnahmegesellschaft. Die Reaktionen ex-sozialistischer Ostfremden und Neo-Migranten auf mangelnde Beachtung und Anerkennung reichen von eine Art Assimilation wie Einbürgerung, Heirat, bilaterale Partnerschaft etc. und Integration bis hin zu freiwilliger Desintegration und Identifizierung mit der Ost-Vergangenheit. Auch die Ausformulierung hybrider Neo-Ost-Identität in einem positiven Sinne lässt sich mittlerweile europaweit beobachten: Dieses neue Selbstbewusstsein äußert sich auf verschiedene Weise: Ihre Rechte als Europäer und Staatsbürger werden explizit eingefordert, die Bürger aus dem Osten zeigen stärkere Präsenz im gesellschaftlichen und politischen Leben. Sie stehen für mehr soziale Verantwortung, aktive Partizipation und ziviles Engagement, wie etwa Ostpolitiker im Bundestag oder hervorragende Künstler, Wissenschaftler, Akademiker, ehemalige Soz.-Einwanderer, Sozialisten, Menschenrechtler etc. Diaspora und Nationalvereine machen sich eine fremde Ostidentität im weiten Sinne zu Eigen und nutzten ihre ausländischen Identität, um neue Zielgruppen zu erreichen. Die Freisetzung aus jeglicher alten Sozialordnung sei die Quintessenz der Herausbildung einer gelungenen Hybridität und gleichzeitig baut die Grundlage für Innovation und Verände-

[16] Vgl. Juncker, Jean-Claude: Ein neuer Start für Europa: Meine Agenda für Jobs, Wachstum, Fairness und demokratischen Wandel: Politische Leitlinien für die nächste Europäische Kommission. Straßburg Juli 2014.
[17] Vgl. Voruba, Georg: Die Dynamik Europas. 2. Aufl., Wiesbaden: VS Verlag für Sozialwissenschaften 2007.
[18] Vgl. Sturm, Roland/Pehle, Heinrich (Hrsg.): Die neue Europäische Union: Die Osterweiterung und ihre Folgen. Opladen: Verlag Barbara Budrich, 2006; Lippert, Barbara (Hrsg.): Bilanz und Folgeprobleme der EU-Erweiterung. Baden-Baden: Nomos, 2004.

rung auf. Mit der Zeit wird sich das hybride Individuum in die neue Gesellschaftsordnung integrieren, habe sich dabei in ein neues Wertesystem „eingelebt" und grundlegend verändert. Sein neuer Sittenkodex ist demnach ein Übergangsphänomen, sozusagen „im Bau", der tiefgreifenden Veränderungen in dem Fremd- bzw. Nichtfremdsein wie in der Gesellschaft hervorbringe. Diese Entwicklung fände vor allem im immer noch nicht so bunten kulturellen Gemisch (im Vergleich mit dem Westen) östlicher Städten und sei dort implizit zu beobachten. Die typischen Konflikte des Ostfremden werden auch in einer zeitlichen Dimension als eine zwischen einer alten und einer neuen Mischidentität betrachtet und verstanden.

„A. W.: Der Zusammenbruch des Sozialismus war das Schönste in meinem Leben. Großartig! Oder? Ich glaubte mir stehen viele, bis jetzt nicht erreichbare Möglichkeiten, offen und ich konnte sofort loslegen. Es war eine Rechnung ohne den Wirt. Herkunft und Akzent haben mich in der Realität gebracht. Für mich waren die Misserfolge so ungewöhnlich weil ich mich immer als „Könner" und „Denker" gefühlt. Nicht als Ausländer, Migrant oder Gastarbeiter. Später, nach dem ich den neuen Mechanismus begriffen habe und nach Westen ging, war auch der Erfolg da. Der Fremde im Osten hat ein gewaltiges Problem und zwar seinen Ex-Brüdern. Sie waren vor der Wende ausländerfeindlich und nach der Wende ebenso. Sogar mehr. Wir haben damals wenig davon gemerkt weil die heile Welt des Theaters oder der Uni uns geschützt hatte. Die Ostdeutschen hatten wenig Möglichkeiten das Fremde als Bereicherung kennenzulernen, wie die sogenannten Wessis."[19]
Die Hypothese, dass der Eiserne Vorhang und die Abschottung der sozialistischen Welt die Ausländerfeindlichkeit im Osten hervorgerufen und langlebig ernährt haben sollten, wird jetzt immer plausibler. Mit der formellen Trennung vom sozialistischen Wertesystem, das nie verinnerlicht wurde, ist ein Identitätsproblem im Spannungsverhältnis traditioneller und kollektiver Lebenswelten im Osten entstanden. Es ist in die sozialistische Gesellschaftsgeschichte und ihrem Umbruch 1944/45 eingebettet. Die Fremdenfeindlichkeit blieb jedoch unausgesprochen und für den Ostfremden vermutlich damals aufgrund der gesellschaftlichen wie familialen Tabuisierung sowohl der früheren Statusposition des Ostakademikers und Künstlers als auch der vertraglichen Sonderprivilegien nicht durchschaut. Die Kategorie Ausländerfeindlichkeit im Osten lässt sich in zwei Teilbereiche gliedern und thematisieren. Einmal handelt es sich um das Erinnern an die Vergangenheit vor dem Krieg und zum anderen um das Erinnern an das gelebte Leben in der

---

[19] Interview mit Prof. Dr. A. W., A. LU: 2011

DDR und in den andren sozialistischen Ländern. In mehreren Gesprächen und Postkartentexten wurde die Erinnerung an das Leben vor sowie nach der DDR verglichen und thematisiert:

„4.8.1972, kontr. 14.8.72, [mit Bleistift] ГДР/DDR, Magdeburg Lieber Vati! In den Hotels erholt sich die Westverwandtschaft. Unsere Bungalows befinden sich weiter im Vordergrund auf die Steilküste. Bis zum Ufer sind 15 Minuten Treppensteigen. Verpflegung und Unterkunft sind einigermaßen. Die sanitären Einrichtungen spotten jeder Beschreibung. Wasser ist den ganzen Tag abgestellt. Das Meer ist unheimlich warm (26°). Die Außentemperaturen sind erträglich. Heute ist es sogar wirklich kühl. Einkaufen kann man nur, wenn man die Preise vorher kennt, sonst bezahlt man das Doppelte. Bin schon ziemlich braun. Viele herzliche Grüße von Johanna.“[20]

„14.10.1979. Lieber Johannes, Herzensdank für Deinen lieben Brief vom 7.10. Das können wir uns vorstellen, daß Dich Dienstreisen unwahrscheinlich anstrengen, körperlich und auch moralisch. Fein, daß Dein Großer vom Wehrdienst [nicht NVA]zurück ist. Unser Umzug wurde erneut auf unbestimmte Zeit verschoben. In den 2 untersten Stockwerken wurden Schwamm und Fäulnis unter den Dielen festgestellt. Jetzt werden Eisenträger und Betondecken eingezogen. Das Haus hat ja seine Jahre auf dem Buckel, es wurde 1896 erbaut. Bis Juni dieses Jahres im Privatbesitz. Nochmals vielen Dank für die gute Worte und Kameradschaft. Bleib gesund. Herzlichst Dein Dieter und Familie. (Freiherr von G. war MS-erkrankt)“[21]

„H. S.: Natürlich hatten wir Ausländer in DDR gehabt. Sie sind nicht so viele gewesen. Die sind so halbsichtbar da gewesen, immer am Rande geschoben. Kontakte mit Russen? Die gab es schon zu DDR-Zeiten. Wenige Kontakte auch mit anderen Ausländern. Warum? Hab ich nicht so nachgedacht [...] Ausländerfeindlichkeit? Kann ich nicht so sagen. Also wirklich, gibt's bestimmt schon, sicher auch damals. Also jetzt nichts Gewaltiges, Großes, aber das sind so kleine Momente wo man mal denkt „Ah toll. Den kennst du noch von früher“. Mir geht es so. Ich will es aber nicht, dass Ausländer bevorzugt werden. Das will ich wirklich nicht.“[22]

---

[20] Postkarte Nr. 79; A. LU: 1972
[21] Postkarte Nr. 89; A. LU: 1979
[22] Gesprächsrunde / Interview mit Frau H. S. Sportgruppe 60+ am 16.02.2006, Gera. A. LU: 2006

2.3 Zukunft – Ankommen

Krisis- oder Ankommens-Erfahrungen beziehen sich auf Erschütterung / Enttäuschung, Umbau und Aufbau - das Leben gewöhnlich gestaltenden Erlebnisbestände. Ein für uns interessantes und relevantes Thema des Ankommens ist die Wandlung einer fremden nationalen Identität im Osten. Damit ist nicht das Ankommen „allgemein" in Deutschland gemeint. In der von uns untersuchten individuellen Situation kann der Ostbürger nicht nur für die Dauer des Ankommen-Übergangs, den er seit der Wiedervereinigung mitmacht, sich „weitergeleitet" fühlen, sondern dieser neu geordneter Alltag hat sogar die Kraft, ihm andere Identitätsmerkmale und Zugehörigkeiten seiner Osthybridität ins Leben zu rufen. Die Umwandlung des Ostdaseins könnte in einige sehr widersprüchliche thematische Felder eingebettet sein:

„ W. W.: Erst nach der Wende habe ich verstanden, dass ich im Ausland lebe, wo ich hingehöre, weil ich meine Heimat und meine bulgarische Identität erstmals als solche verstehen und wahrnehmen konnte. Ich bin nie geflüchtet oder emigriert gewesen, ich habe nie die Verbindung zur Heimat und Familie verloren gehabt, wie alle illegalen Migranten im Westen. Nein, das bin ich nie gewesen. Mein Ankommen nach der Wende hat mit sich die Wandlung zum Bulgarien gebracht. Ich hatte eine gespaltene Annährung erlebt. Die neuen negativen Fremderfahrungen im Osten Deutschlands haben ein idealisiertes Bild der Heimat hervorgerufen. Es hat zum Teil gar nicht gestimmt. Dort war eigentlich auch Umbruchszeit, verbunden mit Arbeitslosigkeit, Armut, Kriminalität, Perspektivlosigkeit. Ein tiefes schwarzes Loch. "[23]
Mit Blick auf den öffentlichen Diskurs über Armutsmigration in dem z. B. Ostausländer, ex-Soz.-Bürger seit Ende der 90er Jahre zunehmend als in Deutschland nicht erwünschter „Arbeitsschnapper" und „Arbeitsplatz-Vernichter" typisiert und unter Druck für ihre Anwesenheit gesetzt werden, könnte der nicht mehr privilegierte Künstler bzw. die runtergestufte Fachkraft daran interessiert sein, ein idealisiertes differenziertes Bild von der Herkunftsheimat zu vermitteln. So wird die neue durch Fremdsein entstandene hybride Zugehörigkeit vor stigmatisierenden Typisierungen das Individuum nach 1990 schützen:
„P. W.: Warum bin ich nicht nach Bulgarien zurückgekehrt? Meine Chemie-Forschungsstelle an der Uni in Sofia wurde schon gestrichen und anderweitig ausgeschrieben. In Ostdeutschland war ich gekündigt, aber in München habe ich eine befristete Stelle in einem Forschungsinstitut bekommen. Mein

---

[23] Interview mit Dr. W. W., A. LU: 2010

Forschungsgebiet war gefragt und deshalb haben sie mich genommen. Es war sehr harte Zeit. Ich habe 10 – 12 Stunden täglich gearbeitet. Ein Kollege hat mich gefragt, ob alle Bulgaren so arbeitsam und fleißig sind. Er hätte andere Erfahrungen mit Osteuropäern gehört. Ich habe, ohne nachzudenken, mit „ja" geantwortet und habe mich als Vorzeigeexemplar der Heimat gefühlt. Eins habe ich verschwiegen: Der Bulgare ist nicht zu stoppen, wenn er weiß wofür er arbeitet und die Früchte seiner Arbeit selbst pflückt. "[24]
Wissenschaftliche Forschung und berufliche Karriere bzw. Realisierung stehen für den Ostwissenschaftler im Vordergrund, die nationale Identität spielt in diesem Fall eine untergeordnete Rolle und stellt einen zweitrangigen Aspekt davon dar. Das thematische Diskussionsfeld wird in die berufliche Positionierung gerückt und logischerweise könnte es so definiert werden: Hat das Fremdsein den Wissenschaftler / Künstler grundlegend verändert oder nicht? Eher nicht, wenn der Arbeitsplatz nicht gekündigt wird oder eine neue Wirkungsstelle gefunden wird. In diesem Sinne würde ein Transformationsprozess geschildert, der sich wenig auf die nationale Selbstdefinition bezieht, sondern mehr berufliche Aspekte mit einbezieht. Sie bestimmen hauptsächlich den weiteren Lebensverlauf. Die berufliche Verwirklichung ist der Wendepunkt, der die Funktion haben könnte, eine Verbindung zwischen zwei durch das Fremdsein getrennten biografischen Ankommen-Abschnitten herzustellen. Ähnlich wie beim Ostdeutschen könnte das thematische Ankommen-Problem auch allgemeiner von einer im Zuge des Fremdseins erlebten Orientierungsproblematik nicht nur zwischen unterschiedlichen, sondern widersprüchlichen Gesellschaftsmustern bestimmt sein. Die Rede ist von einem Transformationsprozess, der nicht richtig stattfindet, weil die Ordnungsmuster aus der Vergangenheit nicht transformiert, sondern von neuen abgedeckt oder überlappt wurden. Eine stark widersprüchliche sogar unverständliche Situation, in der die Identitätsbedeutung und die Zusammenhänge aus der Vergangenheit nur in Ausnahmefällen integriert werden können, wäre zu erwarten. Denkbar ist ein Ankommen im Sinne einer Bilanzierung – was hat der Ostmensch durch die politische Änderung verloren / gewonnen. Ein argumentatives und bilanzierendes Ankommen mit Verlusten und Gewinnen kann mit der Thematisierung der nationalen Identität und mit der Frage der Zugehörigkeit verknüpft werden. Die Bewertung des Ankommens einer hybriden Identität kann in einer bulgarischen, in einer ostdeutschen und in einer westeuropäischen Perspektive betrachtet und ausgewertet werden. Hier sind ebenfalls vorwiegend widersprüchliche Erfahrungen zu erwarten,

---

[24] Interview mit Dr. W. P., A. LU: 2011

die sich nicht mehr nur auf eine Zugehörigkeit beziehen, sondern auf mehrere subjektiv geschichtete Argumentationen. In diesem Zusammenhang ist auch das Verhältnis zwischen Vergangenheit, Ideologie, Realität und Wahrheit thematisiert. Der Ostausländer im Sinne dieser Untersuchung hat erst nach 1990 zur hybriden Lebenswahrheit gefunden, während er seine Vergangenheit im Osten unter strengen ideologischen Voraussetzungen verbracht hatte. In der Heimat erworbene Erfahrungen sind generell auf der individuellen Seite sortiert und mit einer Prise Nostalgie idealisiert. Die Erfahrungen als Fremder im Osten sind geteilt – während der DDR und nach dem Sozialismus. Die postsozialistische Lebensentwicklung wird meistens auf der positiven Seite verbucht und kann eine Legitimationsfunktion haben: für das gegenwärtige Fremdsein. Ist die oben genannte postsozialistische Identitätsfindung vorwiegend noch auf die ehemalige Soz.-Republiken konzentriert, nehmen die neusten Thesen zur Arbeitsmigration sowie ältere Vereinbarungen zu gegenseitige sozialistische Hilfe eine globale Perspektive ein. Prozesse der internationalen Einwanderung, die heute von den aufnehmenden Industriegesellschaften als Problem der Armutszuwanderung definiert und mit politischen Konsequenzen bekämpft werden, von diesen selbst aufgrund eigener wirtschaftlicher Bedürfnisse verursacht wurden. Der spezifische Arbeitskräftebedarf während des Sozialismus wurde durch gegenseitige sozialistische Hilfe und einen Fachkräfteaustausch gelöst. In Abgrenzung traditionellen Formen der Wirtschaftsmigration über weite Räume hinweg, in denen das Ziel der Migration die eigene wirtschaftliche Existenz in einem anderen Land zu verlegen, waren die Prozesse des Ankommens und der Integration in sozialistische Gesellschaften nicht von besonderem Interesse. Die neue Migrations- bzw. Anpassungsmuster entstanden als Verpflechtungszusammenhänge in Identitätsfindungsprozessen, die weder der Ostgesellschaft in Form einer getreuen Reproduktion historischer und kultureller Gegebenheiten, noch der Westgesellschaft in Form einer sich selbst auflösende „Minderheit" gehörten.[25]

---

[25] Ähnlich begründete These in: Pries, Ludger: Transnationale Soziale Räume. Theoretisch-empirische Skizze am Beispiel der Arbeitswanderungen Mexico-USA. In: Zeitschrift für Soziologie, 25(1996), S. 456-472.

3. Identität, zweiheimische Kultur, Erinnerung und Lebenspraxis

Angesichts einer wachsenden Zahl von Menschen mit Migrationshintergrund stellen Klischee-Vorurteile und Entfremdungsprozesse eine Bedrohung des gesellschaftlichen Konsenses und des inneren Friedens dar. In einer veränderten politisch-wirtschaftlichen Situation bedarf es „Vermittler", die Überleitungs- und Kommunikationskanäle nach beiden Seiten ins neue Alltagsleben öffnen oder herstellen können. Hier können Träger hybrider Ostidentitäten eine bedeutende Rolle spielen. Durch den anhaltenden Umbruchsprozess des Sich-Unterscheidens, den sie durchleben, verhalten sie sich der Änderung bzw. der Differenz gegenüber intuitiv offener und flexibler. Sie entwickeln die Fähigkeit, sich wechselseitig von eigenen zweiheimischen oder sozialen Standpunkten und denen der Anderen zu distanzieren und erfahrungsgemäß zu verarbeiten, womit sie einen Weg zur Zusammenführung von Gleichem und Verschiedenem weisen. Die individuell vollzogene komplexe Integration verschiedener Kulturen und Sozialordnungen - wie sie bei hybriden Identitäten bzw. Ostidentitäten gegeben ist - kann frei konstruktiv genutzt und in die Sozialwelt der Gegenwart hineingetragen werden. Dies gilt für die einheimische ostdeutsche wie für die osteuropäische Ebene.

Eine hybride Ostidentität könnte letztendlich als "Brückenlösung" oder als Beispiel für gelungene doppelte Integration auch auf der internationalen Ebene fungieren. Die „Zwitter-Ost-Menschen" spielen eine bedeutende Rolle im Annäherungsprozess zwischen Europa und den ex-sozialistischen Herkunftsländern, insbesondere den Ländern des südlichen und östlichen Balkans. In Netzwerken von modernen Ost-West-Migranten mit postsozialistischem Hintergrund, die sich zwischen Europa und dem Osten bewegen, bilden sich zunehmend hybride Identitäten aus. Es ist keine Rückkehr einer entwurzelten Generation, sondern eine neu verinnerlichte und als Gewinn verstandene Zweiheimat-Lösung. Genau diese Menschen können als Träger konstruktiver Identitätskonzepte im Sinne einer vertieften soziopolitischen und kulturellen Partizipation in den europäischen Mehrheitsgesellschaften fungieren. Die restriktive Abschottungspolitik der damaligen RGW-Staaten hat unter anderem auch dazu geführt, dass die Zahl binationaler Ehen im osteuropäischen Raum erheblich zugenommen hat. Es wurde mehrheitlich von binationalen, ost-westlichen Ehen gesprochen. Diese Tendenz bleibt gegenwärtig aktuell. In diesen Ehen und Beziehungen entstehen individuell modifizierten und angepassten Identitäten, die im doppelten Sinne unter den Begriff "hybride Identitäten" fallen. Neben beidseitigen kulturellen Anpassungsproblemen werden neue Fragen aufgeworfen, wie etwa die Kompatibilität der Traditionen (Küche, Sprache, Sitten, Bräuchen etc.) und des Staatsbürgerschaftsrechts (Familienrechts, Namensrecht etc.). Gleichzeitig stellen hybride, osteuropäische Fremden eine potentielle Vermittlergruppe zwischen dem Osten, Ost-Süden und Westen Europas dar, zwischen Europa und der postsozialistisch geprägten Welt. Hybride Identitäten werden in den meisten europäischen Gesellschaften zunehmend sichtbar. Deren Potential für den Integrationsprozess gilt es politisch und sozial zu tolerieren und zu profilieren, um die beidseitig zu beobachtende Distanzierung zwischen der westlichen Gesellschaft und den Menschen mit Ostidentität in Europa zu überbrücken. Die Hybridität hat, wenn richtig verstanden wird, in jeder Hinsicht wunderbaren Chancen.

Thematisierungen und Positionierungen der politisch-kulturellen Ostidentität erhalten in umgestaltenden / fragmentierten postsozialistischen Gesellschaften einen facettenreichen Stellenwert, da sie sich homogenisierend gleichermaßen auf ostdeutsche und ostfremde Gruppenidentitäten auswirken. Hybridität tritt in Situationen soziokultureller „Kreuzung" und traditioneller Überschneidung auf, wenn sich also teilweise gegensätzliche Sinngehalte und Gesellschaftsordnungen, die entfernten ethnischen Handlungssphären entstammen, zu komplexen Mustern zusammenfügen. Es kommt zur Infragestellung der Sphären / Kriterien traditioneller Zugehörigkeit von Identität und zur Umgestaltung des Ankommens bzw. des Heimatbegriffs. Dies erzeugt Komplexität des Ankommens und Energie, die sowohl negativ in Abgrenzung enden, die aber auch zur positiven Umstrukturierung überkommener sozialer Strukturen beitragen kann. Hybride Ostidentität wird hier im Sinne des Ankommens als variabel, kontextuell und veränderbar verstanden. Es entsteht ein dynamisches Abspielen der Zugehörigkeiten bzw. der Identitäten – nationale, soziale, ethnische etc. Die Fremdträger hybrider Identitäten im Osten sind nach 1990 immer wieder damit konfrontiert, Loyalitäten neu zu thematisieren, Zugehörigkeiten zu bestimmen oder in Frage zu stellen oder das eigene Ankommen zu überdenken.

„Das Spannendste an dem Ankommen ist das Ankommen selbst. "[1]

Vor 1990 war das Definieren eines Ankommens im Sinne der Hybridität nicht möglich und notwendig gewesen. Alle waren loyal, sozial betrachtet gleich und ideologisch sowieso.

Dies wandelt die gesamte ost- und ostdeutsche Identität zu kontextuellen Strukturen um, deren "Zweiheimischkeit" oder Sozialisation dazu beitragen

---

[1] So hat Frau G. S., eine Ungarin, Deutschlehrerin mit einem Deutschen verheiratet, genau auf dem Punkt gebracht. Sie selbst schätzt sich als eine glückliche Angekommene.

kann, die Vergesellschaftung des jeweils „Anderen" besser in die einzelnen Schichten / Gruppen und in die Gesamtgesellschaft hineinzuschlüpfen. Die ständige Konfrontation mit Unterschiedlichkeit des postsozialistischen Ostmenschen bedarf nicht selten Zusatzqualifikationen, durch welche die Träger hybrider Identitäten im innergesellschaftlichen Konstrukt in bessere Startpositionen gelangen könnten als dies derzeit der Fall nicht nur im Osten sondern in Europa ist. Hier unterscheiden sich die Fähigkeiten des Ostfremden und des Ostdeutschen. Dem Ostfremden fehlt es leichter mit kultureller wie persönlicher Differenz, Kenntnis anderer Modelle des Gemeinschaftslebens und der Mehrsprachigkeit umzugehen. Diese Art der Empathie, die die Ostdeutschen immer wieder üben müssen, um teilweise gegensätzliche kulturelle Muster in sich selbst auszutarieren, fehlt. Sie kann aber als einzigartiges Potential des Ex-Soz. Bürgers gewertet werden, das er zu Mittler zwischen zwei sozialen Welten und Verhandlungspartner in jedem postsozialistischen Land befähigt. Der Ostfremde ist eher gefragt, dort wo es zu Konflikten kommt, die auf unterschiedlichen nicht nur kulturellen sondern auch sozialen Zugehörigkeiten basieren. Er hat beide Erfahrungen sammeln müssen. Im negativen Fall können jedoch fehlende Umorientierung und Empathie bei Ostmenschen, Einheimische und Fremde, wie oben schon erwähnt und zum Teil dargelegt – auch zu eine Persönlichkeitsspaltung und Zurückhaltung führen.

Seit dem Ansturm auf die Botschaften der Bundesrepublik in Prag und Budapest, als die ersten Bilder zusammenhaltender, verzweifelter Menschen über das Fernsehen in westliche und östliche Lebenswelten eindrangen, spätestens jedoch seit der Grenzöffnung an dem 9. November 1989 schlägt sich die auf der außenpolitischen Ebene erfolgte neue Positionierung bzw. Abgrenzung zwischen westlichen und postsozialistischen Ländern in den Innenräumen der westlichen Einwanderungsländer nieder: Eine beiderseitige Entfremdung zwischen West- und Ostgesellschaften ist zu beobachten. Der Kalte Krieg ist zwar beendet gewesen, aber der Eiserne Vorhang hat neue wirtschaftliche Dimensionen bekommen. Während in der Außenpolitik internationale Ereignisse wie die Osterweiterung der Europäischen Union, die friedliche Teilung der Tschechoslowakei oder aktuell die Flüchtlingskrise, sowie die Berichterstattung über Terroranschläge in Paris, Brüssel oder Berlin durch islamische Fanatiker dominieren, findet im Lande - auf nationaler Ebene - eine schleichende gesellschaftliche Teilung statt. Begriffe wie „Armutsländer", „Wirtschaftsmigranten", EU-Mitglieder zweiter Klasse, überlagern die Wahrnehmung der Angehörigen der Westgesellschaft zum Thema europäische Gleichstellung und führen zu ansteigender Überheblichkeit im europäischen Westen. Laut einer Aussage aus dem Jahr 2006 behauptete jeder Zweite, der als Ostler im Westen lebt, dass er mit Klischees wie „Ihr habt im Osten nie das Arbeiten gelernt" oder „Ihr seid faul gewesen" etc. öfters konfrontiert worden wurde. Einige „Wessis" betrachteten den Ostbruder sogar als rückwärtsgewandt, undemokratisch und den Ostausländer als „total blöd" und „erziehungsbedürftig".

„Hamburg / Leipzig - Während jeder zweite Westdeutsche mit dem Funktionieren der Demokratie im vereinten Deutschland zufrieden ist, sind es in Ostdeutschland nur 27%, berichtete das Nachrichtenmagazin "Der Spiegel" über die Ergebnisse einer repräsentativen Umfrage der Universität Leipzig."[2]

Die Konstruktion ostdeutscher hybriden Identitäten nach der Wiedervereinigung basiert sich auf die Komplexität der postsozialistischen Erinnerungskultur (z. B. das Phänomen der „Ostalgie") und auf die individuelle Aufarbeitung der Vergangenheit: *„Ich bin stolz ein Ossi zu sein!"*.[3] Die emotionale und soziale Bedeutung der Verortung der Vergangenheit durch Erinnerungen lässt sich langsam auflösen und ist in der eigenen Identitätsfindung einzuordnen.[4]

„Die DDR-Bürger mußten keine „Wende" verarbeiten, sondern einen Systemwechsel als radikalen Bruch in der Arbeitswelt, in der Lebenswelt, in der Wertewelt, in der ökonomischen, sozialen und kulturellen Kapitalausstattung der Subjekte. Was bislang war, galt von heute auf morgen nun nicht mehr.

[2] Ost und West wachsen nur langsam zusammen. Umfrage zur Deutschen Einheit. In: http://www.tagesspiegel.de/politik/umfrage-zur-deutschen-einheit-ost-und-west-wachsen-nur-langsam-zusammen/758068.html.Erstellt am 30.09.2006 (Letzter Besuch am 20.09.2017)

[3] Interview mit Herrn H. R. am 20.12.2017 in Gera. A. LU: 2017

[4] These Ostidentität: Vgl. Ahbe, Thomas: Ostalgie als Rekonstruktion und Behauptung einer Heimat. Zur Semantik von Anerkennungs-Diskursen in Ostdeutschland. In: Zeitschrift für Kultur- und Bildungswissenschaften. Flensburger Universitätszeitschrift (2000), Heft 10, S. 35-44 ; Ders.: ‚Ostalgie' als eine Laien-Praxis in Ostdeutschland. Ursachen, psychische und politische Dimensionen. In: Die DDR in Deutschland. Ein Rückblick auf 50 Jahre. Hg. von Heiner Timmermann. Berlin: Duncker & Humblot 2001, S. 781-802; Vgl. Bergem, Wolfgang: Identitätsformationen in Deutschland. Wiesbaden: VS Verlag für Sozialwissenschaften 2005.

Ahbe, Thomas: Arbeit am kollektiven Gedächtnis. Die Fernseh-Shows zur DDR als Effekt der vergangenheitspolitische Diskurse seit 1990. In: Deutschland Archiv 36 (2003), Heft 6, S. 919.

Ahbe, Thomas: Die Konstruktion der Ostdeutschen. Diskursive Spannungen, Stereotype und Identitäten seit 1989. In: Aus Politik und Zeitgeschichte (2004), Heft 41 -42 , S. 15.

Dies stellte sie vor fast einmalige Anpassungs- und psychologische sowie kulturell-mentale Verarbeitungsleistungen "[5]
Die Einstellung zum Systemwechsel und zur „Zwei-Heimat-Wende" vollzog sich für den Ostfremden bzw. Ausländer im Osten nicht als eine aufsteigende Linie, sondern verlief in widerspruchsvollen Kurven und unterschiedlichen Phasen, die denen eines Ostdeutschen ähnlich waren aber haben sich komplexer gestaltet.

3.1 Der Anfang 1950 – 1969: Identität vs. Kollektiv

Aufgrund der DDR-Auflösung nimmt die gegenwärtige Verortung durch kollektive Erinnerungen / Wir-Identität für Ostdeutsche eine besondere Rolle ein, sozusagen - fast Kultstatus.[6] In allgemeiner Form lassen sich die sozialpolitische Eigenschaften bzw. die Elemente des Realsozialismus am Anfang des Aufbaus als positiv empfunden werden, wie z. B. Errungenschaften des Alltags, die relativ unifizierte Lebensweise und die vielfältigen Möglichkeiten des beruflichen Aufstiegs, Parteimitgliedschaft vorausgesetzt. Das Merkwürdige ist nun aber, das hatte sich bereits in den Interviews gezeigt, dass die rasche Umorientierung in der neuen Situation eher eine konservative Haltung befördert hat, die mit den Eigenschaften des sozialistischen Vorbilds wenig zu tun hatte. Es waren individuelle Anpassungsleistungen und eine unpolitische trotzige Durchmischung der sozio-politischen Vorstellung, die die Verschmelzung der ethnischen Identität in besonderer Weise verhindert haben sollten. Dieser Typus spielte in den ersten Aufbaujahrzehnten keine große Rolle für das Etablieren eines Wertesystems des DDR-Bürgers und des Bulgaren. Die Bildung einer individuellen Hybridität von Identitäten als auch die Bedeutung des kulturellen Gedächtnisses für kollektive Identitäten wurden kontroverse verstanden, beobachtet und beleuchtet. Die kollektiv-sozialistische Haltungen standen im Vordergrund. Ihre Hauptaufgabe war Optimismus, Zufriedenheit, Kampfgeist und Empathie mit der neuen Idee zu demonstrieren. Ohne diese gestufte Differenzierung der Ebenen wäre eine Identitätssuche in Zeiten der egalitären Lebensweisen nicht genug objektiv gewesen. Es kam damals zu einer Spaltung in privater und öffentlicher Demonstration und zwar in stärkerem Maße als in der normalen Doppelmoral

---

[5]   Vgl. Reißig, Rolf: Die Ostdeutschen – zehn Jahre nach der Wende. Einstellungen, Wertemuster, Identitätsbildungen 1999, S. 1. In: http://www.biss-online.de/downloads/ Die_Ostdeutschen_zehn_Jahre_nach_der_Wende.PDF . [Letzter Besuch 20 .09.2017].
[6]   Gensicke, Thomas: Die neuen Bundesbürger. Eine Transformation ohne Integration. Opladen/Wiesbaden: Westdeutscher Verlag 1998, S. 34 .

der 80er Jahren. Das heißt, dass die Anpassungsfähigkeiten waren zunächst vielfältig genug, um die dazugehörigen Zweifel zu dämpfen und ein neues strahlendes Gesicht des sozialistischen Wohlstandes zu präsentieren. Welche Bedeutung hat die Ostkonsumkultur bzw. Mangelwirtschaft für die Entwicklung der unifizierten kulturellen sozialistischen Identität der Ostdeutschen und Ostfremden – ist eine Frage, die gemäß der damaligen Situation anhand authentischer „Äußerungen" heraus gearbeitet werden soll. Dabei geht es zuerst auf den Symbolgehalt ein.

Eine Auslandsreise in den „Gründerjahren" der DDR war für die einen ein Statussymbol, für die anderen eine der mühevollsten Arten seinen Urlaub in der sozialistischen Welt zu individuell zu gestalten und verbringen. Mühevoll, nicht wegen den harten Jahren des Aufbaus der planmäßigen Normalität, sondern wegen des begehrten, am Anfang sehr eingeschränkten, Pauschalangebots des staatlichen Reisebüros oder FDGB im In- und Ausland.

„Der FDGB hatte auch Auslandsreisen in die „sozialistischen Bruderländer" im Programm. Das Antrags- und Vergabeverfahren unterschied sich nicht von dem für Inlandsreisen, dennoch musste sich der Einzelne schon sehr positiv hervorgetan haben, um in den Genuss einer Reise zu kommen. Wer jedoch zu den Auserwählten gehörte, hatte das Glück, gegen einen unglaublich geringen Kostenbeitrag einen Urlaub im Ausland verbringen zu können."[7]

Das Reisen in das sozialistische Ausland, eine Rarität im Wertesystem der Dienstleistungen, bat keine ausreichende Möglichkeit zum besseren Kennenlernen sozialistischer Völker an. Von wegen Internationalismus und Brüderlichkeit! Die Einparteiregierungen, trotz Schwierigkeiten und Unregelmäßigkeiten von unerwarteter Art wie Volksaufstände und Unruhen, versuchten voran zu schauen und als erstes, für die Zukunft, wurde den großen, staatlich subventionierten breitgefächerten „Spezialisten-Austausch"[8] entdeckt. Die Künstler gehörten dazu. Durch die Vermittlung der internationalen Künstlerdirektion begannen die Engagements in der DDR. Eigentlich sollten sich die Völker der neu entstandenen Welt richtig annähern und harmonisch miteinander leben. Eine „einheitliche" sozialistische Identität wurde bestrebt und sie hatte zur Voraussetzung nicht nur die Ideologie, sondern auch Kultur und Wissenschaft. Die Überlegungen zur kollektiven Gesellschaft, gegen-

---

[7] Krempien, Petra: Geschichte des Reisens und des Tourismus: Ein Überblick von den Anfängen bis zur Gegenwart. Limburgerhof: FBV-Medien-Verl., 2000, S. 145.

[8] „Einige hundert Wissenschaftler aller Gebiete waren in einem ständigen Austausch, es gab gemeinsame Forschungen und Veröffentlichungen." In: Geier, Wolfgang: Bulgarien zwischen West und Ost vom 7. bis 20. Jahrhundert. Wiesbaden: Harrassowitz, 2006, S. 26.

wärtig „multikulturelle Gesellschaft" genannt, und zur nationalen Identität waren damals genauso komplex und mehrsichtig wie heute. Die meisten jungen Deutschen, hüben und drüben, wollten von einer deutschen Identität wenig wissen. Sie rückten von der Nachkriegsschicksalsgesellschaft völlig ab. Ihnen würde die DDR als neue „Staatsform" des enthusiastischen Aufbaus oder die Bundesrepublik als Wohlstandsparadies vollauf genügen. Doch die nationale Identität gehört dazu und zwar natürlicherweise vor der allseitig entwickelten Persönlichkeit der neugeborenen sozialistischen Gesellschaft und beinahe unabhängig von dieser. Da erinnert man sich an viele Geschichten, die eine eigene Sprache sprachen und wenig mit dem Kollektivismus zu tun hatten. Über die Vergangenheit spricht es sich bekanntlich leichter als über die Gegenwart, genauso über das Fremde als über das Eigene. Deshalb sind die bilaterale Kontakte und die Menschen, die in zwei Kulturen leben, zwar der Anlass, aber nicht die einzigen Adressaten der Erinnerungen um Kollektiv vs. Individuum, gestern und heute. Es ist richtig: Alle, die irgendwo ankommen wollen, brauchen einen Ausgangspunkt und Orientierung, die den Angekommenen helfen sollen die Alltagskultur und die Tradition der neuen Welt zu verstehen. Die Hauptvoraussetzung für das Ankommen und das „Heimisch werden" in der Arbeiter-Bauern-Welt war die gleiche politisch-ideologische Struktur der Wirtschaft und der neugestalteten Kultur sowie die Vergewisserung, dass die nationale Kultur, Brauchtum und Kulturgeschichte unterliefen logischerweise die Unterscheidung in „sie" und „wir". In der heutigen Situation, wann Flüchtlinge, die zu massenhaft nach Europa und vor allem nach Deutschland kommen, ist die Unterscheidung in „sie" und „wir" in allen Bereichen ein ernstzunehmendes Problem. Die Gefahr, dass sich verfeindeten Parallelwelten und Slums bilden und dadurch ein Zusammenleben in einer Gesellschaft des mehrschichtigen bzw. mehrsprachigen Pluralismus zusehends verschwindet, muss ernst genug genommen werden. Die Jugend war und ist der Vorbote einer neuen Welt in der großartige Möglichkeiten und Chancen überall gegenwärtig sind. Sie ist immer die erste und dabei die wichtigste Stufe des internationalen Austausches und der gegenseitigen Verständigung. Es gab mehrere hunderte Studierende aus Bulgarien, die an DDR-Universitäten, Fach- und Hochschulen eingeschrieben waren. Die Studenten aus der DDR in Bulgarien waren, im Unterschied zur Gegenwart wegen der Sprache damals, viel weniger präsent, meistens Mediziner. Heute muss das Medizinstudium in Bulgarien teuer bezahlt werden und es wird auf Englisch unterrichtet.[9]

---

[9] Interview mit Frau Dr. B. T. und Frau Dr. C. G., 2000; Die gegenwärtige Situation ist völlig

Die Personalverzeichnisse der Thüringischen Landesuniversität Jena belegen, dass bulgarische Studenten nicht nur in Medizin-, Kunst- und Musikhochschulen eingeschrieben worden waren. Die Jenaer Universität genoss schon immer sehr hohes Ansehen und Popularität in Bulgarien. Dr. jur. Marco G. Danailov aus Plovdiv, Volksrepublik Bulgarien, anlässlich des vierhundertjährigen Universitätsjubiläums 1958 schrieb:

„ Daß ich am 8. November 1920 an der Thüringischen Landesuniversität Jena als Student der Rechtswissenschaft immatrikuliert wurde, war kein Zufall. Die Universität der historischen deutschen Stadt war bei uns in Bulgarien als eine Heiligstätte der Wissenschaft bekannt und durch die Größen des Denkens und des Wissens, die dort meisterten, fast vor allen anderen Hochschulen des Westens geschätzt. "[10]

Eine vergleichbare zeitgemäße Einschätzung der Jenaer Universität, die auch vor allen anderen Hochschulen im Westen geschätzt wurde, nimmt Danailov in seiner sozialistischen Gegenwart vor. Folglich, auch im Alltag, und hier anscheinend besonders im sozialistischen Osten, war die Identitätsdynamik in Bezug auf der Benennung ,*vielseitig entwickelte Persönlichkeit*‘ für eine bestimmte Minderheitsgruppe von Intellektuellen häufig anzutreffen. Es kann jedoch, je nach politischer Anpassung und sozialen Zusammenhang, Unterschiede darin geben, welche Hybridität, wenn es eine gab, mit dem Begriff ,*vielseitig entwickelte Persönlichkeit*‘ gemeint gewesen sein sollte. Das Rad der Geschichte hat sich im kollektiven Sinne weiter vorwärts gedreht, die Annäherung der sozialistischen „Brüder" - ebenso. Die flächendeckende Steigerung der Lebensqualität des kollektiven Alltags war überall gleichermaßen langsam eingetreten. Der Sozialtourismus war noch eine kleine Knospe am großen Baum der gerechten Verteilung des Wohlstandes. Für alle Beteiligten wurde es allmählich einfacher den Aufenthalt oder die schönste Zeit des Jahres im sonnigen Bulgarien, anfangs öfters im Kollektiv – später nicht mehr, so angenehm wie möglich zu gestalten. Der DDR-Bürger sehnte sich nach liberalen, menschenwürdigen „Reisezustand" ohne Genehmigungsverfahren und zusätzliche Hürden. Die behördlichen Schwierigkeiten von damals lösen heute meist starkes Kopfschütteln aus und die Stirn wird, in dem Sinne „Hatten sie alle Tassen im Schrank gehabt", mit dem Zeigefinger unmissverständlich berührt. Was sollte auch einem DDR-

---

anders: Die Zahl der deutschen Studenten an bulgarischen Universitäten hat sich vervielfacht. [Bem. Verf.]

[10] Geschichte der Universität Jena 1557/1558-1958: Festgabe zum vierhundertjährigen Universitätsjubiläum. Bd. II. Quellenedition zur 400-Jahr-Feier 1956. Jena. Fischer, 1962, S. 161.

Bürger die Frage nach Reisefreiheit nutzen? Wie sollte sie beantwortet werden? Da wurde er wohl kaum glauben, dass so ein Wort überhaupt existierte. Nicht nur er![11]

Die erste Hürde, die bis 1989 in etwas vereinfachter Form blieb, war das Visum, das vom zuständigen Kreis-Polizeiamt ausgestellt werden sollte. Damit wollte der Arbeiter- und Bauernstaat die Fluchtgefahr vermindern sogar ganz vermeiden:

„In manchen Fällen führten die Fluchtwege auch über die Grenzen anderer sozialistischer Länder in Osteuropa. Urlaubsreisen dienten dabei häufig als Tarnung. Als Touristen nach Ungarn oder Bulgarien eingereist, versuchten viele DDR-Bürger in das blockfreie Jugoslawien zu gelangen, das Flüchtlinge in der Regel nicht auslieferte.“[12]

Kein Wunder, dass die Reisen ins sozialistische Ausland nahmen, trotz Wucherpreise und Bürokratie, deutlich zu: West / Ost Familientreffen, Urlaub mit südlichem Flair außerhalb der Republik oder Spiel mit dem Gedanken die Republik zu verlassen. Gleichzeitig entwickelte sich der individuelle Tourismus immer stärker, besonders Camping-Reisen wurden beliebter. Eigene Initiative und Erfindergeist waren diesbezüglich ständig gefragt und im Einsatz. Die Schwierigkeiten und die Einschränkungen während des Urlaubs, die die Stimmung richtig verderben und vermasseln konnten, wurden dabei nicht weniger. Auf dem gewünschten Flughafen, Varna oder Burgas, gelandet, gab es weitere Hürden, die mehr als staatliches Bremsmanöver, weniger als Urlaubsabenteuer eingestuft werden konnten. **„Mit dem Geld wird man hier knapp gehalten.“**[13] Der Staat hat es vorgeschrieben:

„Markbeträge in MDN können bis in Höhe von 300 MDH [Autotouristen] mitgeführt werden. Die Deutsche Notenbank bzw. ihre Filialen geben Talonscheine zum Geldumtausch im Ausland aus. Ohne sie ist ein Umtausch unmöglich. Umtauschbescheinigungen gut aufheben!“[14]

Das Problem der geringeren oder festgelegten „Zahlungsmittelsummen" bei Auslandsreisen löste man mit Flexibilität und Ideenvielfalt, die die Mangelwirtschaft mit sich gebracht und „inhaltlich" entwickelt hatte. Zwei improvi-

---

[11] Gesprächsrunde mit einer Sportgruppe in Jena, 2011. A. LU: 2011

[12] Flucht im geteilten Deutschland: Erinnerungsstätte Notaufnahmelager Marienfelde. Berlin: be.bra.-Verl. 2005, S. 74, Jugoslawien hat nie ein Auslieferungsabkommen mit der DDR unterschrieben. Alle andere soz. Länder schon [Anm. Autorin].

[13] Postkarte Nr. 24; A. LU; Vgl. Узлова, Лилия: Изпращаме сърдечни поздрави от отпуската ни в България: история на туризма в ГДР и България. Под редакцията на доц. д-р Маргарита Карамихова. София: Арс Магна, 2012 [Postkartenarchiv in dem Buch als CD enthalten. Anm. Autorin]

[14] Reise nach Bulgarien. In: Der deutsche Straßenverkehr 17(1966)7, S. 221.

sationsreiche Erfindungen des Geldmangels im Ausland waren damals fast wie Markenzeichen des touristischen Daseins an der Schwarzmeerküste geworden: der „Schwarzmarkt" und der Naturaltausch, die nicht staatlich kontrolliert, reguliert oder geschützt waren, aber als zusätzliche Geldquelle hervorragend funktionierten. Gemeint waren *„alles Dinge, die man gegen Landeswährung eintauschen konnte".* Gründlichkeit bei der Auswahl des Umtauschgutes war oberstes Gebot für jeden erfahrenden Urlauber: *„Dabei orientierte man sich an der Nachfrage im Gastland: Gardinen ließen sich gut in Bulgarien tauschen, Kleidung und Lebensmittel waren in Rumänien beliebt, und den Campingkocher „Juwel" konnte man auf dem Budapester Bahnhof ziemlich sicher gegen Landeswährung eintauschen.* "[15] Ging alles gut, nützten die Einschränkungen nicht viel, denn die Möglichkeiten Geld „schwarz" umzutauschen waren ein öffentliches Geheimnis. In Varna der sogenannte „Polnischer Markt", fand jeden Tag in der Nähe vom FKK-Strand statt - ein Begriff und eine in der gesamten sozialistischen Welt bekannte wirtschaftliche Adresse.

Die Schwierigkeiten mit dem Geldumtausch für den Urlaub konnte man auch am Schalter der Staatsbank der DDR, im Vorfeld, fast legal lösen. Die bulgarischen Staatsbürger durften uneingeschränkt DDR-Mark in die Landeswährung „Leva", umtauschen. Dank dieser Regelung halfen sie vielen Freunden regelmäßig mit zusätzlichen Summen die Urlaubskasse zu verbessern. Als sozialistische Mitbürger aber durften sie in den anderen Ländern alle Feinheiten des Ostdaseins, ohne Ausnahme, in vollen Zügen genießen. Das Gefühl ein Mensch zweiter Klasse zu sein war überall zu spüren, die flächendeckende Benachteiligung war stets gegenwärtig, egal ob man sich DDR-Bürger, Bulgare, Pole oder Ungar nannte. Menschenwürde, Wir-Identität und Ich-Identität waren gleichgestellte Begriffe des sozialen Empfindens, die wenig mit Nationalstolz und Identitätskonstruktion zu tun hatten.

„Bei den beliebten Reisen ins sozialistische Ausland mußten DDR-Bürger oftmals die bittere Erfahrung mit nach Hause nehmen, verglichen mit bundesdeutschen Touristen als zweitrangig behandelt zu werden; auch sozialistische Brüderländer favorisierten statt „Aluchips", wie DDR-Bürger ihre eigene Währung spöttisch nannten, die harte Westmark. Diese Erfahrung sollte Spuren hinterlassen. "[16]

---

[15]   Thünker, Arnold: Mit Sack und Pack und Gummiboot: die Geschichte des Campings. Leipzig: Kiepenhauer, 1999. S. 18.
[16]   Schroeder, Klaus: Der SED-Staat: Partei, Staat und Gesellschaft 1949-1990. München: Hanser, 1998, S. 582.

Das allgemeine Problem: es wurde nicht mit dem „richtigen" Geld bezahlt. Nur die Russen, wenn sie es irgendwie nach Varna oder Burgas geschafft hatten, marschierten in Gruppen durch die Städte und schmorten in ihrer eigenen Selbstverherrlichung. Der „große Bruder", die Siegermacht von gestern, konnte sich nicht anders verhalten, besonders im Urlaub in den Süden. Eigentlich muss sich der Starke um den Schwachen kümmern und das nennt man in allen Sprachen „Solidarität". Nichts mit „Wer zwei Hemden hat, gebe dem eines, der keines hat". Heute kaufen die Russen, ohne mit der Wimper zu zucken die teuersten Immobilien an der Schwarzmeerküste, drücken aufs Gas, düsen in Jeeps mit vollem Karacho durch die Straßen und preschen mit dem Geländewagen durch das Land. Man fragt sich ob das angeberische Verhalten und die Wichtigtuerei, nach dem Motto „jetzt oder nie", eine Frage der Identität oder Ausformungen der postsozialistischen Mentalität sind. Bekanntlich kann es von nichts auch nichts kommen und der Sieger, wenn auch etwas angeschlagen, bleibt Sieger. Die Russen in Varna bemühen sich überhaupt nicht die bulgarische Sprache zu lernen oder die Lebensweise der Bulgaren zu respektieren. Für sie ist selbstverständlich von den Beamten in Behörden zu erwarten, dass sie Russisch verstehen und sprechen, obwohl die offizielle Landessprache Bulgarisch ist. Hier ist meines Erachtens intensiv spürbar, dass die unpassend gewordene Selbstverherrlichung durch dieses Verhalten wieder in Erinnerung gerufen und ihr ein Stück weit nachgespürt werden kann.

Einst waren DDR und Bulgarien von den Russen sehr begehrt: DDR wurde als „Schaufenster" des Sozialismus in den ideologischen Mittelpunkt des Wettbewerbs mit dem Westen gerückt, Bulgarien wurde als Reiseland und fast als sechzehnte Republik der UdSSR betrachtet. Der DDR-Bürger hat das Land Bulgarien anders empfunden und verstanden.

Bulgarien sollte Griechenland, Italien und Spanien in einem für den DDR-Urlauber werden und dabei einen Hauch des südlichen Lebensstils verbreiten. Bunte Märkte, lautes Straßengeschehen, feurige Temperamente und fröhliches Dasein gehörten zum südlichen, bulgarischen „ Bild": **„Das Meer ist südlich blau und lockt direkt zum Baden."**[17] schreibt Frau K. und man fragt sich welches Meer im Süden sie noch gesehen haben sollte. Die „Kreuzfahrten" auf den FDGB- Urlauberschiffen „Fritz Heckert" und MS „Völkerfreundschaft" hatten einen sehr hohen Seltenheitswert und nach erheblichen Passagier- und Besatzungsverluste in Mittelmeer und Nordsee

---

[17] Postkarte Nr. 31; A. LU

wurden hauptsächlich als Auszeichnungen an Bestarbeitern und Aktivisten vergeben:

„Landgang gab es allerdings nur noch in den sozialistischen Ländern. Trotzdem gelang es bis 1989 weit mehr als 200 Urlaubern und Besatzungsmitgliedern, via Kreuzfahrtschiff in den Westen zu gelangen - sie sprangen in der Ostsee über Bord, um sich vom Bundesgrenzschutz aufsammeln zu lassen oder kletterten im Bosporus, in der Meerenge bei Istanbul, über die Reling. Für die SED waren diese Fluchten stets eine große Blamage, weswegen beispielsweise ab Mitte der sechziger Jahre auf Fahrten durch den Bosporus sicherheitshalber nur noch gestandene Funktionäre und ältere Herrschaften mitgenommen wurden, denen man den Sprung ins Wasser nicht mehr zutraute.“[18]

Die Vergleichsbasis mit anderen südlichen Meeren boten ausschließlich die Postkarten an, die die westliche Verwandtschaft aus Italien, Mallorca oder Gran Canaria „mit sonnigen Grüßen" geschickt hatte. Das Schwarze Meer ist eigentlich selten grün-grau-blau, öfters grün und meistens grau-schwarz.[19] Ernüchternd, fantasielos und prosaisch würde man jener Tourist meinen. Nein, die Schwarzmeerküste ist reich an endlosen Stränden mit feinstem Strand, die Sonne strahlt freundlich und es ist immer Partytime. Dadurch, dass der Vergleich erst so verstanden werden kann, als beziehe er sich auf das stille Glücklichsein, wirken die individuelle Wahrnehmung und die nachgeschobene Erläuterung so, als wolle die Verfasserin des Texts die Aussage nachhaltig selbstverständlich und unausgesprochen machen. Wie schon erwähnt wurde, über eine objektive absolute Wahrnehmung der Umgebung und das Empfinden des Glücksgefühls lässt sich bekanntlich streiten.

Nicht so ganz leidenschaftslos war die romantische Vorstellung von Männern mit heißem Temperament, großen braunen Augen und sonnengebrannten Körper. Das Klischee gehörte einfach unweigerlich dazu: **„Die Männer sind ganz wild"**[20] und verbringen ihren Tagen nur damit blonde Mädels zu

---

[18] Stirn, Andreas: Traumschiffe des Sozialismus: Die Geschichte der DDR-Urlauberschiffe 1953-1990. Berlin: Metropol, 2010, S. 122-198.

[19] „Aksena, <dunkelfarbig>, nannten schon die Thraker das Meer vor ihre Haustüre, die Griechen fanden **Pontos avxinos** <ungastlich>, passender. In beiden Fällen waren wohl unberechenbare Stürme der Grund für die düstere Namensgebung. [...] Auf Bulgarisch heißt es heute **Cerno more,** Schwarzes Meer ... Das Schwarze Meer, dessen Farbe in Wirklichkeit meist zwischen einladendem Blau und Grün changiert ...." In: Schetar-Köthe, Daniela: Bulgarische Schwarzmeerküste. München: ADAC-Verl. 2011, S. 26 ; Vgl. Oppermann, Manfred: Thraker, Griechen und Römer an der Westküste des Schwarzen Meeres. Mainz: Zabern, 2007, S 121.

[20] Postkarte Nr. 57; A. LU

jagen „**Wenn ich nach Hause komme werde ich mir die Haare schwarz färben lassen, denn dann habe ich keinen Ärger mehr.**"[21] Es ist mehr Sehnsucht nach Abenteuer gewesen um etwas Außergewöhnliches zu erleben als die nach ideologischen Mustern geordnete Realität selbst anbieten könnte. Am Strand wimmelte es tatsächlich von gelangweilten jungen und nicht so ganz jungen Burschen, meistens Rettungsschwimmer, Bademeister oder s.g. „Seevögel" (auf Bulgarisch „Glarus" genannt), die ständig geflirtet haben und versuchten ziemlich zügelfreien Urlaubsbekanntschaften zu knüpfen. Sie waren aber nicht die Masse. Trotz alledem sind die Bulgaren als Gastgeber meistens nicht lästig, schlechte Schürzenjäger, weil sie von Natur her sehr direkt sind, gern haben Spaß und lassen ihre Gäste den Urlaub in vollen Zügen genießen. Man will ja schließlich, wenn möglich beidseitig, seine Ruhe und seinen Spaß haben!

Nach der Wende hat sich die Jagd nach deutschen Staatsbürgern total verändert. Jetzt sind die Männer, die zum endlosen Saufen nach Varna oder Burgas fliegen, gefragt und zwar von „leichten Mädchen" aus finanziellen Gründen. Da kann es nicht überraschen, dass sich in einer solchen Zeit die organisierte Kriminalität, insbesondere mafiose Banden, schnell die Träume der jungen Frauen zunutze macht, um ohne Skrupel einen reichlich einträglichen Menschenhandel zu betreiben. O tempora, o mores! Aber lassen sie uns zu den Menschen zurückzukehren, die es geschafft haben in den 60ern Jahren ihren Urlaub in den sozialistischen Süden zu verbringen. Sie waren mit ihrem teuren Erfolg ersichtlich glücklich und zufrieden.

Leider nicht immer. Auf dem Wochenmarkt in Varna wurde dem sozialistischen Tourist fast täglich einen sehr schmerzhaften Alltagsunterschied zwischen Heimat und Gastland im Sommer vorgeführt und unangenehme Erfahrungen zugefügt: Obst und Gemüse in Hülle und Fülle. „**Z. Zeit ist hier die Ernte der Erdbeeren, Kirschen + gr. Gurken. Neue Kartoffel gibt es täglich.**" [22]

Nun musste der geübte tapfere DDR-Tourist sich natürlich offenbaren und Erfahrungen wie „**Das Essen ist oft ungewöhnlich, sehr teuer, dafür alles mit Obst und Gemüse.**" [23] als Ausgleich ausstoßen. Das Fremde im wirtschaftlichen Sinne wurde stets pragmatisch und ohne Annährungsversuche

---

[21] Postkarte Nr. 52; A. LU

[22] Postkarte Nr. 56; A. LU; Vgl. Узлова, Лилия: Изпращаме сърдечни поздрави от отпуската ни в България: история на туризма в ГДР и България. Под редакцията на доц. д-р Маргарита Карамихова. София: Арс Магна, 2012 [Postkarten-Archiv in dem Buch enthalten. Anm. Autorin]

[23] Postkarte Nr. 33; A. LU

vernommen. Die Gastgeber halfen der gegenseitigen simplifizierten Völkerverständigung kulinarisch nicht sonderlich nach. Aus gutem Grund! Die
Bulgaren hatten sich unverzüglich zu entscheiden zwischen Mark der DDR
und Exporte gegen DM. Alles wurde nach dem Motto: Unsere Soz.-
Touristen liefen uns ja nicht weg aber Obst und Gemüse für harte Währung
zu verkaufen kann man nicht jeden Tag tun - umdisponiert.

Bulgarien und Ungarn waren als Hauptlieferanten für die Obst- und Gemü-
seversorgung im sozialistischen Lager zuständig. Bis Ende der 80er gab es
einige Jahre in denen auf dem Markt und in dem Laden auch Paletten mit
Weintrauben, Pfirsichen, Aprikosen, Paprika und Auberginen zu sehen waren. Sie kamen aus diesen Ländern bis sich der Westmarkt für ihre Produkte
geöffnet hatte und die Exporte gingen sofort in die entgegengesetzte Richtung, nämlich westwärts. Es geschah was geschehen sollte. Die harten Wäh-
rungen waren begehrter, lebensnotwendig „nützlicher" im pragmatischen
Sinne und viel lieber als Brüderschaft und gegenseitige Hilfe. Die DDR, als
Importland, stand auf der ungarischen und bulgarischen Exportliste ganz
hinten dran. Südfrüchte wie Apfelsinen, Bananen, Mandarinen blieben für
alle, nicht nur für Bürger der DDR, eine Seltenheit, deren Erwerbung mit
Erfolgserlebnissen und Siegesgefühlen höchsten Grades verbunden war.

Obst und Gemüse waren in der DDR deutlich subventioniert, auch als Klein-
gärtnerproduktion aufgekauft, und trotzdem, dass man sie direkt auf dem
Wochenmarkt oder im Laden kaufen konnte, war keine Selbstverständlichkeit.

*„Der Erholungseffekt konnte mit der Erzeugung landwirtschaftlicher Pro-
dukte verbunden werden, da die zuletzt mehr als 830 000 Kleingärtner meist
großflächig nicht nutzbare Parzellen bewirtschafteten"*[24]

Dass es von Nationalgemüsen und Nationalspeisen geschrieben wurde, darf
auf keinen Fall überbewertet werden. Es handelt sich um zwei eher spiele-
risch verwendete Ausdrücke. Aber sie haben doch wohl einen ernsteren Hintergrund: Diese Begriffe schließen die kollektive Erinnerung ein an die Zeiten, in denen die nationale Identitäten eher als geschichtliche Hinterlassenschaften existierten, aber die politische Karte Osteuropas in einer Vielzahl
Staaten, Nationalstaaten versteht sich, untergliedert war. Der Blick auf die
Eigenschaften einer nationalen Speisekarte bedeutet nicht nur die langweilige
Feststellung, dass es eben traditionelle Differenzierungen in der Küche über-

---

[24] Schroeder, Klaus: Der SED-Staat: Partei, Staat und Gesellschaft 1949-1990. München:
Hanser, 1998, S. 581; Vgl. Dietrich, I.: Absched von der Laubenkolonie? In: MKF
37(1996)2 S. 350.

all auf dieser Welt gibt. Der Hinweis ist nicht selten durchaus mit einer Prise Nationalstolz verbunden – wobei es sich in der Tat um Regionalstolz handelt, die mit dem Bekenntnis der Zugehörigkeit zu einer nationalen Tradition, einem bestimmten Menschenschlag, nicht zu einer kollektiven Vorstellung, zu tun hat. Jahrhundertelang die Herausbildung und Bewahrung traditioneller Identitäten sind mit Tendenzen zu stärkerer Vereinheitlichung, die in der Logik der politischen Strukturen verankerte Entwicklung, ausgetauscht. Vielleich deswegen fehlt den Deutschen die entscheidende Prise Nationalstolz stellte ein deutscher Solotänzer vor vielen Jahren fest:

„Nationalstolz für euch ist eine Selbstverständlichkeit. Für uns eben nicht. Unser Land ist geteilt, unser Verhältnis zur Nation ist auch gespalten. Wir tragen die Schuld für das schlimmste Verbrechen der Menschheit verantwortlich zu sein, keine Frage. Wie lange noch? Lebenslänglich? Wir bemühen uns wie euch, den stolzen, fröhlichen Südländer zu sein, aber als Ergebnis wird uns nur eine Mentalität des Klagens nachgesagt.“[25]
A. W., Gott segne seine Seele, prophezeite die Zukunft ohne die leiseste Ahnung zu haben, dass Deutschland einig Vaterland wird und das *„verordnete Freund-Feind-Denken, das neben dem Hass auf den „Klassenfeind“ auch die moralische und soziale Ausgrenzung von Andersdenkenden erforderte ...“*[26] mit der Wir-Identität ganz abgelegt wird.

„Jammer-Ossi“ ist die gegenwärtige Bezeichnung für alle, die im Osten geblieben sind und sie hat gar nichts mit nationaler Identität oder regionalen Stolz zu tun sondern mit Hinterlassenschaften des Kollektivismus und der Mangelwirtschaft. Die Bulgaren jammern genauso viel wie die Ostdeutschen, sogar mehr. Es kann gut möglich sein, dass die ewige deutsche Kleinstaatlichkeit und der nachfolgende Föderalismus ein wichtiger Grund für den fehlenden Nationalstolz ist, der durch stark ausgeprägten Regionalstolz flächendeckend ersetzt ist. Die Thüringer verstehen nicht womit das schrullige seltsame Eigenbrötlertum der Sachsen begründet wird oder fragen sich ununterbrochen was sie über Bayern, Franken inklusiv, oder Hessen, außer kulinarische Abneigungen und Streitigkeiten über Reinheitsgebote bzw. Brauordnungen, unbedingt wissen sollten.

Nicht verstehen könnten die aufgeklärten Generationen vermutlich heute, was wir damals empfanden, als wir reisemündig, aufgeweckt und für alles offen, in einer Welt voller Absurditäten überleben müssten. Manche poli-

---

[25] A. W., Gespräch, Gera; A. LU: 1987
[26] Schroeder, Klaus: Der SED-Staat: Partei, Staat und Gesellschaft 1949-1990. München: Hanser, 1998, S. 619.

tisch-wirtschaftliche Bemühungen und unbegreifliche Verknüpfungen in der entwickelten sozialistischen Gesellschaft, wie in unseren Geschichten unmissverständlich belegt wird, waren ziemlich skurril und lächerlich. Die Entfaltung der persönlichen Gegenwehr lag in der unverwüstlichen traditionellen Identität der Deutschen und zum Teil in der bulgarischen Lässigkeit die Welt so, wie sie ist, wahrzunehmen und weiter zu „vermarkten". Die, in der 60er Jahren, noch eingeschränkten Gelegenheiten für private Kontakte trugen zusätzlich dazu bei. Es blieb eine Annäherung an das unbekannte bulgarische Wesen allmählich aus. Andererseits muss es zugegeben werden, dass der DDR-Bürger in der bulgarischen Wahrnehmung zweifelsfrei den Deutschen als Identitätsbegriff fast gleichgestellt wurde. Ganz anders die Damen, die im Sommer Zimmer an Touristen vermieteten. Die meisten von ihnen haben mit Deutschen, vor allem Offiziere und Unternehmer, vor dem Kriegsende galante Erfahrungen gemacht und der DDR-Deutsche hat mächtig davon profitiert. Machen wir`s kurz: Als nach dem Kriegsende die Grenzen des Sozialismus den Austausch eingeschränkt hatten, klappten besagter Damenrunden erst einmal die Kinnladen herunter. Offiziell wurde das natürlich verschwiegen. „Warum?", hätte man unvermittelt gefragt, einem plötzlichen Interesse folgend. Für einen Moment herrschte Schweigen.

„Ich sehe heute noch die blonden adretten Offiziere tanzend im Haus des Deutschen Volkes, zwei Straßen weiter. Wir, die Mädels waren hin und weg." erzählte eine Schwiegermutter mit leichter Wehmut. Das war die wahrscheinlich längste zusammenhängende Äußerung, die man von der Dame diesbezüglich gehört hatte. Und die leiseste noch dazu. Darüber kann es heute nur spekuliert werden. Der Ehemann war Philologe, Absolvent der Deutschen Schule in Varna.[27]

Damals gab es für DDR-Bürger zwei sichere Möglichkeiten nach Bulgarien zu fliegen bzw. mit dem Zug zu fahren: private Bekanntschaften, Freundschaften oder betrieblicher Erfahrungs- bzw. Kollektive-Austausch. Das Angebot des Reisebüros war am Anfang sehr spärlich, heiß begehrt, von Stasi, besonders nach 1957 und 1968, streng kontrolliert. Für die Reisen nach Tschechoslowakei, Ungarn und Bulgarien, wegen erhöhter Fluchtgefahr, wie es schon erwähnt wurde, war eine Genehmigung, anfangs Visum notwendig.

---

[27] Damenrunden 1980 – 1990, Frau T. U. A. LU: 1986

„Das Deutsche Reisebüro schickte erst 1954 die ersten 430 Touristen aus der DDR organisiert ins Ausland."[28] *... aber die Wenigsten nach Ungarn oder Bulgarien.* Schon 1951 wurde das *„Urlauber-Lotto"* mit Auslandsreisen als Preise ins Leben gerufen und *„gerade einmal 150 Reisen konnten nach Vereinbarung mit sozialistischen Brudergewerkschaften vergeben werden. Die ausgewählten Gewerkschafter fuhren in die Sowjetunion, in die Volksrepublik Polen, Ungarn, Bulgarien und in die CSSR."*[29] Sie waren ideologisch geprüft und politisch linientreu.

Wer, außer Partei- und Gewerkschaftsfunktionäre, seinen Urlaub unter der Sonne Bulgariens genießen dürfte oder sich eine Reise an die Schwarzmeerküste leisten könnte? Meistens wurden die ersten „Südländer-Touristen", jung und ungebunden, als Exoten oder Abenteurer eingestuft. Nicht wegen Gefahren in der Wildnis, die noch nicht richtig erschlossen wurden. Nein! Die Hauptgründe waren psychologischer Natur: unbewusster Neid, der Hauch Freiheit und die Möglichkeit für „Erfüllung der Sehnsucht nach Sonne und Meer", die fehlende abenteuerliche „Neugier gegenüber dem Fremden"[30], die Suche nach der Normalität des Alltags, des Vorgegebenes etc. Es ist wirklich keine leichte Aufgabe die Gründe, bodenständig und gleichzeitig gegensätzlich, dafür zu erkunden. Das alles dürfte nicht aus bleiben und trotzdem waren die „Daheimgebliebenen" neidisch auf die Tapferkeit und die Fernweh der anderen. Dank frommer kommunistischer Erziehung, denn *„die SED hatte ein dichtes institutionelles und nach ihren Vorgaben funktionierendes Netz im Staat und Gesellschaft geschaffen, das der individuellen Erfahrungen enge Grenzen setzte."*[31]

Die ersten Bulgarien- oder Rumänien-Reisenden, der fünfziger und sechziger Jahre, erschlossen sich die privaten Wege. Die bulgarischen Familien, wo man meistens unentgeltlich oder sehr preiswert logieren konnte, stammten hauptsächlich aus Sofia, Varna oder Burgas und die Kontakte wurden über Generationen gepflegt. Traditionell sprachen viele Bulgaren sehr gutes Deutsch. Dadurch wurde ein hohes Niveau des Austausches, privat und beruflich, ermöglicht. In der großen Städte Bulgariens gab es seit 30er Jahren

---

[28] Urlaub, Klappfix, Ferienscheck: Reisen in der DDR. Berlin: Eulenspiegel Verl. 2003, S. 6. „Touristische Abkommen wurden in den 60ern Jahren mit den Voksrepubliken Ungarn und Bulgarien und mit der sozialistischen Republik Rumänien geschlossen.", S. 139.

[29] Ebda. S. 139.

[30] Wolter, Heike: „Ich harre aus im Land und geh, ihm fremd: Die Geschichte des Tourismus in der DDR. 2009. S. 142.

[31] Schroeder, Klaus: Der SED-Staat: Partei, Staat und Gesellschaft 1949-1990. München: Hanser, 1998, S. 619.

Deutsche Schulen mit Lehrer, Muttersprachler aus Deutschland.[32] Der schleichende Einfluss der alt-neuen Bürgerlichkeit bzw. Elite hat es verlangt fremden Sprachen zu erlernen und Schulen mit gutem Ruf zu besuchen: Echtes Statussymbol der Intelligenz. Ein Beispiel dafür, könnte man meinen, in dem folgenden Text entdeckt zu haben: **„Viele Grüße aus Sofia. Ich hörte von Ihrem Unglück, Herr H. Es tut mir sehr leid, hoffentlich geht es Ihnen besser. Ich wünsche Ihnen, allen ein frohes Weihnachtsfest und Neujahr. Alles Gute [St. Mineff], Taucha bei Leipzig."** [33]

Die Wahrnehmungen des sozialistischen Alltags und die Erfahrungen der Bulgaren und der DDR-Deutschen jedenfalls gestalteten sich trotz allgegenwärtiger Unifizierung denkbar unterschiedlich: Für die einen sind alte Traditionen, Sitten und Bräuche gestrichen worden. Für andere, im Gegenteil, hätten sich Entfremdungen den Weg in der politischen Realität gebahnt, wenn z. B. Weihnachten oder Ostern nicht mehr gefeiert werden dürften. In Bulgarien bis 1990 waren die Weihnachtsfeiertage keine gesetzliche Feiertage, was eigentlich für die Bevölkerung kein Hindernis war die alten Traditionen in der Familie zu pflegen. Die Last der Geschenke war zwischen „djado Koleda" (der Weihnachtsmann) und „djado Mraz" (Väterchen Frost) nach sowjetischem Vorbild aufgeteilt. Es war eigentlich eine Familienangelegenheit wann und wer von beiden vorbei kommen sollte. Die Kinder waren nicht wählerisch, sie haben sich egal wann und über wenn, hauptsächlich über Geschenke, riesig gefreut. Weihnachtsbäume gab es selbstverständlich auch. Mit Weihnachten und Ostern in der bulgarischen Familie war es richtig individuell und traditionell bestellt. Die Weihnachts- und Osterfeiertage waren ganz normalen Arbeitstagen und sie existierten nur im Kirchenkalender. Die Kirche war mit knirschenden Zähnen geduldet. Ostern wurde als ein halbes „Frühlingsfest" getarnt. Warum „halbes"? Eier wurden, trotz Umbenennungen, nach wie vor gefärbt und das traditionelle „Eierschlagen" als Eier-Duell zwischen Familienmitgliedern fand ebenso regelmäßig statt.

Die Bulgaren sind bekanntlich ein seltsames Völkchen, kochen ihr eigenes Süppchen und sind zu faul Widerstand zu leisten. Allerdings ist in Sachen Anpassungsfähigkeit und Religion eine grundsätzliche Aufklärung vonnöten:

---

[32] Aufwärts. Ausgabe des Schülerblattes der Deutschen Schule Russe, Bulgarien. Okt.-Nov. 1938, Febr-Dez. 1939, April-Dez. 1940. z. B. Fünf Wochen im Auto durch Deutschland. Schüler der Deutschen Schule in Russe im Sommer 1938. Manuskript. Vgl. Slavcheva-Raiber, Anna: Geschichte, Entwicklung und Sprachwerbetätigkeit der deutschen Schulen in Bulgarien im Zeitraum 1900 -1939. Univ. Diss. Mannheim, 2006.

[33] Postkarte Nr. 99; A. LU; Die Weihnachtswünsche wurden nicht auf einer Weihnachtskarte geschickt, sondern es wurde eine Postkarte mit Rila Kloster als Motiv verwendet.

Der Bulgare, im Unterschied zum polnischen Bruder zum Beispiel, hatte schon immer ein eigenartiges Verständnis für Religion und Glaube. Die bulgarische ostorthodoxe Kirche ist einem Identitätskulturmerkmal gleichgestellt, weil sie während des türkischen Jochs die nationale und kulturelle Identität der Bulgaren aufbewahrt und gerettet hat. In der DDR war man traditionell „kirchlich", ideologisch „nicht kirchlich", während der Bulgare sich bei gleichem Sachverhalt ganz anders verhalten hatte. Dank ihrer Kirche dürfen sich die Bulgaren noch Bulgaren nennen, in Bulgarien leben und Bulgarisch sprechen. Denn der Bulgare ist dankbar, weiß die Verdienste und die Geschichte zu schätzen, aber in seinem Innersten bleibt er Antichrist. Trotzdem hatte die herrschende Ideologie diktatorischen Schlags mit der Religion, egal wo in der realsozialistischen Welt, immer ihre Probleme gehabt. Gerade weil die Kirche jahrelang verboten wurde, war sie überwiegend von der konservativen bulgarischen Intelligenz als Philosophie, Lebenseinstellung und Identitätsmerkmal empfunden. Um das Volksnachdenken über unliebsamen politisch konformen Entscheidungen zu relativieren, wurden von der Regierungsseite buchstäblich Himmel und Erde in Bewegung gesetzt und die ideologische Positionierungen der traditionellen Erinnerungskultur neu definiert. Das gegenwärtige Ergebnis:

„Immer weniger deutsche Geburtschristen üben ihr Christentum aus, gehen in die Kirche oder verfügen über christliches Wissen. Immer weniger Deutsche wissen, weshalb Weihnachten gefeiert wird, vom Heiligen Geist des Pfingstfests ganz zu schweigen. Das zu sagen, heißt nicht, es gäbe keine praktizierenden Christen mehr in Deutschland. Sie bilden jedoch [...] nicht mehr die Mehrheit der Deutschen."[34]

Die modernen europäischen Bulgaren folgen den Deutschen auf Schritt und Tritt auch in der Glaubensfrage der Identitätsdynamik. Warum, wieso, weshalb? Globalisierung und eine widersprüchliche postsozialistische Ostidentität bzw. Hybridität könnten die dafür gesuchte Erklärung sein. Zwischen beiden Thematisierungen der Tradition bzw. der Religion kann man eine Verbindung in dem Sinne ziehen, dass es schön ist, die traditionellen Feste heute frei feiern zu können, um sich ab und zu in ein solches Besinnlich- oder Freisein hineinzuversetzen. Es ist nicht einfach die vielschichtige und meistens widersprüchliche Gründe für den abgelegten Anschein des Sozialismus explizit aufzuspüren.

[34] Wolffsohn, Michael: Religion ist der Deutschen „wurscht". In: Die politische Meinung 61(2016)536 Januar/Februar, S. 37.

Die bulgarische Intelligenz pflegte schon immer lebhafte Kontakte, privat, beruflich und als Kulturaustausch, mit Familien, Wissenschaftlern und Künstlern aus der DDR. Die deutsch-bulgarische Begegnungen bestanden in der Regel über mehrere Jahre fort. Bereits 1967 verbrachte z. B. Familie Stolz, Else und Gustav aus Dresden ein paar Tage in Bulgarien. Sie besuchten Frau Blaga Dimitrowa, engagierte Freidenkerin, und pflegten über Jahren Freundschaft mit ihrer Familie. Nichts ungewöhnliches, würde man meinen. Wenn diese Blaga Dimitrowa nicht eine große, sehr beliebte bulgarische Dichterin, Schriftstellerin und Dissidentin gewesen wäre. Und wer war Familie Stolz? Wie entstanden die Kontakte zwischen beiden Familien, wie und wo könnten sie sich kennengelernt haben?

Die Recherche im Stadtarchiv Dresden ließen einen kulturellen Austausch vermuten oder gegenseitigen Arbeitsaufenthalte in den beiden Ländern als Möglichkeit ebenso nicht ausschließen. Eine Reise nach Sofia als Gewinn in einer Preisausschreibung der Gewerkschaften oder Tageszeitungen, wo man schnell Kontakt zu Bulgaren knüpfen könnte, wäre auch anzunehmen. Blaga Dimitrowa[35] war, unterm anderen, Übersetzerin und Gustav Stolz arbeitete als Clubleiter in Dresden.[36]

Die Reisemöglichkeiten für DDR-Bürger und Bulgaren waren aufgrund der niedrigen Einkommen und fehlender Reisefreiheit sehr eingeschränkt. Deshalb haben sich die sozialistischen Regierungen sehr früh auf subventionierten „Sozialtourismus" konzentriert. Das Reisebüro der DDR und der FDGB-Feriendienst waren mit der Aufgabe „Vermittlung von Ferienreisen" beauftragt. Die Vergabe auf sozialistisch, im alltäglichen bürgerlichen Sinne, war vielfältig und ideenreich. Die staatlichen Institutionen haben Ferienreisen auch für Kinder und Jugendlichen angeboten, bei denen die ideologische und politische Erziehung nicht zu kurz kommen sollte.[37] Alles anderes wurde von der Welt hinter dem Eisernen Vorgang abgeguckt. Tatsächlich die Reiseberichterstattung des Westens wurde mit einer Prise Ideologie nachgemacht:

[35] Blaga Dimitrowa (1922-2003) – bulgarische Schriftstellerin, Lyrikerin, Übersetzerin (Russisch, Schwedisch, Vietnamesisch, Deutsch, Polnisch. Altgriechisch), Dissidentin, Politikerin. Herr Gustav Stolz aus Dresden war Clubleiter (Telefonische Auskunft Frau Krug, Stadtarchiv Dresden, 16.12.2014). Die Erwähnung des Namens folgt einer mündlichen Genehmigung des Händlers, der das Postkartenarchiv der Autorin verkauft hatte.
[36] Postkarten Nr. 51, 98a, 98b; A. LU. „8. II 1968, Liebe Frau und Herr Stolz, ... **Ich hoffe, daß wir uns am unseren Meer einma(h)l sehen werden, auch in Sofia.** Bis dann alles gut. Ihre Blaga Dimitrowa."
[37] Vgl. Schaufuß, Thomas: Die politische Rolle des FDGB-Feriendienstes in der DDR. : Sozialtourismus im SED-Staat. Mit Geleitworten von Vera Lengsfeld / Klaus Schroeder. Berlin : Duncker & Humblot, 2011.

*„Es ist schon ein Erlebnis wenn man die ersten Lichter dieser großen „Erho-
lungsfabrik" sieht, wenn man nach einigen Kurven die Hotels und Restaurants erkennt …"*[38]

Die erwähnte einheitliche architektonische Schöpfung aus Beton und Platten
sollte keinerlei individuelle, soziale und ethnische Identitätsunterschiede
beinhalten oder ersichtlich machen. Die Unifizierung der Lebenswelt war
allgegenwärtig und ließ keine Lücken in der gemeinsamen Bestrebung, Gerechtigkeit und Brüderlichkeit zu erzielen, entstehen. Alle Beteiligten, die
aus diesem Muster in die Gegenrichtung drifteten und sehnten sich nach dem
Ungewöhnlichen, nach einem anderen Dasein, waren in Nischen getaucht.
Sie konnten sich irgendwie nicht mit dem Langweiligen und dem Massen-
haften, die sie angeboten bekommen haben, arrangieren.
Die gemeinte Gleichheit möge nachhaltig von der Obrigkeit gewünscht gewesen sein, wurde aber nie erreicht. Die sozialistische Völkerverständigung
mit internationalen Folgen war selten eindeutig und einfach gewesen. Ein
markanter Unterschied mit großer Bedeutung für die internationale Kommunikation zwischen Öffentlichkeit und Privatheit, die bis heute als Identitätsmerkmal des Bulgaren aufgewertet wird, ist das verwirrende bulgarische
Kommunikationsverhalten, angefangen mit dem weltberühmten Kopfnicken,
das keine eindeutige kulturwissenschaftliche Erklärung finden kann. Die
absurdesten Deutungen, angepriesen als Forschungsergebnissen, kommen
unlogischer Weise aus Sachsen und stammen ebenfalls unlogischer Weise
von Gunter Böhnke:
*„Und der Bulgare nickt mit dem Kopf, wenn er verneint. Und schüttelt den
Kopf, wenn er zustimmt. Das hat er natürlich dem Sachsen abgeguckt, besser
abgehört: Wenn wir etwas strickt verneinen, dann benutzen wir dazu das
Wort ‚ja', wir sagen nämlich ‚ächà'!"*[39]

Anders gesagt: Man muss die Typisierungen der fremden Gestik kennen, um
sie wiedererkennen und richtig deuten zu können. Im Wiedererkennen liegt
der eigentliche Reiz des Anderen und des Fremden, denn nur, wer etwas in
dem Anderssein wiedererkennt, hat neben dem kommunikativen auch einen
emotionalen Anreiz.
Sehnsucht nach dem Fremden ist natürlich kein speziell östliches oder ostdeutsches Phänomen, sondern es kann generell von einer Sehnsucht Erwach-

[38] Im Moskwitsch 408 ans Schwarze Meer: 6000-Kilometer-Fahrt durch vier Länder. In: Der
Deutsche Straßenverkehr (1967) 8, S. 270.
[39] Böhnke, Gunter: 50 einfache Dinge, die Sie über Sachsen wissen sollten. Frankfurt/Main:
Westend, 2015, S. 15.

sener nach der verlorenen Weltoffenheit gesprochen werden. Auch die Strategien um der Reisefreiheit explizit näher zu kommen, dürften in der sozialistischen Welt sehr ähnlich gewesen sein. Was aber am ostdeutschen Fall besonders ist, ist, dass der Staat in dem die Menschen aufgewachsen sind und gelebt haben, existiert nicht mehr. Viele Anhaltspunkte – institutionelle und nicht-institutionelle – sind verlorengegangen, so auch manche Erfahrungen, die früher gang und gäbe waren. Die verlorengegangene Grundversorgung mit betrieblichen Ferienangeboten im Ausland und der sogenannte FDGB-Auslandstourismus sollten anfangs mit einer etwas chaotisch konzipierten Infrastruktur und vielen politisch motivierten Einschränkungen und Schwierigkeiten kämpfen, die ebenso auf eine logische Erklärung bis heute warten. Warum reichten zur Verfügung stehenden Ferienplätzen, Privatquartiere und Campingplätzen nicht nur im Ausland bei weitem nicht aus? Waren die Kapazitäten zu wenig oder die gestellten Anträge zu viel?

„A. S.: Es war richtig spannend, wann die Listen mit der FDGB-Ferienplatzvergabe an dem schwarzen Brett gesichtet worden waren. Die Aufregung war groß, die Intrigen im Hintergrund nahmen kein Ende. Fleiß und ordentliche Leistungen am Arbeitsplatz waren bei der Vergabe selten berücksichtigt, fast nie. Wer brav war und der Leitung nah stand, er durfte! Die ‚Schleimspuren‘, Sie wissen was ich meine, waren unendlich lang und sehr rutschig. Kleine Geschenke waren keine Seltenheit. Ob Schmiergelder bezahlt worden waren? Ich weiß es nicht genau, aber gehört habe ich schon. Auszuschließen ist es nicht.“[40]

Größere Betriebe begannen eigene Ferienheime für ihre Betriebsangehörigen auch in Bulgarien einzurichten und als Pauschalangebot zusammen mit FDGB zu vergeben. Das Ziel:

„Die Kosten für solche Urlaubsreisen wurden zu Hälfte durch den FDGB finanziert, so daß sich praktisch jeder Bürger einen Urlaub leisten konnte. Besonders begehrt waren die Austauschreisen in die Bruderländer. Zwischen den Gewerkschaftsverbänden der sozialistischen Länder gab es Vertragswerke, die die Belegung der jeweiligen Ferienheime durch ausländische Gäste regelten.“[41]

Bis 1969 wuchs das Angebot und immer mehr Gewerkschaftsmitglieder konnten sich einen Urlaubsplatz am Schwarzen Meer erhoffen. Lange Zeit hat man mit gravierenden „Stammesunterschieden“ gekämpft und es wurde

---

[40] Interview mit Herrn A. S. vom 14.04. 2008
[41] Sommer, Stefan: Das große Lexikon des DDR-Alltags. Berlin: Schwarzkopf & Schwarzkopf, 2002, S. 102.

Menschen „erster" und „zweiter" Klasse gesprochen. Den Deutschen aus dem Westen standen viele herrliche Möglichkeiten offen, beispielsweise bessere Unterbringung, traumhafter Umtauschkurs oder Service, um nur einige zu nennen. Vielleicht ist dies einer der Gründe, weshalb viele DDR-Bürger die erworbene Reise erst einmal dazu genutzt haben, die Luft der bunten internationalen Atmosphäre zu schnuppern um den Unterschied „live" wahrnehmen zu dürfen.[42] Erstaunliches und Außergewöhnliches waren damals mit Sicherheit nicht zu erleben, aber jeder glaubte sie wären zum Greifen nah. Stattdessen galten für „Otto-Normalverbraucher" und für die institutionelle Gewerkschaftsbewegung, in DDR und Bulgarien zwei Grundprinzipien: Alles kann von einem IM akribisch beobachtet, aufgenommen und zusammengefasst werden und von daher steht zu vermuten, dass der Versuch, dem inoffiziellen Mitarbeiter der Staatssicherheit mittels Vortäuschungen entkommen zu wollen, in Ausland häufiger anzutreffen ist. In diesem Fall ist eine Erklärung Vonnöten. Es war ein öffentliches Geheimnis, dass Stasi auch im Urlaub eine treue Begleiterin war. Des Öfteren war ein unmissverständliches Paradox der inneren Gegenwehr zu beobachten. Jeder hat es gewusst oder geahnt, aber die Wenigsten haben mit einer persönlichen Bespitzelung ernsthaft gerechnet. In der Volksvorstellung gab es "spannende bzw. interessante" und "langweilige bzw. uninteressante" bürgerliche Objekte zum Bespitzeln. Sowohl der Zusammenbruch des Sozialismus als auch der Wegfall der Reiseeinschränkungen nach der Wende spielen beim Erinnern mittels Misstrauen bzw. Vorsicht eine Rolle. Deshalb werden im Nachhinein Hinweise wie: **„Alles anderes mündlich."**[43], die nicht selten in Postkarten-Texten zu lesen sind, eher als gewöhnliche Floskel verstanden.
Letztendlich lässt sich der Urlaubs als „zufriedenstellend und wunderschön" eingeschätzt werden, wenn man wieder heil und glücklich zu Hause angekommen ist und den ganzen Urlaub über „das Heim" nicht vermisst wurde oder irgendwie immer präsent war, mit anderen Worten „am Urlaubsort hat sich der Urlauber heimisch gefühlt". Eine gewisse Grundlage der Vereinheitlichung schafften zuerst die internationalen Gewerkschaften, die in modischer Abfolge für ihre Mitglieder Ferienorte am Schwarzen Meer eingerich-

---

[42] Postkarte Nr. 152; A. LU; Vgl. Узлова, Лилия: Изпращаме сърдечни поздрави от отпуската ни в България: история на туризма в ГДР и България. Под редакцията на доц. д-р Маргарита Карамихова. София: Арс Магна, 2012.

[43] Urlaub, Klappfix, Feriencheck: Reisen in der DDR. Berlin: Eulenspiegel Verl. 2003, S. 139. „In einer Sekretariatsvorlage für den Bundesvorstand des FDGB kann dann auch im Februar 1959 der Feriendienst verkünden: „Im Jahre 1959 wird mit dem internationalen Touristenaustausch der Gewerkschaften begonnen."

tet und propagiert hatten. Westdeutsche Touristen sahen sie oft als unförmig, „klumpig" und typisch sozialistisch an. Sie registrierten nicht nur die äußere Form, sondern hatten damit die Vorstellung einer bestimmten Lebensweise verbunden. Die Ferienheime waren entsetzlich schwerfällig und klotzig gebaut, die vorgelagerten Terrassen, wenn vorhanden, waren im Allgemeinen als Ort fröhlicher Kommunikation und Demonstration geordneter Präsenz gedacht. Trotzdem, wie überall, wuchsen vor allem Blumen in genau abgegrenzten Rabatten und der Rasen wurde mit dröhnenden Maschinen älteres Baujahr kurz gehalten. Dabei hat man von den prestigeträchtigen Hotelanlagen nur wenig gesehen, weil die meisten Hotels in den 60ern noch im Bau gewesen sind. Neben den Erinnerungen an den Urlaubsreisen war die Erinnerung an das gelebte Leben in der DDR und explizit die Erinnerung an die internationale Atmosphäre in dem Ferienheim das wichtigste Thema einiger Postkarten-Texte, die implizit eine Verbindung zur Vergangenheit darstellen. Zuvor stellen sie jedoch die individuellen Erfahrungen des Verfassers dar: **„Wir bewohnen gemeinsam mit Freunden aus der SU, CSSR, Ungarn und Afrika ein herrliches Ferienheim der bulgarischen Gewerkschaften. Jeder 2. am Strand ist ein Deutscher (aus beiden Staaten)."**[44], schrieb 1965 ein Urlauber und es gibt zahlreiche gute Gründe ihm zu glauben. Die gesendeten „sonnigen Grüßen" aus Varna scheinen zeitgemäß ideologisch konform zu sein. Der Strand ist fest in deutscher Hand, die Postkarten sind meistens nach „Deutschland", „Norddeutschland"[45], weniger nach DDR geschickt. Einschränkend war hier nicht nur geltend zu machen, dass man auch Westdeutsche treffen könnte, es war daran zu erinnern, dass die Westdeutsche als Familienangehörige nicht geben dürfte. Der Westbesuch von Onkel und Tante, Cousin und Cousine aus der BRD bzw. der Familientreffen am Schwarzen Meer, in Riesengebirge oder am Balaton war, trotz zahlreiche Tendenzen zur Abgrenzung, immer im Hintergrund präsent, keine Seltenheit und kein Geheimnis für StaSi. Der zuständige inoffizielle Mitarbeiter lauerte schon auf die Verwandtschaft und mit der Ankunft der Familie ging sein Stress richtig los. Die Mauer wurde in Berlin gebaut aber ihre bilaterale Verlängerung waren die abgeriegelten Grenzen anderer Ostblockländer, vor allem Tschechoslowakei, Ungarn und Bulgarien, die langen „Westgrenzen" hatten. Fluchtwillige und Fluchtbewegung, sowie Bewachung, Ausbau der Grenzbefestigungen und Grenzsicherungsmaßnahmen, gab es seit der Gründung der DDR. Um illegale Grenzübertritte zu unterbinden, schließen die

---

[44] Postkarte Nrs. 13, 20; A. LU
[45] Postkarte Nr. 32; A. LU

Partnerländer bilaterale Verträge ab, die die Strafverfolgung und die Auslieferung fluchtwilliger DDR-Touristen regelten.

„Der Rechtshilfevertrag mit Bulgarien wurde am 27.01.1958 abgeschlossen ... Seit 1964 war in Warna und Burgas die erste dreiköpfige Operativgruppe des MfS während der Sommersaison im Einsatz. Im Jahre 1970 bestand die MfS-Operativgruppe aus sechs Mitarbeitern, von denen zwei in Sofia und die übrigen am Schwarzen Meer, zum Beispiel in den Kurorten Goldener Sand, Albena und Sonnenstrand stationiert waren. Zu ihrer Verfügung stand in der Urlaubssaison eine Beobachtergruppe der Hauptabteilung VIII mit 18 Mitarbeitern."[46]

Es war keine leichte Aufgabe für die Operativgruppe und für den Beobachter die Geschehnisse und die „Beziehungen" zu Staatsbürgern feindlicher Staaten im Ausland zu verfolgen und zum Teil verhindern. Die DDR-Bürger, die sich mit ihrer Westfamilien und Freunden trafen, waren sehr erfinderisch. Es war ein sozialistisches Volk der Untertanen und Duckmäuser, das sich mit der Obrigkeit scheinheilig schnell und bereitwillig arrangierte. Bemerkenswert war **„Ebenso die internationale Atmosphäre"**[47] vor Ort, die immer mit Begeisterung gefeiert wurde. Aber in Wahrheit versuchte jeder sich irgendwie abzugrenzen und dabei verhielt er sich unbewusst, ohne Absicht, typisch „deutsch".

In diesem Sinne kann sich jeder sein eigenes Bild von der deutschen Kultur insgesamt an den vielfältigen Formen der Abgrenzung und Abschirmung festmachen. Bei einer Fahrt durch Bulgarien bemerkt man ebenfalls Abgrenzung durch Aufteilung von Land und Gebäuden, die von einer Vielzahl von ideologischen und materiellen Mauern, Zäunen und Toren eingegrenzt sind. Sie dienen weniger der menschlichen Abgrenzung, sondern drücken hier vielmehr die Schutzbemühungen des sozialistischen Bürgers aus, die auch geschichtlich und kulturhistorisch als Identitätsmerkmal bedingt sind. Die Bulgaren zum Beispiel stellen ungern Reichtum und Eigentum zur Schau. Dieses Verhalten wurde schon von Felix Kanitz festgestellt und als Erbe des osmanischen Jochs interpretiert. Und zwar die Bulgaren tun es aus Angst vor

---

[46] „Die Operativgruppe stellte 1970 u.a. 1 425 DDR-Bürger namentlich fest, die Beziehungen zu Bürgern westlicher Staaten unterhielten. Die bulgarische Sicherheitsorgane hatten in dieser Richtung 214 Hinweise gegeben, darunter die Namen von 49 Personen, die die Botschaft der USA in Sofia aufgesucht hatten." In: Tantzscher, Monika: Die verlängerte Mauer: Die Zusammenarbeit der Sicherheitsdienste der Warschauer-Pakt-Staaten bei der Verhinderung von „Republikflucht". Reihe B: Analysen und Berichte Nr.1/1998. Berlin: BStU, 1998, S. 54-55 ; GBL. DDR I 1957, S. 713.

[47] Postkarte Nr. 152; A. LU

Unterdrückung und Verfolgung als Schutz vor Neid, nicht aus eingeborener Bescheidenheit, nach dem Motto „Abgedeckte Milch leckt die Katze nicht ab", so lautet ein früher oft gebrauchtes Sprichwort. Tatsächlich wurde verschiedentlich ein allgegenwärtiges Systemsyndrom registriert, zu dem Feinheiten wie kleinkarierte Urteile und ängstliche Kommunikationsscheu gehören - wie die Bemerkung: **„Alles weitere mündlich zu Hause."** [48] es vermuten lässt. Ob man zu Hause über alles unbesorgt sprechen könnte war die zweite Seite der Medaille. Die Gefahren lauerten überall:

„Im Idealfall sollte der DDR-Bürger, der eine Flucht über ein anderes Ostblockland geplant hatte, verhaftet werden, noch bevor er seine Wohnung verließ."[49]

Aber die Freiheit lockte immer mehr jungen Menschen, die es versucht haben die realsozialistische Welt zu verlassen um wie sie glaubten ihre Menschenwürde zu retten.

Bis 1970 bildete sich aus dem klassenlosen Tourismus einen Zweiklassentourismus: der des Westgeldbesitzers und der des Ostgeldbesitzers. Den Touristen von der feindlichen Seite des Eisernen Vorhangs standen, wie es schon thematisiert wurde, ganz andere fast unbegrenzte Möglichkeiten zur Verfügung z. B.: **„Am 28.6. fahre ich nach Istanbul."**[50]

Der Begriff „Sozialtourismus" machte sich auf der Ostseite alle Ehre und die Realität im Ausland gestaltete sich sozial „mangelhaft" und bitter ernst. Bei der immer knapper werdenden Urlaubskasse war der Bedarf bei den Osttouristen und den bulgarischen Gastgebern gewachsen sich per D-Mark einen oder anderen Wunsch zu erfüllen. Die Quellen dazu waren äußerst begrenzt. Wer keine zahlungskräftige Westfamilie zur Verfügung hatte, versuchte schwarz zu tauschen: zehn Ostmark oder 3 – 4 Lewa für eine D-Mark, fast einheitliche Tarife für den gesamten Ostblock. Die Westtouristen boten für Finanzgeschäfte dieser Art eine gute Tauschgelegenheit. Bis zu einem gewissen Grad ließ sich das, was auf den Nenner der Zahlungsfähigkeit gebracht wurde, aus den politischen Bedingungen erklären, die über eine vierzigjähri-

---

[48] Postkarte Nr. 152; A. LU

[49] Tantzscher, Monika: Die verlängerte Mauer: Die Zusammenarbeit der Sicherheitsdienste der Warschauer-Pakt-Staaten bei der Verhinderung von „Republikflucht". Reihe B: Analysen und Berichte Nr.1/1998. Berlin: BStU, 1998, S. 5.

[50] Postkarte Nr. 107; A. LU. Für kurze Zeit waren auch für auserwählten DDR-Touristen Ein-Tag-Reisen nach Istanbul angeboten. Sie wurden aber sehr schnell abgeschafft, weil die Gruppen zurück kleiner kamen. Viele Teilnehmer haben die Gelegenheit zum Flüchten genutzt. Die DDR-Kreuzschiffe durften auch nicht mehr in nichtsozialistischen Häfen ablegen. Trotzdem gab es Flüchtlinge, die ins Wasser sprangen und von der türkischen oder griechischen Küstenwache mitgenommen waren. [Anm. Verf. Gespräche A. LU: 1998]

ge Strecke fast nur innovative Selbsterfahrungen zuließen. In den realsozialistischen Territorien, in die das Osteuropa aufgeteilt war, blieben die meisten Untertanen zwangsweise an ihre Obrigkeit und ihren engen Kollektivismus gebunden. Wichtiger noch ist, dass sich in vielen der alltäglichen Angelegenheiten und auch innerhalb der einzelnen Familien einen üppigen Bedarf
an Anpassungsstrategien und Hampelmännern herausbildete, die sich daran
gewöhnten, ihr eigenes Handel, also Erfolge minimaler Reichweite, für welt-
bewegend zu halten. Für diesen Akzent in der Geschäftstüchtigkeit der Bruderländer gab es aber eine noch viel direktere Begründung, die allerdings von
dem ewigen Geldmangel nicht unabhängig war: Das wunderbare heiß begehrte Westgeld.

*„Der Kampf der Gesellschaftssysteme würde sich zukünftig auf politischen,
wirtschaftlichen und technischen Feldern abspielen wobei sich – selbstre-
dend – das kommunistische System als überlegen erwiesen würde."*[51]
*„A. G. u. a.: „Es ist so von der Beschaffung der DM damals her [...], sagen
wir mal, urtümlich, erfinderisch, DDR-mäßig. Die Leute waren grundsätz-
lich ja alle geübten Soz.-Bürger, aus heutiger Sicht „ehemalige". Und diese
ganze aufregende Atmosphäre, die
da so war „kann ich DM billiger kaufen oder muss ich mehr blechen?" ...
und dann das geizige Ausgeben. Es sollte im Vorfeld gut überlegt sein. Vielleicht ist das, sag ich, ja man denkt vielleicht gar nicht mal so drüber nach,
aber man fühlte sich beim Ausgeben „Mensch" - würdig und irgendwie
komisch heimisch. Vielleicht hat es heute schon was mit dem Verlust des
Ostens und des Abenteuerlichen zu tun, dass man immer noch das Westgeld,
jetzt unser Geld, bedachter ausgibt. Kann möglich sein, dass unsere Generation mehr von Arbeitslosigkeit betroffen ist und das Geld reicht von vorne
und hinten nicht. Kann möglich sein."*[52]
Um mehr Touristen aus dem kapitalistischen Ausland für Goldstrand und
Sonnenstrand zu begeistern hat die bulgarische Regierung seit 1967 die Vis-
apflicht für alle Länder einseitig aufgehoben.[53] Das Verhalten der bulgarischen Regierung widersprach der tatsächlichen Einstellung der SED gegenüber Bewohnern Westberlins, die eine umfangreiche Kontrolle über den Rei-

[51] Schroeder, Klaus: Der SED-Staat: Partei, Staat und Gesellschaft 1949-1990. München: Hanser, 1998, S. 134.
[52] Gesprächsrunde A. LU: 1998
[53] ПМС № 11 от 16 февруари 1967 г. за едностранно обявяване на безвизов режим на туристите от всички страни по случай международната туристическа година – бр. 27 от 4.04.1967 г.; РзМС № 477, 27.12.1968 г. бр. 2. от 7.01.1969 г.; РзМС 276 от 30.12.1973 г. бр 3 от 11.01.1974 г.; ПМС № 150 от 5.12.1975 г.

severkehr bestrebte. Am 6.09.1960 schrieb Walter Ulbricht an Todor Shiwkow: *„Teurer Genosse Shiwkow! Bisher wurden von Bewohnern Westberlins bei Organen der DDR Pässe der Deutschen Bundesrepublik zum Zwecke der Einholung von Visa und aus anderen Gründen vorgelegt. [...] Aus dieser Rechtslage ergibt sich einwandfrei, dass der Pass der Deutschen Bundesrepublik als der Pass eines Staates, dem Westberlin nicht angehört, keinesfalls als offizielles Dokument für die Bewohner Westberlins gültig sein kann. [...] Auf Grund dessen wird ab 15.9.1960 die Erteilung von Visa durch die Organe der DDR für Bewohner Westberlins für Reisen durch die DDR auf einem Einlageblatt zum Westberliner Personalausweis erfolgen. [...] wurden informiert, dass das Ministerium für Auswärtige Angelegenheiten der SU beabsichtigt, für Bewohner Westberlins für Gewährung von Visa nur den Westberliner Personalausweis anzuerkennen. Wir bitten das ZK der BKP und die Regierung der VRB, unsere Maßnahmen durch gleichartiges Vorgehen zu unterstützen.“*[54]

Das bulgarische Bruderland sagte sofort Unterstützung und Umsetzung der Maßnahme, ohne Rücksicht auf Verluste, zu. Das zusätzliche behördliche Verfahren brachte einiges durcheinander und verringerte die Zahl der Bulgarienreisenden. Die Westtouristen, die in Varna landeten, suchten Billigurlaub und waren abenteuerlich veranlagt. Der Tourist aus der DDR bezahlte in der Regel viel Geld für die Pauschalreise an die Schwarzmeerküste und dort mangelte es chronisch an Taschengeld.

Nicht für alle. Einige DDR-Bürger waren „begrenzt" privilegiert. Sie fuhren in manchen Fällen nicht nur „ins Ausland", sondern sie durften wählen und im Wechsel den Urlaub, wenn sie sich für Sonne und Meer entschieden hatten, entweder in Bulgarien, Sowjetunion oder in Rumänien verbringen. **„Grüße aus Nessebar, wo ich bei schönstem Wetter meinen Urlaub verbringe. Es gefällt mir auch hier recht gut. Hier ist es zum Strand nicht so bequem, wie wir es in Mamaia [Rumänien] hatten."**[55] Logischerweise hatten sie die seltene Möglichkeit Unterkunft und Verpflegung, Infrastruktur und Service innerhalb des Rates für Gegenseitige Wirtschaftshilfe zu vergleichen. Es wurden mit Sicherheit keine gravierenden Unterschiede festgestellt. Der Kollektivismus und die Vereinheitlichung haben sich schon in den Arbeiter-Bauern-Staaten, glaubte man, richtig ausgebreitet und durchgesetzt.

---

[54] Ф 16 оп. 64; АЕ270. Решение № 7 на Политбюро от 7.09.1960 г. за визовия режим на преминаване от Западен в Източен Берлин. Приложени писма на Валтер Улбрихт и Тодор Живков. 6-12.09.1960 г.

[55] Postkarte Nr. 56; A. LU

Die kulturelle Teilhabe der Ich-Identität verschwand immer mehr und mehr. Langsam aber sicher, gezwungenermaßen wurde in Wir-Identität umgewandelt und eingeschmolzen. Das Wertesystem der neuen Gesellschaft fing an sich selbst optimal zu unifizieren. Die Erziehung zur „allseitig entwickelten sozialistischen Persönlichkeit" wurde als das oberste Gebot der Ideologie und der Staatspolitik erhoben und angepriesen. Die politische Dimension der großen Verbrüderung spielte praktisch eine bedeutende Sonderrolle, die Ausweitung des ideologischen Horizonts und der vermeintliche technische Fortschritt auf allen Gebieten relativierten die Rede von Selbstverständlichkeit der Ablehnung in alltagsspezifischen Westvorstellungen:

„Die verbreitete Orientierung der Konsumenten an westlichen Standards relativierte alle Anstrengungen der DDR-Wirtschaft [Soz.-Wirtschaft Anm. Verf.], Versorgungsmängel zu beheben und die Produktpalette zu erweitern."[56]

Mit der notwendigen Propaganda dazu machten sich die Parteiobrigkeiten und die zuständigen Institutionen maßlos lächerlich. Sie wurden entweder bewusst missachtet oder enthusiastisch linientreu nachgeklatscht. Händeringend suchten die „Außenseiter", die nicht im Chor „Hurra!" geschrien hatten, kleine Nischen, wo man unbesorgt, mit wenig Aufwand fliehen konnte und Individuum, sogar Egoist sein durfte. Zwei weitverbreitete „Zufluchtsmöglichkeiten" in diesem Sinne waren Alkoholkonsum und das Zelten.

3.2 Die „Goldenen Siebziger" 1970-1979: Ost und West gehen auseinander

„Ende der 60er-Jahre wird deutlich, dass markige Parolen und der Wille zum Aufbau des Sozialismus allein nicht genügen um ein rohstoffarmes Land wirtschaftlich voranzubringen. Da hilft es auch nichts, sich an den Rockzipfel des Großen Bruders zu hängen, der selbst mit wirtschaftlichen Schwierigkeiten zu kämpfen hat und zusätzlich Reparationen verlangt. [...] Die Wende zum Besseren verspricht ein Parteitag [VIII. Parteitag der SED im Juni 1971]. Und weil laut Marx das Sein das Bewusstsein bestimmt und nicht [...] umgekehrt, so muss die Führung zumindest versuchen, das Sein dem Bewusstsein anzupassen."[57]

---

[56] Schroeder, Klaus: Der SED-Staat: Partei, Staat und Gesellschaft 1949-1990. München: Hanser, 1998, S. 578 Vgl. Irmscher, Gerlinde: Der Westen im Ost-Alltag. DDR-Jugendkultur in den sechziger Jahren, in: Wunderwirtschaft (Anm. 7), S. 185–193; Erinnerungen von Zeitzeugen ebd., S. 198–203.

[57] Kegel, Jens (Hrsg.): Anspruch und Ohnmacht: DDR-Alltag in den 70er Jahren. Erfurt: Sutton Verlag, 2008, S. 7.

In den 70er Jahren findet eine Umdeutung des Bewusstseins und der kollektiven Wir-Identität statt. Die Ausweitung des Mangels wurde teilweise vorübergehend gestoppt, sozial umgedeutet und politisch aufgewertet. Diese Umdeutung erfolgt aus dem Rückblick der Ulbricht-Ära heraus und die Taten folgten - Löhne und Renten erhöht, die Arbeitszeit gekürzt und der Wohnungsbau als Hauptschwerpunkt der Sozialpolitik gesetzt. Im Kern der Umdeutung geht es darum, die Aufwertung des Sozialismus und der vielseitig entwickelten Persönlichkeit dahingehend voranzutreiben. Aus heutiger Sicht mag es sehr unlogisch und paradox erscheinen, einigermaßen gelungene Produktion von Konsumgütern und wackelige Versorgung mit Lebensmitteln als Lebensqualität anzupreisen. Die politische Dimension der Einschränkung der kollektiven Handlungsfreiheit und die aufgesetzte Identitätsumformung in den 70er Jahren spielen praktisch heute nur noch in abseitigen Diskussionen eine Rolle, dann ist damit ein Modell alltäglicher Erfahrung gemeint. Dies ist eine Praxis, um vor sich selbst und vor anderen zu zeigen, dass das eigene Leben anders war, als es in der medialen Öffentlichkeit damals dargestellt wurde. Die Gegensätze zwischen Sein und Schein treten deutlicher in der gesamten RGW-Welt zutage und der Flucht ins Private ist eine innerliche und äußerliche Schutzreaktion. So entwickeln sich im Osten Europas die Anfänge einer ganz eigenen Alltags- und Freizeithybridität. Die Fluchtnischen sind schon bekannt: Klein- und Schrebergärten, Camping, FKK, Trampen, individuelle Auslandsreisen etc. Sie etablierten sich als identitätsrettenden Refugien, weil dort weder Obrigkeiten noch Parteiideologie hineinreichten, denn freie Identitätsformung in individueller, ethnischer oder geografischer Hinsicht war nicht politisch und ideologisch gewünscht. Ständige Versuche des Staates die Erziehung vielseitig entwickelter sozialistischer Persönlichkeit aufzuzwingen und steuern, haben nur dazu beigetragen, dass fast überall eine Art hybrider Resistenz des „bürgerlichen" Heterostereotyps herausgebildet wurde.

Das bulgarische Heterostereotyp, das jahrelang auch das Deutsche innehat, lautet immer noch: Wir sind die Preußen des Balkans mit ausgeprägter südlichen Männlichkeit.[58] Das „Preußische" blendet allmählich aus aber die Identitätsvorstellungen von der topografischen bzw. „ethnischen" Mannigfaltigkeit der südländischen Männlichkeit bestehen anscheinend unangetastet in

---

[58] "The German Kaiser Wilhelm II characterized the Bulgarians as the 'Preussians on the Balkans' to stress the closeness of the two people." In: Stoyanova, Krassimira. Bugarian-German Relations: Tradition, Priorities and Perspektives. Sofia. 1995. S. 7; Узлова, Лилия: Размисли за българите и прусаците на Балканите.
Опит за сравнение на две несравними идентичности. [Erscheinungstermin März 2018]

den 70er Jahren hartnäckig fort. Es wurde nach wie vor über heitere Bege-benheiten berichtet: **„Ich habe schon am ersten Tag nette Reisebekannt-schaften gemacht. Auch die feurigen Bulgaren sind hinter mir her. Es ist einfach wunderschön. Ich wollte ihr wäret mit hier. Der Alkohol hat mir auch schon geschmeckt. Aber in Maßen. Heute Abend geht es in eine Bar mit 4 Männern (Bulgaren). Aber nicht Mutti sagen."**[59] Eine weitere Beobachtung kristallisierte sich aus festgehaltenen Texten her-aus: die „nationalbedingt" eingebetteten Freizügigkeiten bzw. Zugehörigkei-ten sind nahezu allen Texten / Interviews als erlebnisreicher Hintergrund einer eher abenteuerlosen Zeit extensiv zum Thema gemacht worden, und zwar fast durchgehend in Verbindung mit der Thematisierung der Mangel-wirtschaft, eingeschränkten Reisefreiheit und später des Umbruchs von 1989. Dies wurde umso deutlicher, als der Erinnerungs- oder historische Hinter-grund in der Kollektiv-Identität als Rahmung nicht vorgegeben wurde. Die Aussagen fokussieren sich lediglich auf die Lebensgeschichte / Urlaubserfah-rungen von damals und das Interesse an neuen Erlebnissen mit Bezug auf das Thema „Wilde Liebschaften" enthält ebenfalls einen neuen postsozialisti-schen Inhalt mit einer Prise Soz.-Erinnerungen. Die Aussagekraft der Be-merkung **„Man trifft hier immer wilden Bekannten von den Vorjahren. Sie werden mit Trude schon schöne Stunden verbracht haben."**[60] lenkt den Gedanken in ganz anderer Richtung als prüde sozialistische Enthaltsam-keit und Bescheidenheit und bescheinigt eine bewundernswerte Nachhaltig-keit. Aufgrund ähnlicher Feststellungen bzw. Aussagen erscheint es notwen-dig für den jeweiligen sozialen Fall (später mit hybridem Inhalt) spezifischen Erfahrungen in einer Struktur mit bestimmenden kollektiven Kontexten zu rekonstruieren sowie die Beziehungen zu Vergangenheit in den jeweils für die Fälle relevanten Phasen mit zu berücksichtigen.

Selbst wenn der gemeine sozialistische Bürger sich für das reine Kollektiv politisch begeistert (und das tut er selten), schaut er sich misstrauisch um, ob sich ein kleines Stück Freiheit nicht doch beschaffen lässt. Solches Verhalten passte nicht so richtig in dem Wertesystem des Sozialismus und ärgerte nicht nur ein bisschen – vor allem „Parteibonzen", linientreuen Bürger und braven Gewerkschafter. Das kollektive Dasein brachte der allseitig entwickelten Persönlichkeit Eigenschaften, die am häufigsten im Alltag spürbar und als Schutzmaßnahme nützlich waren: schlitzohrig, kriecherisch, geschwätzig, umtriebig, anpassungsfähig und dabei etwas eigene Identität aufzubewahren,

---

[59] Postkarte Nr. 53; A. LU
[60] Postkarte Nr. 311; A. LU

um das „Wir-Gefühl" des Kollektivs als integralen Bestandteil des Systems mit bewährten Klischees abzudecken. Es ist allerdings keineswegs sicher, ob die auf eine hybride Deutung basierende Einschätzung dieses Identitätsdilemmas heute im ähnlichen Sinne thematisiert wird, weil wenn wiederum die gegenwärtige Verhältnisse in beiden Staaten (Ostdeutschland und Bulgarien) herangezogen werden sollen, ist es üblich und nichts neues, dass man sich nur an eine Auswahl Eigenschaften erinnern will. Das ist normal und wird nicht als besonderer Einschnitt in der Erinnerungskultur oder in der Dynamik der Identitäts- bzw. Hybriditätsbildung betrachtet. Besonders in Bundesrepublik (West) dagegen ist in der Regel jede Aufarbeitung der Ost-Vergangenheit – auch die nicht durch „äußere Umstände" erzwungene, sondern freiwillig abgegebene Erfahrungen bzw. Erinnerungen – als Störung und Belastung der deutschen Identität, nicht gern gesehene Ostalgie, betrachten. In Bundesrepublik (Ost) sieht die Einstellung zu der Erinnerungskultur ganz anders aus. Für die unterschiedliche Einschätzung lassen sich zum großen Teil objektive Gründe abführen. Die ostdeutsche Gesellschaft ist auf die häufige hybride Identitätssuche eingerichtet. Teile der eigenen Identität müssen zurückgelassen und andere übernommen werden. Besonders betroffen von ständigen Umwandlungen sind die Ausländer im Osten, sieht man von nachträglich völlig anonymisierten Verhältnissen nach 1990 ab. Das alles sind Voraussetzungen, die Identitätsveränderungen erleichtern und begreifbar machen sollen – und es sind Folgen davon, dass solche Ansichten als etwas ganz und gar Normales betrachtet werden dürfen. In Bundesrepublik (West) sind diese Voraussetzungen nur in sehr begrenztem Umfang vorhanden, deshalb ist die Identitätsproblematik dort eher regional bedingt, wenn in diesem Sinne überhaupt nachweisbar wäre. Die Modalitäten der Erleichterung, die in hybrider Form schon in den 70er und 80er Jahren entstanden waren, sind in Bundesrepublik (Ost) „unterentwickelt", weil früher Orts- und Mentalitätsveränderungen weniger selbstverständlich waren. Der Anteil derjenigen, die sich dazu bekennen, dass sie gerne ihr Umfeld verändern würden, lag dabei seit letzten DDR-Jahren unter zehn Prozent.[61] Auch die Menschen in der ehemaligen DDR vertraten die Meinung, dass daheim am schönsten ist und waren mit ihrem Sozialumfeld zum Teil zufrieden. Die Aussagen: *„Es war nicht alles schlecht in der DDR"* oder *„Zur Schivkovs Zeit war alles billiger und man konnte von seinem Geld leben"* widerspiegeln

---

[61] Vgl. Osang, Alexander: Die stumpfe Ecke: Alltag in Deutschland. Berlin: Links, 1994 ; Hensel, Jana: Achtung Zone: Warum wir Ostdeutschen anders bleiben sollten. München [u.a.]: Piper, 2009.

nachhinein die Akzeptanz der „guten" Seiten des Sozialismus. Leider müssten viele junge Leute, fast zwei Drittel aller Schul- und Studienabgängen nach 1990, nicht in der Stadt oder in der Gegend leben, in der sie aufgewachsen waren. Diese innerdeutsche „Auswanderungen" konfrontierten anfänglich mit der typisch ostdeutschen Sesshaftigkeit und hatten mit einer regionalen Identitätsdynamik gar nicht zu tun. Sie bildeten, aus heutiger Sicht betrachtet, die Grundlage einer spezifischen sozialen Hybriditätsentwicklung bei Ostdeutschen und Ostausländern, die nach 1990 nach Westen übersiedelten. Dazu kamen wohl ausschließlich wirtschaftliche Gründe und seit der 70er Jahre in der Logik der politisch-sozialen Strukturen begründete Hybridität. In diesem Sinne wäre es falsch anzunehmen, dass sich in den Alltagssitten keinerlei ost-west Unterschiede ausdrücken. Dies hätte bedeutet, unter Umständen sehr spezifische Zusammenhänge der ostdeutschen und osteuropäischen Erinnerungskultur im Zusammenhang mit der sozialistischen Alltagskultur zu rekonstruieren. Nicht zuletzt aufgrund eines rudimentären, lückenhaften und sehr subjektiven Erfahrungsstandes sowie kontroverser Standpunkte und Darstellungen kulturgeschichtlicher Zusammenhänge im postsozialistischen Osten Europas – vor allem in ihrer Beziehung zur sozialistischen Vergangenheit - hätte dies den Rahmen der objektiven Authentizität des untersuchten Materials gesprengt. Nichtdestotrotz entwickelte sich mit zunehmender Steigerung der Qualität der Lebensverhältnisse eine neue Freizeitkultur, die durch eine eher beschwerliche als bürgerfreundliche Motorisierung der DDR-Gesellschaft unterstützt wurde.[62]

Durch die zahlreichen Einschränkungen, welche dem sozialistischen Alltag auferlegt wurden, beschränkten sich Urlaubsmöglichkeiten und Reiseziele auf die RGW-Länder, Ostsee, Erzgebirge, Thüringer Wald etc. Allerdings sah die Welt im Urlaub etwas entspannter aus. Mehrmals in Interviews und Postkarten-Texten explizit betont, dürfen die nette individuelle Kleinigkeiten des Kollektivlebens nicht vergessen werden: **„der Alkohol hat mir auch schon geschmeckt!"**[63] Das „Wir-Gefühl" an der Bar wurde nach wie vor als Merkmal des gesellschaftlichen Status verstanden und die soziale Funktion des gemeinsamen Trinkens sollte die Kultur der Geselligkeit fördern. Eine eindeutige sozial bedingte Zuordnung ist das freilich nicht. Mit der Zeit wurde der Alkoholkonsum als Sozialfaktor mehr in Richtung Suchtkrankheit verschoben, politisch als dekadent bezeichnet und irgendwie falsch verstan-

---

[62] Kegel, Jens (Hrsg.): Anspruch und Ohnmacht: DDR-Alltag in den 70er Jahren. Erfurt: Sutton Verlag, 2008, S. 109.
[63] Postkarte Nr. 53; A. LU

den, war aber bei jeder Veranstaltung eines Kollektivs präsent. Folgende Ausformung des einfach strukturierten Zugangs zu Alltagserfahrungen erleichtert die Rekonstruktion der Identitäts- und Mentalitätsanalysen der gemeinsamen widersprüchlichen Vergangenheit. Basierend auf diesem Zugang konzentriert sich die Thematisierung eines der anders gestalteten Situation geschuldeten Drangs zur Veränderung von Selbstbetrachtungen, um die eigene Identität vom staatssozialistischen Kontext zu lösen, auf die Kollektivgeschichte auf. Gleichzeitig regt die entstandene Wir-Identität zu Suche nach anderweitigen Identifikationsmöglichkeiten an. Statt der Betonung von kulturellen unifizierten Lebensweisen, die dem Gleichheitsprinzip geschuldet war, wurde nach 1971 die kulturelle Spezifik des individuellen Alltags hinter vorgehaltener Hand in Vordergrund gerückt. Die Ostdeutschen bildeten eher durch Absetzbewegungen und Rückzug ihre neu gestaltete hybride Identität heraus. Die Ausländer in Ostdeutschland steuerten dagegen eine bewusste Wahrnehmung historisch-ethnischer Annäherungen zwischen ihren Familien- und Nationalgeschichten und der sozialistischen Vergangenheit. Gleichzeitig wurde in vielen Gesprächen und Postkarten-Texten ein starker Bedarf deutlich, über die individuelle Beschaffung z. B. einer Flasche „Rosenthaler Kadarka" oder „Klostergeflüster" zu sprechen bzw. schreiben, etwa in dem es immer wieder betont wurde, dass diese Weinsorten jetzt zu kaufen gibt.

„…eine klassische Bückware und praktisch nur für Personen erhältlich, die entweder über entsprechende Tauschware verfügten oder ausgesprochenes Glück hatten, kurz nach der Anlieferung dieses Artikels ein Geschäft zu betreten"[64]

„U. S.: Was uns heute fehlt sind das Siegergefühl und die Erfolgserlebnisse im Alltag. Kein Abenteuer mehr bei der Verknüpfung von Beziehungen im Freundeskreis oder in der weitverstreuten Verwandtschaft, kein Glücksgefühl mehr. Unser Leben ist an Gefühlen irgendwie ärmer geworden. Wir merken gar nicht mehr wie sich die Kleinigkeiten des Alltags fast von alleine erledigen, ohne große Anstrengungen, bequem und einfach. Na ja dafür haben wir andere Sorgen, nicht wahr?"[65]

Damit haben wir zwei Begriffe von besonderer Bedeutung in Zeiten der individuellen Selbstpositionierung bzw. Anpassung definiert: „Bückware" und „Rosenthaler Kadarka", lieblicher Wein aus Bulgarien. *„Dabei war er mit einem Handelspreis von 6,25 M nicht einmal besonders billig. Trotzdem ging*

---

[64] Sommer, Stefan: Das große Lexikon des DDR-Alltags. Berlin: Schwarzkopf & Schwarzkopf, 2002, S. 282.

[65] Interview mit Frau U. S., Rentnerin aus Finsterwalde in Brandenburg. A. LU: 2001

er fast ausschließlich im Karton über den Ladentisch."[66] Kein Wunder, dass der DDR-Urlauber in Bulgarien von der flächendeckenden Präsenz des Alkohols begeistert war. **„Die Musik kommt uns dabei orientalisch vor und schwer zu verstehen. Dafür sind der Wein und die große Pfirsiche direkt vom Baum viel besser.**"[67] Feststellungen wie **„Das Wetter und der Wein sind ausgezeichnet"**[68] können im gewissen Sinne als Aspekte der östlichen Identitätskonstruktion und Verortungen durch Freizeit außerhalb des Kollektivs interpretiert werden. Entgegen ideologischer Indoktrination der Arbeiterklasse hatte der Sozialismus weder materielle Zufriedenheit noch Wohlstand und soziale Gerechtigkeit gebracht. Die Bückware sind nicht nur Kleinigkeiten gewesen, ohne deren Existenz einen wachsenden Wohlstand der Bevölkerung nicht bescheinigt werden konnte, sie passten zu dem geläufigen sozialistischen Bild wie Faust aufs Auge und in dem Maße erwiesen sich, mit Alkohol, Südfrüchten, Erlangen eines Urlaubsplatzes an der Schwarzmeerküste zusammen, als Kultbezeichnungen der Lebenswirklichkeit und erzeugten Abwehrhaltungen.

Thomas Kochan weist auf drei spezifischen Charakteristiken der Trinkkultur in der DDR: *„[...] die Machthaber in der DDR ihr Volk wirklich gezielt mit Fleisch und Schnaps ruhig gestellt", „alkoholzentrierte Gesellschaft"* und *„die führende Position, die der Alkohol quer durch die ostdeutsche Gesellschaft innehatte, geht weit darüber hinaus: Alkohol war ein Leitthema der DDR, für die Politik, für die Wirtschaft und für die Bevölkerung besaß er zentrale Bedeutung. Das betraf Zuneigung wie Abneigung."*[69]

Die Frage, ob die Verortung des Alkohols durch Identitäts-Identifikation in die bulgarische sozialistische Gesellschaft hineinpasst und hineingehört, stand überhaupt nicht zur Diskussion. Der selbstgebrannte Schnaps hat Kultstatus erlangt und es wäre einen unverzeihbaren Fehler, wenn die Obrigkeit die Tradition des Schnapsbrennens in den ländlichen Regionen abgeschafft hätte:

„I. Z.: Ich kann mich nicht erinnern, dass der Alkoholgenuss in der Dorfkneipe irgendwann per Verordnung verboten wurde. Vielleicht hat sich irgendeiner Parteibonze gegen jede Alkoholaufnahme ausgesprochen, aber solche Ideen hätten keine reale Umsetzung gefunden. Hier wäre die Rede von

---

[66] Sommer, Stefan: Das große Lexikon des DDR-Alltags. Berlin: Schwarzkopf & Schwarzkopf, 2002, S. 282.

[67] Postkarte Nr. 100; A. LU

[68] Postkarte Nr. 173; A. LU

[69] Kochan, Thomas: Blauer Würger: So trank die DDR. 1. Aufl. Berlin: Aufbau, 2011, S. 12-13.

einem Angriff auf die nationale bulgarische Identität gewesen. Ähnlich wäre es mit einer Enteignung des kleinen Bürgers gewesen.[70]
So ist die bulgarische Schnapstradition unangetastet geblieben und der Bulgare hat weiter die eigene Schnaps-Herstellung vorgezogen und bevorzugt: *„Die Rolle der Kessel im Leben des Dorfes und der Kleinstadt in den 1970er und 80er Jahren ... zeigt, dass das Schnapsbrennen nicht bloß Arbeit, sondern ein wahrhaftes Ritual darstellte.“*[71]
Im Hintergrund stand in der 70er Jahren nicht die preiswerte Alkoholherstellung, die eigentlich gar nicht so preiswert war, oder die Ausrottung der alten Dorfkneipen, sondern die Tradition des Schnapsbrennens ermöglicht es Bulgaren, sich emotional, sozial und regional zu identifizieren und einzuordnen. Das angeordnete politische Wegschauen war das Vorspiel zu einem überlegten Lobgesang auf das kollektive Leben in einer neuen traditionsorientierte geglaubten Demokratie.

Die Frage: Wie teuer war damals eine Flasche „Kadarka“ in Bulgarien gewesen? - wurde nie genau beantwortet. Alle Interviewpartner, die sich an einer Zahl erinnern konnten, haben von Preisen zwischen 0.90 Lewa und 1.20 Lewa gesprochen. Es war auf jeden Fall, billiger als in der DDR, umgerechnet 2,70 – 3,60 M. Der wesentliche Unterschied dürfte darin liegen, dass in Bulgarien meistens trockene Weinsorten getrunken werden. In der DDR waren überwiegend liebliche Sorten angeboten und bevorzugt. *„Die Produktion lieblicher Weine war überwiegend für Export gedacht und nicht für den bulgarischen Markt. Sie sind auch billiger.“*[72] Heute ist ein ganz anderes Trinkkultur-Bild in Ostdeutschland zu beobachten. Ein gravierender Unterschied dürfte darin liegen, dass üppiges und manchmal sogar suchtähnliches Trinken in der deutschen Gesellschaft bis in die sozial höchsten Schichten hinein akzeptiert wurde. Es ist immer so gewesen bzw. gegenwärtig noch ist: Das „gute Tröpfchen“ ist ein ständiger Begleiter des Kollektivs und gehört in irgendeiner Form öfters dazu.[73] In Bulgarien - ebenso. Vom traditionellen Kultstatus des Schnapses, des geselligen Rituals des Brennens war es nur kleiner Schritt zu den Stammtischen in den urigen Kneipen auf dem Lande

---

[70] Interview mit Herrn Dr. I. Z. in Varna; A. LU: 2016

[71] Ivanova, Radost: Für 20 Leva und eine Flasche Schnaps: Der Schnaps im Leben des bulgarischen Dorfes. In: Roth, K.(Hrsg.): Europäisierung von unten? Beobachtungen zur EU-Integration Südeuropas. München: Forost, 2008 (Arbeitspapiere ; 44), S. 115-124.

[72] Gespräch mit Herrn S. S., Geschäftsführer der Weinfabrik „Vinprom“ in Polski Trambesch, Bulgarien. A. LU: 1999

[73] Vgl. Kochan, Thomas: Blauer Würger: So trank die DDR. 1. Aufl. Berlin: Aufbau, 2011, S. 101[Karikatur]

und in der Stadt. Viele von ihnen konnten ihrem Geschäft bis zum Ende der 80er Jahre nachhaltig nachgehen und die Gastwirte durften natürlich selbstgebrannten Schnaps dem Stammkunden anbieten. Für sozialistische Touristen war der preiswerte Alkohol das Hauptgesprächsthema schlechthin und er wurde in Hülle und Fülle angeboten. Der bulgarische Gastgeber hat sich selbstverständlich dies bezüglich entsprechend angestrengt und bemüht. Aufgrund der staatlichen Unterstützung des bulgarischen Tourismus nahm die Verortung durch das Kneipennetz und das Alkoholangebot für Ostdeutsche eine besondere Rolle ein. Aus diesem Grund war auch die Begeisterung des DDR-Urlaubers vor dem Regal mit den alkoholhaltigen Getränken ununterbrochen hoch:

„Hier wird südliches Temperament verlangt – da braust der Wein durch die Adern sitzen z. Z. bei eine Flasche Wein."[74]
oder **„Heute haben wir einen Weinabend."**[75]
und **„Wir wurden hier ganz groß mit einem Umtrunk mit Bulg. Cognac willkommen geheißen."**[76]

„G. M.: Also wenn sie heute in «in» 'nen Laden gehen, da sehen sie gleich Alkohol, da geht's hier los [zeigt mit der Hand auf eine Stelle] und zehn Meter weiter hören Schnaps-, Sekt- und Weinflasche auf. Und da stehen sie da, und da denken Sie, „Was für Flasche kaufst denn für das Wochenende oder für die Schuleinführung der Enkelin?" Und da steht unten im Karton, das „Rotkäppchen" Und sagst Dir „Ah, da weißt Du wie der Sekt schmeckt." Und da greifst zu, denn das Rotkäppchen hat uns schon immer geschmeckt."[77]

Das „Wiederkaufen" des Ostsektes löst eine Erinnerung an den Beschaffungsprozess des Alkohols aus, welcher wiederum zu Assoziationen von Festen und Feiern führt. Man denkt also beim Anblick und Genuss des „Rotkäppchens" an Szenen des Familienlebens, und man denkt nicht nur daran, sondern man könnte für einen Moment mit dem Gefühl in diese Zeit zurückgehen. Deutlich wird das an folgender Aussage: *„Es ist auch so dieses Erfolgsgefühl, «dieses» Glücklich-Sein zum Teil noch da."*[78]

Logischerweise wird sofort die Frage gestellt: Aus welchem nicht erklärbaren, linientreuen, wirtschaftlichen Grund war der lieblichen Wein aus Bulga-

---

[74] Postkarte Nr. 173; A. LU
[75] Postkarte Nr. 181; A. LU
[76] Postkarte Nr. 22; A. LU
[77] Interview mit Frau G. M. Jena, 10.08.2000. A. LU: 2000
[78] Ebda. A. LU: 2000/2

rien (Eselsmilch, Klostergeflüster oder Kadarka) oder das Rotkäppchen-Sekt Mangelware in der DDR? Es ist nicht einfach im Sinne der sozialistischen Solidarität die Gründe dafür ideologisch zu begründen und zu definieren. Eine weitverbreitete einleuchtende Erklärung, auch in den 70er Jahren war: Alle RGW-Staaten zahlten mit transferabler Rubel, nicht mit Dollar oder DM. Aus diesem pharisäischen Grund konnte man Alkohol, „Made in GDR" eher in der BRD kaufen als in dem Konsument nebenan. Die bulgarische Wein- und Weinbrandproduktion ist auch westwärts geflossen und dort billig, aber immerhin, für Westgeld verkauft.

Die Rahmenbedingungen des Handels und die Wirtschaftsvereinbarungen mit dem Westen wurden nur als politische Erfolge des Staates angepriesen, blieben für das Kollektiv im Vagen und sind dennoch als Anhaltspunkten interessant, da die Wichtigkeit, die für den Soz.-Bürger mit den Erinnerungen an seine Beschaffungsflexibilität und dem Erfolg verbunden ist, deutlich wird.[79] An den explizit thematisierten Versorgungsgegebenheiten vor 1990 lässt sich ablesen, dass die Importprodukte von damals anscheinend heute eine Möglichkeit bieten, sich den Erinnerungen an die staatlichen Exportbemühungen zu nähern. Hauptexport von „Lebensmittel" und landwirtschaftlichen Erzeugnissen ist natürlich kein speziell bulgarisches oder ostdeutsches Phänomen, sondern es kann generell von einer einseitigen Struktur des Warenaustausches gesprochen werden. Auch die Strategien um der bestrebten Volkszufriedenheit symbolisch näher zu kommen, dürften sehr ähnlich sein. Was aber am bulgarischen Fall besonders ist, ist, dass der Exportbilanz immer noch fast gleich geblieben ist: Viele Handelspunkte – industrielle und landwirtschaftliche – sind verlorengegangen, so auch manche Betriebe und Erzeugnisse, die von früher bekannt waren. In den Geschäften mit dem Westen wurzelte gleich das Missfallen in der kommunistischen Ideologie, die umgegangen oder verschwiegen werden sollte. Die Begriffe „Kredite und Westmarkt" waren unmittelbar mit Korruption, Geldwäsche und Schmiergeldern verbunden.

„S. S.: Was sich hier eigentlich ausgebreitet und abgespielt hatte – von unten (Süden) bis nach oben (Norden) - war kein Sozialismus, keine Planwirtschaft

---

[79] „Die bulgarischen Parlamentarier erwarten den Gegenbesuch ihrer Kollegen vom Deutschen Bundestag. [...] die Struktur des Warenaustausches zeigt, daß, obwohl die landwirtschaftlichen Erzeugnisse – frisches und verarbeitetes Obst, Gemüse, Wein, Heilkräuter, Tabak nach wie vor Hauptexportware sind, die Vielfalt sich entwickelt hat." Deutschland Archiv: Wirtschaft und Politik. Bd. 7(1974) S. 708.

im Sinne der Propaganda, es war Misswirtschaft für die eigene Tasche, die oft an die gesellschaftliche Plünderung grenzte.[80]

Allerdings nach Auffassung der ideologischen Positionierung des gesellschaftlichen Reichtums stand das Wohl der Bevölkerung immer im Vordergrund der vorsorglichen Bemühungen der Parteiregierung, meinten die Plakate und die Slogans, die man überall treffen, lesen und bewundern konnte. Es wurde dabei aufgepasst, dass jeder mit Wurst und Bier buchstäblich größtmöglich versorgt wurde. Mehr dürfte der gemeine Bürger nicht verlangen und sollte mit dem Angebot glücklich sein. Der fehlende Dialog zwischen Andersdenkenden und Machtinhaber war kein Relikt einer schon überwundenen und düsteren Epoche gewesen und bewies eindeutig die Tatsache, dass dem Volk einer freien Gesellschaft, basiert auf „allseitig entwickelten Persönlichkeiten" nicht nur „Wurst und Bier" zum Leben nach dem Sichtschluss genügt.

Eine Parallele zur dieser Entwicklung bildet die latente hybride Scheinanpassung, die später als Dissidentenbewegung auf der politischen Bühne eine große Rolle spielen wird. Die Präsenz und die Dynamik der Identität im Osten blieben nach wie vor unbeachtet. Das große Bestreben nach Wir-Identität und kollektive Umwandlung hatte für die Obrigkeit, sprich die Parteiregierung, die höchste Priorität. Die Kurzformel dieser Entwicklung lautet nach 1990: Hybridität und Ich-Identität gehen ineinander über, sie sind örtlich nicht zu trennen, sie sind die zwei Seiten der Identitätsdynamik im Osten. Trotz der täglichen kultivierten kollektiven Erfahrungen, im Betrieb und in der Freizeit, man konnte zweifeln ob das Individuum als gesellschaftliche Variable relativiert und möglicherweise gegen die Masse ausgetauscht wurde. Zu Beginn der 70er Jahren entwickelte der sozialistische Bürger eine Doppelstrategie, deren Hauptkomponenten Anpassung und stiller Protest beinhalteten.

Das Problem der Identitätsdynamik lag darin, dass bei einer Identitätsfindung die Vorzüge des jeweiligen Individuums nicht erwägt werden dürften. Das Interessanteste an den Vorzügen, in diesem Fall, war nicht ihre Eigenartigkeit, sondern die Tatsache ihrer Nützlichkeit, sie für das kollektive Dasein zu gebrauchen. Es ist demnach nicht verwunderlich, dass sie auch dann noch wirken, wenn das Umfeld sich generell geändert hatte. Die ihnen innewohnende Entfernung und ideologische Entfremdung minderten die eigentliche Aufgabe des Charakteristikums nicht, nur ließ sie anders erscheinen. Neben

---

[80] Gespräch mit Herrn S. S., Geschäftsführer der Weinfabrik „Vinprom" in Polski Trambesch, Bulgarien. A. LU: 1999

den Erinnerungen an ein verlorengegangenes individuelles Wertesystem sind auch die Erinnerungen an die Erfahrungen und an das gelebte Leben in der DDR das Thema des folgenden Postkartentexts. Der Autor kommt gleich zu Beginn darauf zu sprechen bzw. mitzuteilen, dass seine Wertevorstellungen gewissermaßen eine Verbindung zur Vergangenheit darstellen:

„Fein, daß Dein Großer vom **Wehrdienst zurück ist. Unser Umzug wurde zunächst auf unbestimmte Zeit verschoben. In den Rückwänden bei der Statik-Prüfung wurden Schwamm und Fäulnis unter den Dielen festgestellt. Jetzt werden Eisenträger und Betondecken eingezogen. Das Haus hat ja einige Jahre auf dem Buckel und wurde 1896 gebaut. Bis Juli d. J. war im Privatbesitz. Nochmals besten Dank für Deine Worte und Kameradschaft [nicht Freundschaft]. Bleib gesund. Herzlichst Dein Dieter und Familie. (Der Freiherr v. K. war an MS erkrankt).“**[81]

Die alten Wertevorstellungen, wie Nationalidentität, Eigentum, Kameradschaft, die ohnehin durch ihre geschichtliche Vorbelastung in „Sowjet-Osteuropa" eine umstrittene Sonderstellung eingenommen haben, standen für Güte, die ideologisch nicht im Vordergrund gestellt wurden und trotzdem an die man sich erinnern sollte. Es war genau diese Mischung aus Wertesystem, kulturgeschichtlichen Spuren, nationaler Identität und ideologischer Modernität, die das Leben in DDR und Bulgarien damals im Hintergrund eigenwillig vielfältig und spannend gemacht hatte. Der DDR-Bürger und der Bulgare in ihrem tiefsten Verstand waren keinen Mitstreiter der geraden Linien. Sie suchten jede Nische um die „gerade Linie" umzugehen, sich scheinheilig anzupassen oder sie für die eigenen Zwecke zu nutzen. Sesshaftigkeit, die mit geografisch-politischer Einschränkung der Reisefreiheit untermauert wurde, war eigentlich Sesshaftigkeit auf Zeit und traf als Charakteristikum auf gefragten jungen Künstler und Fachkräfte nicht zu.

Wer in der DDR und in Bulgarien den Traum vom eigenen Häuschen verwirklichen wollte, wie der Autor des zitierten Texts:

„*[...] stieß vor allem auf Materialprobleme[...] Die Geschichte des Wohnens in der DDR ist also eine Geschichte der Widersprüche, denen die Menschen mit aus der Not geborenen Ideen, Nachbarschaftshilfe und viel Humor begegnen.*"[82]

---

[81] Postkarte Nr. 89; A. LU; Vgl. Узлова, Лилия: Изпращаме сърдечни поздрави от отпуската ни в България: история на туризма в ГДР и България. Под редакцията на доц. д-р Маргарита Карамихова. София: Арс Магна, 2012, S. 144.

[82] Stillstand und Aufbruch: DDR-Alltag in den 80er Jahren. Jens Kegel. Erfurt: Sutton, 2008, S. 11.

Die ewige Suche nach Nischen und Individualität, die Bestrebungen an Harmonie, Zufriedenheit und gute Stimmung in den eigenen vier Wänden ist nachhinein in fast allen Interviews / Aussagen mit einer Prise Nostalgie vermischt. Sie setzt Rückzug und Abschließung voraus – der Verweis auf das Thema „Gemeinschaft und kollektives Leben" muss kaum thematisiert und hervorgehoben werden. Die Örtlichkeiten, die unter Gemütlichkeitsbezeichnung stehen, sind kleine individuelle Teilbereiche, die wie Puzzleteile die zweigeteilte hybride Ordnung des Alltags beeinflussen. In der „verlorengegangenen" Vorstellung von Individualität und Geborgenheit ist nicht der Wohnblock oder der Plattenbau ein Sinnbild für „gemütlich" gemeint, sondern das bürgerliche Häuschen mit kleinem Garten. Während des entwickelten Sozialismus war eigentlich nicht das Haus, sondern die Neubauwohnung mit Zentralheizung und Warmwasser das meistbegehrte Wohnideal. Für Sanierung von Altbauwohnhäusern und altbürgerlichen Wohnungen gab es kein staatlich gefördertes Bauprogramm. Trotzdem wer sich individuell und persönlich einrichten wollte, er hat das Kohlenschleppen und das Plumpsklo auf der halben Etage in Kauf genommen:

„Wir wollten nie in einer Neubauwohnung einziehen. Karnickelstahl. Nein Danke. Dafür aber waren wir immer benachteiligt. Nicht nur die Ofenheizung und die Koksversorgung waren eine Herausforderung. Renovierung, Sanierung – Fremdwörter im Staate DDR. Wir haben alles mit Beziehungen und Schlangenstehen selbst besorgt und mit Familie und Freunden bewohnbar gemacht. Nur wer es erlebt hatte kann sich vorstellen wie viel Durchsetzungsvermögen, Fantasie und Familienzusammenhalt notwendig waren eine Wohndifferenzierungsmöglichkeit zu schaffen. Später blieb uns die Dürftigkeit des Wohnens von damals erspart. Mit der Erfahrung von gestern haben wir gleich nach der Wende das alte Haus gekauft und neu saniert. Leider sollten wir alles, was mühevoll zusammengekratzt haben und als DDR-Standard für uns von hervorragender Qualität war, austauschen. Neuer Staat – neue Vorschriften, neue Baumaterialien! Oder?"[83]

Zu solchen Wohnungen gehörten alte Einrichtungen, die ihrerseits eine ganz verstaubte, einzigartige Vorstellung von Gemütlichkeit vermittelten: Kachelofen, Vertäfelungen, hohe Wände und Decken mit Stuck, schlecht beheizbare Zimmer, undichte Fenster, Reste alter Pracht, Zeugnisse vergangenes Wohlstands. Nicht nur einen Hang zur Individualität oder selige Ausgeglichenheit ist damit gewonnen, sondern einen Hauch von Freiheit, eine unheimliche Wohnkultur, die eine besondere individuelle Identitätsbindung erzeugt. Das

---

[83] Gespräch mit Frau S. N., 2011in Gera

Ankommen zu unterdrückter, tief verborgener Individualität und eigener Einzigartigkeit, wenn auch in Shabby-Chic Style, war und ist heute noch Teil der Identität des Andersseins. Pfarrer, sogenannte Kulturschaffende, Akademiker und andere kunstgesinnten Individualisten, die andere Lebensvorstellungen hatten, bevorzugten die alltägliche Abartigkeit und generell das Abweichen von der gesellschaftlichen Norm in Bezug auf Verhalten oder individuelle, stigmatisierte Eigenschaften einer Altbauwohnung mit allen Nachteilen, die den Wunsch nach Andersartigkeit ohne moderne ideologische Aufklärung mit sich brachte. Es waren Einstellungen, die wenig miteinander zu tun hatten. Einige Mitglieder der sozialistischen Gesellschaft, in ihrer individuellen Ausprägung, mit Blick auf das in ihnen liegende Bestreben des Einzelnen, sich durch Selbstbestimmung eine ideologisch befremdete und doch einzigartige Identität zu geben, konnte jedoch nicht flächendeckend sein. Besonders, wenn das Bürgertum und die normalen „allseitig entwickelten" Genossen seien sie sich gerade in einem Punkt einig, der nicht irgendeiner wäre, sondern der Mittelpunkt ihrer neugewonnenen Vorstellung von verlorengegangenen Behaglichkeit und Gemütlichkeit.

Das beengte Wohnen in einem Plattenbau, die eigenartige fast masochistische Vorstellung vom individuellen Wohnkomfort in der Gemeinschaft, eingeschränkten Reisemöglichkeiten sowie die Versorgungsmängel nicht nur an Obst und Gemüse machten die Datschen auf dem Land und die Gartengrundstücke, wie Schrebergärten, in der Stadt und Wohnortnähe, sehr begehrt. Und ganz der Zeit entsprechend: Die Selbstversorgung war Parteiprogramm mit Individualismus-Gefahr und ein leidiges Problem des Alltags ebenso. Wenn nur wenige Kollektivmitglieder, die anders sein wollten als alle anderen gewesen wären, hätte es keinen Sinn mehr gemacht, von einem ausgeprägten Individualismus zu sprechen, weil dieser immer etwas „Nahrung" braucht und es kann in Einzelfall ein Verhältnis des Andersseins aufgebaut werden. Die Logik der Obrigkeit: Wenn jeder gleich sein soll, kann auch niemand anders sein, hat sich bei Weitem nicht bestätigt. Die Tatsache, die auch in Interviews mehrmals deutlich gemacht wurde, dass ein Großteil der Intelligenz im sozialistischen Osten in Altbauten wohnte und Alkohol konsumierte, lässt die Schlussfolgerungen zu, dass der Individualismus einen höheren Stellenwert als die kollektive Wir-Identität besaß.

Dem gemeinen Soz.-Ostbürger blieb nur der Schrebergarten in der Kleingartenanlage als eventuelles „Schlupfloch" und Kleinod mit einem Hauch Freiheit. Der Traum von selbstgesteuerter Freizeitgestaltung konnte selten erfüllt werden. Es gab immer einen mit Argus-Auge wachenden Vorstand und Satzungen mit unzähligen Vorschriften, die eingehalten werden müssten. Von den Altbauten und Schrebergärten ausgegangen, kommt man folglich auf den

Ablauf der Transformation bzw. der „unfreundlichen" Übernahme des europäischen Ostens durch den Westen. Es wird in Interviews öfters beklagt, dass nichts, was im sozialistischen Wertesystem gut gewesen sei, in das neue System übertragen worden ist. Ähnliche Aussagen machen deutlich, dass der Kauf von langlebigen Konsumgütern, z. B. Autos und Immobilien, nach der Wende nur kleines Element der Überwindung der Erinnerung an ein Leben mit Einschränkungen, sozialer Sicherheit und gegenseitiger Hilfe ist. Sie unterstreichen, dass die Differenzierung der verlorengegangenen Dinge in Bezug auf den Besitz beweglichen und unbeweglichen Gütern für die Hybridität und das Ankommen später eine große Rolle spielt. Der Garten mit der liebevoll eingerichteten Laube und mit dem gemütlichen Winkel an der sonnigen Seite sorgte vor allem für das Auferstehen des Eigentumsgefühls, das vom Aussterben bedroht war und Seltenheitswert hatte.

Inwiefern sollten der Pächter eines Erholungsgrundstücks, Datscha, Schrebergarten oder Pachtgarten genannt, und ein Hausbesitzer der Parteielite einander gleich sein? Und wirklich: Bei näherer Betrachtung sieht die Sache nicht ganz so einfach aus, wie sie gerade vorgestellt war. Die kurz angerissenen nicht vollendeten Eigentumsbestrebungen in der DDR und Bulgarien unterscheiden sich deutlich voneinander, wodurch im gewissen Sinne jeder zum Anderen des Anderen wird. Bei einem vergleichenden Blick auf die sozialistische Eigentumsverhältnisse fehlt jedoch auf, dass sie sehr widersprüchlich waren und prägten die nationalen Identitäten so aus, dass es gleichzeitig keine sozialen Unterschiede gegeben haben sollte. Wohnungen, Häuser und Erholungsgrundstücke blieben in Bulgarien Privateigentum. Sie waren und sind heute noch ein Statussymbol mit differenzierter Nützlichkeit. Das kollektive Leben in einem bulgarischen Plattenbau steckte in Kinderschuhen und blieb dort bis zum Ende des Sozialismus stecken. Hinter dem ehrgeizigen Propaganda-Auftritt des DDR-Staates mit dem Zwei-Millionen-Wohnungsbau Versprechen schienen sich Problemen zu verbergen, von denen durch Betonung konträrer Punkte abgelenkt werden sollte. Für den Menschen des Sozialismus blieb wenigstens noch ein Ausweg: Der Blick des Anderen, der den individuellen Versuch einer Ich-Identitätsexistenz bestätigt oder wenigstens vom Kollektiv hervorhebt. Jede Form des real erlebten Individualismus hat ihre Bedeutung und ihren sozialen Sinn. Das bedeutet die Anerkennung des Anderen kann der Kopf- und Identitätslosigkeit ein Ende setzen:

„Sie haben nach deutscher Identitätszugehörigkeit gefragt. Bitte nicht lachen und nicht an Klischees denken. Auch die Gartenzwerge, die in der DDR produziert und gleich nach Westen exportiert waren, gehören dazu, die heute kleine Vorgärten in eine putzige, umzäunte Miniaturlandschaft verwandeln.

Zum Kummer der DDR-Bürger waren sie offiziell verboten, aber der adrette Bursche kam manchmal als Teil des „Westpakets" wieder zurück. Der Gartenzwerg wurde bei uns in Thüringen produziert. Er dürfte nach Westdeutschland ohne Ausreiseantrag übersiedeln. Deshalb war der „Hartbrandwichtel", wie offiziell genannt wurde, nicht präsent und oft anzutreffen wie in der Bundesrepublik. Oh! In Ihrem Garten sind auch Gartenzwerge zu sehen. Ich kann mit gutem Gewissen bestätigen, dass die Deutschen ein „Monopol" auf Gartenzwerge haben und offensichtlich schämen sich dafür. Viele wollen mit dem Kitsch nichts zu tun haben. Und trotzdem identifizieren sie sich unbewusst mit dem Gartenzwerg, wenn auch nichts von ihm wissen wollen. Komisch, geh?"[84]

Mit dem Gartenzwerg als kulturwissenschaftlicher Identitätsmerkmal hat sich der Gegensatz (Kitsch vs. Identifikation) aufgelöst und neu definiert. Der Antagonismus von Individualismus und Kollektivismus ist in diesem Fall nicht in seiner klassischen Form nachweisbar – beide sind nicht mehr Gegensätze, da beiden durch den „Hartbrandwichtel" etwas anders als Gegensatz entgegentritt. Der Gartenzwerg schafft in seinem allseitigen Bemühen, ein Gemütlichkeitsgefühl zu ermöglichen, jedoch in letzter Instanz schafft die Bedeutung als traditionelles Objekt selbst ab. Die Aufhebung der Bedeutung des sozialen Umfelds, wie es verstanden und ausgelebt wurde, hat letztlich mit der Aufhebung des individuellen Universums bzw. mit dem Kollektiv zu tun. Wenn alle anders sein wollen und das Traditionelle ablehnen, oder wenn alle anders sein wollen und das Traditionelle nicht ablehnen, bedeutet es nicht mehr anders zu sein und zwar in beiden Fällen. Wenn eine Minderheit anders ist, steckt hinter diesem Anderssein etwas, was in Verhalten und Taten erscheinen werden konnte. Die anfängliche Hybridität der Intellektuellen macht in den 70er Jahren einen traditionsbedingten Abstraktions- und Abschottungsprozess durch. Die Notwendigkeit der Abschottung in der eigenen sozial reduzierten Identitätssuche bedeutet Komplexität der Selbststabilisierung, Selbstverortung und „Entmoralisierung" der vielseitig entwickelten Persönlichkeit:

---

[84] Interview mit Frau H. L. Gera – Weida, 2002. A. LU: 2002; Vgl. Die offizielle Bezeichnung für Gartenzwerg oder „Jahresendflügelfigur" für Engel In:. Wolf, Birgit: Sprache in der DDR: ein Wörterbuch. Berlin: de Gruyter, 2000, S. 90 und S. 107. Diese neuen Wortschöpfungen waren nie richtig im Gebrauch und nur als einen lächerlichen Versuch bewertet. Alfred Kurella, der SED-Chefideologe, sagte 1958, dass Gartenzwerge würden an die Märchenwelt anknüpfen und den Aufbau des Sozialismus nicht stören. In Wirklichkeit brachten sie Devisen. Vgl. Flacke, Monika: Auftragskunst der DDR 1949-1990. Berlin: Klinkhardt / Biermann, 1995, S. 238.

„L. B-M.: Weil Sie so fragen [...] fallen mir sofort Kaffee, Apfelsinen und Alkoholika ein. Zuerst ist die Sektmarke „Rotkäppchen" zu nennen, die es bei uns [DDR] auch relativ, sag ich mal selten, gab. Der Produktionsumfang von „Rotkäppchen" war natürlich nicht gering, aber der Export war extrem größer als heute und „Rotkäppchen-Sekt" war sehr gefragt. Guter Kaffee war auch nicht immer zu bekommen. Und viel zu teuer [...] „Rondo Melange" und „Mokka" haben ca. 9.00 M, 250 g gekostet. Die gab es relativ häufig. Es könnte auch nicht anders sein – das Kaffeetrinken ist bei uns heilig. Insofern ist das, glaube, etwas was man sofort mit der deutschen Alltagskultur verbindet. [...]"[85]

Damit löst sich noch ein Unterschied bzw. Vergleich mit kulturgeschichtlicher Bedeutung in der sozialistischen Welt aus: das Kaffeetrinken mit Stück Kuchen in der Hand. Ein traditionelles typisch deutsches Bild, das in Bulgarien nicht zu treffen ist. In der Selbststilisierung von Traditionen ist dies kein ungewöhnlicher Akzent. Aber im Allgemeinen ist es redliche Einfalt, wo andere mit Zwischenmahlzeit glänzen wollen, bleibt der Bulgare bei der angestammten Esstradition, aufrichtig, geduldig und gutmütig. Er braucht also den Kaffeetrinken nicht unbedingt, aber die Zwischenmahlzeit verkörpert am deutlichsten, aus deutscher Sicht, die erzwungene Pausenlethargie – und gleichzeitig die Hoffnung auf deren Überwindung. Der Kaffeegenuss macht bekanntlich munter!

Das Kaffeetrinken als Zwischenmahlzeit am Nachmittag ist für Erwachsenen in ihrem bulgarischen Tagesablauf keine feste Mahlzeit und daher nicht üblich. Es wird tagsüber viel Kaffee getrunken, aber nicht unbedingt am Nachmittag und mit einem Stück Kuchen. Diese Tradition wurde in Bulgarien bis zum Kriegsende 1945 gepflegt. Danach wurde sie ein Bestandteil des Tagesablaufs für Damen der „alten Schule", die sich wöchentlich zum „Klatsch-Tratsch-Austausch" beim „Kaffeesatzlesen" getroffen haben. Das Letzte, die Zukunft aus der Kaffeetasse lesen, war in der DDR wenig bekannt. **„Hier kann man sich das Kaffeetrinken abgewöhnen"**[86] Ein bulgarisches Kaffeeservice enthält keinen Kuchenteller, nur Tassen, Untertassen, Kaffeekanne, Zuckerdose und selten Milchkännchen dazu. Das Kaffeegedeck und die Sammeltassen waren in der traditionellen bulgarischen Geschirr-Kulturgeschichte auch nicht bekannt.

Auffällig ist, dass der Soz.-Bürger den Punkt „Unterschiede" zwar von sich

---

[85] Interview mit Frau L. B-M, Jena 1998. A. LU: 1998
[86] Postkarte Nr. 72; A. LU

aus bemerkt und thematisiert, er die Feststellungen aber nicht vertieft, wenn er sagt „hier kann man sich das Kaffeetrinken abgewöhnen" - das sind Erfahrungen, die er für sich persönlich entdeckt und starke Assoziationen hervorrufen. Die individuelle Einschätzung des Unterschieds lässt sich weiter verfolgen in den Raum der Politik und der Freizeitgestaltung hinein. Was dieser Entwicklung in der sozialistischen Welt einen besonderen Akzent und eine besondere Tiefenwirkung verlieh, war eben jener Verlust von individueller Freizeitgestaltung, war die Tatsache, dass die Bürger weitgehend auf die Entfaltung privater Tugenden und Initiativen zurückgreifen sollten. Dies bedeutet eine Verortung der Wurzeln der Hybridität in der Spaltung der individuellen Identitätsdynamik.

Eine beliebte preiswerte Möglichkeit für vielfältige und individuelle Freizeitgestaltung außerhalb des Kollektivs, die die Entfaltung persönlicher Tugenden unbedingt benötigte, an der die SED und die Regierung mit einem Verbot gescheitert waren und später „als idealen Ausgleich zum „Arbeitsprozess" gefördert haben"[87], könnte binnen weniger Minuten ein nicht ganz konformes Bild von der Mentalität der „allseitig entwickelten sozialistischen Persönlichkeit" vermitteln. Das „Individuelle" gehört auf Papier zwar dazu, die Assoziationen, die an das Gegenteil erinnern, seien stark. Welche Assoziationen das genau sind, kann man zunächst nicht ohne weiteres thematisieren. Es bleibt im Unklaren, ob es Erfolgsgefühle nach der Überwindung von Hürden aller Art oder Unzufriedenheit der Entbehrung sind, die sich an die Erinnerung, dass Möglichkeiten für Freizeitgestaltung wie Camping nicht ausreichend vorhanden, sogar selten waren, knüpfen, oder ob das Campen gleichgesinnten Individualisten, wie es bereits erwähnt verbindet: *„Camping" und eifrigen Camper. „...dies war der DDR-Führung ein Dorn im Auge: Noch 1960 bezeichnete die SED Camping als „typisch kapitalistisch", da es „schädlichen Individualismus"[88] begünstigte. Diese ablehnende Haltung war jedoch nicht durchzuhalten."[89]* Was jeder erfinderisch veranlagte Camper oder Autotourist in Osteuropa rasch gelernt hatte, waren Flexibilität und die Fähigkeit, unter den unmöglichsten Umständen eine Lösung zu finden. „Charaktersache" hieß ein geläufiger Ausdruck für diese Gabe - das

---

[87] Vgl. Dähmlow, Anja, Härtel, Viola: „Verreisen kann jeder, Zelten ist Charaktersache". In: Wunderwirtschaft: DDR-Konsumkultur in den 60-er Jahren. Weimar [u.a.]: Böhlau, 1996, S. 152-155.

[88] Kruse, Judith: Nische im Sozialismus. In: Endlich Urlaub! Die Deutschen reisen. Stiftung Haus der Geschichte der Bundesrepublik Deutschland. Köln: DuMont, 1996, S. 132.

[89] Vgl. Hachtmann, Rüdiger: Tourismus-Geschichte. Göttingen: Vadenhoeck & Ruprecht, 2007, S. 146.

Talent, selbst in den aussichtslosesten Situationen einen Ausweg zu erkennen: *„Verreisen kann jeder, Zelten ist Charaktersache! Camping, als individuelle Möglichkeit zum Reisen, erlebte in den sechziger Jahren einen enormen Aufschwung."*[90] Aber das war nur die eine Seite. Gleichzeitig ließ sich beobachten, dass die eifrigen Camper, auch im Ausland, sehr viel von ihrer eigenen vertrauten Welt im Kultobjekt „Klappfix" oder Camptourist CT 6/2[91] mit sich, im übertragenen Sinne ebenfalls, führten. Der Trend zum Campingurlaub oder zum Autotourismus, der in romantischer Sicht bedeutete freies Leben in freier Natur, hat sich richtig ausgebreitet. Das Zelten setzte sich in den siebziger Jahren, sowohl im Inland als auch im Ausland, als Ausdruck neuer Ich-Identität, Ablehnung des Kollektivs und liebgewonnener Freiheit fort. Wenn die „Gemütlichkeit" des Zeltens als typisches DDR-Phänomen betrachtet werden soll, heißt das nicht, dass sie sich streng an die Grenzen der Republik gehalten hatte und anderswo nicht in Erscheinung getreten war. Gleichwohl war es mit dem Erfindergeist und mit dem Improvisationstalent des Autotouristen ein zweischneidiges Ding: **„Unterkunft besser als sonst. Wetter konnte sonniger sein. Wir wohnen außerhalb der Stadt und haben noch „viel" Geld. Durch Rumänien wurde unser Auto schwarz – Regen, Regen, Regen: Überfahrt des Trans-Fagarasch [Bergstraße Sibiu – Pitesti über die höchsten Berge Rumäniens][92] auf der Landseite aussichtslos. Man muss es erlebt haben. Im Fuße der blauen Berge gaben wir Euch telefonisch einen Gruß nach Zwickau..."**[93] Die modernen erfahrenen Autotouristen und Camper schliefen schon lange nicht mehr nur im Zelt auf dem Boden sondern in Autobetten, die in Wirklichkeit meisterhaft egalisierte Autositze waren, häufiger zu kurz oder unbequem – was zählte - die Übernachtung war umsonst. Ein Vorteil: So wurde das sehr oft unterwegs unmenschlich hohe Übernachtungsgeld gespart. Wie menschenfreundlich und verblüffend funktionsfähig spontane Lösungen, die

[90] Vgl. Dähmlow, Anja, Härtel, Viola: „Verreisen kann jeder, Zelten ist Charaktersache". In: Wunderwirtschaft: DDR-Konsumkultur in den 60-er Jahren. Weimar [u.a.]: Böhlau, 1996, S. 153.

[91] Verkaufsannonce in OTZ, 12.04.2016, Schnäppchen, Preis VB. 27 Jahren nach dem Ableben der DDR immer noch ein Verkaufsschlager.

[92] „Sollten Sie sich, Ihre Familie und Ihrem Pkw einiges zutrauen und das Wetter schön sein, so empfehle ich auf dieser Strecke einen Abstecher über die 1974 eingeweihte **Transfagaras** zu fahren. Das bedeutet, daß Sie die Strecke **Sibiu – Pitesti** statt im Olt-Tal nun über die höchsten Berge der SRR zwischen dem Negoju (2535 m) und Moldaveanul (2543 m) hindurch nehmen und dabei am höchst gelegenen See, dem Bilea Lac vorbeikommen. Dies kostet Sie zwar Zeit und Benzin und einige Farbfilme, doch werden Sie dabei auch Serpentinen-Spezialist." In: Der deutsche Straßenverkehr. Berlin (1975) 5, S. 162

[93] Postkarte Nr. 14; A. LU

das Ankommen komfortabler machen würden, sein könnten, hatte der Kraftfahrer Gerhard Müller aus Limbach-Oberfrohna 1978 mit seiner Erfindung „Autodachzelt" bewiesen. Es war eine einfache, aber durchaus komfortable Erfindung für den Trabant, die sofort sehr beliebt und flächendeckend gefragt wurde. Damit konnte man „überall campen, wo auch das Parken erlaubt war."[94]

„Sind jetzt ca. 5 Tage am Meer. Werden noch weitere 3 Tage bleiben und fahren dann wieder zurück. Wollen noch ein paar Tage Aufenthalt machen in Ungarn + CSSR. Die Reise hierher war sehr interessant. Es gab viele beeindruckende Landschaften zu sehen. Auf dem Campingplatz wo wir jetzt sind, ist der Strand ca. 10 – 15 Min. entfernt. Der Campingplatz liegt kurz vor Varna, waren gestern auch mal in der Stadt. Es gab nichts zu kaufen. Alles teuer."[95]

Die aus solcher Begeisterung entstandene Freizeitgestaltung mit Zelt oder umgebauten Wohnwagen galt als unvermeidliche zwangsläufige Alternative eines individuellen Ankommens außerhalb des kollektiven Lebens. So wurde das Campen buchstäblich auf die leichte Schulter, bzw. auf dem leichten Dach, genommen. Der beliebte Trabi war bekanntlich aus Pappe, unkompliziert und selbst „leicht" genug. Damit hat sich der Camper sofort auf dem Übernachtungsplatz ohne große Umstellungen angekommen und heimisch gefühlt. Die klassische Zelt-Variante büßte an Popularität gar nicht ein, besonders im Ausland:

„Nach schöner Fahrt durch Freundesland sind wir am „Schwarzen Meer" angelangt 30 m vom Strand, steht unser Haus aus Leinenwand. Hier ist es sehr, sehr heiß, darum sehen wir nicht mehr weiß aus. Am Abend scheint das Lichtermeer von Albena bis zu uns hierher. Die schöne Zeit ist nun bald um und wir müssen wieder packen."[96]

Die Entwicklung des Zeltens war keineswegs nur ein Volksprodukt. Es handelte sich um langen Prozess, der sich den Umständen entsprechend sogar zwangsläufig in allen Ländern der sozialistischen Gesellschaft ergab, in denen sich schon oppositionelle hybride Strukturen herausgebildet haben. Was diesem Prozess eine besondere Tiefenentwicklung verlieh, waren eben die Studentenschaft und die Intelligenz. Besonders deutlich wurde die allmähliche Herausbildung von Ablehnung, wenn man das Enthalten der bürgerli-

---

[94] Thünker, Arnold: Mit Sack und Pack und Gummiboot: die Geschichte des Campings. Leipzig: Kiepenhauer, 1999. S. 45-46.

[95] Postkarte Nr. 108; A. LU

[96] Der deutsche Straßenverkehr (1976) 5, S. 168.

chen Gemütlichkeit in dem Kollektiv verfolgt. Der DDR-Bürger reiste selten, fast nie allein und ohne fachliche Begleitung.[97] Der Zugang zu dem Schwarzen Meer war eine besondere Erfahrung, eine südländische Reiseerfahrung, die auch einiges gekostet hatte und ein Dauerthema in der Berichterstattung, die auch wichtig für die spätere Urlaubsplanung war:

„Lange Strecken werden teuer – mit dem Reisebüro genauso wie im eigenen Auto. Bei der großen Urlaubsfahrt sieht das für die vierköpfige Familie folgendermaßen aus: 22 Tage Varna (Gruppenreise/Flug) mit Hotelunterkunft 4 X 1310 M 5240,-M ; 15 Tage Varna (Gruppenreise/Flug) mit Unterkunft in (primitiven) Campinghäuschen 4 X 960,-M 3760,-M ; Für eine 30-Tage-Reise über die CSSR, Ungarn, Rumänien nach Varna (per Gespann) ist etwa mit folgenden Kosten zu rechnen: 1. Betriebskosten für Zugfahrzeug (angenommen Wartburg 353) mit Anhänger, bezogen auf etwa 5000 km (pro km 0,35M mit Abschreibung 1750,-M ; 2. Verwaltungsgebühren einschl. Auslandsversicherung 200,-M ; 3. Verpflegung 1000,-M ; 4. Platzgebühren 500,-M ; 5. Sonstiges 500,-M ; Insgesamt 3850,-M."[98]

Die Campingtouristen wurden von der kostenlose „Benzinprämie" für Autotouristen in Bulgarien, leider, ausgeschlossen. Sie wurde nur:

„[...] jenen PKW-Touristen gewährt, die über das Reisebüro der DDR bzw. bei Balkantourist einen Hotelaufenthalt mit Vollpension gebucht haben. Ihnen wird pro PKW kostenlos gestaffelte Kraftstoffmenge (Talons) für die entsprechende Aufenthaltsdauer ausgegeben: 10 bis 14 Tagen 50 Liter, 15 bis 20 Tagen 75 Liter, über 20 Tage 100 Liter."[99]

Außerdem: *„An bulgarischen Tankstellen können Kraftstoffe und Öle nur gegen Talons bezogen werden. Zwar ist es möglich, diese Talons überall im Lande an Kiosken usw. in der bulgarischen Landeswährung zu kaufen, allerdings muß man mit relativ hohen Preisen bezahlt werden. Besser ist es, an den Grenzübergangsstellen gegen Mark-Reiseschecks der Staatsbank der DDR solche Talons zu verbilligten Preisen zu erwerben (10-Liter-Talon: OZ 83 12,00 Mark, OZ 93 13,20 Mark, OZ 98 16,00 Mark)."*[100]

---

[97] Sicher war es, dass in der Fachzeitschrift „Der deutsche Straßenverkehr" konkrete Vergleiche (Preise, Routen, Übernachtungsmöglichkeiten, Camping, Privatquartiere) jährlich vor dem Reisesaison, wie im Westen, aktualisiert waren, obwohl die Reisen hatten sich zunächst einmal auf das sozialistische Ausland konzentriert [Anm. Autorin].

[98] Heinlein, W.: Wohnanhänger – Vorzüge und Grenzen. In: Der deutsche Straßenverkehr (1975) 5, S. 157.

[99] Der deutsche Straßenverkehr (1975) 5, S. 163.

[100] Ebda. S. 163.

Seit 1971 gab es auch bei Buchung Privatquartier mit Vollpension ein *„Taschengeld in Höhe von 168 Mark, was 41 Lewa entspricht.“*[101]
„Kawatzite [Postkarte Camping Perla] sendet Euch Erdmute und …“
Autotouristen dürften eine Reise nach Bulgarien, Privatquartier oder Camping, nur über das staatliche Reisebüro der DDR zu buchen. Bei individueller Anreise wurde sehr oft Vollpension, s.g. Talonverpflegung, bevorzugt und dazu gebucht:
„Während unserer Hinfahrt ist in Bulgarien ein Wolkenbruch niedergegangen. Jetzt ist Sonnenschein. Wir wohnen im Hotel „Orel“ neben Hotel Neckermann, direkt am Strand mit Blick auf Strand. Essen auf Talon.“ [102]
Nützliche Ratschläge und Erfahrungen von einer Urlaubsreise nach Baltschick hat Fam. Altmann 1975 an die Zeitschrift „Der deutsche Straßenverkehr“, ADAC-Motorwerl und Auto Bild des Ostens in einem, geschickt. Was die Familie, zwei Erwachsene und zwei Kinder, unterwegs erlebt hat, wurde fast pedantisch aufgeschrieben und dokumentiert. Bei der Streckenplanung wurden *„Hotels in den geplanten Etappenorten schon im Januar angeschrieben, aber leider kam von nirgendwoher eine Antwort.“* Typisch Service à la Sozialismus. Man braucht sich keine Sorgen um den Gast machen, er wird sowieso hierher landen und um Unterkunft bitten, nicht umgekehrt. Wieder mal ist die eigene Initiative gefragt, ohne Zelt und Klapfix. Aus Platzmangel wurde kein Zelt mitgenommen und aus Geld- und Beziehungsmangel – kein Klapfix vorhanden. Die Familie Altmann hat damals allgemein nützliche Erkenntnisse gewonnen, die klugerweise aus Solidarität weiter gegeben hat. Die Reiseerfahrungen der Altmanns wurden durch die Postkartentexte bestätigt:

1. Eine Reise mit dem Auto hat den Vorteil der Unabhängigkeit. *„Der gesamte Urlaub kann individuell geplant und durgeführt werden. Außerdem lernt man Land und Leute sehr viel besser kennen.“* **„Mit Verspätung sind wir hier in Kamtschija [Postkarte Kamtschija-Fluss] angekommen. Das Wetter ist ganz herrlich und die erste Bräune haben wir schon weg. Leider sind wir nur eine Woche hier, dann geht es noch 8 Tage ins Rilagebirge. Richtige Lust habe ich gar nicht, denn dort ist es aus mit baden.“**[103]

---

[101] Privatquartiere in Bulgarien. In: Der deutsche Straßenverkehr (1971) 6, S. 191.
[102] Postkarte Nr. 209; A. LU
[103] Postkarte Nr. 161; A. LU

2. Hotels und Motels auf der Transitstrecke, nicht zu empfehlen: Platzmangel in der Hochsaison und „für Ausländer „gepfefferten" Preise." Gegenwärtig hat sich die Situation wenig geändert. Andere Autourlauber und Camper wurden gleich „einschließlich in Bulgarien" dazu schreiben **„Wie wir hörten ist jeden Tag Tanz. Leider haben wir nur wenig Geld (23 M). Da muss ich wahrscheinlich doch noch Geld umtauschen."**[104]

3. *„Das Autocamping-System ist in allen Transitländern, einschließlich Bulgarien, so gut ausgebaut, daß man mit hoher Wahrscheinlichkeit eine Übernachtung bekommt, wenn man bis 15 oder 16 Uhr an einem Autocamping ist."* **„Wir sind heute gut angekommen. Um 5.30 Uhr waren wir im Lager. Die Häuschen sind sehr niedlich, aber groß genug für zwei. Der Strand ist einmalig."**[105]

4. *„Man sollte sich die am nächsten Tage zu fahrende Strecke am Abend vorher auf der Karte genau anschauen und am Morgen möglichst zeitig losfahren [...] man sieht etwas von der Gegend und die Straßen sind noch frei vom Verkehr."* **„Die Reise hierher war sehr interessant. Es gab viele beeindruckende Landschaften zu sehen."**[106]

5. *„Beim buchen der Reise ist unbedingt auf Talonverpflegung zu achten, denn man ist zum Essen an keine Zeit und an kein Hotel oder Restaurant gebunden und kann in ganz Bulgarien in den Einrichtungen von Balkantourist mit Talons zu bezahlen. Außerdem kann man mit Talons sehr gut „wirtschaften" und schont das Taschengeld."* Die Bestätigungen der Knappheit des Taschengeldes: **„So gibt es hier nichts besonders zu kaufen. Alles auch recht teuer."**[107] und **„Einkaufen kann man nur, wenn man die Preise vorher kennt, sonst bezahlt man das Doppelte."**[108] Wichtiger Vorteil der Talonverpflegung für Reisenden, die gemütlich und nicht besonders abenteuerlich veranlagt waren: **„Mit dem Wetter können wir zufrieden sein und auch das Essen ist unserer deutschen Küche angepasst."**[109]

6. Fazit: *„Ein Urlaub mit Teiltourismus, gebucht beim Reisebüro der DDR, ist wahrscheinlich die optimalste Urlaubsvariante, nicht nur in Bezug auf die Finanzen."*[110] Noch einmal wurden viel Flexibilität und Kombinationstalent

---

[104] Postkarte Nr. 101; A. LU
[105] Postkarte Nr. 101; A. LU
[106] Postkarte Nr. 108; A. LU
[107] Postkarte Nr. 108; A. LU
[108] Postkarte Nr. 79; A. LU
[109] Postkarte Nr. 66; A. LU
[110] Der deutsche Straßenverkehr (1976) 5, S. 168.

gefragt um auch schöne Eindrücke von der Reise zu gewinnen: **„Die Zeit
vergeht zu schnell trotzdem haben wir noch 14 Tage vor uns. Genau
noch 1. Woche Schwarzmeerküste. Wir sind gesund. Auto Okay.** Und
Wir wohnen außerhalb der Stadt und haben noch „viel" Geld."[111]

Zu den bekanntesten und ausgezeichnetsten bulgarischen Campingplätzen an
der Schwarzmeerküste gehörten *„Emona"* und *„Slantchev Briag"* (Sonnenstrand). Besonders beliebt war *„Slantchev Briag"*:
*„Er gehört zur Kategorie 1 und hat unseren Plätzen an der Ostsee einiges
voraus. Man kann praktisch alles, was zum Camping gehört, kaufen. Die
Fülle an Obst und Gemüse war großartig. Für unseren 17-Tage-Aufenthalt
mit drei Person und Auto (Fahrzeug kann mit zum Zelt genommen werden)
bezahlten wir 140,- M. Bei dem großen Komfort und den erstklassigen sanitären Anlagen zahlten wir diesen Preis gern. Auch mit dem bulgarischen
Geld kamen wir gut aus. Dazu trug in erster Linie das reichhaltige Angebot
an preiswertem Obst und Gemüse bei. Wenn man selbst kocht, fällt auch des
Öfteren eine Flasche Wein und ein Abendbrot bei lustiger Zigeunermusik
ab."*[112]
Hier findet eine Umdeutung des sozialen Tourismus statt. Der Mangel an
Reiseziele, der, so steht zu vermuten, auch in der ganzen RGW-Welt als
Mangel wahrgenommen wurde, wird hier umgedeutet und aufgewertet. Diese
Umdeutung erfolgt aus der damaligen Sozialpolitik
heraus, die von der offiziellen Presse aufgewertet und von dem Tourist selbst
abgewertet wurde. Mit der Umdeutung werden Begriffe wie Familie, Frau
und sogar Heimat dahingehend aufgewertet, dass „nicht alles in der DDR
schlecht war." Die Diskussion über das Ankommen in Zeiten der eingeschränkten Reisefreiheit und des Kollektivismus hat noch eine interessante
Seite geöffnet: Familienleben und die Rolle der Frau. Gerade in dieser Tatsache, im kollektiven Leben, liegt die Ironie des Paradoxes: Was die emanzi-
pierte Frau in ihrer sozialistischen Stellung begehrte, ist eine klar definierte
typische Ostidentität, die sich deutlich von anderen (im Westen) unterscheidet und in realer Selbstbestimmung gelebt werden konnte. Wenn Frau jedoch
das Selbstbewusstsein selbst mit ihrer Entscheidung die Bedeutung der
Selbstbestimmung abschafft, ist ihr Identitätsversprechen ein sehr zweispal-
tiges. In dem sucht sie ihre Identität genau da, wo sie sie verliert haben soll

---

[111] Postkarte Nr. 14; A. LU
[112] Schulze, Gunter: Campingfahrt zum Sonnenstrand. In: Der deutsche Straßenverkehr (1970)
8, S. 271.

und je mehr sie dem sozialistischen Identitätsbild auf „dem Leim" geht, desto schneller und tiefer wird der Verlust. Ein Widerspruch des Ankommens in der Identitätsfindung im Osten, das nicht nur bei Frauen zu beobachten ist. Aus heutiger gesamteuropäischer Sicht mag es paradox erscheinen, die Selbstbestimmung der berufstätigen Frauen im Sozialismus als Lebensqualität zu begreifen. Es geht um die Lebenserfahrungen in einer Zeit der Unifizierung und das subjektive Selbstbewusstsein des Einzelnen. Die Bewertung der Rolle der Frau und der Jugend muss vor dem Hintergrund der gesellschaftlichen Stellung und vor dem gelebten Leben thematisiert werden. Aus diesem Blickwinkel leiten wir die Aufwertung der Emanzipation ab. Die Lebensbedingungen in der DDR und Bulgarien waren die sozialen Rahmen, die gut ausgebildete und berufstätige Frauen im Vordergrund stellten. Eine komplette Abwertung, bedeutet für Generationen von Frauen das eigene Leben und das aufgebaute Selbstbewusstsein abzuwerten und niedertrampeln. Mit dem Begriff Generation verschwinden die konkreten Anknüpfungspunkte der Identitätsanpassung der Jugend. Es erweckt den Eindruck von sozialer Kontinuität, kollektivem Verhalten und eigener Würde. In solchen Fällen wird selten nur positiv über die Jugend gesprochen, weil sich nicht so entwickelt wie es sein soll. Die offizielle Vorstellung, die von der tatsächlichen Entwicklung relativ entfern war, meinte, dass mehr kollektives Leben im Jugendklub, nach dem alten Motto „Drei Deutsche: ein Verein" gar nicht geschadet hätte. Selbst von den DDR-Bürgern wurde behauptet, fast jeder sei Mitglied in eine oder zwei Sport-, Kleingarten- oder Kreativgemeinschaften. Dass die Geselligkeit, die Menschen außerhalb der Familie suchten, in einer kollektiven Form gebracht werden sollte, tritt nicht in allen zeitgenössischen Gesellschaften in Erscheinung, sondern ist Priorität des realsozialistischen Zusammenlebens. Es ist zufällig nicht die Rede von einem deutschen Identitätsmerkmal, sondern von dem Missbrauch eines deutschen Charakteristikums. Die Vereinigungen spielen im kommunalen Leben eine fundamentale Rolle und erfüllen demzufolge wichtige Funktionen in der Stadt, in der Gemeinde, in dem Staat etc. Ein Teil ihres Prestiges bezogen sie während des Sozialismus aus der Tradition, die nichts mit der neuen Ideologie am Hut hatte. Sie existierten einfach sehr lange Zeit, einige Gesellschaften wurden schon im Mittelalter gegründet, deshalb waren sie aus dem öffentlichen Leben nicht mehr wegzudenken. Politisch neutral waren sie auf gar keinem Fall. Die Obrigkeit hat es gewusst die Ehrwürdigkeit des Vereinslebens zu schätzen und hat ihre Aktivitäten auch im sozialistischen Ausland unterstützt. Heute ist solche Art von gleichzeitigen Missbrauch und Förderung nicht mehr erfahrbar. Vermisst wird also nicht die kollektive Erfahrung des Vereinslebens selbst, sondern die Intensität der Erfahrung, wenn die Lebensgrundlage der Geselligkeit im weitesten Sinne kurzzeitig aufgehoben war. Vor diesem Hintergrund, dass soziale Bedingungen für Erfolgsgefühle weggebrochen sind, sind die Ansätze zu eigenen Akzenten von Lebensgefühl zu verorten wie z. B. den kollektiven Wettkampf mit einem erholsamen Aufenthalt am Schwarzen Meer zu verbinden.

So trotz Angebotseinschränkungen fanden DDR-Bürger, besonders Jugendlichen, selbstverständlich im Verein oder Mannschaft organisiert, immer wieder mehr Lücken und Wege das Kollektiv für das eigene Wohl zu nutzen und der Mangelwirtschaft vorzukommen. Dies schließt vordergründlich Arbeitseinsätze für Schüler und Studenten im Ferien, Jugendreisen und zweiwöchigen Ferien in einem Pionierlager im sozialistischen Ausland mit ein. Beliebte Möglichkeiten an das Schwarze Meer preiswert oder sogar umsonst „dienstlich" für ein paar Tage zu fahren bzw. zu fliegen, waren Preisausschreibungen, Wettbewerbe, Wettkämpfe, Teilnahme an Meisterschaften, Trainingslager usw. Aufgrund des Irritationsmoments, dass dienstliche Reisen für Urlaubsgefühle und Entspannung sorgen können, scheint an dieser Stelle eine kurze Selbstreflexion in Form eines Exkurses in die Psyche des Soz.-Bürgers angebracht. Die These Maya Nadigs, dass die Ethnopsychoanalyse in drei Unterbereiche aufgeteilt wird, nämlich ethnopsychoanalytische Beziehung, ethnopsychoanalytische Begleitung und ethnopsychoanalytische Tiefenhermeneutik, schließt eine Anlehnung an die ethnopsychoanalytische Deutung von sozialer Situationen unter Einbezug der subjektiven Erfahrung mit ein.[113] Auf diese subjektiven individuellen Siegesgefühle im Rahmen des kollektiven Daseins soll hier konkret eingegangen werden.

Der sozialistische Bürger, auch im zarten Jugendalter, wurde sozialpolitisch bedingt erfinderisch und nutzte jede Gelegenheit die Hürden der Gemeinschaft in seinem Sinne zu überwinden – z. B. Teilnahme an einem Georgi-Dimitroff-Wettbewerb, sportlich engagiert in der Schulmannschaft zu sein oder organisiert in einer Arbeitsgemeinschaft etc. Es ist nur eine Tendenz, die nach wie vor nicht die Anhänglichkeit und die politische Identifikation der Mitglieder mit dem Vereinsleben bezeugt, sondern eher die andauernd versuchte politische Neutralisierung der Ich-Identität, die zu einer Mischung aus sozialer Hybridität und Scheinanpassung führte. Also keine Treue bis zur Bahre war zu erwarten. Für das Kollektiv- oder Vereinsmitglied durfte es keine wichtigen Menschheitsfragen außerhalb des Kollektivs geben. Die Realität sah, im Gegensatz zur Theorie, sicher anders aus:

---

[113] Vgl. Nadig, Maya: Zur ethnopsychoanalytischen Erarbeitung des kulturellen Raums der Frau. In: Zeitschrift für Psychoanalyse und ihre Anwendungen (1986), Heft 3, S. 201.

„die herzlichsten Grüße von den **Weltmeisterschaften im Geräteturnen aus Varna", „TSC Berlin / Sektion Schwimmen.**"[114] „**Von** einem großen **Wettkampf (Italien, Ungarn, Griechenland) in Sofia** sende ich Dir die herrlichsten Grüße – vielen lieben Dank für Deinen Brief, ich werde Dir bald einen Brief schreiben. **Wir sind hier in Sofia nur eine kleine Delegation: drei Frauen und ein Trainer.**"[115] „**Wie oft habe ich versucht Dich telefonisch zu erreichen. Im Augenblick bin ich mit 13 Jugendlichen, alle Preisträger des Georgi-Dimitroff-Wettbewerbs aus der gesamten DDR am Schwarzen Meer.**"[116] „**Sybille und Georg. Hier ist herrliches Sommerwetter und bei Wassertemperaturen von 24/25°C macht das Baden Riesenspaß. Ich bin hier sehr herzlich empfangen worden u. wohne bei Georgs Mutter.**"[117] Das ist nicht anders bei der ersten Generation des Sozialismus, die gegen Ende des 2. Weltkrieges geboren wurde und in der Nachkriegszeit aufwuchsen. Anders ist das auch nicht bei Kindern, die in der DDR aufwuchsen und die internationale Positionierung der DDR bzw. den Ausbau des sozialistischen Massentourismus bewusst erlebten, so wie das in der untersuchten Altersgruppe der Fall ist. Die RGW-Staaten versuchten, die Bevölkerung durch vielfältige Angebote, materielle Zugeständnisse und Scheinfreiheiten auszusöhnen. Sowohl die Mangel im Alltag als auch das ständige Fehlen von Dienstleistungen und gefragten Lebensmitteln bedeuteten für die sozialistische Wirtschaft mehr Subventionen, dass man auf Export verzichten sollte, weil wichtige Organisationskomponente in vielen Produktions- und Dienstleistungsbereichen, durch die das Fehlen aufgehoben werden könnte, ideologisch nicht vertretbar und demzufolge nicht verfügbar waren. Ähnliche Komponenten haben sich auf das Reiseangebot ausgewirkt, das bis 70er Jahren weniger ausgebaut war und jetzt den Individualtouristen ansprechen sollte. Privatreisende, Individualreisende und Campingfreunde, die gern auf eigene Faust losfuhren, haben besseren Chancen gehabt Land und Leute näher kennen zu lernen und mit Sicherheit mehr natürliche Gastfreundschaft und Lebensfreude erfahren als bei einem gebuchten Aufenthalt im Hotel. Da blieb es nicht aus, dass enge Freundschaften entstanden waren und jahrelang gepflegt wurden. Z. B. Familie G. aus Gera verbringt heute noch regelmäßig jeden Sommer ihren Urlaub in Nessebar und trifft sich abends mit ihren bul-

[114] Postkarten Nr. 96, 139; A. LU
[115] Postkarte Nr. 112; A. LU
[116] Postkarte Nr. 148; A. LU
[117] Postkarte Nr. 158: A. LU

garischen Freunden dort. Das Phänomen ist sicher in anderen Ländern keine Seltenheit, aber wahrscheinlich ist es in Bulgarien etwas ausgeprägter anzutreffen. Obwohl jetzt vieles anders ist, die „Stammgäste" würden die Wärme des Meeres und der langjährigen Freundschaft selbst sehr vermissen. Besonders den verstorbenen Freund:

„Jetzt ist sehr gut geworden. Was haben Sie gefragt? Mallorca, nein danke. In Nessebar kennen wir viele Bulgaren. Sie sind unsere Freunde."[118]

Langjährige Freundschaft kann sich auch dadurch ausdrücken, dass man sich gegenseitig unterstützt und hilft. In diesem Fall fehlten nach dem Umbruch die finanziellen Möglichkeiten in beiden Familien, um ihre Freundschaft wie früher weiter zu pflegen. Die unkomplizierte Art des Zusammenlebens, die Gastfreundschaft, die Herzlichkeit und die gegenseitige Hilfe retteten nicht nur diese Freundschaft - damals eine der wenigen Möglichkeiten des Ankommens im östlichen Süden, die nach der Wende fast vergessen worden war.

„Für die Kürze der Zeit haben wir sehr viel kennengelernt – haben das Land ja durch Kreuz + Quer durchgefahren. Ich würde liebend gerne noch hier bleiben"[119] mit einer netten Ergänzung: **„Es gibt nur neues hier zu sehen."**

Noch zwei kurze Bestätigungen: **„Wir sehen uns viel an. Heute waren wir auf der Insel Alt-Nessebar. Abends gehen wir aus.", „Es ist wunderbar, ein unwahrscheinlich blauer Himmel. Ich bin auf dem Rücken ganz verbrannt. Gestern 18.9. waren wir in Sofia, am 21.9. geht es in die Rila-Gebirge u. am 21.9. nach Borovec."**

Echte Rundreise **„Erst waren wir zwei Tage in Sofia und jetzt sind wir im schönen Plovdiv. Das Wetter ist sehr warm. Wir haben schon viel erlebt, gestern waren wir in den Rhodopen, was uns sehr beeindruckte."**[120]

Die Reiseveranstalter, das staatliche Reisebüro und Balkantourist, nach dem westlichen Vorbild, boten auch internationalen Ausflügen in der unmittelbaren Grenznähe, Jugoslawien ausgeschlossen, an. Die Auswahl war verständlicherweise gering und nicht abenteuerlich ausgelegt. Die Tagesausflüge nach Rumänien waren bis Ende der 80er Jahren der Renner bei der „individuellen" Urlaubsgestaltung im Hotel: Ein bisschen Italien, ein wenig Balkan, eine kleine Prise Orient – und das alles verbunden mit slawischen Einflüssen.

---

[118] Interview mit Familie G. am 23.05.2010
[119] Postkarte Nr. 103; A. LU
[120] Postkarten Nr. 200, 144, 154, 69, 97; A. LU

Die Begeisterung von einem Ausflug nach Rumänien wurde mit den Postkartentexten weiter nach DDR gesendet:

„Wir haben einen Ausflug nach Rumänien gemacht und Konstanza und Mamaia besucht. Es war sehr interessant. Sogar eine Moschee haben wir gesehen."[121]

Die Besonderheit dieses Textes ist die stenographische Schrift. Man fragt sich warum, wieso, weshalb hatte die Autorin ihre Mitteilung „verschlüsselt"? Keine staatsfeindliche Berichte oder Hinweise auf einen Fluchtversuch sind dabei angedeutet oder zwischen den Zeilen versteckt. Eine allgemeine Gegebenheit darf nicht vergessen werden, der DDR-Bürger war immer misstrauisch seinem Staat gegenüber. Wer weiß wie das Wort „Moschee" interpretiert werden würde, wenn der Nachbar den Postkasten entleeren muss? Eine weitere Erklärung könnte sein, dass zwar das Vertrauen in Nachbarn vorhanden war, aber das Misstrauen und das Gefühl ständig beobachtet zu sein, waren immer da. Dieser Fall lag in der DDR in Bezug auf StaSi häufig vor und er wird von Interviewpartnern und in Postkartentexten öfters erwähnt:

„Alles anderes im August mündlich." und **„Unsere Eindrücke schreibe ich später im Brief genauer."**[122] Die kleine Bemerkung **(kontr. Mit Bleistift)**[123] auf der Rückseite, neben der Anschrift, schien damals äußerst suspekt gewesen zu sein. Nicht ohne Grund. StaSi hatte viele Gesichter und lange Arme, nicht nur in der DDR:

„Kooperationspartner des MfS in Bulgarien waren die I. (Auslandsaufklärung) und II. Hauptverwaltung (Innere Sicherheit des Ministeriums des Innern). Die 8. Abteilung der II. Hauptverwaltung und die Bezirksverwaltungen der Touristenzentren arbeiteten über einen bulgarischen Koordinierungsoffizier direkt mit der Operativgruppe des MfS auf dem Gebiet der Verhinderung von Fluchtvorhaben zusammen. Die meisten Fluchtversuche erfolgten über die „grüne Grenze" in Richtung Türkei, Griechenland oder Jugoslawien. [...] ein Protokoll der Zusammenarbeit auf dem Gebiet des Tourismus [...] regelte die Zusammenarbeit des bulgarischen Sicherheitsdienstes mit der MfS-Operativgruppe, die einen regelmäßigen Informationsaustausch sowohl über DDR-Touristen als auch westdeutsche Touristen so-

---

[121] Postkarte Nr. 71; A. LU
[122] Postkarte Nr. 5, 73, 45; A. LU
[123] Postkarte Nr. 79; A. LU

wie Angestellte von Reiseunternehmen, Postkontrollen und den Einsatz operativer Technik im Hotel einschloß."[124]
Das besondere Bemühen der StaSi an der bulgarischen Schwarzmeerküste galt weiterhin der Feststellung illegaler Kontakte zwischen Westdeutschen und Touristen aus dem Osten. Unter ideologischen Aspekten lässt sich die kurze „Familienzusammenführung" vergleichen mit Missachtung sozialistischer Identität und Bildung einer „nationalen" ostdeutschen Hybridität. In der Sommersaison wurden zusätzlich MfS-Mitarbeiter und IMs als Reiseleiter, Privatreisende oder zeitweilig arbeitende Angestellte in der Gastronomie etc. angeworben und mitgeschickt.[125] Für DDR-Familien mit westlicher Verwandtschaft schien es keine andere Wahl zu geben als sich mit dem System scheinheilig zu arrangieren um nach Tschechoslowakei, Ungarn und Bulgarien fahren zu dürfen. Sie versuchten das Beste aus ihrer Lage zu machen und nutzten jedes Schlupfloch im Gesetz um die Kontakte mit dem Westteil der Familie nicht zu verlieren. Für beide Seiten war das „Wiedersehen" und das Ankommen an der Schwarzmeerküste oder in der DDR eine teure Angelegenheit.

„Am 27.12. kommt Kalle mit Anhang aus W. Berlin."[126]
Auf Grund des § 2 der Anordnung über die Durchführung eines verbindlichen Mindestumtausches vom 5. November 1973 musste Kalle, als Person, die keinen ständigen Wohnsitz in der DDR hatte, je Tag der Dauer des Aufenthalts 20 Mark der DDR umtauschen. Die Staatsbank der DDR hat die Umrechnungsverhältnisse festgelegt und ein Rücktausch wurde ausgeschlossen. Wenn der „Anhang" das 16. Lebensjahr bei der Einreise noch nicht vollendet hatte, wurde vom verbindlichen Mindestumtausch befreit.[127] Sieben Jahre später, 1980, der Gegenwert des täglichen Umtausches wurde auf 25 Mark der DDR erhöht und nur die Kinder, die das 6. Lebensjahr bei der Einreise nicht vollendet hatten, waren befreit. Die Kinder vom 6. bis zum 15. Lebensjahr sollten 7.50 Mark der DDR pro Tag umtauschen.[128]
Zum Vergleich: Der Pflichtumtausch wurde 1964 *„in Höhe von 5 Deutsche Mark der Deutschen Bundesbank (DM-West) gegen Mark der Deutschen*

[124] Vgl. Tantzscher, Monika: Die verlängerte Mauer: Die Zusammenarbeit der Sicherheitsdienste der Warschauer-Pakt-Staaten bei der Verhinderung von „Republikflucht". Reihe B: Analysen und Berichte Nr.1/1998. Berlin :BStU, 1998, S. 54-55.
[125] Ebda. S. 22.
[126] Postkarte Nr. 12; A. LU
[127] Gesetzblatt der DDR. Teil I. Nr. 51, Ausgabetag 6.11.1973, S. 517
[128] Gesetzblatt der DDR. Teil I. Nr. 29, Ausgabetag 9.10.1980, S. 291

Notenbank im Verhältnis 1:1 eingeführt."[129] Zur Verdeutlichung: Es ist unmissverständlich ersichtlich, dass der Arbeiter-Bauern-Staat brauchte immer mehr Devisen für die Versorgung mit Importwaren wie Kaffee, Südfrüchte etc. und weniger Rubel.

Um den verbindlichen Mindestumtausch zu entkommen hat der Westteil der Familie eine Reise in das sozialistische Ausland entweder geschenkt oder finanziell gesponsert:

„*R. H. [...] wenn man schon das Glück hatte eine Westverwandtschaft drüben vorhanden zu sein und hierzulande [BRD] schon gebucht hatte. In einem Urlaubsland, sprich Tschechoslowakei, Ungarn und Bulgarien, die Westverwandtschaft zu treffen war für den DDR-Tourist nicht gerade billig und einfach.*"[130]

Der bulgarische Tourismus, genauso wie der DDR-Tourismus, förderte und bestrebte noch mehr Reisenden aus dem kapitalistischen Ausland, die den Devisenhaushalt richtig aufstocken sollten. Was aber den Massentourist aus dem Westen nicht davon abhielt, die bevorzugten Italien, Griechenland, Spanien und Portugal aufzusuchen. Der Tourismusverkehr zwischen Westeuropa und Bulgarien geriet ab 1975 ins Stocken. Wieso, warum, weshalb kam es zu einem beachtlichen Rückgang wurde nie richtig untersucht, aber die bulgarische Regierung ergriff großzügige Maßnahmen: einseitige visafreie Einreise, Abschaffung den Mindestumtausch für westliche Touristen, „weiterhin erhielt jeder einreisende westliche Tourist (sowie Bürger der SFRJ) eine Prämie." Sie erhöhten die Attraktivität der Schwarzmeerküste als „Billig-Urlaub" auf der „roten" Seite Europas, aber der erhoffte Ansturm vom Westen blieb allmählich aus.[131] Die Reise nach Bulgarien in den 70er Jahren, mit Auto oder ohne, war für die DDR-Bürger gefühlsmäßig vergleichbar mit dem Ankommen in Italien oder Griechenland für die Bundesbürger.

Obwohl Bulgarien ein „sozialistisches Freundesland" war, wurde das Angebot an Reisen ständig vom MfS geprüft. Die Bestellungen der Reiseinteressenten und die Familien wurden nach westlichen Verwandten genau kontrolliert. Außerdem benötigte man wegen erhöhter Fluchtgefahr eine extra Ge-

---

[129] Gesetzblatt der DDR. Teil II. Nr. 114, Ausgabetag 28.11.1964, S. 903-904

[130] Telefonat mit Frau R. H. aus Idar-Oberstein, A. LU: 1990

[131] Постановление на МС №11 от 16.II.1967 г. за едностранно обявяване на безвизов режим на туристите от всички страни по случай международната туристическа година. Бр. 27 от 4.IV.1967 г., РзМС №477 от 27.XII.1968 г., бр. 2 от 7.I.1969 г., РзМС 276 от 30.XII.1973 г., бр. 3 от 11.I.1974 г.
Постановление на МС 225/17.X.1959 г., 205/25VIII.1960 г., 54/14.XII.1966 г.;
Постановление на МС №150 от 5.XII.1975 г.

nehmigung für die Grenze. Indirekte Aussage: Dem DDR-Bürger war zwar die Reisefreiheit eingeschränkt, aber wenn er verreiste, der Staat und die Partei hatten schon für seine Sicherheit fürsorglich gesorgt. Die größte Belohnung für die Strapazen[132], für den sinnlosen Behördengänge und „Währungsbeschaffungsmaßnahmen" war die Vorstellung von einem märchenhaften Erlebnis in einer traumhafte Umgebung: **„nach wunderschönen Flug über Prag, Budapest und das rumänische Riesen-Gebirge in Varna angekommen, von der bulgarischen Sonne gebräunt und um viele schöne Eindrücke reicher die Heimreise anzutreten."**[133]
Die Realität schien, leider selten, so paradiesisch einfach und geradlinig wie die subjektive, individuelle Vorstellung vom Süden gewesen zu sein mag. Die Erinnerungen bzw. die „erinnerte" Lebensgeschichte und die alltäglichen Erfahrungen sind heute von der damaligen Realität zeitlich distanziert und durch die Erfahrungen nach 1990 etwas nostalgisch gefärbt. Trotz brüderlicher Gleichheit dürfte der sozialistische Bürger, wenn er nach Bulgarien kam, nie zwei wichtige Gegebenheiten unberücksichtigt lassen: Regel Nr. 1. – andere Länder, andere Sitten bzw. anderes Essen und andere Essgewohnheiten, Regel Nr. 2. – sich mit dem bulgarischen Ja-Nein-Kopfnicken im Vorfeld beschäftigen.

„Anfang 80er Jahren war ich als Student in Veliko Tarnovo. Dort habe ich ein Praktikum im Elektronik-Werk gemacht. Die Pfirsiche auf dem Wochenmarkt im Zentrum der Stadt kann ich nie vergessen – groß, saftig. Mir läuft heute noch das Wasser im Mund. Wann ich das erste Mal Pfirsiche kaufen wollte hat mich die Verkäuferin gefragt, ob ich etwas mehr haben wollte. Ich habe „auf Deutsch" ja-genickt und sie hat die Tüte zu gemacht. Ich hätte so gern noch zwei-drei Stück gehabt. Dann wusste ich schon Bescheid wo der Grund für das Missverständnis lag."[134]
Wie die Gestik, so waren auch die Speisen nicht immer an der europäischen / deutschen Küche angepasst. Bulgarien ist reich an Gegensätzen und ungewohnte Fremde, zwischen Orient und Okzident.[135] Der Alltag ist kein Medi-

---

[132] „Das staatliche Reisebüro arbeitete mit „Vormerkkarten". Wenn jemand im Sommer nach Bulgarien wollte, sollte sich schon im Januar in eine „Vormerkkarte" eintragen zu lassen und am ersten Tag der Bekanntgabe sich um 6.00 Uhr früh vor dem Reisebüro anstellen. Wir hatten eine gute Bekannte, die uns immer „vorsorglich" eingetragen hatte." Interview mit Familie B. aus Gera vom 12.05.2010.

[133] Postkarte Nr. 1; A. LU

[134] Anonymer Gesprächsteilnehmer aus Potsdam, Burg-Kauper (Spreewald), 02.10.2017. A. LU

[135] Felix Kanitz versuchte dieses Phänomen mit der türkischen Herrschaft zu erklären: „Der Orient im Südosten ist mit dem europäischen West im Rahmen der Makrowelt des Konti-

um für ein kritisch-analytisches Erfahrungsverständnis, weil die ethnische Einflüsse klaffen zu sehr auseinander; es sind überwiegend Erscheinungen, an denen Bekenntnisse der fast facettenreichen hybriden Identitätssuche- und Dynamik bzw. des Ankommens abgeladen und Gefühle neu aufgeladen werden. Typisches Erfahrungsbekenntnis des Alltagsvergleichs sind die Besonderheiten der bulgarischen Esskultur. Es fiel dem Gast aus der DDR sofort auf: „... **abends gibt's immer warm.**"[136]

„*Das deutsche Abendbrot ist traditionell kalt. Das ist praktisch, wenn man vor dem Fernseher sitzt.*"[137]

Richtig ist aber, dass die Gewohnheit abends warm zu essen und das Mittagessen als warme Hauptmahlzeit ganz auszulassen, heute noch gerade beim alten bulgarischen Bauer in dem Dorf einrastet. Dafür gibt es eine ganz pragmatische, klimabedingte Erklärung. Für die Älteren bedeutet die Esserfahrung in diesem Fall, dass sie ihre persönliche Alltags- und Erinnerungskultur mit dem gewöhnlich liebgewordenen Alltagsrhythmus der Natur verbinden. Im Sommer - wegen der „Mittagshitze" und im Winter – wegen des Familienlebens. Am „Tagesende" trifft sich die traditionelle bulgarische Familie zu Hause und alle essen zusammen. Die Tradition des langen warmen Abendessens wird heute noch in vielen Familien, mehr in ländlichen Regionen, weniger in der Stadt, weiter gepflegt. Heute gehen die meisten Bulgaren, wie alle Europäer, zum Essen aus.

„*Seitdem ich mit einer Bulgarin zusammen bin, genieße ich unser langes Abendbrot mit Salat und kleinen Schnaps als kleine Einstimmung zum Gespräch und Tagesaustausch. Die Kinder sind schon im Bett und der Tagesausklang gehört uns, ohne Hektik mit Entspannung und „Auswertung" des Tages. Kein Wunder, dass die meisten Ehen in Bulgarien so lange aushalten. Es ist für mich immer ein Hauch des familiären Zusammenhalts dabei zu spüren.*"[138]

Die Bulgaren haben sich damals selten bemüht die Gewohnheiten, besonders die Essgewohnheiten, des Gastes zu berücksichtigen und wenn, zuerst die zahlungskräftigen Gäste wurden umsorgt und mit Service überschüttet. Das der Gastgeber dem Wohl des Gastes zu dienen hat, ist ein schlichter und

---

nents gegengestellt, aber innerhalb des türkischen Reiches sind die Gegensätze weiter tief verzweigt." Vgl. Im alten und neuen Vidin. In: Kanitz, F.: Donau-Bulgarien und der Balkan. Bd. 1. Leipzig, 1882. S. 9.

[136] Postkarte Nr. 69; A. LU

[137] Drösser, Christoph: Wie wir die Deutschen ticken: wer wir sind; wie wir denken; was wir fühlen. 3. Aufl. Hamburg: Edel Books, 2015, S. 8.

[138] Herr S. M., Gesprächsrunde „Bilinguale Familien" in Gera, 10.11. 2013. A. LU: 2013

einfacher Gedanke. Tatsächlich gelten bis heute die unfreundlichen nicht nur bulgarischen Kellner als Markenzeichen und leider als Relikte des Sozialismus. Genauso - die Bereitschaft des Fremden die einheimischen Gegebenheiten zu erkunden und zu verstehen. Man hat öfters die goldene Mitte gesucht und manchmal gefunden, aber des Öfteren eben nicht, wie die widersprüchlichen Postkarten-Eindrücke Jahre später verraten:

„Das Essen schmeckt ausgezeichnet, abends gibt's immer warm." vs. **„Kaffeetrinken gewöhnt man sich hier ab, es gibt nur die Maggi Brühe von Nestle. Dafür aber wunderbaren Wein."**[139]

All das gehörte zur in vieler Hinsicht unvorteilhaften Seite des einheimischen Gastgebers und des Gastes, der sich ebenfalls nicht sonderlich bemüht hat und blieb nicht selten hungrig: **„Bloß das Essen ist nicht nach unserer Art und so werden wir uns zu Hause erst wieder richtig satt essen."**[140]

Fazit: **„Essen nach Wahl und wo wir gerade sind. Die Gegend ist unbeschreiblich schön. Zimmer und Bad, alles in hellgrünen Kacheln auch WC! Am 26. Komme ich wieder. Sieh mal im Reisekatalog. Wir sind im Hotel „Prostor" [Witoscha]."**[141]

Zu Beginn des Jahrzehnts wurden noch die Folgen des Prager Frühlings (1968) im Reiseverkehr zu spüren. Es waren mehr Touristen an die Schwarzmeerküste geflogen, gefahren und getrampt als nach Tschechoslowakei. Die politische Unsicherheit und die Unruhen im Nachbarland schränkten die Bewegungsmöglichkeiten auch ins sozialistische Ausland zusätzlich ein. Zum Vergleich: 1966 wurden vom Reisebüro der DDR 55 879 Reisen nach Bulgarien und 84 982 nach Tschechoslowakei vermittelt. 1969, ein Jahr nach der Niederschlagung des Prager Frühlings, wurden 63 975 Reisen nach Bulgarien verkauft und nur 25 789 Pauschal-, Kurz- und Jugendreisen in die Tschechoslowakei genehmigt. Die DDR-Bürger brauchten nach wie vor für die beiden Länder ein Visum. Ab 1972 war es eine „Reiseanlage für den visafreien Reiseverkehr" als Ersatzvisum notwendig, wenn sie nach Tschechoslowakei oder nach Bulgarien reisen wollten. Immer mehr DDR-Bürger haben sich überlegt, ob sie im nächsten Jahr während ihres Urlaubs nicht einmal über die Grenzen der kleinen Republik ausfahren sollten um etwas anderes Flair zu erleben. Dabei war der Staat stets äußerst hilfsbereit. Im Tourismus wurde dieses vage Wohlstandsgefühl kultiviert und genutzt. Trotz angesprochenen Schwierigkeiten des Ankommens verweilten

---

[139] Postkarten Nr. 69, 72; A. LU
[140] Postkarte Nr. 97; A. LU
[141] Postkarte Nr. 76; A. LU

die Deutschen, Ost und West, nach wie vor genussvoll in Bulgarien weiter und das nicht nur im Gebirge und am Meer. Anfang der 70er Jahre wurden Kurreisen mit Behandlungsprogramm als soziale Errungenschaft des Sozialismus, meistens außerhalb der Saison, angeboten.

„Neben Quellen, Moor und Schlamm ist es das besondere Klima Bulgariens, welches sich auf den Heilungsprozeß einer Reihe von Krankheiten und auf deren Verhütung günstig auswirkt. [...] Das ermöglicht Reisen auch zur Vor- und Nachsaison, die besonders empfehlenswert für Kurpatienten mit Herz- und Kreislaufkrankheiten oder vegetativen Störungen sind. Es sollte dabei bedacht werden, daß die Kurorte Bulgariens entweder in mittleren Höhenanlagen (400 m bis 700 m) oder am Meer liegen wo ausgeprägtes Reizklima herrscht.“[142]

„Mineralbad Hissarija senden Heinz, Helga, Kathleen Trafke. Für zwei Tage haben wir unseren Körper mit Mineralwasser trinken, baden, Behandlungen und Wassermassagen verjüngt. Morgen fahren wir in den Rhodopen.“[143] Solche Reisen, die das gesundheitliche Wohlbefinden im Mittelpunkt hervorgehoben haben, verstanden die Kurgäste schon beim Überschreiten der bulgarisch-rumänischen Grenze als Gottessegen und pures Glück. Verständlicherweise je weiter der Gast ins Kurgeschehen eintauchte, desto mehr wurde er begeistert.

„Herzliche Kur-Grüße an Euch 2.“[144], **„Temperaturen der Thermalbäder in der Halle 27°C, im Freien 38°C. Ich bekomme hier Elektromassage. Gern würde ich Ihnen so einen Apparat mitbringen.“ [Varna]**[145]

„Würden Sie bitte ein bisschen heizen? Ich glaube, daß mir der Urlaub hier sehr gut getan hat. Ich kann schon einiges mit meiner Hand tun. Ganz in Ordnung kommt sie sowieso nicht mehr.“[146]

„Die herzlichsten Urlaubsgrüße aus Velingrad sendet Euch Eure Kollegin Else. Ging mir wunderbar. Das Wetter ganz herrlich. Behandlungen sehr gut. Heute habe ich das erste leichte Erdbeben erlebt.[147] Das Bett

---

[142] Tittmann, Frank: Kurreise nach Bulgarien. In: Urania 49(1973)11. S. 66-67.
[143] Postkarte Nr. 61; A. LU
[144] Postkarte Nr. 67; A. LU
[145] Postkarte Nr. 104; A. LU
[146] Postkarte Nr. 179; A. LU
[147] Mit der Bemerkung ist das Erdbeben von Vrancea (Rumänien) am 4.03.1977, mit einer Stärke von 7,2 auf der Richterskala gemeint. In Velingrad traten keine Zerstörungen auf, nur geringer Schaden und Erschütterungen. Die Stadt liegt im Süden des Landes. In Bulgarien wurde das Erdbeben „Svishtov Erdbeben“ genannt, weil in der Stadt an der Donau zum Einsturz dreier Häuserblocks geführt hatte, 20 Tote und 165 Verletzte. [Anm. Verf.]

hat kräftig geschaukelt. Das Zimmer und die Verpflegung sind auch sehr gut."[148]
Die kleine Bitte **Würden Sie bitte ein bisschen heizen?** sprach ein leidiges Thema des DDR-Alltags an: Die Ofenheizung in der DDR und der allgegenwärtige Smoggestank. In der 70er Jahren wurden bis zu 90% aller Kachelofenluftheizungen in der DDR mit Kohle befeuert und alle Altbau-Wohnungen wurden mit Kachelöfen beheizt. Die ersten Westbesucher gleich nach der Grenzöffnung mussten den Geruch nach Kohle ertragen und waren immer entsetzt:

„R. H.: Die DDR stinkt erbärmlich! Beim Autofahren in Herbst und Winter – nur Nebel und Smog. Wie halten die Menschen das aus? Umwelt – Fehlanzeige!"[149]

„Die Folgen der Kohleheizung im ganzen Land waren ein typischer Geruch in der Luft – den besonders ausländische Besucher wahrnahmen und eine enorme Luftverschmutzung mit Krankheitsfolgen und ästhetischen Schädigungen."[150]

Der grelle Kontrast zwischen dem sozialistischen DDR-Ankommen und dem West-Ankommen auf der anderen Seite der Mauer vertiefte sich in den 70er Jahren langsam weiter obwohl die Honecker-Regierung gewissen Wohlstand geschafft hatte. Er war nicht zu übersehen und überall deutlich spürbar. Im Tourismus wurde dieses vage Wohlstandsgefühl kultiviert und genutzt:

„Der Betrieb am Schalter „Auslandstouristik" im staatlichen Reisebüro zeugte davon, wie viele Menschen sich bereits eine Reise in die Volksdemokratien ... leisten können."[151]

Touristisch und wirtschaftlich gesehen, entwickelte sich die DDR (schein)prächtig. Dies lag daran, dass die politische Ausgrenzung des neuen deutschen Arbeiter-Bauern-Staates durch weitere internationale Anerkennung gemindert wurde und die Politisierung aller Lebensbereiche mit Beginn der 70er Jahre sich etwas liberalisiert hatte. Die Staatsoberhäupter mischten sich immer noch in der Privatsphäre des Alltagslebens der Bürger ein und die Bürger richteten sich in dem sozialistischen Land nach der Gegebenheiten ein, freuten sich über ihre kleinen, individuellen Freiheiten und versuchten

---

[148] Postkarte Nr. 180; A. LU
[149] Interview mit Frau R. H. aus Idar-Oberstein vom 10.10.1989
[150] Haubold, Arndt: Mein kleines DDR-ABC: Unverklärte Erinnerungen einer kritischen Zeitgenossen an ein vor 25 Jahren verschwundenes Land. Leipzig: Engelsdorfer Verl. 2015 [Buchstabe B]
[151] Vgl. Urlaub, Klappfix, Ferienscheck: Reisen in der DDR. Berlin: Eulenspiegelverlag. 2003, S. 13.

sie sukzessive zu vergrößern. „Nischengesellschaft", das Schlagwort des Kulturwissenschaftlers Hermann Bausinger macht deutlich wie die Ostdeutsche sich *„jenseits aller Reglementierungen ... Rückzugsräume sicherten, in denen sie ihren ganz eigenen Vorlieben nachgingen."*[152] Damit wurden sie genauso erfolgreich im Massentourismus angekommen wie der Bruder aus dem Westen. Mit Themen wie Wohlstand und Wohnungsbauprogramm waren sie wiederum nur schein)erfolgreich. Trotzdem stellen viele ehemalige DDR-Bürger und Soz.-Ausländer im Osten das Leben in der sozialistischen Welt als wohnlicher, familiärer und gemütlicher dar – auch mit Kohleheizung, mangelnder Versorgung und fehlende Reisefreiheit.

Am Ende jener jeglichen Erinnerung fragt sich der Mensch, überwiegend im Osten, ob er zufrieden ist mit seinem Dasein, gestern und heute. Natürlich fällt ihm immer noch etwas ein, was er hätte besser machen können. Die Relativität, die begrenzte Reichweite solcher Erinnerungen muss nicht ständig hervorgehoben werden, natürlich passen sie alle nicht in das Bild des erlebten Alltags, aber es darf nicht vergessen werden, es ist ein Erinnerungsbild, das in der Realität auch Deckung hat und hatte.

3.3 Der Anfang vom Ende 1980 - 1989: Ost und West suchen sich wieder

Die 70er Jahre endeten mit steigendem Wohlstand, keiner organisierten Opposition, mit einem starken Zweckverbund mit der Sowjetunion (ähnliche Entwicklung in Bulgarien) und mit erhöhter Abschottung der DDR nach innen und außen, Folge des starrsinnigen Kurs der Staats- und Parteiführung. Zu Beginn der 80er Jahre drohte der sozialistischen Welt durch wachsende Wirtschaftsprobleme und Mangelwirtschaft der Zerfall.

„Nun stellst es Dir vor, gestern war hier Stromausfall und den Abend im Dunkeln verbracht. Im Motel hatten die Leute zum Glück Kerzen."[153] 1982/1983 in winterlicher Varna wurde s.g. Stromrhythmus eingeführt: es gab 2 Stunden Strom und dann für die nächsten 2 Stunden wurde er von der Energieversorgung abgeschaltet. Diese Misere wurde mit schlechtem Wetter und fehlenden Rohstofflieferungen aus der Sowjetunion begründet. Keiner hat sich öffentlich gefragt warum lässt der große Bruder das kleine Volk im Stich. Die Stromausfallzeiten waren ganz offiziell in der Zeitung veröffentlicht. Im Sommer, wegen Tourismusbetrieb, blieb Varna verschont, aber im Landesinneren fehlten nach wie vor Strom- und Trinkwasserversorgung täg-

---

[152] Vgl. Bausinger, Hermann: Typisch deutsch: Wie deutsch sind die Deutschen. München: Beck, 2000, S. 130.
[153] Postkarte Nr. 159; A. LU

lich aus. Ein Zeitplan wurde immer vorsorglich zeitnah veröffentlicht. Danach richteten sich die häuslichen Wasch- und Badezeiten. Lächerlich aber wahr! Trotzdem, sehr sanft, auf bulgarischer Art und Weise ziemlich chaotisch, wie immer nicht bis ins Detail durchdacht und fast unbemerkt, begab sich Bulgarien auf den Weg der Reformen. Die Kontakte der Bevölkerung ins nichtsozialistischen Ausland waren auf einmal gewünscht und die Einreisebestimmungen gelockert. Alles unter Beobachtung versteht sich. In der DDR fehlte noch die Aufbruchsstimmung. Nicht zu unterschätzen waren die zunehmenden Verbindungen von West- und Ostdeutsch sprechenden Frauen und Männern mit den schönen bulgarischen Bürgern. In Kürze: Westdeutsche waren in Bulgarien willkommen, die Freundschaften wurden sorgfältig gepflegt, Grüße geschickt, wenn auch die Adresse nicht so ganz richtig geschrieben wurde: **„Dortmund, West Germany (DBR)"**

„Untersuchungen zum Identitätsgefühl und zum Nationalbewußtsein der DDR-Bürger waren in der Zeit vor 1989 nur sehr eingeschränkt möglich. [...] Hiernach blieb die Identifizierung von DDR-Bürgern mit ihrem Gesellschaftssystem auf durchgängig niedrigem Niveau. "[154]
Laut Anne Köhler von 1973 bis 1988 nur zwischen 19% und 30% fühlten sich ihrer Soz.-Republik verbunden und 1970 haben sich 88%, 1984 – 89%, die Wiedervereinigung gewünscht.[155]
Der Ostbruder wurde als „Deutscher zweiter Wahl" seltener gewünscht: **„Den Urlaubern aus dem Westen geht es da viel besser, die können alles kaufen."**[156] Die Krise machte sich schon überall in der Soz.-Welt bzw. in dem Alltag bemerkbar und mit heftigen Folgen für jeden spürbar. Preise wurden regelmäßig erhöht: **„Mit dem Geld ist auszukommen, obwohl dieses Jahr die Preise um 50% geklettert sind."**[157] Es war ein öffentliches Geheimnis: Wenn ein Lebensmittel vom Markt verschwand und der Buschfunk von einer Preiserhöhung am Wochenende berichtete, war es fast 99% sicher, dass am Montag die Läden in Bulgarien mit neuen Preisschildern öffneten. **„Heute haben wir das Geld für die anderen Kollegen abgeholt. Weintrauben gibt es jeden Tag auf dem Markt (1 Kilo 1.50). Pfirsiche**

[154] Schroeder, Klaus: Der SED-Staat: Partei, Staat und Gesellschaft 1949-1990. München: Hanser, 1998, S. 606.
[155] Köhler, Anne: Nationalbewußtsein und Identitätsgefühl der Bürger der DDR unter besonderer Berücksichtigung der deutschen Frage. In: Materialien der Enquete-Kommission "Aufarbeitung von Geschichte und Folgen der SED-Diktatur in Deutschland", Bd. 5,2. 1995, S. 1636-1675.
[156] Postkarte Nr. 110; A. LU
[157] Postkarte Nr. 8; A. LU

gab es nur 1 X, aber da stand schon eine Riesenschlange. Gestern waren
wir am Strand u. das Wasser ist unheimlich warm. Mit dem Geld kommen wir gut aus."[158] Aber Vorsicht, warnt dieser Text: „Warna ist eine
sehr schöne Stadt. Der Strand ist herrlich. Viele schöne Blumenanlagen
und Hochhäuser, Hotels und so viel schöne Sachen zum Kaufen, das
Geld wird langsam alle."[159] Das ewige Leid des ostdeutschen Urlaubers an
der bulgarischen Schwarzmeerküste war eine ernst zu nehmende Angelegenheit, die nicht unterschätzt werden dürfte und verhältnismäßig kommt mehrmals zum Ausdruck: „Unterkunft und Verpflegung sind prima. Aber
sonst können wir uns wenig leisten. Es ist alles teuer. Ihr kennt das mit
dem begrenzten Geldumtausch …. Südfrüchte gibt es hier in Hülle und
Fülle."[160] Südfrüchte fehlen in der DDR nach wie vor. Keine Verbesserungen
im Lebensstandard und der Ausbau der sozialen Sicherungssysteme waren
nur mit staatlicher Subventionierung möglich. Das Ziel, Wohlstand für alle,
rückte in immer weitere Ferne. Statt der versprochenen gerechten Gesellschaft entstand eine aufgeblasene Lüge, die ihresgleichen suchte. Das Ergebnis schloss entweder die Bemühungen sich anzupassen oder von der politischen Realität abzuschalten:
„An die äußeren Umstände haben wir uns langsam gewöhnt. Land und
Leute sind aufgeschlossen, man ist überall herzlich willkommen. Nur
das liebe Geld wird langsam knapp! Man erzählt, man könne auf Zollerklärung noch einmal Geld tauschen. Morgen wollen wir es auf der
Bank einmal ausprobieren!"[161]
Insbesondere die Generationen nach dem Mauerbau schalteten ihr kollektives
Wir-Gefühl immer öfter ab. Eine ernsthafte Auseinandersetzung mit der Loyalität der Massen wurde allmählich flächendeckend festgestellt, so paradox
wie es klingt, war sie durch die Reisefreiheit, die eigentlich keine war, eher
verursacht. Das Kollektiv als „Staatsprodukt" hatte lange vor dem Ende des
Sozialismus ausgedient. Man hat sich arrangiert: „Der Flug war Klasse vom
Flughafen Burgas sind wir mit dem Bus ins Zentrum und dann mit Taxi
nach Primorsko (24 leva 4 Personen). So waren wir 21.30 Uhr Ortszeit
am Quartier u. hatten Glück, ein 2-Bett-Zimmer war schon leer. Das
Zimmer hat sogar Balkon."[162]

[158] Postkarte Nr. 10; A. LU
[159] Postkarte Nr. 50; A. LU
[160] Postkarte Nr. 110; A. LU
[161] Postkarte Nr. 159; A. LU
[162] Postkarte Nr. 10; A. LU

Die Notwendigkeit dieser Selbstanpassung lässt sich ohne jede Umständlichkeit an den angeführten Sachverhalten beweisen. Die Generationen 40 und 50 plus können sich sicher an Weisheiten aus der Zeit der Mangelwirtschaft, die auch eine Schutzfunktion hatten, sehr gut erinnern. Lachen über Missstände dank Mut und Phantasie! Nur ein Beispiel wie die grandiose Fähigkeit „Lachen" als Waffe im Kampf gegen Wir-Identität für ein Leben ohne Kollektiv eingesetzt wurde. Der Bulgare, romantisch veranlagt und rückwärtsgewandt, nahm sofort Stellung zu der schlechten Versorgung. Man verglich jemanden, den man seit Langem nicht gesehen hatte mit der Ware, die gerade vom Markt verschwunden war: „Du bist, wie das Paprikapulver oder den schwarzen Pfeffer aus den Läden, verschwunden." In der DDR, im weiteren Sinne, war der Begriff „Bückware" in jedem Mund und fast jeden Tag im Einsatz.

Die unaufhaltsame Entwicklung der sozial-wirtschaftlichen Krise und der nicht selbstgewählten, gemütlich ausstaffierte Enge des Alltags gaben den entscheidenden Schub für die Entstehung der Bürgerbewegungen im Umfeld der Kirche und die oppositionelle Ökologie-, Friedens- und Protestbewegungen im gesamten Ostblock. Die Deutschen sind traditionell schwärmerische Anhänger der Natur, im gewissen Sinne sind es die Bulgaren auch. Die weit verbreitete Begeisterung des Soz.-Bürgers für Westprodukte und die Konsumorientierung an westlichen Standards haben alle Bemühungen der Obrigkeit der Versorgungslage zu verbessern sehr relativiert. Im Jahre 1980 begann „Solodarnosc", als erste Bewegung, mit Streiks und Demonstrationen, die bürgerliche Ablehnung des Systems zum öffentlichen Ausdruck zu bringen.

Unmut, Missstimmung, Wut und Zorn stiegen weiter in der angeblich gerechten sozialistischen Welt auf: *„G. T.: So kann es nicht weitergehen! Das Maß ist voll! Es gibt weiter eine große Kluft zwischen Staat und Intelligenz und sie ist leider Gottes nicht zu übersehen. Es gibt keinen Dialog mehr mit der Obrigkeit."*[163] sagte eine Dramaturgin des Geraer Theaters zwei Jahre später. Wir saßen in der alten Theaterkantine und beobachteten wie Schauspieler und Ballettänzer, beim Kerzenschein, Lieder von Udo Lindenberg leise sangen. Gewisse Spannung war überall gegenwärtig. Gereiztheit, Empörung von der Einsperrung und westlich orientierte Wertevorstellungen waren die Parameter des künstlerischen Daseins. In einer stark wachsenden Zahl von Ausreiseanträgen druckte sich die ablehnende Haltung des Volkes

---

[163] Gespräche mit Frau G. T. 1986 – 1989.

über den Wirtschaftszustand ebenso aus.[164] Die ideologische Polarisierung
und die schwindende Hoffnung auf eine bessere sozialistische Zukunft blieben nicht unbemerkt und unbeobachtet von der Staatssicherheit. Öffentlich
wurde es nie gesagt, aber zu Hause, hinter vorgehaltener Hand, hat jeder
seinen Teil gedacht und manchmal auch gesagt: **„Die Karte kommt im
Umschlag zu Dir, man weiß ja nicht wer das alles liest."**[165]
Mit dem schlechten Versorgungssozialismus, mit der miserablen Wirt-
schaftspolitik und der Reiseeinschränkungen fanden sich die Menschen irgendwie äußerlich ab. Es waren mehr Anpassung und „Survivals" zu spüren
als Identifikation mit einem fremd gewordenen System, mehr Änderungen in
Mentalität als Identitätsschwankungen hin und her zu beobachten. Die Ost-
touristen, als geübte Soz.-Bürger, hatten sich im Allgemeinen, nach dem
Motto besser Spatz in der Hand als Taube auf dem Dach, auf den schönen
Urlaub, auf das Ankommen an der Schwarzmeerküste gefreut. Um die kleine
Welt ein bisschen zu erweitern buchten sie sofort auch einen Abstecher nach
Rumänien: **„Ausfahrten bei Bezahlung – Mamai / Rumänien – 44 lewa.
Tauschgeld ist knapp. ...Es hat geschneit. Hier bleibt kein Schnee liegen
wie bei uns, es ist kalt. Auch für Bulgaren ein ungewohntes Bild. Die
Kinder kennen keinen Schnee."**[166]
Und ebenso wie in anderen Fällen war es ein gewünschter und heiß begehrter
Ausbruch aus kollektiver Enge – die Kur-Reise nach Varna im Winter. Die
Kurgäste blieben von dem chronischen Geldmangel und der fehlenden Pflege
der Infrastruktur nicht verschont. Das sozialistische Weltbild verpönte die
gierige westliche Konsumgesellschaft. So betrachtet kann Geldmangel zu
etwas Positivem erscheinen, denn nur so kann die Wertschätzung für das
Erreichte angehoben und die Freude erhöht werden. Die Auseinandersetzung
mit den kollektiven Enge und Arbeit in dem volkseigenen Betrieb hat bei der
Werteinschätzung des sozialistischen Bürgers nicht mehr die oberste Priorität
gehabt. In der bulgarischen berufstätigen Bevölkerung hat sich eine Teils-
Teils-Einstellung zu den chronischen Problemen des Sozialismus explizit
etabliert. Warum soll ich mehr arbeiten? Das Gehalt / Geld wird sich sowieso
nicht ändern? Der Spruch „Time is money" galt damals nicht als Markenzeichen der Motivation, wirtschaftlicher Entwicklung und sorgte wenig für einen Disziplinierungsschub. Oft wurde die Herausbildung strenger Maßstäbe

---

[164] Vgl. Wedekind, Beate: Fahrt ohne Rückkehr: Warten auf Ausreise in Saalfeld. Erfurt, 2003.
S. 3-48.
[165] Postkarte Nr. 159; A. LU
[166] Postkarte Nr. 77; A. LU

und chaotischer Missstände mit der staatlichen Zentralisierung in Verbindung gebracht.

Die Hotelausstattung im Urlaubsparadies Bulgarien wurde zum Beispiel notgedrungener Weise zwangsläufig gepflegt und wirkte nach 30 Jahren mehr abgenutzt und Shabby als attraktiv und modern. **„Die Unterbringung ist gut mit Bad und Balkon. Wir pflegen unseren ersten Sonnenbrand. Nachdem wir wegen Nebels unseren Flug im Burgas zwischenlanden mussten, waren wir am Mittag dann endlich in Varna. Ein Rumänien-Abstecher ist auch gebucht.“**[167]

Die Urlaubs- bzw. FDGB-Reisen nach Bulgarien waren nach wie vor zentral geplant und nach dem Leitbild mit den zugehörigen Anforderungen zentral verteilt. Das Programm hieß „Lernen Sie die Heimat unserer Freunde kennen!“ Zudem konnte anhand des Urlaubsplatzmangels, der von der Obrigkeit nicht als negativ bewertet wurde, die sozialistische Bescheidenheit positiv hervorgehoben werden. Für den Bürger als Leidtragender hingegen war die Mangel nicht in jeder Hinsicht negativ besetzt. Um die Enge der Reisemöglichkeiten positiv zu bewirken, wurde das Angebot an Urlaubsreisen mit individueller Anreise in Bulgarien „erweitert":

„Im Zeitraum Mai bis Oktober steht in Albena das Hotel „Kom" für 14-Tage-Durchgänge zur Verfügung. Von Juni bis September können - ebenfalls in 14-Tage-Durchgängen Privatquartiere in Varna-Stadt, im Seebad Drushba (Freundschaft), im Seebad Baltschik und in der kleinen Fischerstadt Sosopol an der Südküste gemietet werden. Im Preis von ca. 780,-Mark für den Aufenthalt sind drei Mahlzeiten pro Tag als Talonbeköstigung vorgesehen; 13 Lewa stehen dafür zur Verfügung.“[168]

Hier zeigt sich die sozialkulturelle Fremdheit der Obrigkeit, die ein Zähmungsprozess einzusetzen versuchte und raubte der Bevölkerung überwiegend die Hoffnung auf bessere Lebensqualität. Zudem schien die sozialistische Lebensweise nicht recht zu der fast hybriden Ich-Identität des Bürgers zu passen, die in der DDR wohl stärker als in Bulgarien nach außen ausgerichtet war. Es wurde immer wieder versucht irgendwie der Gegebenheiten zu entfliehen, eine gewisse Maßlosigkeit, ein Hang zum latenten Widerstand, Unordnung, gedankliche Ausschweifung und Lebenslust statt Selbstdisziplin, Genügsamkeit und Fleiß hervorzuheben. Damit ist aber das Wertesystem einer Minderheit knapp ausgewertet. Die Mehrheit lief mehr in der DDR weniger in Bulgarien auf eine ethnisch bedingte traditionelle Hochschätzung

---

[167] Postkarte Nr. 207; A. LU
[168] Bulgarien mit Sonnengarantie. In Der deutsche Straßenverkehr - (1987) 2, S. 28.

der Ordnung und Disziplin hinaus. Ein Hauch von Freiheitsstreben mit Ordnungsgesinnung lag möglicherweise gerade darin, dass die fortwährenden abenteuerlichen Auseinandersetzungen haben eine lässigere Auffassung von Ordnung, Fortbewegung und ein weniger rigider Umgang mit der Freizeit gebracht: **„Auf der Ruckreise verbleiben wir noch paar Tage in den rumänischen Karpaten. Hier wären wir fast auf den Hund gekommen – hatten in Rumänien einen kleinen Hund als Wächter.“**[169] Dass der Akzent über die positive Bewertung der Freizeit und deren Subsumierung unter dem Begriff „Lebensqualität" gesetzt wird, ist ein Ausdruck soziokultureller Teilidentität. Für eine geordnete Identifikation mit der kollektiven Wir-Identität ist der Umgang mit der Freizeit kein Bestandteil der Vorstellung über „Lebensqualität". Um diese Festlegung nachvollziehen zu können, muss man sich folgendes vor Augen halten: Wird das Freiheitsbestreben an bestimmten kontroversen Lebensweisen erlebt, sind diese meistens selten wie gewünscht zu gestalten. Dadurch, dass sie rar und widersprüchlich sind, kommt ihnen ein symbolischer Wert zu.

Sind sie dann als Lebensqualitätssteigerung angeboten, sind sie aufgrund des neuen sozialen Wertes etwas ganz Besonderes. In der Tat wird der Wert des Besonderen erhöht, nicht der vermeintlichen Lebensqualitätssteigerung selbst, wie zum Beispiel die Einführung des Benzingeldes für Auslandsreisen, besonders des Transitbenzingeldes - auch ein leidiges Thema:
„Bei PKW-Reisen, die in die UVR [Ungarn], die SRR [Rumänien] und in die VR Bulgarien führen, gibt es für organisiert reisende Touristen Valuta für den Transit. Transit CSSR 600 Kronen = 198,96 Mark; Transit UVR 900 Forint = 147,51 Mark; Transit SRR 600 Lei = 231,30 Mark, Transitgelder pro Person.“[170]
Aber es ist die Anpassung, die diese kontroverse Situation der „heilen" Lebensqualität erst schaffen konnte. Aus diesem Grund wurde die innere Anpassung in etwas Positives umgedeutet, denn ohne den latenten Widerstand kann der individuellen Lebensweisen nicht die Rolle des Besonderen zukommen. **„Herzliche Urlaubsgrüße für Euch vom Strande des Schwarzen Meers, da Christine und ich während des regulären Theaterurlaubs krank waren, konnten wir – trotz einiger Schwierigkeiten (verletzte mich), jetzt noch hierher nach Nessebar fliegen …“**[171]

---

[169] Postkarte Nr. 8; A. LU
[170] Bulgarien mit Sonnengarantie. In Der deutsche Straßenverkehr - (1987) 2, S. 28.
[171] Postkarte Nr. 206; A. LU

Im gewissen Sinne waren diese Bemühungen eng verknüpft mit den staatlichen Anstrengungen, ordentliche Freizeit- und Reiseverhältnisse und auch Gesinnungen der Loyalität bei den Untertanen durchzusetzen. Man würde gern mit Alexander Osang's Essay „Lohn der Angst: Bulgarien sehen. Und sterben", den oberen Text ergänzen wollen um den Begriff „sozialistische Auseinandersetzung und Freizeit" mit einem kräftigen Lachen zu definieren und nebenbei realitätsnah die epochalen Veränderungen verdeutlichen: *„Es war Frühling 1981, das Ende war nah. Im Herbst mußte ich zur Armee. Ich hatte meinen letzten Sommer vor mir. Ich wollte noch einmal die Welt sehen. Bulgarien also.* "[172]

Das Ziel aller Bemühungen war das Ende des gefühlten Ankommens und der Träumerei, die gerade das Licht der Welt erblickten und mit allen Mittel verteidigt werden sollten. Man kannte nichts anders außer der Erinnerung der Untertanen, die auch ein „gesundes" Misstrauen in die Obrigkeit flächendeckend enthielt. Eine Wiederholung der Positionierung „Bürger vs. Obrigkeit" ist heute ebenso festzustellen. Die Ähnlichkeit der Wiederholung beinhaltet nichts anderes als Ankommen und Erinnerung in einem. Die neuen Generationen wollten und eigentlich sollten nicht mehr nach dem vorgegebenen Alltagsmuster leben und sie sich selbst in einem umstrittenen System zu verloren gegangen fühlten. Das Übrige haben der verführerische Duft des Westens und die bunte Werbung, nicht nur aus dem Westpaket, geleistet.

„Gern ging es auch per Anhalter durch die sozialistische Galaxis. Trampertouren waren nicht nur beliebt, sondern ein echtes Abenteuer. "[173]

Dem unorganisierten und stillen „Systemgegner" ging es bei der Herausbildung einer „unzensierten" Alternative immer um die bewusste Abweichung von der Norm. In DDR standen diejenigen, die solche fehlenden Alternativen einklagten und bestrebten auf fast verlorenem Posten. Dadurch wurde die Volksmasse in den 80er Jahre immer mehr geschreckt und die jungen Meinungsführer setzten mehr auf eine möglich neu gewonnene Freiheit. Der nicht klassische DDR-Bürger begann sich auf dieser Art und Weise, außerhalb der Republik, vom Kollektiv langsam zu lösen und zu erholen. In der gezeichneten Tendenz ließen sich sämtliche Gegensätze doch noch verdeutlichen: **„Wir sind am 4.7. in K … zu dritt mit dem Fahrrad gestartet, sind über Prag, Brünn, Bratislava nach Ungarn gefahren. In Budapest haben**

---

[172] Osang, Alexander: Lohn der Angst. Bulgarien sehen. Und sterben. In: Die DDR wird 50: Texte und Fotografien. Hrsg von Volker Handloik und Harald Hauswald. 1. Aufl. Berlin: Aufbau-Verl. 1998. S. 120.

[173] Urlaub, Klappfix, Feriencheck: Reisen in der DDR. Berlin: Eulenspiegel Verl. 2003, S. 133.

wir dann 4 Tage Pause gemacht. Da die Fahrräder so kaputt waren dass
wir nicht mehr weiter fahren konnten haben wir sie nach K ... zurück-
geschickt und sind mit dem Zug über Bukarest weiter in Richtung
Schwarzes Meer gefahren. Heute ist der 25.7. und wir sitzen schon den 4
Tag bei 40°C Hitze am Strand und erholen uns. Am Dienstag geht es
wieder in Richtung Heimat."[174]
Bezüglich der wechselnden Reise Art ähnelt das Erlebte eine lustige Weltrei-
se ohne Weltumfahrung aber gewürzt mit Prise Enthusiasmus, Energie der
Jugend und zugemuteten Herausforderungen. Ebenso wichtig war das Ideen-
reichtum. Das nicht ganz feierliche Ankommen wurde außen vor gelassen
und irgendwie nicht richtig ernst genommen:
*„M. E.: Meine damalige Freundin und ich sind immer über die Grenze ge-
fahren. Wir besaßen kein Auto, aber getrampt. Trampen ist kein Geiz, sondern ein bisschen Lebenseinstellung, Selbstgefühl und viel, sehr viel Freiheit. Nö! Gefährlich war es nicht, aber spannend."*[175]
Die Kehrseite der abgeschirmten Etikettierung im Osten bestand aus der
berühmten Fähigkeit zur Improvisation, die sich mehr aus fehlendem Angebot als aus Abenteuer entwickelte und bestrebte systematischen „Ordnungs-
maßnahmen" aus angepasster Freizeit- und Unterhaltungsinfrastruktur. Der
ganze Komplex verdeutlichte dem Einzelnen, dass der Anspruch auf lange
Abende, unvergessliche Erlebnisse und Realität zunehmend auseinanderdrif-
ten. Man hätte eigentlich erwarten können, dass damit ein gleichermaßen
emphatischer und intoleranter Begriff erledigt war. In der Freizeit wurden
Bereiche gesucht, in denen Ideologie und Vorschrift keinen Platz hatten: die
Bar mit freizügigem Programm im Goldstrand oder die schöne, dunkeläugige
auch blauäugige, bulgarische Mädchen, die man überall sehen konnte: **„Alles
herrlich. Jetzt ¼ 11 gerade aus der Bar, morgen früh ½ 9 Nessebar mit
Bus. Erdbeerernte, Kirschen (auch lebendige!!) im Überfluss."**[176]
Diesbezüglich findet man ebenfalls eindeutige Bestätigungen in zahlreichen
Äußerungen in Interviews:
*„Eh, ich weiß es wirklich nicht in welcher Richtung zuerst gucken soll. Ein
langbeiniges Mädchen folgt die nächste Schöne! Eh, ich bin richtig überför-
dert."*[177] Oder

---

[174] Postkarte Nr. 55; A. LU
[175] Aufzeichnungen, M. E. 1994 in Gera. A. LU: 1994
[176] Postkarte Nr. 19; A. LU
[177] Gespräch mit F. S. August 1990 in Varna. A. LU: 1990

„Es ist nicht eine dahin gesagte Behauptung oder Ausdruck geübter Höflichkeit, sondern eine Feststellung und sie entspricht tatsächlich die Wahrheit: die Bulgaren sind ein sehr gut aussehendes Volk."[178]
Im Allgemeinen war der Urlaub, neben den kollektiven und den kleinen privaten Raum, einen dritten Lebensbereich, eine etwas länger andauernde „Ausnahmesituation", die vor allem physisch geschmeckt und gefühlt werden dürfte. Das Ankommen in dieser Zeit, ebenso. Die entscheidende „Ankommens-Frage" betraf weniger soziale Eigenschaften, sondern mehr Identitätsidentifikation in einer Zeit der vernünftigen gesellschaftlichen Unifizierung, die die feinen Unterschiede und den nationalspezifischen Habitus herauszustellen versuchte. Der *Homo touristicus* des Sozialismus, ein gebildeter oder „einfacher" Bürger, wollte seinen Bruderland und Gastgeber mit anderen Augen sehen, erleben und vergleichen. Die erste Vergleichsebene fällt unter die Kategorie „Ost-Südost-Küche", die in zwei Unterkategorien in Postkartentexte und Interviews thematisiert wurde: die „gewohnte" und die „unbekannte" Küche. Beide Aspekte der Kategorie „Ost-Südost-Küche" sind sehr eng miteinander verknüpft. Das gewohnte Essen wird wohl oft als das bessere empfunden und das bessere ist besser, weil man es kennt. Häufig sind die Bereiche gleichzusetzen. Da in den Postkartentexten jedoch unterschieden wurde, möchte man diese Unterscheidung aufgreifen: **„In dieser Gaststätte (Postkarte) haben wir heute ein Nationalgericht gegessen. Zu Hause hätte ich diese Portion nie geschafft. Hier gefällt es uns ausgezeichnet und es gelingt mir meine Seele so richtig baumeln zu lassen. Heute fahren wir in die Berge, um einen Sonnenbrand vorzubeugen."**[179]
Später, wurden des Öfteren die Beschaffungen der Infrastruktur und der Unterkunft kommentiert, die allmählich nachgelassen haben: **„Bloß die Unterkunft könnte besser sein und wenn die Sonne scheint ist man den ganzen Tag am Strand. Auch gibt es nur Frühstück, Mittag und abends muss man sich selber verpflegen ... Auch hat das Zimmer keinen Balkon, wie sonst. Aber es ist auszuhalten da ja die Sonne scheint. ... Das ist das Hotel, wo wir wohnen. S. unter Varna Hotel „Izgrev."**[180] und noch eine dezente Bemerkung: **„Essen, Wetter und Unterkunft sind nicht schlecht. Am Strand ist es auch schön. Wir liegen nicht weit von der Fregatte [Motiv Postkarte], nicht so viel Betrieb. Jetzt wollen wir eine Flasche Wein auf dein Wohl leeren.",** oder auch Lob in höchsten Tönen: **„Bis jetzt**

---

[178] Interview, Herr A. G., 08.08.1988. A. LU: 1988
[179] Postkarte Nr. 85; A. LU
[180] Postkarte Nr. 166; A. LU

haben wir die Tage gut überstanden. Unterkunft, Essen und Wetter prima. Robert ist gesund und munter und fühlt sich wie zu Hause.", „Essen, Trinken, Unterkunft und Stimmung können nicht besser sein. Abwechslung und Unterhaltung sind auch gewährleistet. Waren in Varna, zum Picknick mit dem Tragflächenboot in Nessebar usw." Das Hauptthema in den Texten ist die Kontinuität des Freiheitsbestrebens, denn Themen wie Wein und Alkohol, Hang zur Trunkenheit und des Öfteren Lebenslust und Ausschweifungen im Leben der Ostdeutschen haben sich grundlegend verändert, sie sind diskontinuierlich verlaufen. In diesem Zusammenhang wurde der gewohnten Kontinuität eine hybride Funktion zugeschrieben. Diese wird aber nicht explizit erläutert, sondern nur angedeutet: „Sind hier gut angekommen, habe ein sehr gutes Hotel. Essen und Wein schmecken gut."[181]
Bei fast keiner den Grüßen auf den Postkarten fehlen Bemerkungen über Klima, Hitze, Strand und Meer: „Das Wetter ist herrlich und auch das Essen schmeckt sehr gut. K … ist ganzen Tag am Strand.", „Das Wetter ist große Klasse. Es sind 35°C. Das Essen ist auch ganz ordentlich." Die Neutralität der Aussage grenzt an allseitig gebotener Vorsicht und Scheinzufriedenheit. Man erwartet als natürliche Selbstverständlichkeit von einem südlichen Land Hitze, warmes Meereswasser, Sonne und Sonnenbrand als unangenehme Nebenwirkung. Es wird automatisch den einheimischen Tagesrhythmus übernommen „Es hat auch was für sich, wenn die Sonne scheint, geht man nur abends essen."[182]
Wie schon erwähnt worden war, ist der bulgarische Charakter voller Gegensätze, die durch die verzweifelte Identitätssuche und Fremdeinwirkungen erklärt werden könnten. Die beschauliche Ruhe bei einem ausgedehnten Abendessen ist nicht während der kurzen Mittagspause erreichbar und kann logischerweise nicht richtig ausgekostet werden. Denn die Bulgaren können keine Hektik und keinen Stress beim Essen leiden und ertragen. Arbeitsamkeit und Fleiß sollen am Tag zum Vorschein kommen und nicht beim Abendessen, die wichtigste Mahlzeit im Lande. Schon immer haben die Deutschen auf das warme Essen zur Mittagszeit als extrem wichtig Wert gelegt. Außerdem die Hitze und die scheinende Sonne sind keine hungertreibende Kraft für die Einheimischen, wie die Urlauber schnell festgestellt haben. Zum Gegensatz der deutschen Kartoffelvorliebe gehört in Bulgarien das Weißbrot fast zu jedem Gericht, genauso wie Obst und Gemüse: „Wein-

---

[181] Postkarten Nr. 63, 91,163
[182] Postkarte Nr. 176, 163, 166; A. LU

trauben, Melonen, Paprika, Pfirsiche in Hülle und Fülle, aber immer Weißbrot." Die gesunde Ernährung hat auch Bulgarien von heute erreicht und das frische herrlich duftende Weißbrot wird scheinheilig verbannt und stetig verteufelt.

„*S. U.: Das Weißbrot in Bulgarien hat in gewisser Weise schon eine Funktion, weil ich sagen muss, man hat sich über Jahre hinweg, Jahrzehnte hinweg an dieses traditionelle Brot ja auch gewöhnt. Ob das geschmacklich ist, ob das die Zubereitung ist zum Beispiel. Es gibt ja heute viele Brotsorten, viele Sorten zum Aufbacken, aus der Tiefkühltruhe diese sogenannten „Rohlinge" und alles so was. Die gab es ja zu DDR-Zeiten auch nicht. Das gab's ja mehr oder weniger nicht, ich kann's jetzt hundertprozentig sagen das Brot hat geduftet und geschmeckt, das müsste man jetzt sagen.*"[183]

Weißbrot, Reis oder Kartoffel: Der jugendliche Individualtourist hat andere Sorgen, bleibt seiner Genauigkeit treu und gibt Angaben weiter, die man nicht unbedingt wissen will: **„Aber auf das Klo oder [Herz]-Häuschen sind es rund 100 m außer Haus, Schlange stehen muss man auch!"** Wiederum einige Jahrzehnte später – zu einem Zeitpunkt, in dem die ehemalige Republik in den neuen Bundesländern umgewandelt wurde, ist man für jede Kommentierung richtig dankbar, weil sie im gewissen Sinne den Alltag aus jener Zeit widerspiegelt: **„Ankunft in Sofia mit 2 ½ Stunden Verspätung und dann auch noch Dauerregen. In relativ modernen Reisebussen wurden wir in die Jugendhotels gebracht. Das Personal gibt sich alle Mühe. … Essen und Trinken sehr gut."**[184]

Für die Nachwelt ist es immer wieder erstaunlich festzustellen, wie vielfältig die Berichte und das Ankommen eines Soz.-Bürgers sein könnten. Der DDR-Bürger kam mit großen Schritten und Erwartungen nach Bulgarien und versuchte so viele Erlebnisse wie möglich nach Hause mitzunehmen. Er hat seinen ethnisch bedingten Hang zur Ordnung und Regel aber nicht Zuhause vergessen, sondern pflichtgemäß mitgebracht. Es durfte keine Sehenswürdigkeit oder Naturbesonderheit vergessen, nicht beobachtet und unkommentiert bleiben:

„Die Fahrt mit dem Flugzeug war wunderschön. In den paar Tagen schon viele schöne Erlebnisse gehabt. Erste Fahrt, 30 km nach Balcick in den Bergen und am Meer entlang. Viele moderne Hotels! An Erlebnisse

---

[183] Interview mit Frau S. U. Gera-Varna, Juli-August 2008. A. LU: 2008/2
[184] Postkarte Nr. 169; A. LU

und Eindrücke fehlt es nicht. Ein schönes Zimmer u. Essen alles prima. Die Zeit wird vielleicht zu schnell um sein."
„Von einem Ausflug nach Baltschik senden Dir sonnige Grüße Gudrun + Elfriede. Es geht uns prächtig. Wir faulenzen, gehen Bummeln und baden natürlich. Das Wetter ist herrlich und Albena eine sehr moderne Stadt [Badeort wie Goldstrand]."
„Nachdem wir 3 Tage im Rila-Kloster waren, sind wir gestern hier gut angekommen. Das Wetter ist hier sonnig und die Temperatur steigt auf 40°C."
„Nach einer Flugzeit von 2 Stunden und 25 Minuten bin ich gut in Sofia gelandet. Hier ist das Wetter zurzeit sommerlich. Wenige Minuten vor der Landung in Sofia sind wir über das Witoschagebirge geflogen. Es ist sehr schön."
„Es gibt hier fantastisch viele Möglichkeiten der Freizeitgestaltung. Außerdem ist es immer interessant Land und Leute etwas genauer kennenzulernen."
„Wir machen unseren Urlaub nur noch hier, d.h. nicht in Varna, aber in Bulgarien."
„Wir sind gut in Bulgarien gelandet und fühlen uns wieder wohl. Der Flug war sehr gut und mit schönem Wetter wurden wir empfangen."[185]
Zwei gegensätzliche grundlegende Gegebenheiten, die für Verbesserungen im Reiseangebot wie kombinierten Rundfahrten, Wanderurlaub in den Bergen etc., sorgten, waren die wachsende Kaufkraft und die Mangelwirtschaft. Ein Paradox: Man hat Geld und kann es nicht ausgeben. Die Kluft zwischen dem allgegenwärtigen Bedürfnis nach Selbstverwirklichung und Selbstbestimmung und der beengten Freiheit wuchs mit den Jahren, der eigene „Wunschzettel" ebenso. Man konnte das verdiente Geld nicht nach seinen Vorstellungen und Bedürfnissen ausgeben: lange Wartezeiten beim Autokauf, subventionierte Mieten und Kindergartenplätze und eine lange Liste „Bückwaren". Der Wertewandel vollzog sich plötzlich und unaufhaltsam in Richtung:
„A. G.: Eher Geldausgeben für alles, was ich bekommen kann, als aufheben für etwas, was ich brauche, aber nicht kaufen kann."[186]
So wurden die Bedürfnisse umgestellt und angepasst. Der private Telefonanschluss war auch Mangelware, zunächst mehr ein strategischer als gesellschaftlicher „Befund". Nach der Antragstellung sollte man sogar bis 25 Jahre

[185] Postkarte Nr. 18, 21, 32,49, 61, 72; A. LU
[186] Interview Herr A. G., 08.08.1988. A. LU: 1988

warten oder „berechtigtes Interesse" an einem Telefonanschluss nachweisen. **„Wo verbringt Ihr dieses Jahr Euren Urlaub? Es ... in Gera was für 1981 versprochen, hoffen wir, dass es dieses Jahr noch etwas wird. Wir warten! Sind werktags von 7 – 4 unter Telefon Nr. 3430 zu erreichen [sicher Dienstanschluss].**"[187]
Erschwerend kam dazu, dass es bei Telefonaten in beiden Ländern auch Mithörer gab – Stasi und Staatssicherheit in Sofia. Der Volksmund behauptete, dass die Zahl der Telefonleitungen durfte, nicht steigen, weil die Stasi-Mitarbeiter mit dem Mithören bzw. Abhören überfordert worden wären. Man sollte an humanen Arbeitsbedingungen denken, deshalb sogar im letzten Jahr der DDR 1989 gab es nur in 11 von 100 privaten Haushalten Telefonanschlüsse, scherzte damals Frau R. K.ʼ eine ehemalige Postangestellte. Die bulgarische Sicherheitsbehörde betrachtete dieses Problem als nicht so ernstzunehmende Angelegenheit. Es gab Duplexleitungen und schlechte Verbindungen in Hülle und Fülle. Immerhin war die Bevölkerung mit Kommunikationstechnik gut versorgt. Besonders gut angezapft und überwacht wurden die Leitungen in den Westen. DDR-Touristen nutzten immer öfter den Urlaub in Bulgarien um mit ihrer westlichen Verwandtschaft, glaubte man ohne Mithörer, telefonieren zu dürften.
„In Varna war es eigentlich immer möglich mit meiner Mutter in Düsseldorf zu telefonieren. Manchmal musste ich bis 2 Stunden auf Verbindung warten, aber das Gefühl mitgehört zu werden war nicht da. Ob es eine Einbildung war oder tatsächlich niemand mitgehört hatte, kann ich nicht sagen. In Varna hatte ich mich immer freier gefühlt als in Saalfeld. Vielleich wegen des Meeres, wer weiß!"[188]
Die Postkartentexte aus dem sozialistischen Osten, ob kontrolliert oder nicht, korrekt adressiert oder nicht sollten die West-Adressen irgendwann erreicht haben.
Ab Anfang der 80er Jahre kam es wieder zu großem Rückgang westdeutscher Besucher an der Schwarzmeerküste. Obwohl Bulgarien, schon im Jahre 1977 *„als erstes sozialistisches Land, den Mindestumtausch für westliche Touristen"*[189] erließ und später erweiterte die Erleichterungen für devisenbringenden Touristen. Die Meldepflicht für Einreisenden aus dem nichtsozialistischen Ausland bei der Meldebehörde blieb aber unangetastet.[190] Die Dif-

---

[187] Postkarte Nr. 109; A. LU
[188] Interview mit Frau I. S. 1990. A. LU: 1990
[189] Wolter, Heike: „Ich harre aus im Land und geh, ihm fremd: Die Geschichte des Tourismus in der DDR. 2009. S. 165
[190] Interview Frau R. H., 20.08.1983, Varna. A. LU: 1983

ferenzierung der Erfahrungen und des Ankommens im Alltag des touristischen Milieus nach „Ost" und „West" wurde deutlich durch das spezifische Konsumverhalten beider Gruppen: **„Den Urlaubern aus dem Westen geht es da viel besser, die können alles kaufen."** Während die „Anpassungskultur" in anderen Ländern oft den Widerspruch zwischen schnellen Umstellungen und ihrer nachlässigen Handlungen zielte, betraf die bulgarische Verhaltens- und Behördenwillkür eher die chaotische Regulierung und die Unerbittlichkeit der Prozeduren in einer Umbruchzeit. Die krassen mentalen Prägungen, die hier in verschiedenen Facetten erschienene Konsumkultur als Tourist zweiter Klasse, die bei den DDR-Bürgern heftigen Spuren hinterlassen hatten, waren mit der Währungsunion Nr. 1, sprich mit der DM-Einführung, schnell überwunden. Im Kontext mit der vorangehenden Problematik lässt sich die zitierte Aussage wie folgt deuten: Durch die Gewohnheit und Bekanntheit der unterschiedlichen Prägung ermöglichten die Erfahrungen eine gewisse entwürdigende Kontinuität im Leben. Dies ist von Bedeutung, da das Leben der Ostdeutschen nach dem Beitritt wiederum seine heile Stabilität in großen Teilen verloren hat: Sie mussten sich an neue Zweitklassigkeit gewöhnen und an ein neues Wertesystem. Dies kann so verstanden werden: die Menschen im Osten Europas mussten sich in vielen Bereichen des Lebens umstellen und an Neues gewöhnen. Darüber wird aber noch zu sprechen sein.

Es darf nicht vergessen werden, dass die sozialistische Regierungen, besonders die Zukunft der Nation – die Studentenschaft, zu Beginn der 80er Jahre mit Gebrauchsgütern, preiswerten Wohnheimen und Lebensmittel ziemlich gut versorgt haben. In der Kaufhalle in der sogenannten Studentenstadt in Sofia oder in Varna konnte man Delikatesswurstsorten aus Polen, Ungarn und aus der DDR teuer kaufen. Die Regale waren bunt gestaltet und voll. Bis 1990.[191]

Der Bereich der Dienstleistungen jedoch bat Kontinuität, solange man auf gute gesellschaftliche Positionierung bzw. Beziehungen zugreifen konnte. Diese Kontinuität wurde notgedrungener Weise von den Soz.-Menschen angenommen. Mit dieser Entwicklung korrespondierten die anfängliche Hybridität des Bewusstseins und das Befreiende von wichtigen Zügen. Interessant an diese individuelle Befreiung ist besonders, dass sie eine eigene Definition von Osthybridität beinhaltet und flexible Anpassung vornimmt. Danach scheint der Ostmensch zum Beispiel den Kurtourismus vorwiegend mit Individualtourismus gleichzusetzen. Er übersieht nicht, dass es sowohl früher

---

[191] Notizen, eigene Erinnerungen und Interviews 1980-1982, Sudentenstadt, Sofia.

als auch heute Reha-Reisen gab und gibt, die man nicht teuer bezahlen muss. Die Rehabilitation war eine hart umkämpfte Möglichkeit, besonders für älteren Menschen, überhaupt im Ausland sein zu dürfen. Die äußere Monotonie der Lebensweise ließ in einer umgeprägten Form die Nüchternheit ihres Alltags vermuten. Wer eine Kur im Ausland bekam, was auch keine einfache Angelegenheit war, durfte sich mit einem Lottogewinner vergleichen. Charakteristisch für die Berichte auf der kleinen Postkarte ist immer der unverfälschte Ausdruck der Freude, dass man sowas erleben dürfte:

„... die Fahrt/Flug erstaunlich gut überstanden. 17.30 Uhr Ortszeit konnten wir Pauline und ich unser gemeinsames Zimmer beziehen. Heute Vormittag Arztvorstellung + Freitag erste Behandlungen."

„Ich bin hier 4 Wochen zu einer Rheumakur. 15.6. – 13.7. Pomorie liegt 20 km von Burgas entfernt, direkt am Schwarzen Meer. Auf dem Bild vorn seht ihr es auch mein Zimmer. Hier ist es herrlich. Das Essen ist reichlich und gut. Die Behandlungen sind: Moorpackungen, Unterwassermassagen, Reizstrom, Salzbäder, Heilgymnastik und Alkoholverbot. Baden ist erlaubt, wenn das Wasser über 21° betrage."[192]

In diesem Ordnungssystem waren die Dimensionen von reglementierter Sozialgerechtigkeit und verordnetem Glück im Privatbereich, die andererseits als Gegengewicht gegen die Wertminderung des Alltagslebens besonders bedeutsam war, zusammengeflossen. Mit dem Leitprinzip des Kommunismus: „Jeder nach seinen Fähigkeiten, jedem nach seinen Bedürfnissen" hatte die fast tägliche Umstrukturierung des Wunschzettels mit Änderungsimpulsen wenig zu tun. Die von Marx einst geforderte Verteilung der „Arbeit" und Versorgung der Arbeiter konnte nur im krassen Gegensatz zur real existierenden Gegebenheiten gesehen werden:

„Das Reisebüro bearbeitet die Vormerkkarten in der Reihenfolge des Eingangs. Bei besonders beliebten Reisezielen (DDR-Süden, Schwarzes Meer, sowjetische Küste) bekommen vielleicht 50 vom 100 DDR-Bürgern eine Zusage, dreißig weiteren wird ihr Zweitwunsch erfüllt, der Rest wird nochmals ins Büro bestellt, um ein neues Urlaubsziel auszusuchen. Sind alle Vormerkkarten bearbeitet, gehen die Reisen in den freien Verkauf und werden sogar per Anzeige in der Zeitung angeboten."[193]

Eine Rundreise durch Bulgarien empfiehlt sich für PKW-Touristen im Zeitraum Mai bis September. Übernachtungscoupons, Verpflegungstalons und

---

[192] Postkarten Nr. 71, 124; A. LU
[193] Menge, Marlies: Urlaub nach zentralem Plan. In: Zeit-Online. Nr. 3. vom 11. Januar 1980. http://www.zeit.de/1980/03/Urlaub-nach- zentralem-Plan. (Letzter Besuch am 22.10.2011)

Benzingutscheine konnten im Reisebüro gebucht werden. Ein großer Teil der Reisen, soweit es sich nicht um Pauschalreisen handelt, war an eine individuelle An- und Abreise gebunden.

„S. H.: Was uns damals am meisten fehlte waren der Duft der Ferne, das Luxus selbst entscheiden zu dürfen und das Gefühl Schönheit ohne Reglementierung genießen zu dürfen."[194]

„Inzwischen bin ich nach einer Rundfahrt durch dieses wunderschöne Land, durch Sofia, Rila-Gebirge, Plovdiv, über den Schipka-Pass am Schwarzen Meer angekommen. Nach den vielen Eindrücken machen wir jetzt bei herrlichem Wetter erst einmal Urlaub."[195]

Die Benzinpreise, ganz im Sinne der Zeit, kletterten auch kräftig nach oben: 83 Oktan 0,90 Lewa (2,70 Mark), 93 Oktan 1,-Lewa (3 Mark), 96 Oktan 1,20 Lewa (3,60 Mark) und Diesel 0,60 Lewa (1,80 Mark).[196] Die schleppende Motorisierung des Ostbürgers im allgemein und die Verteuerung des Alltagslebens im Gastland waren die entscheidenden Faktoren für die geringe Erhöhung der Autoreiseintensität. Obwohl in Bulgarien eine „Benzinprämie" für DDR-Autotouristen gab, die ihre Übernachtungen im Hotel, nicht im Camping, über das Reisebüro gebucht hatten, blieb die Zahl im Vergleich mit den Pauschaltouristen gering.

„Rila, Maljowitsa. Ihr lieben alle! Wir sind gut angekommen. Das Wetter ist herrlich, auch die Gegend. Der Flug war wunderbar, wir haben den ersten Spaziergang hinter uns."

„Bansko. Aus dem Piringebirge, wo die Berge max. 2914 m Höhe haben, die herzlichsten Urlaubsgrüße. Verpflegung – bulgarisch, Unterkunft und Organisation wie im Interhotel. Wir bestiegen schon einen schneebedeckten Berg in 2650 m Höhe. Jeden Tag wird etwas anderes unternommen. Auch die Malerzunft ist hie vertreten. Malermeister … ist da."

„Recht herzliche Grüße aus der „Stara planina", einem herrlichen Gebirge. Wohnen in ca. 1000 m Höhe in einem schönen kleinen Heim. Von hier aus unternehmen wir unsere Wanderungen. Herrlich, was hier alles blüht! Wie in einem botanischen Garten. Nächste Woche geht es ans Schwarze Meer, an den Goldstrand."

---

[194] Gespräch mit Frau S. H., Kunstlehrerin, 2013
[195] Postkarte Nr. 70; A. LU
[196] Auf Achse. In: Der deutsche Straßenverkehr (1987) 12, S. 168; Wechselkurs: 100 Lewa = 320,00 Mark.

„Borowez. Wie jedes Jahr, senden wir Ihnen schöne Urlaubsgrüße. Es ist hier sehr schön. Das Gebirge und der Ort, fast so wie in der Hohe Tatra.“[197]

Die Sehnsucht nach bescheidenem Luxus kommt deutlich zum Ausdruck in dem Vergleich zweier Reiseziele aus der beengten persönlichen Auswahl. Aber auch als Beispiel eines uniformierten Bestrebens, das sich ganz genau bemüht alles zu regeln und keine Lücke in den Vorschriften zu lassen. Oft wurde dadurch die stumpfe Dumpfheit der Anpassung überlagert, die Nischenmentalität unmissverständlich gefordert und gefördert. Dies hatte selbstverständlich seinen Preis:

„Doch anders als KdF war der DDR-Sozialtourismus hoch subventioniert – und so erfolgreich, daß die Reiseintensität schließlich höher lag als im „Westen“. Und doch war es just die fehlende „Reisefreiheit“, die die Loyalität zum „Arbeiter-und-Bauern-Staat“ entscheidend untergrub.“[198]

„Smoljan. [Internationales Esperanto-Seminar; Mezdunarodna Esperantistka Skola] Liebe Beckers! Aus ca. 1000 m Höhe und herrlicher Umgebung in den Rhodopen senden wir Ihnen herzliche Urlaubsgrüße. Die Nächte sind kühl, aber am Tage wird es sehr warm. Jeden Vormittag wird eifrig gelernt u. nachmittags geht es in die Berge (mit Büchern].“

Trügerischer „Schein“ heißt die „Erkrankung“, an der die Jugendlichen in den letzten Jahren des Sozialismus leiden. Der Schein ist ein Zustand des Ankommens der komplexen Hybridität, dessen Herkunft alle genau zu beschreiben wissen, aber er „befällt“ sie teils-teils als vorgetäuschte Unwohlsein so, wie alltägliche Tüchtigkeit die Deutschen oder Bulgaren übermannt, dass sie sich dagegen nicht wehren können z. B. wie in dem Text: man weiß es nicht, was lieber wäre: „eifriges Lernen“ oder ausgiebige Bergwanderungen. Die Jugendlichen haben längst von der Vorstellung der vielseitig entwickelten sozialistischen Persönlichkeit im ideologischen Sinne Abschied genommen. Und spätestens seitdem die winzigen DDR-Praktikantengruppen sich in der bulgarischen Wirtschaft als Aufbauhelfer „einarbeiten“ ließen, sind sie irgendwie treuer und gleichzeitig bescheidener geworden. Aber auch wenn es die Sonderrolle des fleißigen Praktikanten im Ausland nicht mehr erkennbar war und nicht mehr aufrechterhalten konnte, so änderte das nichts

---

[197] Postkarten Nr. 88, 63, 87; A. LU
[198] Spode, Hasso: Der Tourist. In: Der Mensch des 20 Jahrhunderts. Hrsg. Ute Frevert und Heinz-Gerhard Haupt. Frankfurt/M. [u.a.]: Campus-Verl. 1999. S. 137

am Anspruch der Jugendlichen eine wunderbare Zeit im Freundesland zu verbringen:
„Viele Arbeitsgrüße aus Plovdiv übermittelt Euch Holger. Hier ist es sehr warm. Über 40°C im Schatten. Mit Arbeit ist somit nicht viel. Wir gehen fast nur baden und abends durch die Stadt bummeln."[199]
Der Arbeitseinsatz für den Sozialismus sollte sich nicht anderen „Mitwirkenden" suchen, um sich als „primus inter pares"[200] in der Gruppe der Austauschmöglichkeiten behaupten konnte. Er hatte dieselben „Existenzrechte" inne und genoss die gleiche Beliebtheit wie alle anderen auch, aber trotzdem weist eine erhöhte Ehrenstellung vor. Diese Stellung hat meist ganz praktischen Charakter und ist mit einigen Privilegien verbunden. Das Auslandspraktikum verglich sich damals in politischen und wirtschaftlichen Belangen immer mehr mit einem wohltuendem Aufenthalt. Der Praktikant selbst suchte im Maßnehmen des Geschehens seine Identität. Nur in einer Hinsicht fühlte er sich ein bisschen unwohl – wenn es um die Arbeit ging. Allein deshalb, weil man über keine Einsatzmöglichkeiten verfügte:
„ГДР. Nochmals viele Grüße, aber diesmal vom Schwarzen Meer, übermittelt Euch Holger. Wir sind hier im Burgas. Es ist aber nicht so schön hier. So waren wir heute in Nessebar und wollen wir nach Sozopol und Primorsko. Dort sind die Strände besser."
„DDR- ГДР Viele Grüße vom „schweren" Praktikum aus Bulgarien übermittelt Dir Holger. Es ist zurzeit sehr heiß hier (40° C und darüber). Wir waren schon im Gebirge klettern. Dann fahren wir noch zum Schwarzen Meer u. nach Sofia."[201]
Sortieren wir die Gegebenheiten nach Zukunftsorientierung und Jugendkultur. Ein Auslandspraktikum war ein zweckgebundenes Mittel der Erziehung und ideologischer Umformung, das über einen großen Einfluss auf die junge Identität verfügte. Es hat wohl damit zu tun, dass sich hinter der Fassade des Arbeitseinsatzes – im Leben wie im Urlaub – errichteten Erlebnissen für den Beteiligten verborgene Dinge abspielten.
„Von der FDJ organisierte Sommercamps im In- und Ausland verbanden oftmals Erholung mit Arbeit und damit die Möglichkeit, sich das Urlaubstaschengeld selbst zu erwirtschaften." [202]

---

[199] Postkarte Nr. 118; A. LU
[200] Lat. - Erster unter Gleichen
[201] Postkarten Nr. 119, 122; A. LU
[202] Urlaub, Klappfix, Ferienscheck: Reisen in der DDR. Berlin: Eulenspiegel Verl. 2003, S. 133.

Diese Geschehnisse lassen sich nur „schwer" entschlüsseln, und solange sie öffentlich bleiben, lassen sie in der allgemeinen Vorstellung eine Traumwelt entstehen. Sie mögen Wunschträume vorgaukeln, doch dahinter sollten sich neue Erfahrungen, die Vorstufen einer neu geformten Hybridität und spezifische Ostidentitäten versteckt haben.

„DDR- ГДР, [Motiv Plovdiv]. Die besten Grüße aus dem Praktikum in Bulgarien übermittelt Euch recht herzlich Holger! Es ist sehr schön u. auch sehr heiß hier. Wir haben schon viel gesehen und erlebt. Morgen fahren wir in die Rodopen über Schipka-Pass. Dann fahren wir noch eine Woche ans Schwarze Meer. Ein Urlaub hier lohnt sich auf jeden Fall. Pfirsiche und Melonen usw. kann ich nicht mehr sehen. Auch herrliche Restaurants an Weinbergen usw. gibt es hier."[203]

Indem der DDR-Praktikant seinen Arbeitseinsatz für den Sozialismus pauschal als „Urlaub" deklariert und die „Pfirsische und Melonen" in Bulgarien als „Überfluss" und „Übersättigung" bezeichnet, nimmt er eine Abwertung des erwarteten Arbeitseifers vor. Seine Wahrnehmung ist hier äußert selektiv. In beiden Fällen wird neben dem eigentlichen Ziel die politische Ordnung gleich mit abgewertet. Im gleichen Atemzug wird die soziale Sicherheit aufgewertet: Dem DDR-Praktikant war der Fluchtgedanke fremd, auch unmittelbar an der türkischen Grenze. So sollte die Jugend vor einem politischen Gefühlschaos gerettet werden und die Gefahren des Kalten Krieges in die weite Ferne abgeleitet werden.

„Achtopol. (DDR- ГДР). Viele Grüße aus Bulgarien vermittelt Euch Anklamer Holger! Wir sind hier zum Praktikum, müssen aber kaum arbeiten. Sie zeigen uns sehr viel vom Land. So waren wir 1. Woche in Plovdiv, im Gebirge u. z. Zeit sind wir am Schwarzen Meer im letzten Ort unten im Süden neben der Türkei. Es ist sehr warm u. das Wasser ist herrlich."[204]

Die versteckte Unübersichtlichkeit des sozialpolitischen Angebots fällt noch stärker ins Gewicht, bedenkt man, dass die Studentenschaft an anderer Stelle andere Ziele gesetzt hatte, das geringe internationale Angebot in der DDR habe das Praktikum oder den Sommerarbeitseinsatz in Bulgarien besonders begehrt gemacht. Auch andere Interviewpartner erzählen, dass sie zum Teil aus Selbstüberzeugung und ein bisschen Eitelkeit einen Auslandsarbeitseinsatz beantragt. In ihrer Erinnerungen wurde deutlich, dass sich schleichend gefühlte Anpassung aber auch auf die Loyalität der Intelligenz beziehen

---

[203] Postkarte Nr. 164; A. LU
[204] Postkarte Nr. 165; A. LU

kann, was wiederum ebenfalls ausschlaggebend für eine spätere Karriere sein könnte. Fluchtgedanken, Ausreiseanträge und Unzufriedenheit sollten durch teuer subventionierte soziale Sicherheit ausgerottet werden. Nebenbei hat der Staat den Grundstein für eine sowohl widersprüchliche als auch komplexe Ostidentität des 21. Jahrhunderts gelegt, indem er der Jugend eine ideologisch konforme Tür geöffnet hat und damit die Suche nach der passenden kollektiven Ordnung beendete auf der sich jeder Ostbürger seit 1945 befand. Allerdings fördert die Ideologie des Sozialismus nicht das nationalstaatliche Denken – und das in einer Zeit, die die Geburt einer neuen Identität einläutete.

„DDR- ГДР. Nochmals viele Grüße aus Bulgarien aber diesmal vom Schwarzen Meer. Das Wetter ist herrlich (~ 30°C) und das Wasser glasklar und warm. Wir sind im letzten Ort vor der türkischen Grenze. Hier sind nicht mehr viel Urlauber und alles billiger. Gestern haben wir Muscheln gefangen und bei Wein am Lagerfeuer geröstet und gegessen. Man könnte es hier noch viel länger aushalten."[205]

„Der Versuch, die DDR zu verlassen, war strafbar. Etwa 75.000 DDR-Bürger sind deshalb verurteilt worden. Allein über Bulgarien sollen zwischen 1960 und 1990 zirka 4.500 Fluchtversuche unternommen worden sein. Was die DDR-Bürger nicht wussten: Bulgarische Grenzsoldaten erhielten für Todesschüsse auf deutsche Flüchtlinge von der DDR-Regierung Prämien von 1.000 bis 2.000 DDR-Mark - ein Vermögen damals in Bulgarien. Etwa 100 Todesfälle durch Erschießungen im bulgarischen Grenzgebiet soll es gegeben haben. Professor Stefan Appelius untersucht derzeit die „Rätsel der verschwundenen Leichen" und sucht Menschen, deren Angehörige und Freunde nach Osteuropa-Reisen spurlos verschwunden sind."[206]

Leider bestätigten ehemalige bulgarische Mitarbeiter der DDR-Botschaft in Sofia und Grenzsoldaten, dass die grausame Belohnung tatsächlich existierte. Die Grenzsoldaten, die am Gespräch teilgenommen hatten, wussten von dem Abkommen, aber nie scharf „auf Menschen" geschossen hatten. Sie hätten mit dem Gedanken jemanden für Belohnung umgebracht zu haben nie fertig werden können und hätten sich nie zu ihrer inneren Ruhe gefunden.[207]

„B. F.: Also hab ich eigentlich gar nicht mal so direkt drüber nachgedacht. Mehr vom Ausreisewillen geleitet, ja. Aber wahrscheinlich ist es auch, weil

---

[205] Postkarte Nr. 117; A. LU
[206] Vgl. Priester, Helga: Fluchtweg Bulgarien 1963 – dritter Versuch. Berlin: Zeitgut-Verl. 2008. Sammlung der Zeitzeugen 61. Vgl. Sontheimer, Michael, Supp, Barbara: Der letzte Schuss. In: Der Spiegel (2008) 27, S. 56-61.
[207] Interview 2010 in Sofia, anonyme Teilnehmer. A. LU: 2010

der Fluchtgedanke in fast jedem von steckte, wenn ich das jetzt mal nicht von Parteibonzen und Genossen rede. Der Westen sieht eigentlich noch genauso aus wie früher. Der hat sich eigentlich nicht verändert. Nur der Blickwinkel und das nicht Erreichbare ist zum Greifen nah geworden.[208]
Nachdem der Fluchtgedanke sich nun scheinheilig nicht mehr gefestigt zeigte, war es Ziel der Staatsherren das Bewusstsein des Zufriedenseins vorzubereiten, weniger die selige Beschäftigung mit dem individuellen Ausgrenzen von wichtigen Entwicklungen und Vorurteilen. Bei vielen sogenannten Nischen gab es eine begehrte „Kategorie", sodass die Individualisten ausweichen könnten, wenn sie zu ihrer Freizeitgestaltung keine feste Position hatten: Der Campingplatz:

„Den tausenden Autotouristen, die alljährlich das gastfreundliche Bulgarien besuchen, bietet ein weites Netz von Campingplätzen, besonders entlang der Schwarzmeerküste, ausgezeichnete Erholungsmöglichkeiten. Die Campingplätze verfügen über Küchen, die jeder Tourist benutzen kann, Waschküchen und Bügelzimmer. Auf den meisten Campingplätzen gibt es Bungalows mit zwei Betten und gewissen Bequemlichkeiten für den Touristen. Die Höhe der Gebühren ist von der Kategorie des Platzes abhängig (erste bis dritte Kategorie)[209]
Das Reisebüro der DDR hielt seinerzeit auch zahlreiche Angebote für Camper bereit. Es wurde schnell erkannt, dass die Mehrheit der Bevölkerung seinen Urlaub individuell gestalten wollte, deshalb wurde das sogenannte „Open-Voucher-System" eingeführt.

„Das erlaubt, sich die Campingplätze selbst auszusuchen und sie beliebig lange zu nutzen. Mindestens 5 Vollpensionen sind Bedingung, wobei das Geld für die Beköstigung ausgezahlt wird. Der Voucher schreibt nicht den Reisetermin vor, gilt jedoch nur für die Anzahl der Tage, für die er gekauft wurde. Der Vollpensionspreis beträgt pro Tag für Erwachsene 36 Mark, für Kinder von 2 bis 10 Jahren 18 Mark und Kinder unter 2 Jahren 0,50 Mark. In dieser Summe sind 6 Leva für Beköstigung, bei Kindern 3 Leva, Parkplatz für Pkw oder Motorrad, die Zeltplatzgebühr bzw. Standplatzgebühr für Campinganhänger und Gemeinkostenzuschlag enthalten. Hinzu kommen die Visa- und Visabeschaffungsgebühren.[210]

---

[208] Gespräch, anonyme Teilnehmer Jena, 1994. A. LU: 1994/2

[209] Peschev, Ivan, Tonev, Velko, Alexandrov, Jordan: Reiseführer Varna. Sofia: Medizina i Fiskultura. 1979, S. 81

[210] Mit dem Pkw ins Ausland: Ein Ratgeber für organisierte Autotouristen. In: Der deutsche Straßenverkehr (1986) 4, S. 8

Es war auch nicht so, dass der Gedanke der individuellen Gestaltung in der Realität keinerlei Rückhalt hatte. Das Ankommen war eine Fassade für verinnerlichte Selbstdarstellung. Das „Schwarzzelten" stellte die neu geformte Identität dar, vereinte in sich Abenteuer und prägte den Stil des befreiten Daseins. So ist das Zelten insgesamt Maßstab für das Denken und Darstellen, für verinnerlichte Abweichungen von der Norm und veräußerlichte Ästhetik der östlichen Identitätsdynamik geworden. Dies alles „lebt" in einem Zelt und zeugt sich ergänzend Gefühle einer unbekannten Hybridität, die sich darauf richten, des Maßes höchste Freiheitsmarke zu erreichen. Nicht selten und immer wieder gelingt dies – in Glücksmomenten – gewöhnlichen Menschen.

„Wir sind hier sehr gut angekommen, wenn es auch ganz schön lange gedauert hat. Z. Zeit zelten wir seit zwei Wochen wieder mal schwarz. Wir verreisen unser ganzes Geld. Das Wetter war bis auf ein paar Regenschauer ganz gut. Das Meereswasser ist ganz blau, warm und furchtbar salzig."[211]

Was hier angesprochen worden ist, ist für die weiteren Überlegungen interessant, denn ob das Schwarzzelten wirklich noch genauso wie damals der Leichtigkeit des Frohsinns und der Freiheit gleichgesellt werden könnte, ist heute ungewiss. Diese Gefühle können nur im Rahmen der heutigen Hybridität erörtert werden. Es ist jedoch in vielen Fällen fraglich, ob die Vorstellung von der Freiheit wirklich hundertprozentig derselbe von früher ist. Wären soziale Zusammensetzung und individuelle Erfahrungen nicht mehr dieselben, so wäre zu fragen, was dann die Gewohnheit „dagegen-zu-sein" erzeugt und ob das Gefühl beim Schwarzzelten, man erkennt den Geschmack des Freiseins, nicht eine Sache des Kopfes sei. Man hatte damals für den fremden Schwarzcamper in der sozialistischen Welt gefühlsmäßig Verständnis. Es war verboten, aber keiner wurde erwischt und bestraft.

Die bulgarische Campingpreisliste war immer rechtzeitig, vor Beginn der Reisesaison, bekannt gegeben und für das Studentendasein mit staatlichem Stipendium, egal welcher Nationalität, ziemlich hoch:

„Wie uns die Balkantourist-Vertretung in Berlin mitteilte, gelten in diesem Jahr folgende Campingpreise. Die Angaben erfolgen in Lewa und beziehen sich auf jeweils eine Nacht. Bis 1. Juli und ab 1. September wird eine 20prozentige Preisermäßigung gewährt. Kinder zwischen 2 und 12 Jahren erhalten zur gleichen Zeit eine 50prozentige Ermäßigung. Für die Privatquartiere liegen die Preise für ein Einbettzimmer pro Nacht zwischen 3,30

---

[211] Postkarte Nr. 120; A. LU

und 6,50 Lewa. Für ein Zweibettzimmer sind pro Nacht zwischen 5,80 und 9,00 Lewa zu zahlen. Campingpreise (Schwarzmeerküste): Übernachtung (Person) – 2,70 Lewa (Spezial) 2,20 Lewa (Kat. 1); Zeltplatz - 2,70 Lewa (Spezial) 2,20 Lewa (Kat. 1); Parkplatz - 2,70 Lewa (Spezial) 2,20 Lewa (Kat. 1); Pkw mit Wohnwagen – 5,60 Lewa (Spezial) 4,10 Lewa (Kat. 1); Pkw mit Gepäckanhänger – 3,60 Lewa (Spezial) 2,80 Lewa (Kat. 1); Motorrad – 1,40 Lewa (Spezial) 1,20 Lewa (Kat. 1); Autobus – 12,00 Lewa (Spezial) 10,80 Lewa (Kat. 1)"[212]
Die Campingplätze in der DDR, nicht an der Ostseeküste, waren wesentlich billiger.

Es wäre unrealistisch, wollte man diese auffällige Entwicklung in den 80er Jahren aus der authentischen Betrachtung ausschließen; es ist immer damit zu betonen, dass sich in dieser Zeit nicht nur das äußere Erscheinungsbild verändert hat. Auch der Versuch, die bekannten Gegebenheiten gewissermaßen heimlich oder „rechtlich" umzugehen und auszugrenzen, hat nicht fehlgeschlagen. In diesem Sinne ist die Geschichte enger mit einer subjektiven persönlichen Erinnerung verbunden, als die authentische Berichte ohne zeitliche Entfernung vermuten lassen. Abschließend für diesen Teilaspekt der Kategorie „Freiheitsbestreben und Scheinheiligkeit" möchte man etwas ausführlicher auf die bestrebte Ausgrenzung vom schwächenden Kollektiv eingehen. In dieser Kategorie werden die Funktion und die Bedeutung eines hybrid ähnlichen Verhaltens für die Aufarbeitung des gesellschaftlichen Bruches thematisiert. Erkennen lässt sich zum einen der Wunsch nach Kontinuität und andererseits der Versuch einer Verortung: Fügt sich diese oder andere geschichtliche „Einsichten" zum Bild des sozialistischen Bürgers, das sich aus wenigen Konstanten der Geschichte erklären lässt? Sind Risse in dem Eisernen Vorhang schon vorhanden gewesen? Was die Ostmenschen damals zum geträumten Westen und im Speziellen zum grenzenlosen Reisen „verlauten" ließen, gab der Obrigkeit wenig Grund zum Optimismus. Das Fazit hätte eindeutig lauten können: Es war nicht alles beim Alten, im Osten gab es vieles Neues.

3.4 Das unvollendete Ende: Ost vs. West

Wie sich der widersprüchlich hervorragende Ruf vom Nutzen des Kollektivlebens in der Bevölkerung hielt und allem Anschein nach nicht totzukriegen war, zeigt sich in repräsentativen Gesellschafts- und Versorgungsfragen. Von

---

[212] Bulgarische Campingpreise. In: Der deutsche Straßenverkehr (1980) 5, S. 5.

besonderer Bedeutung war das Verhalten der Jugendlichen, weil sich hier unverstellt zeigen konnte, ob nachwachsende Generationen ein anderes Verhältnis zum Kollektiv bzw. Sozialismus entwickelten und ob die erzieherischen Bemühungen des Kollektivs insgesamt fruchteten. Die DDR und Volksrepublik Bulgarien zerbrachen an der Entschlossenheit der vielen Menschen, das Dasein in einer gezwungenen geschlossenen Gesellschaft aufzugeben. Danach wurden die vielen Rebellen wachgerüttelt und trennten sich in arbeitenden Gewinner und arbeitslosen Verlierer, nachgewiesen an der neuen Loyalitäts- und Klassenstruktur. Die individuelle Freiheit wird nicht mehr ideologisch sondern wirtschaftlich eingeschränkt. Die altbekannte Opposition Systemloyalität, Anpassungsmöglichkeiten vs. Einschränkungen hat schon ausgedient und verlor ihre tatsächliche sozial-politische Bedeutung. DDR verschwand und machte „GERMANY"[213] einen großen Platz auf der Rückseite der alten guten Postkarte. So schnell wurde auch die sprachliche Bildung in den Schulen umgestellt, kyrillisches Alphabet und Russisch waren passe, wollte keiner mehr wissen und lernen. Rasch waren die Postbeamten mit Destinationen auf Englisch konfrontiert und demzufolge hatten mit ganz anderen weltlichen Eigentümlichkeiten zu kämpfen. Die letzten Postkarten mit DDR-Nachweis wurden im Sommer 1990 geschrieben und in die fast verlorene Heimat DDR geschickt. Mit der stolzen Feststellung: **„sonst gibt es auch keine Probleme, da DM hoch im Kurs steht. Zum Kaufen gibt's nicht viel. Das Essen ist gut und reichlich"**[214] war die Vergangenheit auf Nimmerwiedersehen verschwunden und es war für vielen gut so. Das Ankommen, egal wo auf der Erde, hat sich westlich gefärbt. Alle Freiheit der Welt statt Geldmangel, Naturalientausch und Zollerklärung! Das neugewonnene Selbstbewusstsein hat den ehemaligen DDR-Tourist total verändert und später in einem hybriden Ostmenschen verwandelt. Die starke Präsenz von überheblichen Meckern, Mahnern, Tugendwächtern und ähnlichem Volk zeigte deutlich, dass die Ostdeutschen, trotz Auszeit und mancher Ausbruchsversuche in der Gegenwart, für immer zu den traditionellen Charakterzügen verdammt sind, die als typisch „Deutsch" bezeichnet werden. Der frischgebackene, postsozialistische Ostbürger war anfangs kaum wieder zu erkennen. Das neue Verhalten formte sich zuerst als Verstoß gegen die alten Normen und das Wertesystem. Nicht nur einmal die Symbiose von verinnerlichter Ablehnung mit veräußerlichter Wut zum höchsten Ausdruck entwickelt zu haben belohnte die langsam hybrid erwachten Individuen mit einem

---

[213] Postkarte Nr. 132, 178, 182; A. LU
[214] Postkarte Nr. 90; A. LU

echten Glücksgefühl, und so ließen sie sich gelegentlich zu Handlungen ver-
leiten, die sie zum Helden verformen. Der Vergleich mit dem ehemaligen
Bruder war bitter notwendig: „[...] **die Lebenslage hier für die Leute ist
sehr schlecht, da geht es uns gut, früher ging es ihnen besser, als die
Wessis alle kamen.**"[215] Zwar entsprechen solches Ankommen und widersprüchliches Verhalten dem Wesen des endsozialistischen Bürgers nicht,
aber in dem historischen Moment waren sie dem neu gewonnenen Image
zuträglich. Im Allgemeinen packt den Bürger keineswegs die Wut über das
Geschehen, wenn es darum geht, die Darstellung seiner umgestalteten Würde
mit äußerlicher Ethik erkennbar zu machen. Das Ankommen sollte so prunk-
voll sein, wie es die Bedeutung der Zeitgeschichte entsprach.

*„Die Mauer hat mir Heimat und Familie weggenommen, mein Leben und
mich total verändert. Sie muss unverzüglich weg, weg...weg aus unserem
Leben!"*[216]
Aber seiner späten Erinnerung hatte der Ostmensch einschließlich der Bulgare ja schon bei Eintritt der historischen Veränderung eine besondere Aufmerksamkeit gewidmet, denn er ließ sie nicht nur die offiziellen Abweichungen aufnehmen, sondern auch die Erlenbisse des kleinen Menschen. Die
vereinten Deutschen und Ostausländer versetzten sich in einer altgewünsch-
ten neuen Wirklichkeit, die sie zum Teil bei der Vereinigung im gewissen
Sinne vorgefunden hatten. Vieles kostbares Porzellan wurde dabei zerschla-
gen ohne Rücksicht auf Verluste. Da der Ostdeutsche und der Ostmensch im
Allgemeinen mit seinem neugeordneten Dasein wieder unzufrieden war,
wurde das alte Wertesystem „mental" nicht ganz herausgerissen und durch
neues ersetzt, obwohl allen bewusst war, dass nur ein Jahr später ein großes
Umdenken stattfinden würde. Eigentlich hätte sich die „Ostalgie" schon bei
dem Umbruch im Jahr 1989 bemerkbar machen sollte, doch die glänzende
moderne Fassade des Ankommens im Westen widersprach dem Stilgefühl
des Ostens. Sie residierte später in den unsichtbaren Mauern, die einerseits
Ulbricht & Co. im Wertesystem der Vergangenheit hatten errichten lassen,
andererseits im neuen Wertesystem der Gegenwart im Osten. Kurz nach der
Vereinigung wich der Ostbürger nicht vor neuen Einschränkungen finanziel-
ler Natur und ließ die frischgewonnene Reisefreiheit in Taten umsetzen.
Die neuen „Westtouristen" aus dem Osten blieben in der 90er Jahren von der
beliebten südlichen Destination fern. Die Einnahmen für die bulgarische

---

[215] Postkarte Nr. 178; A. LU
[216] Gespräch an der Berliner Mauer, Checkpoint Charlie am 4.12.1989, mit einem eleganten
Amerikaner in „Armani-Anzug". Er war rumänischer Abstammung. A. LU: 1989

Wirtschaft – ebenso. Der Weg für den Gastgeber war vorgezeichnet, ungeachtet der Tatsache, dass er von dieser Situation keineswegs vorbehaltlos begeistert war. Ein Hotelier bestätigte den Rückgang deutscher Touristen ostwärts:

„G. K.: Leider nur ca. 4 - 5% der deutschen Urlauber überhaupt reisen nach Bulgarien."[217] Die Reisefreiheit und die „harte" Währung entwickelten eine Eigendynamik des Reisens, die häufig nur den Steuerungsinteressen der Marktwirtschaft und der uneingeschränkten Reisemobilität entsprach.

„Sind noch nicht viele Touristen hier [Mai], eine Ruhe, wie im Sanatorium."

„Die Anlage [Elenite, Postkarten Motiv] gefällt uns sehr gut. Ist es auch schön ruhig. Aber das Wetter leider spielt nicht mit. Vorgestern Regen + Gewitter, gestern auch, heute ist es kalt. Sitzen auf der Terrasse und haben soeben gefrühstückt. Ist ganz gut, aber immer dasselbe. Haben wir uns schon Aufschnitt gekauft.

„Haben nun die Nase von hier voll und freuen uns wieder auf unser Zuhause + auf unser warmes Bettchen, denn haben wir hier manchmal ganz schön gefroren. Heute Abend gehen wir Fisch essen (Klaus) machen auch ein Folklore Programm + ist billig."[218] Bulgarien hängte ihr Image als der Süden aller Zeiten rasch an den Nagel und fing mit einer wilden Privatisierung des Tourismus an. Eigentlich sollte es nur besser werden. Die Ferienorten Albena, Goldstrand, Sonnenstrand wurden schon seit Jahren Änderungsimpulsen ausgesetzt bzw. ausgebaut und die aufrührerischen Tourismus-Manager hätten nur die Aufgabe gehabt den Service an das griechische, italienische oder türkische Niveau anzupassen. Leider in dem sich als fortschrittlich verstehenden Bulgarien beherrsche ein konservativer dubioser Zug. Die kleine private familiengeführten Hotels haben die marktwirtschaftlichen Aufgaben schneller begriffen und richtig gelöst. Sie haben die Wende inhaltlich, wieder mit eigener Initiative und Kreativität, wie sonst, geschafft. Die großen Ferienanlagen von früher haben es immer noch nicht verinnerlicht, dass man sich um Gäste rund um die Uhr kümmern muss und es dürfen keine beträchtlichen Serviceabweichungen vorkommen und registriert werden. Die Ausschlachtung und die Privatisierung Goldstrands und Sonnenstrands waren sehr brutal gewesen. Mit vollem Namen heißt es: „Mafiaraub" und wirtschaftliche Kurzsichtigkeit, was direkt auf die politische Zwischenkämpfe verweist. So sind die Bulgaren in ihrem Herzen als Gastgeber

---

[217] Interview mit Herrn G. K. Juli 1996. A LU: 1996
[218] Postkarten Nr. 178, 183; A. LU

nicht. Einen großen Hoffnungsschimmer gibt es heute noch, der schon immer vorhanden war und hoffentlich bleibt für die Ewigkeit weiter erhalten. Das unverwüstliche bulgarische Volk selbst.

4. Empirische Quellen und Biografien

Klassische empirische Quellen, wie Interview (narratives oder autobiografisches), Biografie, individuelle Erfahrungen bzw. persönliches Erfahrungswissen etc., sind vornehmlich über eine Rekonstruktion der Erinnerung als Zugang zu Hybridität der Gegenwart verstanden und eingesetzt. Der biografische Zugang ist eine methodisch begründete systematische Sammlung von individuellen Erfahrungen und Daten, die sich im gesellschaftlichen Leben niederschlagen. Diese konzeptionelle Positionierung folgt der Annahme, dass zweiheimische Fremderfahrungen und die Suche nach eine neue Biografie sowohl in der Erinnerung, als auch in heutigen Erfahrungssituationen in langzeitige biografische Prozesse eingebettet sind.[1] Ohne die biografische Perspektive wären die unterschiedlichen Fremdheitserkenntnisse, ostdeutsch und ostfremden, aus empirischen Daten manchmal, trotz fast gleichem Verlauf, kurz und allgemein im gesellschaftlichen Sinne mit strukturiert und ausgewertet. Die *Empirie* verliert an Subjektivität und individuelle Bedeutung, was bedeutet, dass die sozialistische Unifizierung sich durch die Identitätsdynamik im individuellen Leben niederschlägt, das Individuum nimmt das Vorgeschriebene wahr, aber es beeinflusst die vorgeformte Gesellschaft nicht:

„Das kollektive Gedächtnis einer Gesellschaft ist etwas anderes als die Summe der individuellen Gedächtnisse ihrer Angehörigen [...] sondern daraus nach Maßgabe ihrer Bedeutsamkeit für die Identität der jeweiligen Gemeinschaft ausgewählt wird. Das kollektive Gedächtnis steht also stets in einem Spannungsverhältnis zu den individuellen Gedächtnissen wie zum historischen Wissen, das von Seiten der Geschichtswissenschaft verfügbar gemacht werden kann."[2]

Seit dem Zusammenbruch des sozialistischen Systems Ende 1980er Jahren erlebt die Biografie bzw. der Lebenslauf im Sinne einer empirischen Identitätsforschung und im Zuge einer qualitativen Sozialforschung erstaunlichen

---

[1]   Zu soziologischen Erfahrungserinnerungen und Rekonstruktion von Fremdbiografien: Vgl. Fuchs-Heinritz, Werner: Biographische Forschung. Eine Einführung in Praxis und Methoden. 4. Aufl. Wiesbaden: VS Verlag, 2009; Bude, Heinz: Rekonstruktion von Lebenskonstruktionen. Eine Antwort auf die Frage, was die Biographieforschung bringt. In: Kohli, Martin/Robert, Günther (Hrsg.): Biographie und soziale Wirklichkeit. Neue Beiträge und Forschungsperspektiven. Stuttgart: Metzler, 1984; Lutz, Helma/Dausien, Bettina/Völter, Bettina: Biographieforschung im Diskurs. Wiesbaden: VS Verlag, 2009.

[2]   Vgl. Münkler, Herfried: Das kollektive Gedächtnis der DDR. In: Parteiauftrag, ein neues Deutschland: Bilder, Rituale und Symbole der früheren DDR. München: Koehler und Amelang, 1997, S. 458-459.

neuen Aufschwung und entwickelt sich zu dem anerkannten Methodenansatz in der Sozialwissenschaft wie Martin Kohli, Werner Fuchs-Heinritz, Gabriele Rosenthal und andere definiert haben. Im Sinne der Hybridität soll diese Entwicklung von einer ausgedehnten Abkehr des diskontinuierlichen Fokus der Lebensgeschichte von System und Struktur hin zu Identitätsdynamik, Lebenspraxis, Alltag des Ostbürgers und mit einer sich zunehmend ausdifferenzierende Lebenserfahrung umgegangen wird. Das Wiederaufleben einer Biografie als nachträglich hybrid strukturierter Erinnerungszusammenhang ist selbst als progressiven Leitfaden konzipiert.

Die empirische Biografie-Forschung wandte sich nach 1990 auch wieder einzelnen, sonst einfachen und unauffälligen, aber als exemplarisch wertvoll entpuppten postsozialistischen Erfahrungsgeschichten von Lebensläufen im Osten zu. Mit der zunehmenden Umwandlung der Lebenswelten, der Entkollektivisierung und Differenzierung der individuellen fast hybrid gewordenen postsozialistischen Biografien, der Auflösung ideologischer Zuordnungen, traditioneller Werte und Sinngebung stellte sich nach dem Ende des sozialistischen Systems die Sinnhaftigkeit biografischer Analyse in einer neuen Dimension dar. Der Ostmensch wurde zu einem Schnittpunkt unterschiedlicher und teilweise divergierender politischer Anforderungen, individueller Teilsystemen, sozialer Erwartungshaltungen, normativer Leitbilder und institutionalisierten Regulierungsmechanismen (vgl. Georg Simmels (1858-1918) Schnittpunkt sozialer Kreise[3]. Der soziale Kreis als zufällige Vereinigung verschiedenartiger Elemente, die auch die Neigung zu assoziativen Verhältnissen homogener Elemente aus heterogenen Kreisen beinhaltet und bedeutet eine neue Differenzierung innerhalb neugebildeter Kreise.[4] Die Konkurrenz und die Zugehörigkeit zu entgegengesetzten Gruppen begründen im Sinne unserer These die herausgebildeten Hybridität und die individuelle Freiheit in der Wahl kollektivistischer Anlehnung. Sie entstehen als subjektive und individuelle Erfahrungen.

Folglich bleiben die Hauptprobleme der Aufarbeitung einer Biografie- und Lebensgeschichte nach wie vor die Subjektivität der Erinnerung und die Dringlichkeit der Sozialisierung im Sinne des Ankommens. Alfred Schütz (1899-1959), phänomenologischer Soziologie, entwickelt eine Mix-Philosophie des Alltags. Als Grundlage dient die Auseinandersetzung mit

---

[3] Vgl. Simmel, Georg: Über soziale Differenzierung. Leipzig: Duncker & Humboldt, 1890, S. 100-102; 108-109.

[4] Ebda.

Edmund Husserls (1859-1938)[5] phänomenologische Theorie (neutraler Überblick auf die Dinge / Phänomene des Lebens) und dann hebt er die Neutralität bzw. die Objektivität des Empfindens hervor. Husserls These, dass das Denken als Phänomen nicht existiert, weil es von einem Phänomen „nur" gedacht wird, ist für die soziologische Vorstellung in modernem Sinne nicht relevant. Schütz sucht in den phänomenologischen Vorstellungen der Alltagswelt Husserls den Sinn der Intersubjektivität und ausgehend von dessen Phänomenologie stellt seine These dar, wie man die Subjektivität eines menschlichen Verhaltens verstehen kann. Vor diesem Hintergrund setzt er sich mit den Entwicklungsprozessen der sozialen Konstitution von Lebensinhalt auseinander. In *Der sinnhafte Aufbau der sozialen Welt* (1932) versucht Schütz die Kriterien der Alltagswelt als Bezugsrahmen der Fremden- und Weltenwanderung, buchstäblich und im übertragenen Sinne, phänomenologisch zu fundieren. Ausgehend von Husserls und Webers Philosophie der Lebenswelt konzipierte Schütz eine Soziologie des Alltags.[6] Die Auseinandersetzung mit Georg Simmel und Max Weber dient als Zugang und Grundlage, wie man den objektiven Sinn eines hybriden fremden Verhaltens als Biografie für die Geschichte des Alltags einsetzen und interpretieren könnte. Der Mensch hat gleichermaßen Vielzahl von objektiven und subjektiven Formen des Zugangs zu sich, zu eigener hybriden Identität und der Welt: Mit dem Begriff „Kosmion" (Genesis, symbolische Selbstinterpretation einer Gesellschaft)[7] ist eine subjektive Auslegung der menschlichen Erfahrung bzw. Biografie in der Gemeinschaft bzw. in der entwickelten Hybridität gemeint. In einem subjektiven biografischen Verhalten sind verschiedene Welten beinhaltet: Alltagswelt (Familie, Beruf), Traumwelt (Erinnerungskultur, subjektive Erfahrung), „Virtual Reality"[8] als modernes Medium. Der Mensch als zweiheimischen Fremden bewegt sich nicht nur zwischen unterschiedlichen ethnischen und kulturellen Lebenswelten um immer wieder in die Rekonstruktion der eigenen Vergangenheit bzw. Alltagswelt zurückzukehren. Notwendiges und sensibles Kriterium für die Dar-

[5] Vgl. Husserl, Edmund: Ideen zu einer reinen Phänomenologie und phänomenologischen Philosophie. Halle: Niemeyer, 1928; Husserl, Edmund: Ausgewählte Texte. 1: Die phänomenologische Methode. Stuttgart: Reclam, 1985, S. 131-196.
[6] Vgl. Schütz, Alfred: Der sinnhafte Aufbau der sozialen Welt. Eine Einleitung in die verstehende Soziologie. Wien: Springer, 1932.
[7] Vgl. Srubar, Ilja: Kosmion – die Genese der praktischen Lebensweltheorie von Alfred Schütz und ihr anthropologischen Hintergrund. Frankfurt am Main: Suhrkamp, 1988.
[8] Wiesing, Lambert: Virtuelle Realität: Die Angleichung des Bildes an die Imagination. In: Wiesing, Lambert: Artifizielle Präsenz. Studien zur Philosophie des Bildes. Suhrkamp, Frankfurt am Main 2005, S. 107–124.

stellung und Beurteilung des eigenen Lebens ist die Gemeinschaftsfähigkeit oder die kollektive Erinnerung an die Alltagswelt als Bezugsrahmen für hybride Fremdenerfahrung. Eine Biografie ist nie ein Abbild der Vergangenheit sondern eine Lebensgeschichte bzw. biografische Kommunikation, die aus dem heutigen Zeitpunkt thematisiert und dargestellt wird. Die Lebenserinnerungen werden in einer Biografie aus dem Heute nachträglich in Strukturierungsprozessen als Gesamtbild der Lebenserfahrung überblickt und im Einzelfall als eine subjektive Reproduktion des vergangenen Lebens verstanden. Das Selbstbild und die Vergangenheit sind explizit durch bedeutsame Wende- und Bruchpunkte der Lebensgeschichte strukturiert und führen meistens zu einer grundlegenden Neudefinition der eigenen zukünftigen hybriden Biografie. In diesem Fall sind Aussagen über explizite Bedingungen und impliziten Folgen in der biografischen Kommunikation möglich. Die normale lineare Lebensgeschichte, Zeitmuster von der Vergangenheit bis zur Gegenwart, löst sich in der subjektiven Selbstbetrachtung auf und entlässt den Identitätsträger in die Notwendigkeit, seine Lebensgeschichte, besonders bei hybriden Identitäten, in eigener Version zu präsentieren und Lösungen für die unterschiedlichen und sich widersprechenden Interpretationen, Erfahrungen und Interaktionsfaktoren zu finden (z. B. Gesprächsrunden und Interviews zwischen 1992 und 2002). Wichtig: hybride Lebensweise und multikulturelle Lebensansichten im Osten wurden immer mit berücksichtigt. Es gibt damit verschiedene Auffassungen und Vorstellungen der gleichen Lebensgeschichte der zweiheimischen Person in verschiedenen sozio-politischen Situationen, sozialen Kreisen und ethnischen Realitäten. Gleichzeitig müssen neue biografische Strukturen der Erinnerung, besonders bei Fremderfahrungen, interaktiv gesichert werden. In einer postsozialistischen Lebenssituation wird die selbsterfundene biografische Identität mit ihren gefährdeten sozialistischen Übergängen, Zusammenbrüchen und Statuswechseln zu einem Spannungsfeld zwischen institutioneller didaktischer Steuerung und individueller Handlungsstrategie. In einem Interaktionsbereich gibt es immer Risikolagen im Lebensverlauf, die die Identitätsdynamik des modernen Lebenslaufs empirisch beeinflussen. Solange die Ostmenschen die eigene Lebensgeschichte nicht akzeptieren, kann man sie auch nicht aufrechterhalten. Meistens interpretieren Ost-Ausländer deshalb ihre Biografie um, wenn sie den Interaktionskreis wechseln und ihre hybride Identität neu definieren. Identität wird hier nicht mehr als konstante Gegebenheit, sondern als Entwicklungsparameter der umformten Biografie verstanden, wobei dem Individuum die Ent-

scheidungsfreiheit, an welchen hybriden Gruppen es sich orientiert etc., zugesprochen wird. Der Symbolische Interaktionismus[9] versteht das kollektive
Handeln als Ergebnis gegenseitig interpretierender Interaktionen. Demzufolge besteht das soziale Zusammenleben in der gegenseitigen aufeinander Ab-
stimmung der Handlungen durch die Beteiligten, die die Wertesysteme als
zentrale Elemente ansehen. Dabei kommt den Wertesymbolen des hybriden
Zusammenlebens die Aufgabe zu, das „bunte" Miteinander der Mitglieder
einer Gemeinschaft bzw. Diaspora zu ordnen. Die unterschiedlichen Wertesysteme erlauben es dem Individuum, die Reaktionen des sozialen Umfeldes
auf sein hybrides Handeln abzuschätzen, seine Handlungen abzustimmen
und sich den sozialen Interaktionsprozessen anzupassen. Was vor 1990 noch
nicht oder kaum denkbar war, nämlich von der Wandelbarkeit der Identität
im Laufe der politischen Wende auszugehen, wobei die globale Veränderung
die sich ändernden Umständen des Umfelds geschuldet ist und durch Interaktion in unterschiedlichen sozialen Gruppen stattfindet, kann heute wohl als
Hybridität angesehen werden. Und dennoch sind nicht alle Faktoren, die eine
Identitätsdynamik und daraus resultierende Hybridität beeinflussen instabil
wandelbar.

Die subjektive Rekonstruktion der Vergangenheit, die aus einer Verschrän-
kung von Erinnerung, Geschichte und hybriden Struktur besteht, die phänomenologischen und gestalttheoretischen Theorieansätzen nahesteht, wurde
unter anderem im Zusammenhang mit der sozialen Wirklichkeit von Martin
Kohli weiterentwickelt. Jede Lebensgeschichte bzw. biografische Kommunikation hat bestimmte soziale Funktionen, die eine konkrete soziale Wirkung
bestreben. In der Erinnerungskultur wird der Empirie als Erfahrung, die zu
einer Vermutung (Hypothese) führt (oder diese auch widerlegt), die Realität
gegenübergestellt, also die unmittelbare Einsichtigkeit einer sozialen Behauptung.[10] Die Biografie eines ostdeutschen Fremden unterscheidet sich von
der lebensweltlichen Alltagserfahrung eines westdeutschen Migranten durch
die geschichtliche Systematik des kollektiven Vorgehens – man spricht nicht

---

[9]   Vgl. Blumer, Herbert: Symbolic Interactionism. Perspective and Method, New Jersey:
      Englewood Cliffs, 1969; Blumer, Herbert: Der methodologische Standort des symbolischen
      Interaktionismus. In: Arbeitsgruppe Bielefelder Soziologen (Hrsg.): Alltagswissen, Interak-
      tion und gesellschaftliche Wirklichkeit, Bd. 1. Reinbek: Rowohlt, 1973 (1981); Hall, Stuart:
      Interaktion, Identität, Repräsentation. Gesammelte Schriften Bd. 4. Hamburg: Argument
      Verl., 2008; Joas, Hans: Praktische Intersubjektivität. Die Entwicklung des Werkes von G.
      H. Mead, Frankfurt am Main 1989, S. 91–119; Mead, George Herbert: Geist, Identität und
      Gesellschaft, Frankfurt am Main 1978, S. 187–221.
[10] Vgl. Kohli, Martin/Robert, Günther (Hrsg.): Biographie und soziale Wirklichkeit. Neue
      Beiträge und Forschungsperspektiven. Stuttgart: Metzler, 1984.

nur von der Erhebung von sozialen Daten. Dazu kommen die Forderungen nach politische Objektivität und Wiederholbarkeit der Beobachtungen durch Interpretationsunsicherheit, die an Alltagserfahrungen in dieser Form nicht gestellt wird. Die Rolle der Erinnerung und der hybriden Identität sind moralischer und sozialer Natur. Sowohl die Biografie wie auch die Sicht der Welt des hybriden Identitätsträgers sind subjektiv. Es gibt bezüglich eigener Lebensgeschichte niemals eine eindeutige objektive Sichtinterpretation der Vergangenheit und der Gegenwart. Bei allem durch hervorgebrachte Interaktion in dem Prozess der Identitätsdynamik soll es deutlich werden, dass der Einfluss der Subjektivität ein Teil der hybriden Umwandlung des eigenen Wertesystems ist.

4.1 Postkarten-Archiv

Eine empirische Auswertung von Postkartentexte, thematisch und chronologisch gegliedert oder ausgewählt, hat die Aufgabe - Zeitgeschichte des Sozialismus in Osteuropa, DDR, insbesondere Themen wie Reisefreiheit, StaSi-Überwachung, Sozialtourismus im Rahmen der RGW, Freizeit im Kollektiv, Kollektiv-Identität etc., aus einem authentischen, persönlichen Winkel darzustellen und zu beleuchten. Aufgrund der unverfälschten Authentizität der zeitgenössischen Aussage des Textinhalts ist das Postkartenarchiv als Forschungsdokument, ergänzend zu einer hybriden Ostbiografie im gesamten damaligen biografischen Kontext, enorm wichtig. Das Archiv könnte auch als „Zeitzeuge" der widersprüchlichen und nicht gerade einfachen Identitätsfindung bzw. Bildung verstanden werden, da auf der kleinen begrenzten Fläche einer Postkarte, Alltagserlebnisse mit großer Bedeutung für die kulturgeschichtliche Erfassung des Sozialismus festgehalten und „unbürokratisch" ausgetauscht worden waren. Bei der Analyse des Postkartenarchivs wurde mehr Wert auf die zeitgeschichtliche und spezifische Aufarbeitung der Gestaltung der Freizeit DDR - Bulgarien im Fokus gelegt, insbesondere wurden Tourismus und Urlaub ohne Reisefreiheit thematisiert. Postkartentexte sind ein authentisches Zeugnis und weit verbreitetes Phänomen des Alltags einer Vergangenheit, die nicht sehr weit zurück liegt und in vielen Hinsichten immer noch lebendig ist – z. B. Ostalgie, Wiederbelebung der Ostprodukte inklusive Reisen nach Bulgarien. Die Forschungsschwerpunkte liegen in einer kulturgeschichtlichen Auswertung, die im Sinne des biografischen bzw. lebensgeschichtlichen Zusammenhangs zwischen der materiellen Kultur des Sozialismus und die Entwicklungsdynamik der Ich-Identität thematisiert wurde, weil gerade diese Texte nicht für ein breites Publikum bestimmt worden waren, sondern für den privaten Gebrauch gedacht. In den Analysen wurde mehr die Kommunikation im Rahmen der Privatheit, weniger im Raum der Öffentlichkeit beleuchtet. Entgegen älterer Vorstellungen von kurzen schriftlichen Botschaften, verfügen die Texte also nicht über eine verkrampfte Standard-Aussage, die das ganze Geschehen statisch und unberührt darstellt. Die Urlaubsgrüße auf Postkarten aus Bulgarien (1950 – 1990) berichten viel mehr als über Sonne, Hitze, warmes blaue / grau / grünes Meereswasser, weiten feinen Stränden und sind eine unbezahlbare authentische Zeitwiderspiegelung im Sinne unserer Identitätssuche als Grundlage der später entstandenen Hybridität. Sie erinnern feinfühlig und dezent an der absurden Situation des Nicht-frei-reisen-dürfens durch den Eindruck des Glücklich-seins, die Kunst den kleinen Freuden des Alltags zu genießen. Von den ehemaligen DDR-Bürgern war, wie des Öfteren treffend festgehalten wurde, jeder von den kollektiven Umwälzungen und umfassenden Veränderungen betroffen, nicht nur die, die sich aktiv für einen angepassten sozialistischen Werdegang entschieden haben. Die Bedeutung, die die Postkartentexte, geschrieben fernab der Heimat haben, ist deshalb um ein Vielfaches stärker – die unzählige Begegnungen mit Menschen zweier Kulturen, die den Kommunismus in kürzester Zeit damals aufbauen sollten. Es wird heute vielmehr davon ausgegangen, dass der Ostmensch ein komplexes Mentalitätsgebilde ist, der aus einer Vielzahl von Identitäten aufgebaut ist. Sie können für hybride Identitätsstrukturen mehr bedeuten, als die Veränderungen für Ostbürger, die sich außerhalb ihres Umfeldes befinden. Die Mechanismen mögen ähnlich sein, doch ist die Bedeutung der Identitätsumformung für die Ostdeutschen nicht das gleiche wie die Umschichtung für Ostausländer, die sich in einem anderen Land aufhalten. Begründet ist dies in einem strukturellen Unterschied bzw. in den unterschiedlichen Situationen z. B. in Interaktion mit verschiedenen Personen – im Ausland, im Urlaub, in der Freizeit etc. wird man sich anders verhalten als bei sich zuhause in der Heimat. Demzufolge beschäftigt sich die Aufarbeitung der Postkarten-Erinnerungen zunächst mit der grundlegenden Unterscheidung zwischen „Ich-Identität" und „Wir-Gruppenidentität". Zu den kleineren Kultur- und Freiräumen, zwischen denen Soz.-Ostmenschen hin- und herwechseln wollten, kommen heute größere hinzu: Postsoz.-Ostmenschen werdend häufiger darauf angewiesen für eine Arbeitsstelle umzuziehen, sie fahren mittlerweile öfter ins Ausland, das nicht mehr an der Schwarzmeerküste endet, lernen Menschen anderer Kulturen kennen, auch Menschen von weit her, die ihre Kultur mitbringen, essen Speisen, die nicht regional geprägt sind oder hören Musik, „die auch komisch klingt". Die Postkartentexte „empfinden" und beschreiben die erlebte Freizeit im Kollektiv und das Geschehen während der Freizeit anders:

„...im schicksten Hotel vom Ort, was auf der Karte abgebildet ist, untergebracht. Wir wohnen im 12 Stock (Siehe Kreuz) und können aufs Meer und aufs Hinterland blicken, einfach entzückend. Das Hotel liegt ca. 80 Schritte vom Wasser, so herrlich warm ist Meer, möchte überhaupt nie wieder fort." Weiter geht es: „Hier ist es märchenhaft schön und wir bleiben gern länger als die uns noch zur Verfügung stehende Woche." oder „Hier ist es einmalig schön – ein wahres Urlaubsparadies." oder „Hier ist so herrlich, daß man es gar nicht beschreiben kann, man lebt wie in einer anderen Welt. Alles modern u. neu, ganz raffiniert." oder „Wir sind in 4 km entfernte Nessebar. Er ist eine sehenswerte alte Stadt, wie sie, die wir in dieser Qualität noch nie gesehen haben ...." und dazu „Das alte Nessebar (2500 Jahre alt) ist recht bunt und reizvoll (für die Touristen)."[11]

Die individuelle Erfahrung und das Empfinden der Realität vor Ort entstehen nach erzwungener kollektiver Auffassung aus der Interaktion zwischen Individuum und sozialer Umwelt, d.h. das persönliche Empfinden der Teilnahme am sozialen Leben könnte aus der kollektiven Anpassung und individuellen Verwandlung der Normen abgeleitet werden. Die Wertesysteme bzw. die Rollen- und Statusangebote der Gesellschaft werden nur durch das Individuum konstituiert und strukturiert. Die sozialistische Gesellschaft erwartete als ideologische Norm die Anpassung des individuellen Verhaltens ihrer Mitglieder an bestimmten Muster von Denkweisen und Werten, die im Zuge der kollektiven Sozialisation vom Individuum internalisiert werden. Die Texte auf den ideologisch „gefärbten" Darstellungen der Ansichtskarten wurden als Belegstücke einer überlebensnotwendigen Anpassungsfähigkeit interpretiert und verstanden, obwohl sie den Einfluss des Kollektivs auf das Individuum widerspiegelten, ging die Ich-Identität dennoch von einem Kern der Individualität aus, der in der Identitätsverortung gelegt wurde. Dieser sei zwar nicht umwandelbar aber dennoch als grundlegend für die postsozialistische hybride Persönlichkeit anzusehen. Der hybride Interaktionismus sieht zudem unterschiedlicher Kultursysteme als zentrale Elemente eines Anpassungsmusters an. Dabei kommt den Kollektiven die Aufgabe zu, das Miteinander der Mitglieder einer kollektiven Wir-Gemeinschaft nicht nur im Berufsleben zu organisieren, denn Identitätssysteme erlauben es dem Individuum, die Reaktionen des sozialen Umfeldes auf sein Empfinden bzw. Verhalten abzuschätzen und seine Handlungen daran zu orientieren, sich mithin den sozialen Interaktionsstrukturen anzupassen. Z. B. die Aussage des Texts: „...

---

[11] Postkarten Nr. 57, 142, 25, 38, 39; A. LU

nach einer großen Reise durch CSSR, Ungarn, Rumänien sind wir in
Bulgarien am Sonnenstrand gelandet. Hier ist einmalig schön – ein Urlaubsparadies"[12] deutet auf eines Anpassungsmuster nach dem Motto: ändern kann man je nichts, aber das Beste draus machen – sehr gern, hin. Die
Postkartentexte vermitteln gleichermaßen Aussagen über authentische Handlungen des Überlebens bzw. des Protests und der gewollten Akzeptanz des
Kollektivismus.

4.2 Interviews: Narrativ-biografisches Interview, autobiografisches In-terview

Das narrativ-biografische Interview als klassische Untersuchungsmethode
basiert, besonders im postsozialistischen Osten, auf der durchaus nicht un-
umstrittenen These, dass Erinnerungs- und Erlebnisstrukturen selten homo-
log sind, d. h. sich entsprechen und ergänzen. Hieraus begründet sich auch
der Schwerpunkt auf die Erfahrungen in ihrer lebensgeschichtlichen sequen-
ziellen Struktur der verfolgten Identitätsdynamik, denn nach Schütze[13] lassen
sich erst vor dem Hintergrund der Fremdenerfahrungen die Deutungsmuster
der biografischen Einbettung einschließlich sozialen Veränderungen und
Alltagstheorien der Interviewten verstehen. In allen Kapiteln und Unterkapi-
teln wurden die Interviews (Gesprächspartner sind selten in der Fußnote mit
Berufsbezeichnung und Nationalität vorgestellt) nicht in chronologischer
sondern in thematischer Reihenfolge kurz als Belegmaterial miteinbezogen;
außerdem wurde der wesentliche Inhalt der Gespräche zusammengefasst.
Identität wird hier also nicht als „fertig gestellte" hybride Gegebenheit, sondern als ein sich entwickelndes System mit Anpassungsfähigkeiten verstanden, wobei dem Individuum wenig Entscheidungsfreiheit, an welchen sozialen Schichten es sich orientiert etc., zugesprochen wird. Die Alltagserfahrungen im Laufe einer Lebensgeschichte im Osten werden im Kontext
sozialpolitischer Ereignisse und Erfahrungen erfasst. Die Herausarbeitung
von Deutungsmustern eines solchen Vorgehens, das auf die Dynamik der
Rekonstruktion sozialer Ost- und Fremdphänomene mit zeitlicher Verset-
zung als Kollektiverlebnis-, Erfahrungs- und Aktivitäten-Zusammenhang
zielt, liegt in der subjektiven Darstellung der objektiven Erinnerungskultur

---

[12] Postkarte Nr. 59; A. LU

[13] Vgl. Schütze, Fritz: Biographieforschung und narratives Interview. In: Neue Praxis (1983)
13, S. 283–293.

als Erzählung bzw. Biografie.[14] Die Form des biografisch-narrativen bzw. autobiografischen Interviews gilt, besonders in dieser konkreten dynamischen Selbstpräsentation, als natürlicher Zugang zur Rekonstruktion der Strukturierung der spätsozialistischen und postsozialistischen Lebenspraxis im Osten. Der Ostbürger gesteht der Solidarität in dem Osten zwar eine besondere Rolle in der Verarbeitung des Bruches im Gesellschaftssystem zu und nennt sie einen Zusammenhalt inmitten der großen Veränderungen, jedoch plädiert fast jeder Gesprächspartner (Ostdeutsche und Ostausländer) auch dafür, die Rolle der Solidarität für die postsozialistische Identitätsdynamik solle nicht überbewertet werden. Grundlage aller dieser Identitätsansätze ist, ein sozialpolitisches Orientierungsmuster der selbst dargestellten Individuen / Subjekte in ihren Entstehungskontexten in der Lebensgeschichte einzufügen und auf ihre gegenwärtig erlebten wie zeitlich versetzten Erinnerungen zusammenhängend zu thematisieren. Die Entschlüsselung der dargestellten subjektiven Lebenswelt ist ein komplexer mehrschichtiger Zugang zur der erlebten sozialen Wirklichkeit in der kommunikativen Präsentation. Die in diesem Fall angewandten Interpretations- und Auswertungsverfahren gehen Hintergründen und Besonderheiten des untersuchten Fremd- und Ausländerfelds im postsozialistischen Osten konkret nach. Die einzelne Lebens- bzw. Gruppenerfahrungen können unterschiedlich definiert sein, als Teilbiografie (Zweiheimische und Ostdeutsche der ersten Generation) oder als soziales Umfeld (Diaspora, Familie, Arbeitsplatz). Die Gestaltung von sozialen Phänomenen in autobiographisch-narrativen Interviews oder Gesprächsrunden soll generell als interaktiv und kommunikativ konstituierte subjektive Darstellungen betrachtet werden. Dies sind vor allem Folgen der individuellen Bedeutungskonstitution sowie der Alltagskommunikation und der persönlichen Erinnerung. Die Autobiografie bzw. Biografie, verstanden als subjektive Vision der interpretierten Alltagskommunikation[15] gehen davon aus, dass die wiedergegebene soziale Wirklichkeit ein Resultat interpretativer Wirklichkeitsauslegungen der handelnden Ostidentität ist. Der Sinn dieser Interpretation der Vergangenheit bzw. der Gegenwart ist es, die Sinnkonstruktionen und Handlungen aus der Perspektive des „Ostsubjekts" zu wie-

---

[14] Vgl. Rosenthal, Gabriele (1987). „... wenn alles in Scherben fällt ...". Von Leben und Sinnwelt der Kriegsgeneration. Typen biographischer Wandlungen. Opladen: Leske + Budrich.

[15] Vgl. Jakob, Gisela: Das narrative Interview in der Biographieforschung. In: Friebertshäuser, Barbara/ Prengel, Annedore (Hg.): Handbuch Qualitative Forschungsmethoden in der Erziehungswissenschaft. Weinheim/München: Juventa, 1997, S. 445-458.

dergeben bzw. zu erfassen und seiner Interpretation zugänglich zu machen.[16] Die konkreten Erwartungen und Erkenntnismöglichkeiten erstrecken sich auf prozess- und biografisch-analytische Interpretationen der Darstellung und der Betrachtung. Individuelle und kollektive Fremd- und Migrationsprozesse, Identitätskonstruktionen und die spezifische Dynamik der Identitätsbildung gehören dazu. Die theoretische Voraussetzungen: Ermöglichung einer autobiografischen Erfahrung ausgehend von der eigenen Relevanzsetzung / Lebensgeschichte des ehemaligen Ostmenschen. Er bringt die biografische Erinnerung selbst in eine Ordnung, die mehr subjektiv als objektiv ist. Die Bedeutungskonstitution erfolgt entlang der selbst erfahrenen Abläufe und wird entsprechend der eigenen Logik geordnet.[17]

Die impliziten Prinzipien der Wahl zwischen mehreren individuellen Interpretationen und Betrachtungen aufbauen die Sinnstruktur der individuellen Änderung, die es neben und in Verkettung / Beziehung mit der sozialpolitischen Realität entsteht. Es besagt im Osten: Die Bedeutung des spezifischen hybriden Zusammenhangs, in den die Erinnerungsinterpretation eingebettet ist, soll nicht isoliert von der Ostidentität betrachtet werden. Für die untersuchte Ausländergruppe im Osten heißt es konkret, dass einzelne Erinnerungselemente der Dynamik einer hybriden Identität nicht explizit voneinander sondern als Teil der gemeinsamen Ostgeschichte interpretiert werden. Drei Beispiele belegen die Widersprüchlichkeit der postsozialistischen Aussagen, die meistens gut gemeint sind, aber trotzdem irgendwie verletzend wirken:

„Ich muss es immer wieder sagen und betonen, dass die Zugezogenen kommen besser mit dem technisierten Leben zu Recht als wir, die Einheimischen."[18]

„Ich habe gesehen, dass bei Ihnen keine Gardinen an Fenster hängen. Haben Sie in der Heimat keine Gardinen? Wenn Sie welche brauchen kann ich Ihnen schenken und zeigen wie man Gardinen aufhängt und was man dafür benötigt."[19]

---

[16] Ähnliche Grundthese in Schütze, Fritz: Biographieforschung und narratives Interview. In: Neue Praxis (1983)13, S. 283–293.

[17] Vgl. Koller, Hans-Christoph/ Kokemohr, Rainer (Hg.): Lebensgeschichte als Text. Zur biographischen Artikulation problematischer Bildungsprozesse. Weinheim (Deutscher Studien Verlag) 1994.

[18] Bemerkung einer alten Dame, die selbst nie mit Computer umgehen konnte. Erste Generation Ostdeutsche. 9.09.2017. A. LU: 2017

[19] Interview mit Frau I. K. ehemalige Chorsängerin. A. LU: 2001. Die alte Dame dachte, dass Gardinen als Teil der Einrichtung und der Wohnkultur in Bulgarien nicht bekannt sind. [Anm. Autorin]

„Wir haben auch das Autokennzeichen mit „G" gemerkt, aber weil Sie mit Akzent gesprochen haben, dachten wir Sie können nicht aus Gera kommen. Jetzt wenn ich Sie sehe kommt mir Ihr Gesicht sehr bekannt vor."[20] Die Logik der Wahrnehmung eines Ostdeutschen hält es nicht für möglich, dass ein mit Akzent sprechenden Mensch auch einen „ständigen Wohnsitz" im Lande haben könnte. Ganz anders wird ein mit bayerischem Dialekt sprechenden Mensch wahrgenommen: Ein Wessi im Ossiland wird nicht direkt herzlich willkommen heißen aber er kann ohne Bedenken im deutschen Lebensraum geortet werden. Der Unterschied liegt in der Definition der nationalen deutschen Identität, d. h. ein Bayer kann eher mit „einem ständigen Wohnsitz" in einer Stadt in Ostdeutschland vermutet und verortet werden als ein postsozialistischer Ostausländer, der schon seit über 40 Jahren dort lebt. Die Teilung „wir" und die „andere" wurde durch die Wiedervereinigung nicht abgeschafft sondern weiter vertieft. Die Ostausländer aus der DDR-Zeit wurden freundlicherweise geduldet aber nie als „dazu gehörend" aufgenommen.

„Nach der Wende habe ich mich immer auf führenden Stellen beworben. Wenn ein Wessi bei den Bewerbern dabei war – hatte ich keine Chance. Mir wurde immer Mittelmäßigkeit bescheinigt obwohl als promovierter Wissenschaftler immer viel mehr als manche Kollegen geleistet habe und viel höher gebildet war. Es war wirklich so. Die Leitung konnte mir im wahren Sinne des Wortes nicht das Wasser reichen aber ich durfte nur unbegründeten Vorwürfe und Unterstellungen ertragen und realitätsferne Entscheidungen folgen, die nichts mit dem normalen menschlichen Verstand zu tun hatten. Des Öfteren sollte ich Wutausbrüche, meines Chefs, die seiner eigenen Unfähigkeit und Selbstverherrlichung geschuldet waren, ertragen. Eine Entschuldigung dafür – Fehlanzeige. Warum? Ich bin Ausländer, ich spreche mit Akzent, bin bestens ausgebildet und hinterlasse keine Schleimspuren hinter mir, wenn Sie verstehen was damit gemeint ist. Es wurde viel später festgestellt, dass Wessis „auch nur mit Wasser kochen" und vieles nicht richtig aufgebaut haben sollten. Nun ist für alles zu spät."[21]

4.3 Auswertung, Fallrekonstruktion, Interviewkontext, Vergleich

Der Begriff der „Fallrekonstruktion", der in diesem Kapitel eine zentrale Rolle einnehmen muss, verweist konkret auf zwei Inhaltspunkte qualitativer / empirischer Forschung: zum einen auf eine rekonstruktiv vorgehende Ge-

---

[20] Gespräch vom 03.10.2017 in Burg (Spreewald); A. LU: 2017
[21] Interview mit Herrn A. I. in Leipzig. A. LU: 2013

schichtslogik / Alltagsgeschichte und zum anderen auf die Bedeutung der persönlichen Lebensgeschichte bzw. des einzelnen individuellen Falls. Die rekonstruktive methodologische Auswertung schließt an Ansätze des interpretativen Vergleichs / Paradigmas an, die die interne Perspektive des handelnden Ostmenschen bzw. Intellektuellen als Kontextbasis soziologischer Interpretation / Rekonstruktionsbildung betonen und davon ausgehen, dass sozialpolitische Ordnung auf den interpretativen Betrachtungen der Handelnden beruht. Insofern also angenommen wird, dass soziale Alltagsrealität / Wirklichkeit als individuell strukturierte, immer schon gedeutete von den Interviewpartnern persönlich erlebt und durch interaktives Einmischen / Handeln aufgebaut wird, sieht es eine rekonstruktiv verfahrende Erinnerungskultur als notwendig an, an der Alltagsrealität und den Erinnerungs-, Lebens- und Interpretationsmustern der untersuchten Ostmenschen konkret anzusetzen. So wird es mutmaßt, dass z. B. bayerische hybride Identitätsbildung würde für Bayern in Sachsen oder Thüringen eine ebensolche Bedeutung haben. Auf diese interessante These wurde kurz in dem oben zitierten Beispiel eingegangen.

Auf der Basis der Beobachtung von Identitäts- und Entwicklungsdynamik bzw. der alltäglichen, symbolischen Repräsentationen des Handelns können die subjektive Interpretationen und Strukturierungen von Lebenswirklichkeit der Akteure / Ostfremden, die sie in und mit ihren Erfahrungen / Handlungen vollziehen, sowie die versteckten Zusammenhänge alltagsweltlichen Verstehens, Betrachtens und Handelns, die gewöhnlich nur einseitig bzw. nicht reflexiv verfügbar sind, rekonstruiert werden.[22] Die Fallrekonstruktion einer sozialistischen / postsozialistischen objektiven Erinnerungskultur bzw. subjektiven Lebensgeschichte zielt dementsprechend teilweise auf die „*Rekonstruktion der impliziten Wissensbestände und der impliziten Regeln sozialen Handelns*"[23] Mit dieser These ist einen Ansatz zur Konkretion des Phänomens hybride Identität im Osten verbunden, so dass der „allgemeinen" Ostidentität im Einzelfall in den meisten Ansätzen rekonstruktiver Erinnerungs-

---

[22] Vgl. Meuser, M.: Rekonstruktive Sozialforschung. In: Bohnsack, R./Marotzki, W./Meuser, M. (Hrsg.): Hauptbegriffe Qualitativer Sozialforschung. Ein Wörterbuch. Opladen 2003, S. 140-142; Oevermann, U.: Die Methode der Fallrekonstruktion in der Grundlagenforschung sowie der klinischen und pädagogischen Praxis. In: Kraimer, K. (Hrsg.): Die Fallrekonstruktion. Sinnverstehen in der sozialwissenschaftlichen Forschung. Frankfurt a. M. 2000, S. 58-156; Bohnsack, R.: Rekonstruktive Sozialforschung. Einführung in qualitative Methoden. 5. Aufl. Opladen 2003, S. 20-22.

[23] Vgl. Meuser, M.: Rekonstruktive Sozialforschung. In: Bohnsack, R./Marotzki, W./Meuser, M. (Hrsg.): Hauptbegriffe Qualitativer Sozialforschung. Ein Wörterbuch. Opladen 2003, S. 140.

kultur eine zentrale Bedeutung zukommt. Neben der Auswertung des Interviewkontextes oder der einzelnen Biografie, die mit einer Reihe von Teilanalysen in vergleichender, systematisierender / typisierender oder kontrastierender Weise arbeitet, ist insbesondere die These der subjektiven Fall- und Strukturrekonstruktion der politischen Veränderung nach Oevermann einem Einzelfall verpflichtet.[24] Unter einem östlichen Einzelfall ist dabei *„eine strukturierte, geschichtlich konstituierte autonome hybride Handlungseinheit mit identifizierbaren Grenzen"*[25], wie ein Individuum, eine Familie, eine Gruppe, eine Diaspora, eine Berufsgruppe etc. oder eine Teil-Gesellschaft, zu verstehen. Die Fallrekonstruktion im Sinne einem fallinterpretativen Vergleichskontext geht weit über hybriden, sozialpolitisch motivierte Funktionen zu Veranschaulichungs-, Auswertung / Übermittlungs- und Relativierungszwecken sowie über eine Einzelfallgeschichte im Sinne einer Biografie oder Lebensgeschichte bzw. eine explorative Funktion zur Generierung von Erinnerungen und Fallhypothesen in überprüfenden und systematisierenden Verfahren hinaus. Auch wird das empirische Interviewmaterial / der Rekonstruktionsfall nicht unter von außen herangetragenen und bereits vorgefertigten objektive Vergleiche, Kategorien und Analyseklassifikationen subsumiert.[26] Vielmehr wird im postsozialistischen Osten der Anspruch erhoben, über eine objektiv kontrollierte Fallrekonstruktion den subjektiven Einzelfall nicht nur in seiner Komplexität zu erfassen und zu dokumentieren, sondern zu den gesellschaftlichen konstituierenden Prinzipien (Staatsstrukturen, Institutionen, Mechanismen, Gesetzlichkeiten) des Falles vorzudringen, um so zu sozialpolitischen Einsichten in Identitätsdynamik und in Findungsprozesse der sozialen Wirklichkeit und in komplett neuartige gesellschaftliche Phä-

---

[24] Vgl. Kraimer, K.: Die Fallrekonstruktion – Bezüge, Konzepte, Perspektiven. In: Kraimer, K. (Hrsg.): Die Fallrekonstruktion. Sinnverstehen in der sozialwissenschaftlichen Forschung. Frankfurt a. M. 2000, S. 23-57; Oevermann, U.: Die Methode der Fallrekonstruktion in der Grundlagenforschung sowie der klinischen und pädagogischen Praxis. In: Kraimer, K. (Hrsg.): Die Fallrekonstruktion. Sinnverstehen in der sozialwissenschaftlichen Forschung. Frankfurt a. M. 2000, S. 60.

[25] Vgl. Kraimer, K.: Die Fallrekonstruktion – Bezüge, Konzepte, Perspektiven. In: Kraimer, K. (Hrsg.): Die Fallrekonstruktion. Sinnverstehen in der sozialwissenschaftlichen Forschung. Frankfurt a. M. 2000, S. 42.

[26] Vgl. Hildenbrand, B.: Fallrekonstruktive Forschung. In: Flick, U. u.a. (Hrsg.): Handbuch Qualitative Sozialforschung. Grundlagen, Konzepte, Methoden und Anwendungen. München 1995, S. 257; Oevermann, U.: Die Methode der Fallrekonstruktion in der Grundlagenforschung sowie der klinischen und pädagogischen Praxis. In: Kraimer, K. (Hrsg.): Die Fallrekonstruktion. Sinnverstehen in der sozialwissenschaftlichen Forschung. Frankfurt a. M. 2000, S. 60.

225

nomene zu gelangen.[27] Die rekonstruierte Lebensgeschichte ist auf die empirische Strukturierung menschlicher Lebenspraxis, auf das Verstehen eines sozialen Phänomens (Fallgeschichte) zugrunde liegenden Struktureigenschaften gerichtet.[28] Dabei wird davon ausgegangen, dass dem Einzelfall, einheimisch oder fremd, im Osten als soziale Einheit spezifische und allgemeine Sinnstrukturen inhärent sind. Die Besonderheiten des „Ost falls" konstituieren sich dabei in der Auseinandersetzung mit den außergewöhnlichen historischen Gegebenheiten in einem Prozess, in welchem die hybride Lebensgeschichte aus einer Perspektive der durch soziale Realität objektiv gegebenen Möglichkeiten spezifische (auferlegte oder selbst gesteuerte) Entscheidungen treffen.[29] Die Auswertung einer Rekonstruktion der historischen Konkretion eines Einzelfalles im Osten kommt die Aufgabe zu, zu rekonstruieren, wie der Vergleichsfall seine spezifische Wirklichkeit im Kontext sozialistischer Bedingungen strukturiert hat[30] – also das übergreifende soziale Phänomen der fallspezifischen Erinnerungen bzw. Erfahrungsselektionen, die der Fall aus den eröffneten Handlungsmöglichkeiten vornimmt, in seiner Kollektiv-, Reproduktions-, Hybriditäts- und Identitätsgesetzlichkeit hervorzuheben. Aufgabe der Fallrekonstruktion im „östlichen" Sinne ist die Entwicklung einer Identitäts- und Hybriditätsstruktur, die das Muster des fallspezifischen Selektions- und Transformationsprozesses, die Art und Weise, wie die Lebensgeschichte die Erinnerungen wahrnimmt, diese erörtert und aktiv in sie eingreift, übergreifend kennzeichnet, die Relationen zwischen den vielgestaltigen Identitätsschichten eines Interviewkontexts / Falles definiert und die verschiedenen Erinnerungselemente, die den jeweiligen hybriden Rekonstruktionsfall kennzeichnen, konsistent miteinander verknüpft. Um zu diesen Phänomenen und zur Erinnerungsgeschichte der Fremdenerfahrungen, z. B. Dynamikprozesse eines vielgeschichteten hybriden Einzelfalls vorstoßen zu können, ergibt sich als objektive Konsequenz bei der Auswertung der Lebensgeschichten zum einen ein teil-„sequenzanalytisches" Verfahren, das die Besonderheiten der Ostidentität bzw. der Hybridität im Osten voll berücksichtigt, d.h. immer schrittweise den Auslöser und die Fol-

[27] Vgl. Bude, H.: Fallrekonstruktion. In: Bohnsack, R./Marotzki, W./Meuser, M. (Hrsg.): Hauptbegriffe Qualitativer Sozialforschung. Ein Wörterbuch. Opladen 2003, S. 60-61.
[28] Kraimer, K.: Die Fallrekonstruktion – Bezüge, Konzepte, Perspektiven. In: Kraimer, K. (Hrsg.): Die Fallrekonstruktion. Sinnverstehen in der sozialwissenschaftlichen Forschung. Frankfurt a. M. 2000, S. 23.
[29] Vgl. Hildenbrand, B.: Fallrekonstruktive Forschung. In: Flick, U. u.a. (Hrsg.): Handbuch Qualitative Sozialforschung. Grundlagen, Konzepte, Methoden und Anwendungen. München 1995, S. 257.
[30] Ähnliche Grundthese Hildebrand 1995, S. 257.

ge der subjektiven Handlungen im Sinne der sozialen Kommunikation und Interaktion zu verstehen. Gemäß des spezifischen Charakters sozialen Handelns im Osten vor und nach 1990 wird sequentiell das empirische Material nach den möglichen Optionen für den Träger einer hybriden Identität, ihren Konsequenzen, den tatsächlich vorliegenden und späteren Realisierungen hin untersucht (z. B. Gruppeninterviews unterschiedlicher Berufsgruppen). Zum anderen folgt die rekonstruierende Erschließung der Vergangenheit und der Gegenwart die Logik einer Identitätsfindung, der entstandenen Hybridität und einer Entwicklung, die die sozialen Veränderungen als Grundlage der postsozialistischen Osthybridität im Allgemeinen definiert. Hierbei werden wahrscheinliche Erfahrungshypothesen in der empirischen Form gebildet, dass von einem subjektiven Einzelfall / Phänomen ausgehend abduktiv auf andere mögliche Einzelerinnerungen bzw. Lebensgeschichten geschlossen wird, woraus dann Folgeerfahrungen / Phänomene abgeleitet werden, die empirisch auf einander an der Teilauswertung überprüft und aufrechterhalten werden. [31]

Bei der kulturgeschichtlichen Auseinandersetzung mit einem fallrekonstruktiven Biografie- bzw. Identitätsansatz lassen sich weitere übergreifende Erfahrungen und individuelle Mentalitätsprinzipien, aber auch Unterschiede über die verschiedenen Erinnerungspositionen und Ausgangserfahrungen hinweg identifizieren. Insofern sich biografische Rekonstruktion bzw. rekonstruktive Erfahrungen um einen objektiven Nachvollzug der Identitätsstrukturen, die der Hybridität des Ostfremden bzw. des Ostbürgers zugrunde liegen, bemühen, ist insbesondere bei zweiheimischen Befragten zu gewährleisten, dass dem / der Befragten genügend nicht konventionellen Möglichkeiten für die selbstläufige Darstellung der eigenen Biografie und die Strukturierung der eigenen Hybridität gegeben wird und er / sie auch nicht relevante Inhalte der Lebenspraxis äußern kann. [32] In diesem Sinne werden Lebenspraxis und Hybridität nicht als zwei voneinander getrennte „Strukturen" konzipiert, sondern sind in einem Identitätsfindungsprozess eng miteinander verzahnt, d. h. die Eigenlogik der Hybridität beginnt bereits beim ersten Eintreten des Fremdseins und die „Auswahl" weiterer für die zwischenkulturelle Identitätsentwicklung relevanter Inhalte wird getroffen, indem auf der Basis

[31] Vgl. Hildebrand, B.: Fallrekonstruktive Familienforschung. Anleitungen für die Praxis. Opladen, 1999, S. 13-14; Rosenthal, G.: Erlebte und erzählte Lebensgeschichte. Gestalt und Struktur biographischer Selbstbeschreibungen. Frankfurt a.M./New York 1995, S. 211-213.
[32] Vgl. Meuser, M.: Rekonstruktive Sozialforschung. Opladen, 2003, S. 141.

der generierten ersten Erfahrungen, Einsichten oder Erinnerungsdimensionen gesucht werden.

Ziel ist es, über Identitätsdynamik, komparative Mentalitätsanalyse bzw. Erfahrungskontrastierung die Typik des individuellen Hybriditätsfalls zu verdichten und die in einem Existenzumfeld vorhandene Heterogenität und Flexibilität von sozialen Realisierungsformen für ein bestimmtes multikulturelles Handlungs- bzw. Verhaltensphänomen zu erfassen. Eine Generalisierung der Hybridität in der fallrekonstruktiven Biografie-Forschung auf der Basis der Ergebnisse von Einzelfallinhalten ist nur ein Mittel zum Zweck, heißt also, dass ein Standartstrukturmuster der subjektiven Erfahrung bestrebt, erfasst und umgrenzt wird.

5. Die Spezifik der ost-bulgarisch-europäischen hybriden Identität: Die Bedeutung nationaler Zugehörigkeiten in der Relation Herkunfts- und Aufnahmekontext

Integration bzw. Desintegration und Interaktion findet auf drei Ebenen statt: auf der sozial-kulturellen, gesellschaftlich-institutionellen und individuellen (personalen). Auf der sozial-kulturellen Ebene sticht die komplett umgestaltete Lebenssituation des DDR-Bürgers und der privilegierten DDR-Fremden nach 1990: schlechtere Bildungschancen bzw. Ausbildungsplätzen für Kinder und Jugendlichen, unsicheren Arbeitsplätzen, Fremdenfeindlichkeit etc. hervor. Akademiker und Künstler mit Migrationshintergrund sind nicht direkt deutlich stärker von Erwerbslosigkeit betroffen als den Ostdeutschen. Sie sind gleichermaßen gefährdet gewesen bei Schließungen von Forschungsinstituten, Theatern, Orchestern, Kulturstätten, Museen etc.; hinzu kommt die versteckte und verschwiegene Besonderheit, dass in Deutschland die ethnische / nationale Herkunft stärker als in den meisten anderen ehemaligen RGW-Staaten über Erwerbschancen entscheidet - wie Interviews und einige Studien gezeigt haben. Unter Vertrag stehenden Tänzer, Musiker und Sänger oder ausländischen Hochschulabsolventen und -absolventinnen im Osten Deutschlands haben gegenwärtig proportional häufiger einen Migrationshintergrund; z. B. Staats- und Theaterballetts, Tanz-Companies und Tanzformationen bestehen bis zu 90% aus ausländischen Tänzer, nach 1990 Tänzer mit Migrationshintergrund (vor allem aus Russland, Ukraine, Weißrussland, Brasilien u.a.). Sie sind seit Jahren von der angespannten Situation am Künstler-Arbeitsmarkt genauso besonders stark betroffen wie die deutschen Kollegen selbst. Diese Aussagen gelten nicht nur für Migrantinnen und Migranten mit akademischer oder künstlerischer Fachausbildung, sondern für alle Menschen mit einem Migrationshintergrund. Die Aufwertung der Arbeitslosigkeit nach der Wiedervereinigung scheint mit der Abwertung des Migrationshintergrunds, im künstlerischen Bereich, in Ostdeutschland einherzugehen.
Die Abwertung der „Ostarbeit" (z. B. die Aussage: Im Osten hat keiner wirklich gearbeitet) erfolgt auf zwei Ebenen: Erstens setzt teilweise eine Ernüchterung über den Verlust des Arbeitsplatzes in dem volkseigenen Betrieb ein. Diese zieht zweitens den Verlust des Status, etwas Besonderes zu sein – quasi eine symbolische Abwertung – nach sich. Mit der Ernüchterung über die Westdemokratie verläuft parallel eine Ernüchterung über die wiedervereinigte Bundesrepublik. In dieser Hinsicht haben sich die beiden Teile Deutschlands sehr schnell auseinander gelebt und gleichen sich sehr langsam an. Nach den Ergebnissen der Langzeitstudie von Wilhelm Heitmeyer, in der

gruppenbezogene Menschenfeindlichkeit in Deutschland untersucht wird, ist jedoch in Ostdeutschland parallel zu einem erhöhten Grad an Fremdenfeindlichkeit eine ansteigende stille Desintegration zu beobachten, was den Status geerbter Neu-Migrantinnen und Neu-Migranten zusätzlich belastet.[1] Auf der institutionellen Ebene sticht der staatsbürgerschaftliche Status der ersten und zweiten Fremdengeneration hervor: der ständiger Wohnsitz in der DDR wurde in unbefristete Aufenthaltsgenehmigung umgewandelt, der unbefristete Arbeitsvertrag benötigte ab sofort eine Arbeitsgenehmigung vom Arbeitsamt. Nach zehn Jahren unbefristeten Aufenthalt dürfte man die deutsche Staatsbürgerschaft beantragen. Die Hürden, die in DDR bzw. Deutschland lebende und geborene Angehörige der ersten und zweiten Generation nach 1990 überwinden müssen (Entlassung von der Herkunftsstaatsbürgerschaft, gegenwärtig auch Einbürgerungstest etc.), um die deutsche Staatsbürgerschaft zu erhalten, erschweren den Zugang zur "kollektiven bürgerlichen Identität" in Deutschland. Somit versiegt und auf Nimmerwiedersehen versickert eine Motivationsquelle hybrider / zweiheimischer Identität in Form erfahrener Anerkennung durch die Mehrheitsgesellschaft:

„V. A. / A. A.: Der oftmals mit lästigen Behördengängen verbundene Status als "Fremde(r)" oder "Ausländer(in)" nach dem Zusammenbruch des sozialistischen Systems blieb für uns teilweise aus. Trotzdem gab es Fälle in denen uns sogar zu geringe "soziale Mobilität" vorgeworfen wurde, die in der Praxis zu Ausgrenzung und Desintegrationserfahrungen führte."

„I. D. / P. D.: Wir waren zu stolz um uns als Arbeitslose zu melden und mit „Asis" auf den Zahltag zu warten. Bis ich die plötzlich erforderliche PNDS-Prüfung[2] abgelegt hatte und den Trainer-Schein gemacht habe, arbeitete ich als Vorarbeiter und Handlanger in einer Baufirma. Nebenbei habe ich immer in Operetten und Musicals getanzt. Kleine Rollen, versteht sich. Ich war nicht einen Tag Arbeitslos gemeldet. Nach einem Jahr habe ich diese Stelle als Trainingsmeister bekommen. Es war nicht einfach."[3]

Auf der personalen Ebene, innerhalb des sozialkulturellen Alltags sollte, laut die häufig zitierte Kultur-Konflikt-These, die erste DDR-Fremdengeneration nach 1990 "zwischen zwei Kulturen" gelebt haben. Die These findet bei der östlichen künstlerisch-akademischen Ausländergruppe wenig Anwendung, weil die Betroffenen befanden sich in einer grundlegenden Patsituation: zurück in die Herkunftsheimat oder da bleiben. Mit dieser "Unentschiedenheit"

---

[1] Vgl. Heitmeyer, Wilhelm (Hrsg.): Deutsche Zustände: Folge 6, Frankfurt/M., 2008.
[2] PNDS – Prüfung Nachweis Deutscher Sprachkenntnissen [Anm. Autorin]
[3] Interview mit Familie V. A. und A. A. und Familie I. D. und P. D. A. LU: 1997

sollen die unterschiedlichen gesellschaftlich defizitären Merkmale der individuellen Situation von niedrigem fast verlorenem Kontaktniveau sowohl im
Herkunftsland als auch in Deutschland bis hin zur komplett neu umgestalteten Lebenssituation erklärt werden. Dem ist entgegenzusetzen, dass ein ge-
fühlter Zwang zur einseitigen kulturellen Verortung insbesondere für die
untersuchte Ausländergruppe nie problematisch war, empfinden sich die
Ostfremden doch selbst als hybrid: halb / halb, deutsch / ostdeutsch, deutsch
/ bulgarisch (als Beispiel), soz.-postsoz. / europäisch. Sie sahen sich ständig
unter doppeltem Entscheidungsdruck.[4] Die daraus resultierende gegenwärtige
spezifische individuelle Problematik für hier lebende Erstgeneration besteht:
zum einen in der langsamen Entfernung von der Herkunftskultur und im
Anschlussverlust bzw. Fremdwerden traditioneller heimatlicher veränderter
Werte und Normen, zum anderen in der Erfahrung des Zweiheimischen-seins
oder im schlimmsten Falle - der Randständigkeit. Besonders unter ex-
sozialistischen Migrantinnen und Migranten der ersten und zum Teil der
zweiten Generation ist ein gewisses Identifikationsdilemma durch die postsozialistische Nichtanerkennung ihres hybriden Identitätsstatus zu beobachten. Auf der einen Seite genießen sie, dank ihrer DDR-Vergangenheit, einen
individuellen äußeren Integrationsstatus und gleichzeitig sind sie einem In-
tegrationsdruck durch die neue deutsche Gesellschaft ausgesetzt; diesem
nachzugeben, garantiert jedoch nicht, dass ihre hybride Ostidentität sofort
von der Mehrheitsgesellschaft als "deutsch" anerkannt wird. Auf der anderen
Seite fordert die Integration der hybriden ethnischen Identität eine feinsinni-
ge, komplexe Balancierung bzw. Positionierung zwischen ethnischen / nationalen Herkunfts- und Aufnahmewerten. Damit geht der Verlust eines Teils
traditioneller Sicherheiten, familiärer Heimatbindungen und ethnischer Identität einher. Die These, dass *Solchermaßen entstandene Identitätskrisen
können (...) zur Flucht in eine negative Identität führen, d.h. das Gefühl sozialer Minderwertigkeit wird zu einem negativen Selbstbild verinnerlicht, wobei häufig auffälliges und abweichendes Verhalten als bewusste oder unbe-*

---

[4] Zugehörigkeit und Anerkennung gelten als Formen der Integration nicht der Unterdrückung,
die den Fremden/Anderen in ein paralleles, doppeltes Dasein einschließt. Vgl. Taylor,
Charles: Multikulturalismus und die Politik der Anerkennung. 2. Aufl., Frankfurt/M.: Fischer, 1993, S. 13ff.; Habermas, Jürgen: Anerkennungskämpfe im demokratischen Rechtsstaat. In: Taylor, Charles: Multikulturalismus und die Politik der Anerkennung. 2. Aufl.,
Frankfurt/M.: Fischer, 1993, S. 147-196.

wusste Strategie zur Lösung der eigenen Identitätsprobleme dient."[5] – ist im „gemilderten" Sinne auch für ostdeutsche Ausländer relevant. Die Folgen, im schlimmsten Fall, können wieder postsozialistische Schein-anpassung und Scheinintegration, Abkapselung in Diaspora, anti-deutsche Diskurse etc. sein. Eine Herausbildung von "Gegenidentitäten", wie bei Gastarbeitern im Westen der zweiten und dritten Generation, als Reaktion auf mangelnde Integrationspolitik moderner Gesellschaften ist im Osten des Landes weniger wahrscheinlich, kaum anzutreffen und nicht zu erwarten. Die ex-sozialistische Ostausländer bedrohen nicht die sozialkulturelle Schichtstruktur Deutschlands. Die Wir-Kollektive-Identität der Vergangen-heit stellt die innere Verbundenheit und Ich-Identität des Ostmenschen nicht durch Abgrenzung nach außen her, sondern durch Überthematisierung der Erinnerung bzw. der Fremderfahrung. Problematisch wird dieser Identitäts-findungsmechanismus, wenn er „kult-ostalgische" Ausmaße annimmt und die innerliche Vereinigung der Nation mit der Konstruktion von getrennten Ost-West-Lebensbildern einhergeht. Auf diese Weise wird die Verantwor-tung für die noch fehlende Ost-West-Einigungserfahrung einer bestimmten Gruppe "Wessi-Anderer" - nämlich der Mehrheitsgesellschaft der alten Bun-desrepublik - zugeschoben. Aus den Erfahrungen mit der neuen Demokratie, aus den Erinnerungen an der alten sozialen Sicherheit und den Folgen der staatlichen Transformation gehen Enttäuschungen hervor, die teilweise in Trotz münden können. Dieser wiederum kann zur gezielten Hybridität bei Ostausländern führen. All diese Aspekte sind in der Kategorie „Auf- und Abwertung der ostdeutschen Hybridität" enthalten.

„M. G.: Nö, es ist nicht einfach zu sagen: Ich bin stolz ein Deutscher zu sein und dahinter zu stehen. Es stimmt allerdings, dass die Wende uns Ostdeut-schen mehr Möglichkeiten eröffnet hatte. Diese nutzen zu können müssen wir aber unsere Heimat zu verlassen. Ich arbeite schon fünfzehn Jahre hier in Frankfurt und habe immer noch wenige Kontakte mit Wessis. Die Tatsache, dass die Wessis auch nur mit Wasser kochen, aber tun so, dass sie über Gott und Welt entscheiden, ärgert mich mächtig. Was soll ich mit einer Wessi-Frau anfangen? Sie sind ganz anders als unsere Mädels – mehr Fassade als Inhalt. Unsere Situation jetzt als Ostdeutschen im Westen ist ähnlich wie

---

[5] Klitzing, Kai von: Psychische Störungen bei ausländischen Arbeiterkindern. In: Kentenich, Heribert u.a. (Hrsg.):Zwischen zwei Kulturen - was macht Ausländer krank? 2. erw. Aufl. Frankfurt am M.: Mabuse-Verl. 1990, S. 143. ; Baader, Gerhard: Türken, Juden, Polen: Probleme der Assimilation und Integration ethnischer Minderheiten in Deutschland im 19. und 20. Jahrhundert. In: Kenterich, Heribert u.a. (Hrsg.): Zwischen zwei Kulturen - was macht Ausländer krank? 2. erw. Aufl. Frankfurt am M.: Mabuse-Verl. 1990, S. 42-54.

eure Erfahrungen in der DDR. Ihr seid zweiheimisch – wir hier aber auch.
Du hast gesagt „hybride". Nö, hybride Deutsche sind wir in diesem Sinne
nicht. Wir sind Deutsche, eben anders. Wir Ossis sind meistens unter uns.
Vielleicht doch hybride Deutsche?"[6]

Die bestrebte kollektive Identitätsannährung ohne zusätzliche Schuldzu-
schreibung bleibt nach wie vor weit in der Zukunft entfernt. Es hätte den
fremden Personen sowohl im Osten als auch im Westen ermöglicht, ein positives Selbstbild aufrecht zu erhalten, auch wenn dieses teilweise durch wenig
positive Vorurteile, Einstellungen und Merkmale dargestellt wird, wie etwa
„Ausländer klauen", "Ausländer sind dumm" oder "Ossis haben nie das Arbeiten gelernt" etc. Besonders brisant wäre ein Abdriften der ersten und zum
Teil der zweiten Generation der ex-sozialistischen Migranten und der Ostdeutschen in Richtung der kultischen Verherrlichung des Sozialismus, die
gleichzeitig Erinnerung, Modernität und Tradition zu vereinen scheint. Ein
Teil dieser alt gewordenen, meistens nörgelnden Menschen sucht in den
kraftstrotzenden radikalen Parolen der Rechtsextremisten eine Möglichkeit,
die eigene nationale Identität neu zu definieren. Interessanterweise werden
die „geerbten" ausländischen Akademiker, Fachkräfte und Künstler im Osten
von den Ostdeutschen öfters als „Gleichgestellte" und „Gleichleidenden"
gesehen und akzeptiert. Der Grund dafür könnte in der gemeinsamen sozialistischen Vergangenheit und der identischen Identitätskrise nach dem Zusammenbruch der „heilen Scheinwelt" der Gerechtigkeit gesucht und gefunden werden.

„K. L.: Ich habe nichts gegen Bulgaren, Rumänen oder Russen wie Sie. Sie
sind intelligent, sie tun etwas für Deutschland und sogar mehr als manche
Deutsche."[7]

Ostdeutsche und Fremde / Bulgaren spüren, dass sie sich durch die gemeinsame Vergangenheit an einander zäh und widersprüchlich gewöhnt haben
und an populistische Parteien / Gruppierungen eventuell mehr Selbstsicher-
heit und weniger Anfeindungen gewinnen könnten. Rechte und populistische
Parteien verbreiten verherrlichte Geschichtsaura des Nationalstolzes, die
gegenwärtig stärkere umstrittene Beachtung findet.

Die Identitätsfindung für Ostmenschen ist ein sehr komplexer Prozess, der
zwischen dem Erinnerungs-, Gegenwarts- und Zukunftsbild, das das Individuum von sich selbst entwirft, und dem Bild entsteht, das sich seine sozialen
und kulturellen Gleichgesinnten oder Gegner in wechselnden gesellschaftli-

---

[6] Interview mit Herr M. G. A. LU: 2002
[7] Interview mit Herrn K. L., AfD-Wähler. A. LU 2017

chen Zusammenhängen von ihrem Ankommen, irgendwo und irgendwann, machen. Man kann Habermas' These, dass eine demokratische, multikulturelle Identitätsdynamik beinhaltet auch eine gelingende Identitätsfindung, die auf Anerkennung und Empathie durch die Anderen angewiesen ist, als theoretische Grundlage eines hybriden Ankommens sehen und verstehen.[8] Wenn dieser Prozess ohne erkennbare positive Ergebnissen misslingt, möglicherweise kann es zur negativen Entwicklung der Identitätsdynamik und Herausbildung widersprüchlicher Identität bzw. Hybridität kommen - etwa in Gestalt der zu beobachtenden freiwilligen Abschottung in Parallelwelten und Desintegration. Die Generation, die zuerst vom Heimatkontext entfernt, aber noch nicht im Aufnahmeland angekommen ist, durchlebt häufig eine Identitätsdynamik oder Identitätskrise, die als Zwitterphänomen definiert werden könnte. Es findet, zum Glück, kein Identitätsverlust statt, der in der Regel zu Selbstverachtung, Wertevernichtung und Missachtung gegenüber der Außenwelt führt. Durch den Rückgriff auf traditionelle Erinnerungskultur der imaginierten Herkunftskultur, deren Verehrung und Idealisierung gegenüber der deutschen Mehrheitskultur, die als Leitkultur verstanden wird, erlangen die Betroffenen Halt, Stärke und Selbstbewusstsein. Diese Erscheinungen werden auch als Hindernisse des Ankommens bezeichnet wie Marginalisation (erfolglose Interaktion z.B. von Ausländern mit der dominierenden Gruppe, Rückzug in die eigene ethnische Diaspora), Assimilation, Segregation (Bekennung zur einer Seite) etc. Die Traditionen zweier Kulturen miteinander verknüpfen begünstigen wiederrum das Ankommen in die aufnehmende Gesellschaft: Muttersprache - sie bleibt ein Merkmal der ethnischen Identität, die Sprache der Aufnahmekultur – sie ist ein Merkmal der hybriden Identität, Traditionen-Mix – ein Merkmal des Ankommens und eines höheren Intelligenzniveaus.

„J. K.: Was ich noch bemerken muss ist das Verständnis für unsere, deutsche Traditionen, die von Fremden in unserem Land verstanden und individuell aufgenommen werden sollten. Wenn zuhause zum Beispiel Weihnachten nur nach der bulgarischen Tradition gefeiert wird wie sollen sich die Kinder am nächsten Tag in der Schule fühlen? Sie werden ausgegrenzt, weil sie Adventszeit als Stollen- und Familienzeit nicht erlebt haben oder die Bescherung nicht am Heiligabend stattgefunden hatte. Ich weiß, dass es ist nicht einfach sein soll, weil die bulgarische Tradition sicherlich weiter gepflegt

---

[8] Habermas, Jürgen: Anerkennungskämpfe im demokratischen Rechtsstaat. In: Taylor, Charles: Multikulturalismus und die Politik der Anerkennung. 2. Aufl., Frankfurt/M.: Fischer, 1993, S. 147-196.

werden muss, die deutsche nicht vernachlässigt wird und die goldene Mitte zu finden eine hohe Kunst ist. Deshalb meine ich eine gute und für beiden Kulturen passable Lösung zu finden hängt hauptsächlich von dem intellektuellen Niveaus des Fremden ab: Je höher desto besser die Verknüpfung. "[9] Als Folge des hybriden Identitätsdilemmas erfinden und konstruieren die Zweiheimischen teilweise imaginierte, teilweise reale komplexe Identitäten. Wichtige Bestandteile des vielseitigen Umfangs der neuen Identität sind die gepflegte Mehrsprachigkeit, die aufbewahrte Welt der Traditionen und der Multikulturalismus: Die Kontakte zu der Herkunftskultur / Sprache sollen nicht unterbrochen werden, so sind beide Kulturen / Sprachen als Gewinn zu verstehen und die Hybridität als positive soziale bzw. individuelle Eigenschaft anzusehen.

---

[9]   Interview mit Frau J. K. vom 16.10.2014 in Gera. A. LU: 2014

6. Fremdsein, Befremdet oder Fremdheit: Thesenzusammenfassung

Wenn Hybridität und Lebensgeschichte als zwei Dimensionen eines Prozesses analytisch betrachtet werden, wird es schnell klar, dass die Interaktion eine systematische Rolle spielt und ihre Verbindung völlig konstituiert bleibt. Die Identitätsdynamik hat sich in dieser Richtung sehr intensiv kontrovers gestaltet. In diesem Sinne kann der komplexe Prozess der Identitätsfindung in vier belegten Thesen bzw. Aussagen zusammengefasst werden. Sie erhalten auch Antworten auf einige Fragen, die mit den Ausgangsthesen gestellt worden waren und für das Interaktionsverständnis von zentraler Bedeutung sind:

These Nr.1. Sozialistische Erfahrungen konkretisieren einen potenziellen einheitlichen Erfahrungshorizont der Hybridität im Unterschied zu Migranten-Hybrid-Erfahrungen in Westeuropa. Individuelle Krisenerlebnisse spielen hier eine wichtige Rolle. Sie sind geprägt von der Verflechtung der postsozialistischen Diskontinuität des Fremddaseins bzw. der Ostidentität, entstanden durch den Übergang zu einer anderen Gesellschaft oder die Änderung in der gesellschaftlichen Stellung des Ostausländers oder des exsozialistischen Bürgers. Die Biographien der Ostdeutschen und Ostausländern verlaufen fast ähnlich, sind in ihrer Entwicklung fast identisch und unterscheiden sich nur in der Komplexität der sozialen Erfahrungsintensität.

These Nr. 2. Die systemspezifischen Unterschiede bilden sich als spezifische postsozialistische Identitäten, sowie die Umstellung in und zwischen verschiedenen ausgehenden hybriden Erfahrungen im sozialen Spannungsfeld zwischen hybriden Ursprungs (Ostdeutschen) und hybriden Fremdkontexten (Ostausländer).

These Nr. 3. Die spezifische Antwort auf hybride gesellschaftliche Herausforderungen hängt mit der biographischen Einbettung sowie der hybriden Genese des Umgangs mit Fremderfahrungen im Osten zusammen. Die spezifische Hybridität ist verankert, im Sinne der Annäherung an fremdes Bild, das in unterschiedlichen sozialen Situationen wirksam wird, in kontinuierliche Strukturen der Osthybridität insgesamt. Soziopolitische Krisenerfahrungen sind typisch für die Identitätsdynamik und hybride individuelle Entwicklung.

These Nr. 4. Die biographische Genese von hybriden Erfahrungen als Ausländer in Ostdeutschland und als Ostdeutsche befindet sich in gesellschaftlichen, vorgeformten Muster der Erfahrungsbildung. Diese beziehen sich auf ihre eigene Hybridität und auf sozial konstituierte Strukturen.[1]

Im Zentrum der Rekonstruktion der Erinnerungen, Sozialisation bzw. Identitätsdynamik stehen Fallbeispiele osteuropäischer Fremden (z. B. Bulgaren, Ungarn, Armenier, Rumänen etc.), die in der DDR beruflich als Künstler, Wissenschaftler, Ärzte, Fachkräfte etc. tätig waren und nach 1990 in Ostdeutschland geblieben sind. Die Suche nach Interviewpartnern hat sich nicht einfach gestaltet, weil der Ostfremde als Ausländergruppe, nicht wie die chilenische Flüchtlingen oder vietnamesische Vertragsarbeiter, statistisch erfasst wurde und nach 1990 mehrheitlich die deutsche Staatsbürgerschaft beantragt hatte. Besondere Schwierigkeiten berieten die innerdeutsche Migrationen und das mehrfache Pendeln zwischen Herkunfts- und Ankunftsland nach der Wende. Die Zick-Zack Bewegungen verschleierten den Prozess der Identitätsfindung und begünstigten die Bildung von Parallelwelten. Die deutsche Wiedervereinigung hat die ostdeutsche Bevölkerung vor fast identischen Herausforderungen gestellt wie die „Ostfremden". Es traten fast die gleichen Probleme der Identitätsdynamik auf. Die Befragten in der 90er Jahren haben sich am häufigsten die rhetorische Frage gestellt: Bin ich schon ein Bundesbürger oder es fehlt mir noch das Gewisse etwas? Für den Westdeutschen Bürger war die ex-sozialistische Bevölkerung, Fremde und Einheimischen zusammengerechnet, Lichtjahren von einem westdeutschen Dasein entfernt.[2]

Über Bekannte, Verwandte und KollegInnen war es möglich Hinweise auf die Bewegungen und die Identitätskrise dieser Personengruppen zu erhalten. Daraus ließ sich anfangs hypothetisch die These ableiten, dass im DDR-Kultur- und Wissenschaftskontext osteuropäische Fremde als Produkt der gegenseitigen sozialistischen Hilfe sehr präsent waren, sowohl institutionell über zwischenstaatliche Vereinbarungen und kulturelle Einrichtungen, als auch individuell über berufliche, wie private Kontakte. Die Fremden im Osten hatten vor 1990 ein doppelseitiges Dasein. Sie wurden einerseits als privilegierte nicht unbekannte Brüder oder Schwester wahrgenommen und anderseits als Ausländer, die „unberechtigt" soziale Vergünstigungen in einer

---

[1] Uslowa, Lilia: The Hybrid Identity. The Wonderful Feeling To Have Arrived. A Case History. In: Vukov, N./Gergova, L./Matanova, T./Gergova, V. (eds.): Cultural Heritage in Migration. Sofia: Paradigma, 2017, pp. 165-181.
[2] Gesprächsrunde. A. LU: 2000

Mangelwirtschaft genießen, beschimpft. Die vermeintliche ideologische Gleichheit hatte zwar viele Spannungen verdeckt, aber auch Kontroversen geschaffen, die sich im Alltag in vielseitigen Kontakten, die aus Arbeits- und Studienaufenthalte von Austauschkollektiven oder Urlaubs- und Berufsreisen entstanden waren, bemerkbar machten. Der Hauptschwerpunkt logischerweise richtet sich jedoch auf Fremderfahrungen im Osten Deutschlands vor und nach 1990. Die Identitätsdynamik hat sich in dieser Richtung sehr kontroverse intensiviert. Sie ist gekennzeichnet durch viele Erfolgs- bzw. Fehlversuche mit der neuen Wirtschaftsordnung sich nach 1990 zu arrangieren und mit potentiellen Westpartnern in Kontakt zu kommen, ohne dass sich daraus große Identitätskrisen zu entwickeln. Das Ergebnis war ein breit geschichtetes Spektrum von unifizierten Annährungsprozessen vor und individuellen Migrationserfahrungen nach der Wende, deren Typisierung auf einen kontrastiven sozialen Zusammenhang – bezüglich der ideologischen Bedeutung der gegenseitigen Hilfe, der Herkunft, der postsozialistischen Biografie oder anderer soziokulturell relevanter individueller Hintergründe – zurückgeführt werden konnte. Lediglich der unifizierte Ankunftskontext in der DDR und die fast identische für Ostdeutsche und Fremde Übergangssituation nach 1990, schienen einen systematischen Vergleich der damit verbundenen Ostlebensverläufe und ihrer soziokulturellen Bedeutung nahe zu legen. Für den Ostfremden stellte sich eine Berufsentwicklung in der DDR vorwiegend als Möglichkeit zur besseren finanziellen und professionellen Realisierung dar, die im Zusammenhang mit der privilegierten Positionierung der DDR als „Fenster des Sozialismus" ein gesichertes, aber ebenso ein eingeschränktes Leben in der sozialistischen Republik ermöglichte. Die Gestaltung des Fremddaseins wurde durch eine weitgehende Entsprechung der individuellen Anpassung und des institutionellen Gefüges in den meisten sozialistischen Staatsgebilden „sowjetischen Typs" grundlegend erleichtert. Es gab viele gemeinsamen Bezugspunkten in der kleinen Welt des Sozialismus. In diesen Soz.-Biografien findet der Begriff Migration keine Verwendung und die Erlebnisse werden nicht in dem Sinne von Diskontinuität und Fremderfahrung thematisiert. Der Wohnsitzwechsel in einem anderen sozialistischen Land, speziell in der DDR, erschien vielmehr als eine Möglichkeit zur Gestaltung beruflicher bzw. biografischer Kontinuität, sowohl im professionellen als auch im privaten Bereich durch Eheschließungen, die als einen Sprung in den propagierten DDR-Wohlstand galt. Der Begriff „Wohnsitzwechsel" bedeutete relative Freizügigkeit innerhalb des Bezugssystems in dem ethnischen, kulturellen und nationalen Unterscheidungen ignoriert und missachtet wurden. Hieraus resultierte die Problematik, alltäglich erlebte, nicht mit der vielseitig entwickelten Persönlichkeit des Sozialismus, vereinbaren Unterschiede wie Fremdenfeindlichkeit und Ausgrenzung, nicht thematisieren zu dürfen. Gleichzeitig erlebten bestimmten Ausländergruppen in der DDR, wie Künstler, Wissenschaftler, Akademiker etc. institutionelle Privilegierung bzw. strukturelle Positionierung und konnten ihre Berufsbiografie hinsichtlich der Funktionsweise des Systems ohne größere Umstürze fortsetzen. Die Diskontinuitätserfahrung in der allgemeinen Ostbiografie kam mit dem Zusammenbruch des sozialistischen Systems im Jahr 1989. Die Ostfremden in der DDR waren zuerst in sozialer Weise und später beruflich bzw. gesellschaftlich ziemlich hart betroffen. Sie haben ihren gesellschaftlichen Status als Helfer und Bauer des internationalen Sozialismus verloren und als „Ausländer", die Aufenthalts- und Arbeitserlaubnis benötigen, neu definiert.

Das Ergebnis war eine breite Palette von vereinheitlichten fast therapeutischen Augmentationsvorgängen vor und individuellen Migrationserfahrungen nach der Jahrhundertwende, deren Typisierung auf einen kontrastierenden sozialen Kontext zurückzuführen ist, was die ideologische Bedeutung der gegenseitigen Hilfe, der Herkunft und der postsozialistischen Biographie betrifft, oder andere soziokulturelle relevante individuelle Hintergründe. Nur die vereinheitlichten Zukunftskontexte in der DDR und die fast identischen Übergänge für Ostfremden und Ostdeutschen nach 1990 schienen einen systematischen Vergleich der damit verbundenen östlichen Biographien / Geschichten und ihrer soziokulturellen Bedeutung vorzuschlagen. Für die östlichen Ausländer (Ostfremden), ideologisch betrachtet, war eine Karriereentwicklung in der DDR vor allem ein Weg zur „Verbesserung" der internationalen sozialistischen Realisierung, die ein sicheres, aber auch ein eingeschränktes Berufsleben in der DDR im Zusammenhang mit dem Anstieg des politischen Vertrauens und die individuelle Positionierung ermöglichte. Das Design der fremden Existenz wurde durch eine doppelseitige Erinnerungskultur bzw. Erfahrungen des individuellen Auftretens und der institutionellen Struktur in den meisten ideologischen sozialistischen Ableitungen grundlegend erleichtert. Es gab viele Nischen in der überschaubaren Welt des real existierenden Sozialismus. In diesen sozialen ideologisch soll-gestalteten Wir-Identitäten wird sich die Definition eines „Migrationshintergrunds" der Lebensgeschichte als unpassend erweisen. Die einzelnen Hintergründe der Fremderfahrungen müssen ebenfalls im Sinne von Diskontinuität der individuellen Biografie thematisiert und diskutiert werden. Der Wechsel des ideologischen Schwerpunkts in einem anderen sozialistischen Land, vor allem in der DDR, wurde eher als eine glättende Unifizierung der Anpassung und politischer Kontinuität, sowohl im internationalen als auch im anfänglichen hybriden Dasein durch Verschlüsse, die als ein „Vertrauenssprung" angesehen wurden. Der Begriff Verortung der Hybridität nach 1990 bedeutet eine relative „Erlaubnis" das östliche Wertesystem, in dem ethnische, kulturelle und nationale Unterscheidungen nicht mehr ignoriert werden sollen, wieder zu thematisieren. In Identitätskonzepten, die diese impliziten Voraussetzungen im Zuge der Entstehung bzw. Herausbildung der Hybridität im Osten theoretisch bereits aufgegeben haben, beantworten nicht die Frage, wie Vergesellschaftungsprozesse mit entlokalisierten und individualisierten Hybriditätskonzepten aussehen können. Dies führt zu Problematik, die über die Entstehung systematischer Zusammenhänge (zwei Wertesysteme, zwei Nationalidentitäten etc.) hinausgeht und hybride Identitäten als handelnde „Subjekte" in einem räumlich und zeitlich bestimmbaren sozialen Prozess einbezieht.[3] Solche Identitätskonzepte behandeln nicht die vorliegende gegenstandsbezogenen und empirisch-theoretisch angelegten Aspekten der sozialistischen Lebensweise. Die Unterscheidung der Osthybridität gilt es auch in empirischen Analysen (siehe Kapitel 1.2, 1.3, 1.5, 2) so lange aufrecht zu erhalten, bis sich die „Gestalten" von hybriden Fremderfahrungen und die Struktur einer hybriden biografischen Konstruktion jeweils deutlich abzeichnet. Nur so lässt sich der Zusammenhang zwischen bestimmten Ausländergruppen in der DDR wie Künstler, Akademiker, Fachkräfte etc., Ostdeutschen und Ostbiografien empirisch-analytisch bestimmen, ohne vorschnell die hybride Identitätsdynamik von einer auf die andere Erinnerungskultur bzw. Erfahrungsdimension zu übertragen. Die Beziehung zwischen Hybridität und Biografie ist dennoch als Wechselwirkung zwischen den spezifischen Ausprägungen der Vergangenheit bzw. des Erfahrungszusammenhangs (z.B. ein institutionelles Privileg und / oder eine bevorzugte strukturelle Positionierung) und der jeweiligen hybriden Konstruktion zu verstehen. Jedoch als eine Hybridität, die berufliche Biographien im Hinblick auf die Funktionsweise eines Systems thematisiert, das sich immer wieder verändert, in ihrer Bedeutung prinzipiell offen bleibt und ohne große Umwälzungen fortgesetzt werden kann. Umgekehrt kann eine Zusammenführung hybrid-, ost- und fremdheitstheoretischer Ansätze spezifische Lücken in den jeweiligen Lebensgeschichten ausfüllen und die Problemstellung der postsozialistischen Hybridität zuspitzen (siehe Kapitel 1.3.3., 3, 3.1). In einem Aspekt wird diese Symbiose besonders deutlich und zwar in dem Umgang mit lebens- und gesellschaftlichen Diskontinuitäten, wie in der Entstehung der östlichen Hybridität der Fall ist. Dem Tatbestand wird Rechnung getragen,

---

[3] Vgl. Grundthese: Bauman, Zygmunt: Moderne und Ambivalenz. Das Ende der Eindeutigkeit. Frankfurt a. Main: Fischer, 1996.

dass Fremdheitserfahrungen im Osten gegenüber Ostdeutschen, die diese Erfahrungen eigentlich nicht teilen, potentiell einen differenzierten Verlauf nicht konstituieren, weil in gesellschaftlicher Perspektive werden sie als ihrer sozialen Identität verlustig gegangenen und damit als entsozialisierten Menschen bezeichnet. Welche Aspekte die Spezifik des Erfahrungszusammenhangs von Hybridität ganz allgemein ausmachen und inwiefern Biografien im Osten in ihrer gesellschaftsspezifischen Ausprägung von ähnlicher Erfahrung berührt werden, kann erst durch einen Vergleich zwischen Migrationsbiografien und ostdeutschen Biografien der ersten und zweiten Generation weiter verfolgt und geklärt werden. Damit dieser Vergleich auch fallbezogen eingesetzt werden kann, ist der biografisch definierte Umgang mit Ostfremden im Zusammenhang mit sozial konstituierten Fremdheitserfahrungen (auch in Bezug zu Geschlechter-, Diaspora-, Milieu-, Beruf- und anderen Dimensionen) systematisch zu thematisieren, erheben und rekonstruieren. Die Rede ist von einem breiten Forschungsfeld, welches bisher sowohl in der Forschung der Ostidentität als auch in der Migrationsforschung zwar teilweise immer wieder thematisiert wurde, aber noch nicht unter diesem Aspekt systematisch untersucht wurde. Für die Hybriditäts- wie die Ostidentitätsforschung öffnet sich mit dieser Perspektive eine Thesen- bzw. Themenvielfalt, die für komparative Analysen ostspezifischer Konstruktionen angelegt ist, die explizite und vor allem implizite hybriden Lebenserfahrungen für die Konstitution der Zusammenhangsordnung (Beruf, Diaspora, Familie etc.) enthalten wie in dem folgenden Beispiel dargestellt wird:

„E. A.: Ich bin 1983 in einem Dorf bei Razgrad in Dobrudza (Bulgarien) geboren. Ich gehöre zu einer türkisch sprechenden Minderheit der Tataren. Wenn Sie mich nach meiner Nationalität fragen, kann ich nur eine Antwort geben: Ich bin Bulgare muslimischer Konfession / Religion. Diese Religionszugehörigkeit bedeutet aber nicht, dass ich fünf Mal am Tag bete und kein Schweinefleisch esse. So ist es nicht. Meine Vorfahren kamen aus Krim, heute Russland. Sie waren Krim-Tataren. Das ist aber eine lange Geschichte und hat mit meiner Lebensgeschichte wenig zu tun.

Das Dorf in Dobrudza habe ich mit 16 Jahren verlassen und ging nach Varna. Dort habe ich gelegentlich gearbeitet und gleich verstanden, dass ich mit meinem Abschluss (7. Klasse) nur als Handlanger oder nicht qualifizierter Vorarbeiter arbeiten konnte. So habe ich Zigeuner in Varna kontaktiert und sie haben mir falsche Papiere „ausgestellt", wenn Sie es wissen was ich meine. So bin ich als Flüchtling nach Deutschland gekommen wo ich auch Asyl bekommen habe. In Deutschland, nach dem ich mir die deutsche Sprache selbst beigebracht habe, habe ich sofort mit einer Ausbildung als Bürokaufmann angefangen. Ich lerne sehr schnell und konnte damals alle Aufga-

ben in der Ausbildungsfirma in kürzester Zeit erledigen. Schneller als die einheimischen Lehrlinge selbst. Die Abschlussprüfung habe ich ein Jahr früher abgelegt und wurde von der Firma übernommen. In Deutschland habe ich meine erste Frau, eine sehr wohlhabende russische Jüdin, kennengelernt. Dann sind wir nach Moskau gegangen und dort geheiratet. Mein Sohn ist jetzt 18 und gerade das Abitur an Sprachgymnasium in Lovetsch gemacht. Ich habe ihn immer so erzogen, dass die Bildung ganz oben auf seiner Prioritätenliste stehen soll. Bildung ist wichtig!

In den 90er Jahren hat die Familie meiner Frau ihren Besitz (Immobilien, Geschäfte etc.) in Moskau wieder bekommen. Ich habe eine Arbeitsvermittlungsfirma in Moskau gegründet. Der Anfang war sehr schwer. Die Konkurrenz wollte mich vernichten, umbringen und aus Moskau vertreiben. Ich habe nachts auf dem Bau und tags in der Firma gearbeitet. Es war die baltische Mafia, die mich auf ihrer Agenda hatte. Ich habe mich durchgesetzt und es geschafft selbst wohlhabend zu werden. Zwei Jahre habe ich mit Verlusten gearbeitet. Die Firma habe ich weiter entwickelt und jetzt habe ich einen zweiten Firmensitz in London gegründet. Der Anfang dort war auch nicht einfach. Ich habe ein Jahr lang im Auto geschlafen und nur Brot gegessen. Die Konkurrenz wollte mich auch dort beseitigen. Nach einem Jahr habe ich zwei Mitarbeiter eingestellt, mich auf dem Arbeitsvermittlungsmarkt etabliert und als Geschäftsmann behauptet. Gestern bin ich aus London nach Sofia geflogen, meine Mutter in unserem Dorf in dem Balkangebirge bei Levski besucht und das Gästehaus vermietet. Sie sollen uns mal besuchen. Natürlich werden Sie und Ihr Mann kostenfrei in dem Gästehaus übernachten. Dort will ich auch ein Sanatorium bauen. Das Grundstück habe ich schon gekauft, aber die Bürokratie .... Es klingt vielleicht absurd: Ich unterstütze christliche Klöster. Das Kloster, wo Sie jedes Jahr ein paar Tage verbringen unterstütze ich auch. Die Oberin ist jetzt gestorben, eine tolle Frau. Gott segne ihre Seele! (Pause)

Also zurück zu meiner Lebensgeschichte. Ich habe vergessen zu sagen, dass ich eine Filiale in Istanbul und in Griechenland habe. Ich lebte in Griechenland fünf Jahre. Um das Haus, die Firma und die Wirtschaft dort kümmert sich mein Bruder. Wir haben einige Hektar Olivengärten gekauft und pressen immer Olivenöl. Unser Glück hat nicht sehr lange gedauert. Meine Frau war an Krebs erkrankt und starb vor vier Jahren. Mit ihrer Mutter, meine Schwiegermutter und Oma meines Sohnes, verstehen wir uns blendend. Zusammen kümmern wir uns um die Erziehung meines Sohnes und um das Grab meiner Frau. Meine zweite Frau habe ich bei der Grabpflege kennengelernt. Ihr Mann, denn ich auch sehr gut kannte war vor einem Jahr gestorben. Sie hat eine Tochter, die momentan in der Pubertät ist und bereitet uns *ziemlich viele Sorgen. Sie ist in Bulgarien und kümmert sich im Sommer um das Gästehaus. Bildung und Arbeit sind wichtig, glauben Sie mir. Mein Sohn ist jetzt in London und wird ein Studium, etwas wie BWL, in Cambridge anfangen. Er arbeitet in meiner Firma und braucht keine Studiengebühren zu bezahlen, weil wir Cambridge-Absolventen europaweit vermitteln. Mein Buchhalter, mit ihm habe ich gerade telefoniert, ist sehr zuversichtlich, dass mein Sohn sich schnell in der Firma einleben wird. Ich habe auch mit ihm geskyped und verstehe seine Ängste. Das Schwimmen im tiefen Wasser ist leider kein Zuckerschlecken. Er wollte alles hinschmeißen und ich habe sofort mit seiner Oma telefoniert. Sie hatte ihn als alleinige Erbe angesetzt und wann ich ihr die Probleme geschildert habe, hat sofort mit ihm gesprochen und mit Enterbung gedroht. Er hat sofort verstanden, dass es um sehr viel Vermögen (Geschäft in Arbat, Wohnungen in bester Lage etc.) handelt und wenn die Oma es so sieht, wird es auch so gemacht.*

Englisch kann er schon (Abi am Sprachgymnasium), aber die notwendige Terminologie muss noch gelernt werden. Meiner Meinung nach muss er noch Englisch lernen. Seiner Lehrerin habe ich schon gesagt, dass die Anforderungen zu unzureichend und niedrig sind.

Mit meiner zweiten Frau haben wir einen Nachzügler gekriegt und sind wir sehr glücklich. In Moskau haben wir eine große Eigentumswohnung und eine Datscha ca. 60 km von Moskau entfernt. In Bulgarien habe ich für meine Eltern Häuser gekauft. Mein Vater ist gestorben, aber ich habe für meine Mutter Helfer eingestellt, die ihr in der Landwirtschaft helfen. Wir haben dort Schweine, Rinder, Ziegen, Hühner, Obst- und Gemüsegarten, alles bio, wie es heutzutage gesagt wird. Und selbstverständlich wird auch jedes Jahr Schnaps gebrannt. Altersbedingt ist meine Mutter nicht mehr in der Lage alles selbst zu erledigen. Sie kann es aber nicht sein lassen! Meine Schwester und mein Bruder sind auch sehr gut versorgt. Ich spreche fünf Sprachen – Bulgarisch, Englisch, Griechisch, Russisch und Türkisch. Alle auf muttersprachlichem Niveau. Als Muttersprache gebe ich immer Bulgarisch an. Und als Letztes. Gerade ich muss es sagen, aber was jetzt mit Flüchtlingen abgeht kann man nur als Schizophrenie bezeichnen. Ich war selbst Flüchtling, mit gefälschten Papieren, hatte nicht immer Dach über den Kopf und bin öfters mit leerem Magen ins Bett gegangen. Was ich immer gemacht habe – ich habe immer gelernt. Ich mag es sehr zu bezweifeln ob viele Flüchtlinge, die mit den Massen 2015 nach Europa kamen, bereit sind sich anzustrengen und überhaupt zu integrieren. Für mich war es gut, dass ich geflüchtet war. So bin ich zum Geld gekommen."[4]

---

[4] Interview mit Herrn E. A, Varna, 03.08.2017. A. LU: 2017

Bibliografie

A. E. Bundesarchiv [Berlin], DY 30/IV A 2/16/35: Bd 3: Feb. - Juni 1968 Enthält u. a.: Politisch-ideologische und organisatorische Vorbereitung der Delegierten der DDR; Marxistisch-leninistische Schulung der Delegierten in der Jugendhochschule "Wilhelm Pieck"; Vorbereitung der speziellen Gruppen innerhalb der Delegation der DDR.

Ahbe, Thomas: Ostalgie als Rekonstruktion und Behauptung einer Heimat. Zur Semantik von Anerkennungs-Diskursen in Ostdeutschland. In: Zeitschrift für Kultur- und Bildungswissenschaften. Flensburger Universitätszeitschrift (2000) 10, S. 35-44.

Ahbe, Thomas: ‚Ostalgie‘ als eine Laien-Praxis in Ostdeutschland. Ursachen, psychische und politische Dimensionen. In: Die DDR in Deutschland. Ein Rückblick auf 50 Jahre. Hrsg. von Heiner Timmermann. Berlin: Duncker & Humblot 2001.

Ahbe, Thomas: Arbeit am kollektiven Gedächtnis. Die Fernseh-Shows zur DDR als Effekt der vergangenheitspolitischen Diskurse seit 1990. In: Deutschland Archiv 36 (2003), Heft 6, S. 919.

Ahbe, Thomas: Die Konstruktion der Ostdeutschen. Diskursive Spannungen, Stereotype und Identitäten seit 1989. In: Aus Politik und Zeitgeschichte (2004), Heft 41-42.

Alheit, Peter, Bast-Haider, Kerstin, Drauschke, Petra: Die zögernde Ankunft im Westen.

Biographien und Mentalitäten in Ostdeutschland. Frankfurt/M.: Campus 2004.

Apel an die Weltjugend zum Abschluß des Festivals. In: ND vom 7.08.1968, S. 1.

Assmann, Aleida: Der lange Schatten der Vergangenheit. Erinnerungskultur und Geschichtspolitik. In: Schriftenreihe 633, Bundeszentrale für politische Bildung. Bonn 2007.

Auf Achse. In: Der deutsche Straßenverkehr (1987) 12, S. 168.

Aufwärts. Ausgabe des Schülerblattes der Deutschen Schule Russe, Bulgarien. Okt.-Nov. 1938, Febr-Dez. 1939, April-Dez. 1940. z. B. Fünf Wochen im Auto durch Deutschland. Schüler der Deutschen Schule in Russe im Sommer 1938. Manuskript.

Baader, Gerhard: Türken, Juden, Polen: Probleme der Assimilation und Integration ethnischer Minderheiten in Deutschland im 19. und 20. Jahrhundert. In: Kenterich, Heribert u.a. (Hrsg.): Zwischen zwei Kulturen - was macht Ausländer krank? 2. erw. Aufl. Frankfurt am M.: Mabuse-Verl. 1990, S. 42-54.

Bade, Klaus J. (Hrsg.): Migration – Ethnizität – Systemfragen und Fallstudien. Osnabrück: Universitätsverlag Rasch, 1996.

Bade, Klaus J./Jochen Oltmer: Normalfall Migration (ZeitBilder, Bd. 15). Bonn: Bundeszentrale für politische Bildung 2004.

Bauman, Zygmunt: Moderne und Ambivalenz. Das Ende der Eindeutigkeit. Frankfurt a. Main: Fischer, 1996.

Bausinger, Hermann: Typisch deutsch: Wie deutsch sind die Deutschen. München: Beck, 2000.

Bekanntmachung über das Inkrafttreten des Abkommens vom 20. Februar 1958 zwischen der Regierung der Deutschen Demokratischen Republik und der Regierung der Volksrepublik Bulgarien über die Zusammenarbeit auf dem Gebiete der Sozialpolitik. In: GBL. I Nr. 53 S. 617.

Benz, Wolfgang (Hrsg.): Die Vertreibung der Deutschen im Osten: Ursachen, Ereignisse, Folgen. Frankfurt a. M.: Fischer-Taschenbuchverl. 1995.

Bergem, Wolfgang: Identitätsformationen in Deutschland. Wiesbaden: VS Verlag für Sozialwissenschaften 2005.

Berry, Brewton: Race Relations. The Interaction of Racial and Ethnic Groups. Boston: Houghton Mifflin, 1951.

Bezirke berichten. In: Musikforum. (1972)12, S. 24.

Bhabha, K. Homi: Die Verortung der Kultur. Tübingen: Stauffenburg Verlag, 2000.

Bloom, William: Personal Identity, National Identity and International relations. Cambridge [u.a.]: Cambridge Univ. Press. 1990.

Blumer, Herbert: Symbolic Interactionism. Perspective and Method, Englewood Cliffs, New Jersey 1969.

Blumer, Herbert: Der methodologische Standort des symbolischen Interaktionismus. In: Arbeitsgruppe Bielefelder Soziologen (Hrsg.): Alltagswissen, Interaktion und gesellschaftliche Wirklichkeit, Bd. 1, Rowohlt, Reinbek 1973 (1981).

Böckelmann, Frank u. Nagel, Herbert (Hrsg.): Subversive Aktion – Der Sinn der Organisation ist ihr Scheitern. Frankfurt a. M.: Neue Kritik, 1976

Bohnsack, R.: Rekonstruktive Sozialforschung. Einführung in qualitative Methoden. 5. Aufl. Opladen 2003.

Breckner, Roswitha: Migrationserfahrung – Fremdheit – Biografie: Zum Umgang mit polarisierten Welten in Ost-West-Europa. 2. Aufl. Wiesbaden: VS Verl. Für Sozialwiss., 2009.

Bresslein, Erwin: Drushba! Freundschaft? Von der Kommunistischen Jugendinternationale zu den Weltjugendfestspielen. Frankfurt/M: Fischer-Taschenbuch-Verlag, 1973.

Budde, Heidrun: Ausländer in der DDR. In: ZAR – Zeitschrift für Ausländerrecht und Ausländerpolitik. Bd. 32(2012) 9, S. 333-336.

Bude, Heinz: Rekonstruktion von Lebenskonstruktionen. Eine Antwort auf die Frage, was die Biographieforschung bringt. In: Kohli, Martin Kohli/Robert, Günther (Hrsg.): Biographie und soziale Wirklichkeit. Neue Beiträge und Forschungsperspektiven. Stuttgart: Metzler, 1984, S. 7-28.

Bude, H.: Fallrekonstruktion. In: Bohnsack, R./Marotzki, W./Meuser, M. (Hrsg.): Hauptbegriffe: Qualitativer Sozialforschung. Ein Wörterbuch. Opladen 2003, S. 60-61.

Cala Fuentes, Leonel, R.: Kubaner im realen Paradies: Ausländer-Alltag in der DDR ; eine Erinnerung. Berlin: Dietz, 2007.

Dähmlow, Anja, Härtel, Viola: „Verreisen kann jeder, Zelten ist Charaktersache". In: Wunderwirtschaft: DDR-Konsumkultur in den 60-er Jahren. Weimar [u.a.]: Böhlau, 1996.

Dahn, Daniela:: Vertreibung ins Paradies: unzeitmäßige Texte zu Zeit. Reinbek bei Hamburg: Rowohlt TB, 1998.

Der Deutsche Straßenverkehr, (1967) 4, S. 110.

Der Deutsche Straßenverkehr, (1967) 6, S. 140 (Rubrik „Kurz und interessant").

Der Deutsche Straßenverkehr, (1967) 8, S. 277.

Der Deutsche Straßenverkehr. (1975) 5, S. 162.

Deutschland <DDR>: Statistisches Jahrbuch der Deutschen Demokratischen Republik. 1980 – 1989. Berlin: Dt. Zentralverlag.

Deutschland <DDR>: Statistisches Jahrbuch 1970 der Deutschen Demokratischen Republik. 15. Jg. Berlin: Staatsverlag, 1970.

Deutschland Archiv: Wirtschaft und Politik. Bd. 7(1974).

Dietrich, Isolde.: Abschied von der Laubenkolonie? In: MKF [Mitteilungen aus der kulturwissenschaftlichen Forschung]37(1996)2 S. 350.

Dramatiker und Komponisten auf den Bühnen der Deutschen Demokratischen Republik. Spielzeit 1965/1966. Berlin: Akademie der Künste, 1967.

Dramatiker und Komponisten auf den Bühnen der Deutschen Demokratischen Republik: Spielzeit 1968/1969. Berlin: Deutsche Akademie der Künste. 1969.

Drösser, Christoph: Wie wir die Deutschen ticken: wer wir sind; wie wir denken; was wir fühlen. 3. Aufl. Hamburg: Edel Books, 2015.

Dudov, Slatan: Der Feigling: Komödie in 5 Akten. Berlin: Henschelverlag. 1960 (Zeitgenössische Dramatik).

Engelmann, J. (Hrsg.): Die kleinen Unterschiede. Der Cultural Studies-Reader. – Frankfurt a. M. [u. a.]: Campus-Verl., 1999.

Ensembles der Deutschen Demokratischen Republik: Theater, Orchester, Kabaretts etc.: Spielzeiten 1984/85 – 1989/90. Berlin: Direktion für Theater und Orchester beim Ministerium für Kultur.

Erikson, Erik H: Ich-Entwicklung und geschichtlicher Wandel. Übers. aus dem Amerik. von Käte Hügel. In: Erikson, Erik H.: Identität und Lebenszyklus. Frankfurt/M.: Suhrkamp, [1959].

Feige, Michael: Vietnamesische Vertragsarbeiter. Staatliche Ziele – lebensweltliche Realität. In: Zwengel, Almut (Hrsg.): „Die „Gastarbeiter" der DDR: politischer Kontext und Lebenswelt. Berlin: LIT Verlag Dr. W. Hopf , 2011, S. 35-52.

Flacke, Monika: Auftragskunst der DDR 1949-1990. Berlin. Klinkhardt / Biermann, 1995.

Flucht im geteilten Deutschland: Erinnerungsstätte Notaufnahmelager Marienfelde. Berlin: be.bra.-Verl. 2005.

Die Frage nach der Identität. In: Philosophie Magazin. (2017) Februar/März, S. 40-67.

Fuchs-Heinritz, Werner: Biographische Forschung. Eine Einführung in Praxis und Methoden. 4. Aufl. Wiesbaden: VS Verlag, 2009.

Galerie van de Loo (Hrsg.): Gruppe SPUR 1958- 1965, Eine Dokumentation (Ausstellungskatalog). 2. Aufl., München, 1988.

Geier, Wolfgang: Bulgarien zwischen West und Ost vom 7. bis 20. Jahrhundert. Wiesbaden: Harrassowitz. 2006.

Geißler, Rainer: Die Sozialstruktur Deutschlands. Ein Studienbuch zur Entwicklung im geteilten und vereinten Deutschland. Wiesbaden: VS, Verl. für Sozialwiss. 2008.

Gensicke, Thomas: Die neuen Bundesbürger. Eine Transformation ohne Integration. Opladen/Wiesbaden: Westdeutscher Verlag 1998.

Geschenkter Urlaub durch Dänenfirma Jauerfood. In: Zeit, 3.05.1968, Nr. 18, Notizen für Reisende.

Geschichte der Universität Jena 1557/1558-1958: Festgabe zum vierhundertjährigen Universitätsjubiläum. Bd. II. Quellenedition zur 400-Jahr-Feier 1956. Jena. Fischer, 1962.

Gesetzblatt der DDR: Teil I. Nr. 15. Ausgabetag 6.10.1967. S. 125.

Gesetzblatt der DDR: Teil I. 1957. S. 713. Rückgabe von DDR-Flüchtlinge.

Gesetzblatt der DDR. Teil I. Nr. 51, Ausgabetag 6.11.1973, S. 517.

Gesetzblatt der DDR. Teil I. Nr. 29, Ausgabetag 9.10.1980, S. 291.

Gesetzblatt der DDR. Teil II. Nr. 114, Ausgabetag 28.11.1964, S. 903-904.

Geyer, Steven: Die ersten Opfer der Wende: Nach der Wende waren die Ausländer im Osten die ersten, die den neuen Wind zu spüren bekamen. http://www.spiegel.de/politik/deutschland/auslaender-in-der-ddr-teil-zwei-die-ersten-opfer-der-wende-a-135601.html (Erstellt 23.05.2001) (Abgerufen am 6.04.2017).

Gogolin, Ingrid/Nauck, Bernhard. (Hrsg.): Migration, gesellschaftliche Differenzierung und Bildung. – Opladen: Leske und Budrich, 2000.

Grosser, Alfred: Le Mensch: Die Ethik der Identitäten. 2. Aufl. Bonn: J. H. W. Dietz Nachf. 2017.

Gutsch, Jochen-Martin: Fernost. In: Der Spiegel (2017) 31, S. 74-79.

Habermas, Jürgen: Anerkennungskämpfe im demokratischen Rechtsstaat. In: Taylor, Charles: Multikulturalismus und die Politik der Anerkennung. 2. Aufl., Frankfurt/M.: Fischer, 1993, S. 147-196.

Habermas, Jürgen: Die Einbeziehung des Anderen. Studien zur politischen Theorie. Frankfurt/M.: Suhrkamp, 1996.

Hachtmann, Rüdiger: Tourismus-Geschichte. Göttingen: Vadenhoeck & Ruprecht, 2007.

Hall, Stuart: Ethnizität: Identität und Differenz. In: Engelmann, J. (Hrsg.): Die kleinen Unterschiede. Der Cultural Studies-Reader. – Frankfurt a. M. [u. a.]: Campus-Verl., 1999, S. 83-98.

Hall, Stuart: Interaktion, Identität, Repräsentation. Gesammelte Schriften Bd. 4. Hamburg: Argument Verl., 2008.

Hall, Stuart: Kulturelle Identität und Globalisierung. In: Hörning, K. H./Winter, R. (Hrsg.): Widerspenstige Kulturen. Cultural Studies als Herausforderung. – Frankfurt a. M., 1999, S. 393-441.

Hall, Stuart: Wer braucht „Identität"? [1996]. In: Koivisto, Juha / Merkens, Andreas (Hrsg.): Ideologie. Identität. Repräsentation. Ausgewählte Schriften 4. Hamburg: Argument 2004, S. 167-187.

Haubold, Arndt: Mein kleines DDR-ABC: Unverklärte Erinnerungen einer kritischen Zeitgenossen an ein vor 25 Jahren verschwundenes Land. Leipzig: Engelsdorfer Verl. 2015.

Haußer, Karl/Frey, Hans-Peter (Hrsg.): Identität: Entwicklungen psychologischer und soziologischer Forschung. Stuttgart: Enke, 1987.

Hein, Christoph: Trutz [Roman]. 2017 Zit. nach: Quilitzsch, Frank: Fluch des Erinnerns [Emigrantenschicksal] In: TLZ, Sa. 22.04.2017, S. 29.

Hein, Kerstin: Hybride Identitäten. Bastelbiografien im Spannungsverhältnis zwischen Lateinamerika und Europa. Bielefeld: transcript, 2006.

Heinig, Barbara: Zeiss-Präzision auf dem Konzertpodium. In: Musikforum (1971)3, S. 9.

Heinlein, W.: Wohnanhänger – Vorzüge und Grenzen. In: Der deutsche Straßenverkehr (1975) 5, S. 157.

Heitmeyer, Wilhelm (Hrsg.): Deutsche Zustände: Folge 6, Frankfurt/M., 2008.

Hensel, Jana: Achtung Zone: Warum wir Ostdeutschen anders bleiben sollten. München [u.a.]: Piper, 2009.

Hildenbrand, B.: Fallrekonstruktive Forschung. In: Flick, U. u.a. (Hrsg.): Handbuch Qualitative Sozialforschung. Grundlagen, Konzepte, Methoden und Anwendungen. München 1995, S. 256-260.

Hildenbrand, B.: Fallrekonstruktive Familienforschung. Anleitungen für die Praxis. Opladen: Leske + Budrich, 1999.

Hobsbawm, Eric/Ranger, Terence (eds.): The Invention of Tradition. Cambridge: Cambridge Univ. Press. 1992.

Hörning, K. H./ Winter, R.(Hrsg.): Widerspenstige Kulturen. Cultural Studies als Herausforderung. – Frankfurt a. M.: Suhrkamp, 1999.

Husserl, Edmund: Ausgewählte Texte. 1: Die phänomenologische Methode. Stuttgart: Reclam, 1985, S. 131-196.

Husserl, Edmund: Ideen zu einer reinen Phänomenologie und phänomenologischen Philosophie. Halle: Niemeyer, 1928.

Hymes, Dell: Soziolinguistik: Zur Ethnographie des Sprechens. Frankfurt am Main: Suhrkamp-Taschenb. Verl. 1979.

Ignasiak, Detlef : Jena und die deutschen Farben Schwarz-Rot-Gold. In: Der Schnapphans : Jenaer Heimatbrief. Heimatkreis Jena, Bd. 96.2009, S. 5-7.

Im Moskwitsch 408 ans Schwarze Meer: 6000-Kilometer-Fahrt durch vier Länder. In: Der Deutsche Straßenverkehr. (1967) 8, S. 270-271.

Interview mit Toni Morrison. In: Der Spiegel (2017) 17, S. 126-130.

Irmscher, Gerlinde: Der Westen im Ost-Alltag. DDR-Jugendkultur in den sechziger Jahren, in: Wunderwirtschaft (Anm. 7), S. 185 - 193; Erinnerungen von Zeitzeugen ebd., S. 198 – 203.

Ivanova, Radost: Für 20 Leva und eine Flasche Schnaps: Der Schnaps im Leben des bulgarischen Dorfes. In: Roth, K.(Hrsg.): Europäisierung von unten? Beobachtungen zur EU-Integration Südeuropas. München: Forost, 2008 (Arbeitspapiere ; 44), S. 115-124.

Jakob, Gisela: Das narrative Interview in der Biographieforschung. In: Friebertshäuser, Barbara/ Prengel, Annedore (Hg.): Handbuch Qualitative Forschungsmethoden in der Erziehungswissenschaft. Weinheim/München: Juventa, 1997, S. 445-458.

Joas, Hans: Praktische Intersubjektivität. Die Entwicklung des Werkes von G. H. Mead, Frankfurt am Main 1989, S. 91–119.

Juncker, Jean-Claude: Ein neuer Start für Europa: Meine Agenda für Jobs, Wachstum, Fairness und demokratischen Wandel: Politische Leitlinien für die nächste Europäische Kommission. Straßburg Juli 2014.

Junge Union warnt vor Extremisten. In: Ostthüringer Zeitung – Thüringen, Jg. 27/Nr. 244 vom 19.10.2017, S. 2.

Kaelble, Hartmut (Hrsg.): Sozialgeschichte der DDR. Stuttgart: Klett-Cotta, 1994.

Kaesler, Dirk: Klassiker der Soziologie. Band I.: Von Auguste Comte bis Alfred Schütz. 4. Auflage, München: Beck, 2003.

Kanitz, Felix: Donau-Bulgarien und der Balkan. [In zwei Bde.], Leipzig, 1882. S. 9.

Kegel, Jens (Hrsg.): Grenzen und Chancen: DDR-Alltag in den 60er-Jahren. Erfurt: Sutton-Verl., 2008.

Kegel, Jens (Hrsg.) Anspruch und Ohnmacht: DDR-Alltag in den 70er Jahren. Erfurt: Sutton Verlag, 2008.

Kenterich, Heribert u.a. (Hrsg.): Zwischen zwei Kulturen - was macht Ausländer krank? 2. erw. Aufl. Frankfurt am M.: Mabuse-Verl. 1990, S. 138-147.

Klitzing, Kai von: Psychische Störungen bei ausländischen Arbeiterkindern. In: Kentenich, Heribert u.a. (Hrsg.): Zwischen zwei Kulturen - was macht Ausländer krank? 2. erw. Aufl. Frankfurt am M.: Mabuse-Verl. 1990.

Koch, Sebastian: Zufluchtsort DDR? Chilenische Flüchtlinge und die Ausländerpolitik der SED. Paderborn: Schöningh, 2016 [Diss. FernUniv. Hagen 2014].

Kochan, Thomas: Blauer Würger: So trank die DDR. 1. Aufl. Berlin: Aufbau, 2011.

Köhler, Anne: Nationalbewußtsein und Identitätsgefühl der Bürger der DDR unter besonderer Berücksichtigung der deutschen Frage. In: Materialien der Enquete-Kommission "Aufarbeitung von Geschichte und Folgen der SED-Diktatur in Deutschland", Bd. 5,2. 1995, S. 1636-1675.

Kohli, Martin/Robert, Günther (Hrsg.): Biographie und soziale Wirklichkeit. Neue Beiträge und Forschungsperspektiven. Stuttgart: Metzler, 1984.

Koller, Hans-Christoph/Kokemohr, Rainer (Hg.): Lebensgeschichte als Text. Zur biographischen Artikulation problematischer Bildungsprozesse. Weinheim (Deutscher Studien Verlag) 1994.

Kraimer, K.: Die Fallrekonstruktion – Bezüge, Konzepte, Perspektiven. In: Kraimer, K. (Hrsg.): Die Fallrekonstruktion. Sinnverstehen in der sozialwissenschaftlichen Forschung. Frankfurt a. M. 2000, S. 23-57.

Krempien, Petra: Geschichte des Reisens und des Tourismus: Ein Überblick von den Anfängen bis zur Gegenwart. Limburgerhof: FBV-Medien-Verl., 2000.

Kruse, Judith: Nische im Sozialismus. In: endlich Urlaub! Die Deutschen reisen. Stiftung Haus der Geschichte der Bundesrepublik Deutschland. Köln: DuMont, 1996.

Linke, Angelika [u. a.] (Hrsg.): Studienbuch Linguistik. 5. Auflage. Tübingen: Niemeyer, Tübingen 2004.

Lindner, Rolf: Robert E. Park (1864–1944). In: Kaesler, Dirk: Klassiker der Soziologie. Band I.: Von Auguste Comte bis Alfred Schütz. 4. Auflage, München: Beck, 2003.

Lippert, Barbara (Hrsg.): Bilanz und Folgeprobleme der EU-Erweiterung. Baden-Baden: Nomos, 2004.

Lorenz, Hilke: Heimat aus dem Koffer: Vom Leben nach Flucht und Vertreibung. Berlin: Ullstein, 2009.

Lutz, Helma/Dausien, Bettina/Völter, Bettina: Biographieforschung im Diskurs. Wiesbaden: VS Verlag, 2009.

Mead, George Herbert: Geist, Identität und Gesellschaft, Frankfurt am Main 1978.

Menge, Marlies: Urlaub nach zentralem Plan. In: Zeit-Online. Nr. 3. vom 11. Januar 1980. http://www.zeit.de/1980/03/Urlaub-nach- zentralem-Plan. (Letzter Besuch am 22.10.2011).

Merz-Benz, Peter-Ulrich/Wagner, Gerhard (Hrsg.): Der Fremde als sozialer Typus: klassische soziologische Texte zu einem aktuellen Phänomen. Konstanz: UVK-Verl.-Ges., 2002.

Meuser, M.: Rekonstruktive Sozialforschung. In: Bohnsack, R./Marotzki, W./Meuser, M. (Hrsg.): Hauptbegriffe Qualitativer Sozialforschung. Ein Wörterbuch. Opladen: Leske + Budrich, 2003, S. 140-142.

Münkler, Herfried: Das kollektive Gedächtnis der DDR. In: Parteiauftrag, ein neues Deutschland: Bilder, Rituale und Symbole der früheren DDR. München: Koehler und Amelang, 1997, S. 458-468.

Nadig, Maya: Zur ethnopsychoanalytischen Erarbeitung des kulturellen Raums der Frau. In: Zeitschrift für Psychoanalyse und ihre Anwendungen (1986), Heft 3, S.193-219.

Oevermann, U.: Die Methode der Fallrekonstruktion in der Grundlagenforschung sowie der klinischen und pädagogischen Praxis. In: Kraimer, K. (Hrsg.): Die Fallrekonstruktion. Sinnverstehen in der sozialwissenschaftlichen Forschung. Frankfurt a. M. 2000.

Ohrt, Roberto (Hrsg.), Ein kultureller Putsch: Manifeste, Pamphlete und Provokationen der Gruppe SPUR. Hamburg: Edition Nautilus, 1991.

Ohrt, Roberto, Phantom Avantgarde. Hamburg: Edition Nautilus, 1990.

Oppermann, Manfred: Thraker, Griechen und Römer an der Westküste des Schwarzen Meeres. Mainz: Zabern, 2007.

Osang, Alexander: Lohn der Angst. Bulgarien sehen. Und sterben. In: Die DDR wird 50: Texte und Fotografien. Hrsg. von Volker Handloik und Harald Hauswald. 1. Aufl. Berlin: Aufbau-Verl. 1998.

Osang, Alexander: Die stumpfe Ecke: Alltag in Deutschland. Berlin: Links, 1994.

Oschlies, Wolf: Ein Land und sein Urtyp. In: Eurasisches Magazin, 2010.

Oschlies, Wolf: Weltfestspiele der Jugend und Studenten. Geschichte. Auftrag und Ertrag kommunistischer Jugendfestivals. Köln: Bundesinstitut für Ostwissenschaftliche und internationale Studien 1985.

Ost und West wachsen nur langsam zusammen. Umfrage zur Deutschen Einheit. In: http://www.tagesspiegel.de/politik/umfrage-zur-deutschen-einheit-ost-und-west-wachsen-nur-langsam-zusammen/758068.html. Erstellt am 30.09.2006 (Letzter Besuch am 20.09.2017).

Park, Robert E.: Human Migration and the Marginal Man. In: Sennett Richard (Hrsg.): The Classic Essays on the Culture of Cities. Appleton-Century-Crofts, New York 1969, S. 131–142.

Park, Robert E.: Migration und der Randseiter. In: Merz-Benz, Peter-Ulrich/Wagner, Gerhard (Hrsg.): Der Fremde als sozialer Typus. Konstanz: UVK-Verl.-Ges. 2002, S. 55–72.

Park, Robert E.: Race and Culture. Glencoe, Ill.: The Free Press/Macmillan, 1928/1950.

Parvis, Leo/Parvis, Julie: Understanding Cultural Diversity in Today's Complex World. 5th ed. New York: Embrace Publications & Consulting, 2013

Peschev, Ivan / Tonev, Velko / Alexandrov, Jordan: Reiseführer Varna. Sofia: Medizina i Fiskultura. 1979.

Preise verschiedener Waren und Dienstleistungen in der DDR. In: http://www.ziltendorf.com/service/Rezepte/DDR/preise.htm (Abgerufen am 13.04.2017.)

Pries, Ludger: Transnationale Soziale Räume. Theoretisch-empirische Skizze am Beispiel der Arbeitswanderungen Mexico-USA. In: Zeitschrift für Soziologie, 25(1996), S. 456-472.

Priester, Helga: Fluchtweg Bulgarien 1963 – dritter Versuch. Berlin: Zeitgut-Verl. 2008. Sammlung der Zeitzeugen 61. Vgl. Sontheimer, Michael, Supp, Barbara: Der letzte Schuss. In: Der Spiegel (2008) 27, S. 56-61

Pritzkuleit, Klaus: Zum Engagement für Ausländer durch Mitglieder der christlichen Kirchen in der DDR. In: Zwengel, Almut (Hrsg.): „Die „Gastarbeiter" der DDR: politischer Kontext und Lebenswelt. Berlin: LIT Verlag Dr. W. Hopf , 2011, S. 171-187.

Privatquartiere in Bulgarien. In: Der deutsche Straßenverkehr (1971) 6, S. 191.

Quilitzsch, Frank: Fluch des Erinnerns. [Emigrantenschicksal] In: TLZ, Sa. 22.04.2017, S. 29.

Reise nach Bulgarien. In: Der deutsche Straßenverkehr 17(1966)7, S. 221.

Reißig, Rolf: Die Ostdeutschen – zehn Jahre nach der Wende. Einstellungen, Wertemuster, Identitätsbildungen 1999, S. 1. In: http://www.biss-online.de/downloads/Die_Ostdeutschen_zehn_Jahre_nach_der_Wende.PDF. (letzter Besuch 20.09.2017).

Rosenthal, Gabriele: Erlebte und erzählte Lebensgeschichte. Frankfurt a. Main [u. a.]: Campus, 1995.

Rosenthal, Gabriele: „… wenn alles in Scherben fällt …". Von Leben und Sinnwelt der Kriegsgeneration. Typen biographischer Wandlungen. Opladen: Leske + Budrich, 1987.

Schaufuß, Thomas: Die politische Rolle des FDGB-Feriendienstes in der DDR.: Sozialtourismus im SED-Staat. Mit Geleitworten von Vera Lengsfeld / Klaus Schroeder. Berlin : Duncker & Humblot, 2011 (Zeitgeschichtliche Forschungen - Band 43).

Schetar-Köthe, Daniela: Bulgarische Schwarzmeerküste. München: ADAC-Verl. 2011.

Schmoll, Friedemann: Aufbrechen, Ankommen – Heimat, Fremde, Migration. [Vortrag] Volkskundliche Beratungs- und Dokumentationsstelle für Thüringen im Museum für Thüringer Volkskunde. Kolloquium: Länderwechsel – Kulturtausch? 6.04.2017, Erfurt [Notizen Verf.].

„Schon während der Bahnfahrt an die Front dämmerte den Soldaten, dass sie am Rande Europas angelangt waren" 1915 In: Als Europa im Inferno versank. In: SPIEGEL Geschichte 5/2013.

Schröder, Klaus: Der SED-Staat: Partei, Staat und Gesellschaft 1949-1990. München: Hanser, 1998.

Schütz, Alfred: Der Fremde: Ein sozialpsychologischer Versuch. In: Merz-Benz, Peter-Ulrich/Wagner, Gerhard (Hrsg.): Der Fremde als sozialer Typus. Konstanz: UVK-Verl.-Ges. 2002, S. 73–92.

Schütz, Alfred: Der Heimkehrer. In: Merz-Benz, Peter-Ulrich/Wagner, Gerhard (Hrsg.): Der Fremde als sozialer Typus. Konstanz: UVK-Verl.-Ges. 2002, S. 93–110.

Schütz, Alfred: Der sinnhafte Aufbau der sozialen Welt. Eine Einleitung in die verstehende Soziologie. Wien: Springer, 1932.

Schütze, Fritz: Biographieforschung und narratives Interview. In: Neue Praxis (1983)13, S. 283–293.

Schulze, Gunter: Campingfahrt zum Sonnenstrand. In: Der deutsche Straßenverkehr (1970) 8, S. 271.

Sennett, Richard (Ed.): The Classic Essays on the Culture of Cities. New York: Appleton-Century-Crofts, 1969.

Simmel, Georg: Exkurs über den Fremden. In: Merz-Benz, Peter-Ulrich/Wagner, Gerhard (Hrsg.): Der Fremde als sozialer Typus. Konstanz: UVK-Verl.-Ges. 2002, S. 47–54.

Simmel, Georg: Über soziale Differenzierung. Leipzig: Duncker & Humboldt, 1890.

Slavcheva-Raiber, Anna: Geschichte, Entwicklung und Sprachwerbetätigkeit der deutschen Schulen in Bulgarien im Zeitraum 1900 -1939. Univ. Diss. Mannheim, 2006.

Sommer, Stefan: Das große Lexikon des DDR-Alltags. Berlin: Schwarzkopf & Schwarzkopf, 2002.

Sontheimer, Michael / Supp, Barbara: Der letzte Schuss. In: Der Spiegel (2008) 27, S. 56-61.

Spode, Hasso: Der Tourist. In: Der Mensch des 20 Jahrhunderts. Hrsg. Ute Frevert und Heinz-Gerhard Haupt. Frankfurt/M. [u.a.]: Campus-Verl. 1999.

Spohn, Cornelia (Hrsg.). Zweiheimisch. Bikulturell in Deutschland, Bonn 2007.

Srubar, Ilja: Kosmion – die Genese der praktischen Lebenswelttheorie von Alfred Schütz und ihr anthropologischen Hintergrund. Frankfurt am Main: Suhrkamp, 1988.

Statistisches Jahrbuch für Thüringen. Erfurt: Statistisches Landesamt, 1991

Steiger, Günter: Urburschenschaft und Wartburgfest. Leipzig [u.a.], 1967

Stillstand und Aufbruch: DDR-Alltag in den 80er Jahren. Jens Kegel. Erfurt: Sutton, 2008.

Stirn, Andreas: Traumschiffe des Sozialismus: Die Geschichte der DDR-Urlauberschiffe 1953-1990. Berlin: Metropol, 2010.

Stocker, Frank. Bulgarien: Die Preußen, die an die D-Mark halten. In: Welt. N24 (Veröffentlicht am 15.04.2012) https://www.welt.de/print/wams/finanzen/article106185674/Bulgarien-Die-Preussen-die-an-der-Mark-festhalten.html (letzter Besuch am 11.09.2017).

Stonequist, Everett V.: The Marginal Man. A Study in Personality and Culture Conflict. Charles Scribner's Sons, New York 1937 (Neudruck: Russell & Russell, 1961).

Stoyanova, Krassimira. Bugarian-German Relations: Tradition, Priorities and Perspektives. Sofia. 1995. S. 7.

Sturm, Roland/Pehle, Heinrich (Hrsg.): Die neue Europäische Union: Die Osterweiterung und ihre Folgen. Opladen: Verlag Barbara Budrich, 2006.

Tantzscher, Monika: Die verlängerte Mauer: Die Zusammenarbeit der Sicherheitsdienste der Warschauer-Pakt-Staaten bei der Verhinderung von „Republikflucht". Reihe B: Analysen und Berichte Nr.1/1998. Berlin :BStU, 1998.

Taylor, Charles: Multikulturalismus und die Politik der Anerkennung. 2. Aufl., Frankfurt/M.: Fischer, 1993.

Thadden, Rudolf v.: Die Botschaft der Brüderlichkeit. In: Süddeutsche Zeitung vom 26./27. November 1988.

Thadden, Rudolf v./ Kaudelka, Steffen/Serrier, Thomas. (Hrsg.): Europa der Zugehörigkeiten: Integrationswege zwischen Ein- und Auswanderung. Göttingen : Wallstein-Verl., 2007.

Thorbeck, Joachim: Zur Arbeit mit Jugendsinfonieorchestern: Diskussionsbeitrag. In: Musikforum (1971)1, S. 9

Tittmann, Frank: Kurreise nach Bulgarien. In: Urania 49(1973)11, S. 66-67

Trudgill, Peter: Sociolinguistics: An introduction to language and society. 4. Aufl. London: Penguin, 2000.

Thünker, Arnold: Mit Sack und Pack und Gummiboot: die Geschichte des Campings. Leipzig: Kiepenhauer, 1999.

Ulfkotte, Udo: Gekaufte Journalisten: wie Politiker, Geheimdienste und Hochfinanz Massenmedien lenken. Rottenburg an Neckar: Kopp Verlag, 2014.

Urlaub, Klappfix, Ferienscheck: Reisen in der DDR. Berlin: Eulenspiegel Verl. 2003.

Uslowa, Lilia: The Hybrid East Identity. The Wonderful Feeling To Have Arrived. A Case History. In: Vukov, N./Gergova, L./Matanova, T./Gergova, V. (eds.): Cultural Heritage in Migration. Sofia: Paradigma, 2017, pp. 165-181.

Uslowa, Lilia: The Postcard. A Visual and Textual Form of Communication. In: Dagnoslaw Demski, Anelia Kassabova, Ildiko Sz. Kristof, Kamila Baraniecka (Eds.) The Multi-mediatized Other. The Construction of Reality in East-Central Europe, 1945-1980. Budapest: L'Harmattan, 2017, p. 484-503.

Verfassung der Deutschen Demokratischen Republik. Dokumente, Kommentar. Bd. 2. Berlin: Staatsverlag der DDR. 1969.

Vereinbarung zwischen der Regierung der Deutschen Demokratischen Republik und der Regierung der Volksrepublik Bulgarien über die Zusammenarbeit auf dem Gebiete der Sozialpolitik vom 10.4.58. In: GBL. I Nr. 28 S. 353; Änderung vom 21.9.73. In: GBL. II Nr. 15 S. 249.

Voruba, Georg: Die Dynamik Europas. 2. Aufl., Wiesbaden: VS Verlag für Sozialwissenschaften 2007.

Weber, Max: Wirtschaft und Gesellschaft. Grundriß der verstehenden Soziologie. 4. Aufl. Tübingen: Mohr, 1956.

Wedekind, Beate: Fahrt ohne Rückkehr: Warten auf Ausreise in Saalfeld. Erfurt, 2003.

Weltjugendtreffen: Schöne Schweine. In: Spiegel (1968) 32 vom 5.08.1968

Wickert, Ulrich: Gauner muss man Gauner nennen: Von der Sehnsucht nach verlässlichen Werten. München [u.a.]: Piper, 2007.

Wiesing, Lambert: Virtuelle Realität: Die Angleichung des Bildes an die Imagination. In: Wiesing, Lambert: Artifizielle Präsenz. Studien zur Philosophie des Bildes. Frankfurt am Main: Surkamp, 2005, S. 107–124.

Wolf, Birgit: Sprache in der DDR: ein Wörterbuch. Berlin: de Gruyter, 2000.

Wolter, Heike: „Ich harre aus im Land und geh, ihm fremd: Die Geschichte des Tourismus in der DDR. 2009.

Young, Robert: Colonial Desire. Hybridity in Theory, Culture and Race. London [u.a.] : Routledge, 1995.

Zwengel, Almut (Hrsg.): „Die „Gastarbeiter" der DDR: politischer Kontext und Lebenswelt. Berlin: LIT Verlag Dr. W. Hopf, 2011.

Българско народно творчество в тринадесет тома. Том 8, 1961-1963, София: Български писател.

ПМС № 11 от 16 февруари 1967 г. за едностранно обявяване на безвизов режим на туристите от всички страни по случай международната туристическа година – бр. 27 от 4.04.1967 г.; РзМС № 477, 27.12.1968 г. бр. 2. от 7.01.1969 г.; РзМС 276 от 30.12.1973 г. бр 3 от 11.01.1974 г.; ПМС № 150 от 5.12.1975 г.

Узлова, Лилия: Изпращаме сърдечни поздрави от отпуската ни в България: история на туризма в ГДР и България. Под редакцията на доц. д-р Маргарита Карамихова. София: Арс Магна, 2012.

Узлова, Лилия: Размисли за българите и прусаците на Балканите. Опит за сравнение на две несравними идентичности. [Erscheinungstermin Oktober 2017].

Ф 1б оп. 64; АЕ270. Решение № 7 на Политбюро от 7.09.1960 г. за визовия режим на преминаване от Западен в Източен Берлин. Приложени писма на Валтер Улбрихт и Тодор Живков. 6-12.09.1960 г.

Kulturwissenschaft / Cultural Studies / Estudios Culturales / Études Culturelles

Lorraine Kelly; Tina-Karen Pusse; Jennifer Wood (Eds.)
Gender. Nation. Text.
Exploring Constructs of Identity
This collection aims to explore the multifarious manifestations of gender intrinsic to national ideologies, the use of gender in the construction and development of nation states, and the role of political, literary and cinematographic discourses in cultural debates that define national and international borders in postcolonial societies.
The selected essays focus primarily on Europe and Latin America and consider the implications of colonialism, dictatorship and transition to democracy on national identities as well as the deliberate use of gendered language and images in the development of discourses of hegemony, frequently used to underpin support for individual political regimes, or as a call to arms to defend national patrimony.
vol. 55, 2017, 268 pp., 34,90 €, br., ISBN-CH 978-3-643-90940-4

Olena Prykhodko
Consumer Citizen as a Media Project
Dreaming the reality
The current book asserts that reality television serves a broader social purpose than simple entertainment. Instead, this type of programing can best be understood as a revealing exposition on contemporary politics, culture, and social issues. Reality television addresses many different social groups. The book primarily examines the social and political messages conveyed by reality television to its viewers. Focusing on the notion of consumer citizenship, the study analyses the German television program *Deutschland sucht den Superstar* ("Germany seeks a Superstar") as a reflection of contemporary social and political issues in Germany.
vol. 53, 2017, 452 pp., 34,90 €, br., ISBN-CH 978-3-643-90834-6

Studien zur Geschichte, Kultur und Gesellschaft Südosteuropas
Prof. Dr. Wolfgang Höpken (Universität Leipzig)

Cosmin Budeancă; Dalia Báthory (eds.)
B"áthory, Dalia **Histories (Un)Spoken**
Strategies of Survival and Social-Professional Integration in Political Prisoners' Families in Communist Central and Eastern Europe in the '50s and '60s
This book contains analyses and case studies regarding the former political prisoners' and their families' fates impacted by the Communist dictatorships in Central and Eastern Europe (Romania, Poland, Lithuania, Republic of Moldova, Albania). The focus of research is extended from the individuals to the social context in which they functioned, as they were actors in flawed systems which were ready to harshly limit not only their actions but also of those closest to them. The case studies trace disruptions and distortions of broken lives along with strategies to reclaim and restore an apparent "normalcy".
vol. 17, 2018, 394 pp., 49,90 €, br., ISBN-CH 978-3-643-90983-1

Jakob Konstantin Lanman Niese
Ungar, Jude, Amerikaner – Marcus Braun (1865-1921)
Eine Biographie aus der Epoche transatlantischer Migration
Bd. 16, 2018, 170 S., 29,90 €, br., ISBN 978-3-643-13723-4

Ulrike Schult
Zwischen Stechuhr und Selbstverwaltung
Eine Mikrogeschichte sozialer Konflikte in der jugoslawischen Fahrzeugindustrie 1965–1985
Bd. 15, 2017, 358 S., 59,90 €, br., ISBN 978-3-643-13690-9

LIT Verlag Berlin – Münster – Wien – Zürich – London
Auslieferung Deutschland / Österreich / Schweiz: siehe Impressumsseite